कविता के नए प्रतिमान

[आलोचना]

कविता के नए प्रतिमान

नामवर सिंह

राजकमल प्रकाशन

ISBN : 978-81-267-0744-7

मूल्य : ₹895

पहला संस्करण : 1968
अठारहवाँ संस्करण : 2024

प्रकाशक : राजकमल प्रकाशन प्रा. लि.
1-बी, नेताजी सुभाष मार्ग, दरियागंज
नई दिल्ली-110 002
शाखाएँ : अशोक राजपथ, साइंस कॉलेज के सामने, पटना-800 006
पहली मंजिल, दरबारी बिल्डिंग, महात्मा गांधी मार्ग, प्रयागराज-211 001
1, अनमोल सोराबजी संतुक लेन, धोबी तलाव, मरीन लाइंस, मुम्बई-400 002
वेबसाइट : www.rajkamalprakashan.com
ई-मेल : info@rajkamalprakashan.com

मुद्रक : बी.के. ऑफसेट
नवीन शाहदरा, दिल्ली-110 032

KAVITA KE NAYE PRATIMAN
Criticism by Namwar Singh

मेरी वह खोई हुई
परम अभिव्यक्ति अनिवार
आत्मसम्भवा
गजानन माधव मुक्तिबोध
की याद में

ऊर्ध्वोर्ध्वमारुह्य यदर्थतत्त्वं धीः पश्यति श्रांतिमवेदयंती।
अलं तदाद्यैः परिकल्पितानां विवेकसोपानपरम्पराणाम्॥

चित्रं निरालम्बनमेव मन्ये प्रमेयसिन्धौ प्रथमावतारम्।
तन्मार्गलाभे सति सेतुबंध-पुरप्रतिष्ठादि न विस्मयाय॥

तस्मात सतामत्र न दूषितानि मतानि तान्येव तु शोधितानि।
पूर्वप्रतिष्ठापितयोजनासु मूलप्रतिष्ठाफलमामनंति॥

[बौद्धिक जिज्ञासा यदि उच्च से उच्चतर स्तर पर अविश्रान्त भाव से आरोहण करती है और सत्य को स्पष्ट एवं स्पष्टतर रूप में देख पाती है तो इसका कारण पूर्व लेखकों द्वारा निर्मित चिन्तन की सोपान-परम्परा है।

प्रमेय के सिन्धु को पार करने के प्रथम प्रयत्न, भले ही निरवलम्ब रहे हों, निश्चय ही विस्मयकारी हैं। परन्तु जब पूर्वसरियों ने सन्मार्ग दिखला दिया तो सेतुबंध अथवा पुर (नगर) की प्रतिष्ठा का कार्य विस्मयकारी नहीं रह जाता।

इसलिए मैंने श्रेष्ठ विद्वानों के सिद्धान्तों में दोष दर्शन नहीं किया है, मैंने उनका परिष्कार मात्र किया है। विद्वानों का मानना है कि पूर्वप्रतिष्ठित मतों पर आधारित मतों को मूल बुनियाद पर प्रतिष्ठित मानना चाहिए।]

क्रम

प्रथम संस्करण की भूमिका

कविता के नए प्रतिमान आलोचना के उस 'सहयोगी प्रयास' का अंग है, जिसके पीछे नए मूल्यों की खोज और प्रतिष्ठा को लेकर चलनेवाले संघर्ष का एक लम्बा सिलसिला है और जिसमें हर एक का अपना आत्मसंघर्ष भी शामिल है। पुस्तक की वाद-शैली इसी संघर्ष का प्रतिफलन है। जिन्हें एक बने-बनाए स्पष्ट प्रतिमान से प्रयोजन है, उन्हें ये विवाद शायद व्यर्थ के सिरदर्द लगें। लेकिन संघर्ष के बिना जब दो वक्त की रोटी भी मयस्सर नहीं होती तो कविता के मूल्य क्या मिलेंगे? मूल्यों को इसीलिए 'कमाया हुआ सत्य' कहा जाता है कि हर एक को मूल्यों के लिए खुद कीमत चुकानी पड़ती है। मूल्य हस्तांतरित नहीं किये जा सकते; अधिक-से-अधिक उनका पुन:प्रत्यय हो सकता है; और पुन:प्रत्यय से अधिक यह पुस्तक अपेक्षा भी नहीं करती।

कविता के नए प्रतिमान नाम में दम्भ की कुछ गंध भले ही मिले, स्वयं पुस्तक में किसी प्रतिमान के 'निर्माण' का दम्भ नहीं है। लेखक का विश्वास है कि जिस तरह वैयाकरण भाषा के शब्द नहीं बनाता, उसी तरह आलोचक भी काव्य के मूल्यों का निर्माण नहीं करता। शब्दानुशासन के समान ही काव्यानुशासन भी वस्तुत: अनुशासन है, शासन नहीं। इस अनुशासन का आधार है नए काव्य-सृजन में निहित मूल्यों का प्रत्यभिज्ञान या पहचान, जिसे अभिनवगुप्त ने 'ज्ञात का भी विशेष रूप से अनुसंधानात्मक निरूपण' कहा है। यहाँ यह 'जाना हुआ' कहाँ तक 'पहचाना हुआ' बन सका है, इसका निर्णय विज्ञ पाठक स्वयं करेंगे।

इस अनुशासन की आवश्यकता न पड़ती यदि कविता को सीधे अनुभव करने में हर पाठक स्वतंत्र और समर्थ होता। किन्तु विडंबना यह है कि जो अपने को सामान्य पाठक कहता है, वह भी अपने काव्यानुभव

में अनजाने ही किसी-न-किसी काव्य-सिद्धान्त से अनुशासित होता है। ये अनजाने काव्य-सिद्धान्त पर्यवेक्षण और निर्णय में सब समय साधक ही नहीं होते; ज्यादातर तो वे पाठक की दृष्टि को सीमित और निर्णय को पूर्वग्रह से दूषित करते प्रतीत होते हैं। पिछले बीस वर्षों के काव्य-सृजन के सहज ग्रहण का इतना हठ-प्रतिरोध प्रमाण है। हिन्दी में सम्प्रति छद्म-छायावादी पूर्वग्रह प्रबल हैं, जो अभी तक अनजाँचे होने के कारण अनेक पाठकों को उनके अनजाने ही प्रभावित करते रहते हैं। इस पुस्तक में एक ओर उन पूर्वग्रहों के प्रति पाठक को आत्म-सजग करने का एक प्रयास है तो दूसरी ओर अपने पूर्वग्रहों के प्रति भी पर्याप्त आत्म-सजगता है जिन्हें केवल आरम्भिक प्रतिज्ञा (हाइपोथीसिस) के रूप में स्वीकार किया गया है।

यह तथ्य अनदेखा नहीं किया जा सकता कि *कविता के नए प्रतिमान* के केन्द्र में मुक्तिबोध हैं। मूल्यों के अन्वेषण की प्रक्रिया में कभी-कभी प्राय: सबके सामने आदिकाव्य का यह प्रश्न उपस्थित होता है : *कोन्वस्मिन् सांप्रतं लोके*? उत्तर में मुझे मुक्तिबोध ही क्यों दीखे, इसका उत्तर यदि स्वयं यह पुस्तक नहीं देती तो अलग से कोई उत्तर देना अनावश्यक है। वैसे, मुक्तिबोध की मृत्यु के समय इस सत्य का प्रत्यभिज्ञान बहुतों को हुआ, जो इस बात का सूचक है कि पहचान के लिए मृत्युबोध से कम का आघात काफी नहीं। इस पुस्तक का आधार यह धारणा है कि 'नई कविता' में मुक्तिबोध की स्थिति वही है जो छायावाद में निराला की थी। निराला के समान ही मुक्तिबोध ने भी अपने युग के सामान्य काव्यों को प्रतिफलित करने के साथ ही उनकी सीमा को चुनौती देकर उस सर्जनात्मक विशिष्टता को चरितार्थ किया, जिससे समकालीन काव्य का सही मूल्यांकन सम्भव हो सका।

मुक्तिबोध की विशेषता यह है कि उन्होंने रचना के साथ ही आलोचना के भी मान रखे। रचना-प्रक्रिया के विश्लेषण के साथ ही उन्होंने आलोचना-प्रक्रिया का भी प्रमाण प्रस्तुत किया। *एक साहित्यिक की डायरी, नई कविता का आत्म-संघर्ष तथा अन्य निबन्ध, कामायनी : एक पुनर्विचार* आदि इस आलोचना-प्रक्रिया के ऐतिहासिक दस्तावेज हैं। अपनी आलोचनात्मक क्षमता के द्वारा मुक्तिबोध ने प्रमाणित कर दिया कि कोई भी चीज तभी स्पष्ट होती है जब कम-से-कम एक ईमानदार व्यक्ति मौजूद हो। मूल्यवान है एक भी ऐसे आलोचक का होना, जो किसी भी चीज को तब तक

'अच्छा' न कहे, जब तक उस निर्णय के लिए वह अपना सब कुछ दाँव पर लगाने को तैयार न हो।

कविता के नए प्रतिमान के द्वारा यदि और कुछ नहीं बल्कि केवल यह बोध भी जाग्रत हो सका तो लेखक की दृष्टि में यह प्रयास सार्थक होगा।

9 अगस्त, 1968

—नामवर सिंह

द्वितीय संस्करण की भूमिका

इस पुस्तक से कुछ मित्रों को 'रूपवादी झुकाव' की शिकायत है—खास तौर से उन्हें, जो मुझसे सुसंगत मार्क्सवादी आलोचना-दृष्टि की अपेक्षा रखते हैं। इस दृष्टि से सबसे पहले विचारणीय है श्री नेमिचन्द्र जैन की समीक्षा, जो 12 जनवरी, 1969 के *साप्ताहिक हिन्दुस्तान* में 'प्रायदृष्टि' स्तम्भ के अन्तर्गत *कविता के प्रतिमानों की खोज* शीर्षक से प्रकाशित हुई थी। नेमि जी को जो बात बहुत अजीब लगी, वह है : 'मार्क्सवादी नामवर सिंह का सर्वथा रूपवादी आलोचना-दृष्टि की ओर क्रमशः झुकाव।' उन्होंने यह स्वीकार किया है कि "पुस्तक में एक प्रकार की छटपटाहट-जैसी है जो तर्क-योजना के रूपवादी बहाव और लेखक के संस्कारों के मूल्यवादी रुझान के बीच अन्तःसंघर्ष से उत्पन्न जान पड़ती है।" वे यह भी मानते हैं कि काव्यभाषा के परीक्षण के सहारे कविता के मूल्यांकन तक पहुँचने की प्रक्रिया में जो रूपवादी खतरे हैं, उनसे भी मैं अनजान नहीं हूँ। किन्तु अन्ततः उनका निष्कर्ष यही है कि "नामवर सिंह का विश्लेषण उस प्रवृत्ति को समर्थन देता जान पड़ता है, जो कहता है कि कविता की दुनिया एक स्वायत्त दुनिया है जिसका मूल्यों से, किसी सामाजिक सार्थकता से कोई सम्बन्ध नहीं।"

श्री नेमिचन्द्र जैन जैसे सावधान पाठक-समीक्षक को ऐसा कैसे लगा, यह बात मुझे तो बहुत अजीब लग रही है; क्योंकि इस पुस्तक में मैंने एक से अधिक जगहों पर स्पष्ट शब्दों में कहा है कि कविता के स्वतःसम्पूर्ण संसार की सत्ता भ्रामक है। काव्य-संसार स्वायत्तता या स्वतंत्रता का जब भी प्रसंग आया है, मैंने बराबर 'सापेक्ष स्वतंत्रता' का पक्ष लिया है (देखिए, पृ. 43, 214)। इस प्रसंग में यह भी उल्लेखनीय है कि *कविता के नए प्रतिमान* का अन्त 'परिवेश और मूल्य' शीर्षक अध्याय से होता है। इस सन्दर्भ में मुक्तिबोध के काव्य-संसार को अन्य समकालीन कवियों के काव्य-संसार से अधिक जीवंत और सार्थक

मानने के लिए यही युक्ति दी गई है कि उसमें समकालीन परिवेश का अधिक यथार्थ चित्र है। ऐसे स्पष्ट सिद्धान्त-कथन और इतने ठोस उदाहरण के बाद भी यदि इस पुस्तक से कविता की दुनिया को स्वायत्त दुनिया माननेवाली प्रवृत्ति को समर्थन मिलता जान पड़े तो मुझे और कुछ नहीं कहना है।

मार्क्सवादी साहित्य-दृष्टि बराबर ही कविता की 'सापेक्ष स्वतंत्रता' पर बल देती रही है। हिन्दी से और उदाहरण लें तो मुक्तिबोध के अलावा, जिनका मत *कविता के नए प्रतिमान* में उद्धृत है, डॉ. रामविलास शर्मा के *आस्था और सौन्दर्य* में भी यही मान्यता व्यक्त की गई है। वस्तुत: यही वह आधार है जिससे मार्क्सवादी आलोचक एक ओर शुद्ध कविता के समर्थक रूपवादी आलोचकों से लोहा लेते रहे हैं और दूसरी ओर कविता को समाज का पर्याय माननेवाली स्थूल समाजशास्त्रीय आलोचना से संघर्ष करते रहे हैं। निस्सन्देह 'सापेक्ष स्वतंत्रता' में 'सापेक्षता' की तनी हुई रस्सी पर सब समय सन्तुलन के साथ चल पाना सम्भव नहीं हो पाता। इसलिए इधर मार्क्सवादी साहित्य-चिन्तकों ने 'सापेक्ष स्वतंत्रता' शब्द को छोड़ देने का प्रस्ताव रखा है। इंग्लैंड के मार्क्सवादी आलोचक जेरेमी हॉथॉर्न ने *आइडेंटिटी एंड रिलेशनशिप* (लारेंस एंड विशार्ट, लंदन, 1972) नामक पुस्तक में इस प्रश्न पर विचार करते हुए सुझाव दिया है कि कविता की 'स्वायत्तता' अर्थात् 'ॲटॉनॉमी' के स्थान पर 'अस्मिता' अर्थात् 'आइडेंटिटी' शब्द का प्रयोग अधिक संगत है और जीवन या समाज के सन्दर्भ में उसकी सापेक्षता को स्पष्ट करने के लिए सम्बन्ध-भावना अर्थात् 'रिलेशनशिप' का प्रयोग उचित है। प्रस्तावित पदों के औचित्य की पुष्टि के लिए जेरेमी हॉथॉर्न ने यह युक्ति दी है कि इनके द्वारा काव्यकृति और मानव-व्यक्ति के बीच सादृश्य के विविध रूप ध्वनित होते हैं। पूरे प्रश्न की जटिलता में प्रवेश करने के लिए यहाँ अवकाश नहीं है, किन्तु इतना स्पष्ट है कि मार्क्सवादी आलोचक काव्यकृति की वास्तविक निजता अथवा स्वकीयता की खोज के लिए अधिक-से-अधिक सम्बन्ध-सूत्रों की जटिलता के विश्लेषण की आवश्यकता अनुभव कर रहे हैं।

इस प्रसंग में जेरेमी हॉथॉर्न ने तथाकथित 'रूपवादी' समीक्षा की चुनौती का जिक्र करते हुए यह आशा व्यक्त की है कि रूपवादी आलोचना के तत्त्वों का उपयोग मार्क्सवादी आलोचना को विस्तृत और समृद्ध करने के लिए हो सकता है। उनका विश्वास है कि 'ॲटॉनॉमी' के स्थान पर 'आइडेंटिटी' शब्द को स्वीकार कर लेने से

रूपवादी आलोचना के निषेधात्मक पक्ष तिरस्कृत हो जाएँगे और स्वयं काव्यकृति-सम्बन्धी रूपवादी अनुशीलन के विधेयात्मक तत्त्व सुरक्षित रह जाएँगे। जरूरी नहीं कि जेरेमी हॉथॉर्न के इस विश्वास से सभी लोग आश्वस्त हों, किन्तु ऐसा लगता है कि हिन्दी के नए मार्क्सवादी आलोचक अंग्रेजी की 'नई समीक्षा' के प्रति जरूरत से ज्यादा शंकालु हैं। *कविता के नए प्रतिमान* में रूपवादी झुकाव देखने का एक कारण यह भी रहा है कि उसमें अंग्रेजी के कुछ नए समीक्षकों को उद्धृत किया गया है। जिनकी दृष्टि पुस्तक की निजी स्थापनाओं तक न जाकर ऊपर-ऊपर केवल नामों पर ही तैरती रहती है, उन प्रभावखोजी पाठकों से कुछ भी कहना बेकार है। लेकिन जो मार्क्सवादी आलोचना के विकास के लिए प्रयत्नशील हैं, वे जानते हैं कि अंग्रेजी 'नई समीक्षा' को 'साम्राज्यवादी साजिश' या 'पतनशील' पाश्चात्य प्रवृत्ति कहकर टाला नहीं जा सकता। नवंबर, 1973 के *उत्तरार्द्ध-6* में प्रकाशित डॉ. ओमप्रकाश ग्रेवाल के निबन्ध 'हिन्दी साहित्य-विवेचन में नव्य-आलोचना पद्धति' से स्पष्ट है कि हिन्दी में भी कुछ ऐसे मार्क्सवादी आलोचक हैं, जो अंग्रेजी 'नई आलोचना' की 'व्यक्तिवादी अन्तर्मुखी मानवतावादी' दृष्टि का तिरस्कार करके 'नई आलोचना' के अनेक उपयोगी तत्त्वों को स्वीकार करने के लिए तैयार हैं। अंग्रेजी के मार्क्सवादी आलोचक आर्नल्ड केटल ने भी अपनी प्रसिद्ध पुस्तक *अंग्रेजी उपन्यास की भूमिका* में नए समीक्षक डॉ. एफ. आर. लीविस का ऋण स्वीकार किया है। ऐसा नहीं है कि आर्नल्ड केटल लीविस की प्रतिक्रियावादी सामाजिक दृष्टि से परिचित नहीं थे, किन्तु हिन्दी के अधकचरे मार्क्सवादी अध्येताओं ने सिर्फ इतना ही सुन रखा है कि लीविस केवल प्रतिक्रियावादी रूपवादी (?) समीक्षक हैं। जहाँ मार्क्सवाद-सम्बन्धी अज्ञान नई समीक्षा सम्बन्धी अपरिचय से होड़ ले रहा हो, वहाँ इतिहास और परम्परा-ज्ञान के अभाव में केवल उच्छेदवाद ही पनप सकता है और जाहिर है कि उच्छेदवादी दृष्टि से मार्क्सवादी आलोचना का विकास सम्भव नहीं है।

यह सही है कि अंग्रेजी 'नई आलोचना' का उदय मार्क्सवादी आलोचना के विरोध में हुआ और स्वयं डॉ. एफ. आर. लीविस की पत्रिका *स्क्रूटिनी* ने घोषणा के साथ इस विरोध का झंडा उठाया। यह भी सही है कि चौथे दशक का अन्त होते-होते 'स्क्रूटिनी' सम्प्रदाय की 'नई आलोचना' ने अंग्रेजी शिक्षित समुदाय में मार्क्सवादी आलोचना को परास्त करके अपनी विजय-पताका फहरा दी। सवाल यह है कि

इस वैचारिक संघर्ष में मार्क्सवादी आलोचना की पराजय क्यों हुई? निश्चय ही इसके अनेक सामाजिक कारण थे। किन्तु क्या इस पराजय के बीज स्वयं उस समय की मार्क्सवादी आलोचना में नहीं थे? क्या यह सच नहीं है कि तत्कालीन मार्क्सवादी आलोचना साहित्यिक कृति को उसके सामाजिक उत्स के साथ एकाकार करने पर विशेष बल दे रही थी? यदि उस समय मार्क्सवादी आलोचना ने साहित्य की सापेक्ष स्वतंत्रता को ध्यान में रखते हुए उसकी स्वकीयता को कुछ भी सम्मान दिया होता तो 'स्क्रूटिनी' सम्प्रदाय को वह सफलता न मिलती। किन्तु ऐसा लगता है कि मार्क्सवादी आलोचना ने, खास तौर से हिन्दी में, न उस इतिहास से कोई सबक लिया और न स्वयं अपने स्वातंत्र्योत्तर दशक से। मार्क्सवादी आलोचकों की इसी जड़ता पर कशाघात करने के लिए मुक्तिबोध को *नई कविता का आत्म-संघर्ष तथा अन्य निबन्ध* में 'समीक्षा की समस्याएँ' शीर्षक 65 पृष्ठों का भावावेशपूर्ण निबन्ध लिखना पड़ा। मार्क्सवादी आलोचना के इस रूप-तिरस्कार की क्षतिपूर्ति के लिए ही *कविता के नए प्रतिमान* में काव्य के रूप-पक्ष पर अतिरिक्त बल दिया गया है। रूपवाद का उत्तर स्थूल समाजशास्त्रीयता नहीं, बल्कि विषयवस्तु और रूपविधान के द्वंद्वात्मक सम्बन्धों की सही जानकारी पर आधारित सच्ची मार्क्सवादी आलोचना ही हो सकती है। इस आलोचना-पद्धति के विकास के लिए रूपवादी समीक्षा से गम्भीर संघर्ष की आवश्यकता है। इस संघर्ष में हमें अन्तोनियो ग्राम्शी का यह कथन याद रखना चाहिए कि "युद्ध-क्षेत्र में दुश्मन के सबसे कमजोर मोर्चे पर हमला करके जीत हासिल कर लेना भले ही सफल रणनीति हो, पर बौद्धिक क्षेत्र में सबसे मजबूत और मुश्किल मोर्चे की विजय ही असली विजय है।"

प्रस्तुत संस्करण में परिशिष्ट के अन्तर्गत 'अँधेरे में : पुनश्च' शीर्षक एक नया निबन्ध जोड़कर मैंने इसी संघर्ष को आगे बढ़ाने का प्रयास किया है। शेष प्रश्न आगामी पुस्तक में।

2-1-1974

—नामवर सिंह

1

कविता क्या है?

"किसी काव्य-कृति का 'कविता' होने के साथ ही 'नई' होना अभीष्ट है। वह 'नई' हो और 'कविता' न हो, यह स्थिति साहित्य में कभी स्वीकार्य नहीं हो सकती। फिर 'नई कविता' का विरोध आज नएपन के आग्रह के कारण उतना नहीं हो रहा है, जितना इस कारण कि जो बाह्यत: और साधारणत: कविता नहीं लगता, उसे उसके अन्तर्गत कविता कहा जाता है। अतएव 'नया क्या है?'—इस प्रश्न के साथ ही यह प्रश्न भी जीवित प्रश्न है कि 'कविता क्या है?' और यदि सत्य कहा जाए तो पहले की अपेक्षा अब दूसरा प्रश्न अधिक महत्त्वपूर्ण हो उठा है।"

डॉ. जगदीश गुप्त का यह कथन सर्वथा समयोचित है, क्योंकि कविता में अब 'नई कविता' के आगे की नई प्रवृत्तियों का उदय हो चला है, जिनके प्रवर्तक 'नई कविता' को 'प्रच्छन्न व्यतीत लेखन' कहने लगे हैं। ऐसी स्थिति में केवल 'नवीनता' के आधार पर 'नई कविता' को प्रतिष्ठित करना, निश्चय ही कठिन होगा। इसलिए आज यदि 'नई कविता' के सन्दर्भ में 'कविता क्या है?' प्रश्न फिर से उठाना आवश्यक प्रतीत हो रहा है तो इसे संगत ही कहा जाएगा।

किन्तु इस प्रश्न की सार्थकता उत्तर पर निर्भर है। डॉ. जगदीश गुप्त के सामने यह स्पष्ट है कि 'नया क्या है' और 'कविता क्या है'—"ये दोनों प्रश्न परस्पर-सम्बद्ध और एक ही सिक्के के दो पहलू हैं, क्योंकि कविता में नवीनता की उत्पत्ति वस्तुत: सच्ची कविता लिखने की आकांक्षा से ही होती है।" सम्भवत: इसीलिए उन्होंने कहा है कि "जो कथन सृजनात्मकता (creativity) तथा संवेदनीयता (emotivity) से रहित हो, उसे किसी भी स्तर पर कविता नहीं कहा जा सकता।" इस कथन से स्पष्ट है कि सृजनात्मकता नवीनता का पर्याय है और संवेदनीयता कविता का। किन्तु इस विवेचन के बाद जब डॉ. जगदीश गुप्त कविता की परिभाषा प्रस्तुत करते हैं तो जाने कैसे 'सृजनात्मकता' का तत्त्व गायब हो जाता है! उनकी परिभाषा इस प्रकार है :

"कविता सहज आन्तरिक अनुशासन से युक्त अनुभूतिजन्य सघन लयात्मक शब्दार्थ है, जिसमें सह-अनुभूति उत्पन्न करने की यथेष्ट क्षमता निहित रहती है।"

[*नई कविता* : 5-6, 1960-61]

ध्यान देने की बात है कि यह परिभाषा 'नई कविता' के सन्दर्भ में प्रस्तुत की गई है और परिभाषाकार 'नई कविता' के एक प्रवक्ता ही नहीं, बल्कि स्वयं नए कवि भी हैं। अपनी समझ से उन्होंने परम्परा-प्राप्त परिभाषाओं को अपर्याप्त समझकर ही नए सिरे से कविता को परिभाषित करने का प्रयास किया है किन्तु इसमें ऐसी कौन-सी नई बात है, जो किसी पूर्ववर्ती परिभाषा में सुलभ नहीं है? क्या किसी छायावादी को इस परिभाषा से विरोध हो सकता है? यदि 'नई कविता' यही है तो यही कहा जाएगा कि छायावाद के आगे उसने अपनी ओर से कुछ भी नया नहीं जोड़ा। लगता है, 'प्राचीन चिन्तकों के साथ अपनी बात को जोड़ने की धृष्टता' से अभिभूत डॉ. जगदीश गुप्त अपनी काव्य-परिभाषा में वह तत्त्व भूल गए, जिसे 'नई कविता' ने हिन्दी काव्य-परम्परा में जोड़ा है। इसीलिए अनुभूति तो उन्हें याद रह गई, लेकिन 'सृजनात्मकता' भूल गई। दूसरे शब्दों में, उनमें छायावाद तो अवशिष्ट रह गया, लेकिन 'नई कविता' जड़ न जमा पाई। शायद परम्परा से जुड़ने की महत्त्वाकांक्षा की यही परिणति होती है; और ऊपर-ऊपर से नया भाव-बोध ओढ़े रहनेवाले जब 'कविता क्या है?' जैसा बुनियादी सवाल उठाते हैं तो अपने उत्तर में अनजाने ही पुरानी बात दोहराते पाए जाते हैं।

ऐसी ही असंगतियाँ श्री लक्ष्मीकांत वर्मा जैसे लोगों को यह कहने का अवसर देती हैं कि "आज 'नई कविता' के आचार्यों और कवियों द्वारा बार-बार एक बहस जारी करने की कोशिश की जाती है—और वह यह है कि 'नई कविता' की अपेक्षा अच्छी कविता और 'नई कविता के प्रतिमान' की अपेक्षा 'कविता के प्रतिमान' की बात उठाई जाए। पहली बात अर्थात् 'नई कविता' बनाम अच्छी कविता के प्रवर्तक आज अपनी प्रतिष्ठा की उपलब्धि को परम्परा से सम्बद्ध करके अपने सम्पूर्ण प्रयोगशील व्यक्तित्व को प्रतिष्ठा देना चाहते हैं।"

[*नए प्रतिमान : पुराने निकष*, पृ. 296]

देखना यह चाहिए कि नए कवियों द्वारा परम्परा में प्रतिष्ठित होने की आकांक्षा पूरी हो सकी है या नहीं? आकस्मिक नहीं है कि जिस समय डॉ. जगदीश गुप्त ने 'कविता क्या है?' जैसा आधारभूत प्रश्न उठाना आवश्यक समझा, उसी समय डॉ. नगेंद्र भी इस आग्रह के साथ मैदान में आ गए। 'नया क्या है?' और 'कविता क्या है?'—इन प्रश्नों के द्वंद्व तथा द्वैत को एक बार समाप्त करते हुए उन्होंने स्पष्ट शब्दों में कहा कि "कविता के सन्दर्भ में नई-पुरानी की जगह अच्छी-बुरी या इससे भी आगे कविता-अकविता का भेद मुझे अधिक सार्थक प्रतीत होता है। इसका अभिप्राय यह नहीं है कि बिहारी और पंत या घनानन्द और गिरिजाकुमार की कविता के भेद की प्रतीति मुझे नहीं है—भेद तो स्पष्ट ही है : कथ्य का भी और कथन की भंगिमा का भी; किन्तु यह भेद-भाव कवित्व-गुण का निर्णय नहीं करता—यह स्वरूप-वर्णन

में सहायक होता है, मूल्यांकन में नहीं। अज्ञेय को नई रूप-विवृत्तियों का अधिक सटीक ज्ञान है—केवल इसी एक तथ्य के आधार पर वे रत्नाकर से अधिक समर्थ कवि नहीं बन जाते। प्रश्न है रूप की सूक्ष्म-गहन अनुभूति और उसकी अधिकाधिक पूर्ण अभिव्यक्ति का। प्रकार के भेद को आत्मा का भेद मान लेने से ही—या फैशन को ही सौन्दर्य मान लेने से, आज का मूल्य-बोध इतना खंडित और एकांगी, तथा अपनी एकांगिता में इतना दुराग्रही, हो गया है कि विकृति और प्रकृति का भेद करना उसके लिए कठिन हो रहा है।"

[*आलोचक की आस्था,* पृ. 11]

अपनी समझ से डॉ. नगेंद्र ने एक द्वैत को एकदम नकारकर केवल 'कविता-अकविता' भेदक एक प्रश्न को ही सार्थक माना, किन्तु वे अपनी तर्क-प्रक्रिया में उस द्वैत से बच नहीं पाए। यदि नए-पुराने का भेद निरर्थक है तो बिहारी और पंत या घनानन्द और गिरिजाकुमार में भेद करने की आवश्यकता ही क्यों है? यह भेद उन्हें स्वरूप-वर्णन के लिए 'सहायक' प्रतीत होता है, कवित्व-गुण का निर्णय करने के लिए नहीं। सवाल यह है कि स्वरूप-वर्णन कवित्व-गुण का निर्णय करने के लिए सहायक है या नहीं? यदि नहीं तो निर्णय के लिए स्वरूप-वर्णन अनावश्यक है। किन्तु उस स्थिति में निर्णय की वैधता तथा युक्तता का प्रश्न उठ खड़ा होगा। क्या स्वरूप-वर्णन के बिना मूल्य-निर्णय की कोई सार्थकता रह जाती है? वर्णन के बिना निर्णय या तो इलहाम है या फिर कोरा फतवा। यही नहीं, एक असंगति दूसरी असंगति को जन्म देती है। आगे ज्योंही डॉ. नगेंद्र 'रूप-विवृत्तियों का ज्ञान' और 'रूप की सूक्ष्म-गहन अनुभूति' का द्वैत खड़ा करते हुए रत्नाकर को अज्ञेय से श्रेष्ठ कवि बतलाते प्रतीत होते हैं तो स्पष्ट हो जाता है कि उन्हें अज्ञेय की 'रूप-विवृत्तियों के अधिक सटीक ज्ञान' का भी सटीक ज्ञान नहीं है; और कदाचित् रत्नाकर की अनुभूतियों का बोध भी सन्दिग्ध ही है। क्या रूप की सूक्ष्म विवृत्ति सूक्ष्म अनुभूति के बिना सम्भव है? अज्ञेय को नई रूप-विवृत्तियों का अधिक सटीक ज्ञान बिना नई अनुभूति के ही हुआ है अथवा वे नई रूप-विवृत्तियाँ किसी पाठक में नई अनुभूति नहीं जगातीं? यही द्वैत अनुभूति बनाम अभिव्यक्ति में भी प्रकट है। और इन सबका आधार वह प्राचीन द्वैतवादी दर्शन है, जो आत्मा और शरीर (जिसे 'शरीर' न कहकर डॉ. नगेंद्र 'प्रकार' कहते हैं) के भेद पर खड़ा है। प्रोफेसर राइल ने जिसे 'मशीन में बैठा भूत' (गोस्ट इन मशीन) कहा है, उससे इस आधुनिक युग में भी यदि कोई बाधित हो तो काव्य-चिन्तन में इसी प्रकार की असंगतियाँ उत्पन्न होंगी।

अपनी इस धारणा को सैद्धान्तिक आधार देने के लिए इस ऐतिहासिक दौर में डॉ. नगेंद्र ने 'कविता क्या है?' शीर्षक स्वतंत्र निबन्ध भी लिखा। यह संयोग-मात्र नहीं है कि डॉ. नगेंद्र को भी कविता की परिभाषा करने की आवश्यकता उसी

समय महसूस हुई जब डॉ. जगदीश गुप्त को 'कविता-अकविता' सम्बन्धी विचार महत्त्वपूर्ण लगा। परिभाषा देते समय जगदीश जी ने कोई उदाहरण लेने का जोखिम नहीं उठाया, लेकिन नगेंद्र जी भला लक्ष्य के बिना लक्षण कैसे बताते? उन्होंने तुलसीदास की एक अर्द्धाली को लक्ष्य बनाया और इस तरह तुलसीदास के आधार पर अपनी कविता-परिभाषा बनाकर उन्होंने पहले ही प्रकट कर दिया कि वह किस युग के लिए उपयोगी है। लक्ष्य सुरक्षित, लक्षण प्रतिष्ठित—फिर भी नई कवितावाले यदि उससे कुछ उम्मीद लगाएँ तो वे अतिरिक्त आशावादी ही कहे जाएँगे। प्रसंगवश केवल यह उल्लेखनीय है कि छायावाद के उदय के समय 'कविता क्या है?' शीर्षक एक निबन्ध आचार्य रामचन्द्र शुक्ल ने भी लिखा था, जो अपने अन्तिम रूप में अनेक परिवर्तनों एवं संशोधनों का परिणाम है।

'नई कविता' को परम्परा से 'जोड़ने' तथा परम्परा में 'समेटने' के इन प्रयासों में, आकस्मिक नहीं कि डॉ. जगदीश गुप्त और डॉ. नगेंद्र, दोनों ने कविता के एक ही मूल तत्त्व का सहारा लिया और वह तत्त्व है 'अनुभूति', जिसे काव्य-चर्चा में प्रचलित करने का श्रेय छायावाद को है! इस प्रकार डॉ. जगदीश गुप्त परम्परा के नाम पर छायावाद से 'नई कविता' को जोड़ना चाहते हैं और डॉ. नगेंद्र उसे छायावाद में समेटना चाहते हैं; फिर विवाद कैसा? इस खींचतान को देखकर यदि श्री लक्ष्मीकांत वर्मा यह कहते हैं तो क्या गलत कहते हैं कि " 'नई कविता' और छायावाद के बीच जो अर्द्धचेतन मन में समझौता प्रयोगवाद के रूप में हुआ था, वह सब-का-सब अब उलटकर आ पड़ा है?"

[*नए प्रतिमान : पुराने निकष,* पृ. 292]

इससे स्पष्ट है कि छायावादी काव्य-संस्कार आज भी कितने प्रबल हैं। इन संस्कारों के रहते 'नई कविता' की स्वीकृति का कोई अर्थ नहीं। जब तक 'नई कविता' इस संस्कार को तोड़कर अपने लिए उसमें जगह नहीं बनाती अथवा स्वयं वह संस्कार ही सच्चे अर्थों में अपनी सीमा तोड़कर 'नई कविता' को अन्तर्भुक्त करने का प्रयास नहीं करता, तब तक 'नई कविता' बौद्धिक रूप से स्वीकृत होकर भी काव्य-बोध के स्तर पर हिन्दी साहित्य के इतिहास में एक तथ्य-मात्र है। प्रश्न, जैसाकि डॉ. जगदीश गुप्त समझते हैं, 'सह-अनुभूति' का नहीं है; क्योंकि सह-अनुभूति अधिक-से-अधिक सहिष्णुता को जन्म देती है और सहिष्णुता सह-अस्तित्व को। देखा जाए तो साहित्य के इतिहास में इस प्रकार का सह-अस्तित्व किसी भी नई प्रवृत्ति को अपने-आप सुलभ हो जाता है, उसके लिए किसी प्रकार के अनुनय-विनय या प्रतिरोध की आवश्यकता नहीं होती। प्रश्न काव्य-संस्कार का है, जो अखंड होता है, जो अज्ञेय के शब्दों में 'संस्कृति के निथुरने और विकसने' का पर्याय है।

कठिनाई तब होती है, जब 'नई कविता' के कुछ तत्त्वों को समेटते हुए अपने परम्परा-प्राप्त काव्य-संस्कार तथा उस पर निर्मित प्रतिमान को विकसित करने का दावा किया जाता है। इसी दावे का एक उदाहरण है डॉ. नगेंद्र का *रस-सिद्धान्त*, जिसे 'नई कविता' के सन्दर्भ में पूर्णता प्रदान करने के लिए उन्होंने पूरक-रूप में इधर *काव्य-बिम्ब* नाम की पुस्तक भी लिख दी। यह *रस-सिद्धान्त* कितना विकसित है, इसका पता कुछ तो इस कथन से ही चल जाता है : "अमरीका और इंग्लैंड में नए कवियों ने जिस प्रकार स्वच्छंदतावाद का उग्र विरोध किया है, उसी प्रकार भारतीय भाषाओं में भी (हिन्दी, मराठी, बंगला आदि में) 'स्वच्छंदतावाद के साथ-साथ उसके समानधर्मा रसवाद का' भी योजनाबद्ध विरोध किया जा रहा है।" (*रस-सिद्धान्त*, पृ. 345) स्पष्ट है कि यह विकसित 'रसवाद' स्वच्छंदतावाद का ही समानधर्मा है। इसलिए जब भी डॉ. नगेंद्र शाश्वत काव्य-तत्त्व के रूप में 'अनुभूति' की चर्चा करते हैं तो उनके उपचेतन में निहित छायावादी 'उच्छ्वास' सतह पर आ जाता है। उदाहरण के लिए "'हृदय का उच्छ्वास' यदि रस या रस का निकटवर्ती अनुभव है तो वाणी का उच्छ्वास वक्रता या अलंकार का ही समानार्थक शब्द समूह है।" (*आलोचक की आस्था*, पृ. 12) और फिर "भाव का रूप 'उच्छ्वासमय' होता है, अतः उससे गर्भित होकर शब्द में गति-लय 'अनायास' ही उत्पन्न हो जाती है।" (वही, पृ. 15) इस 'उच्छ्वास' के बाद भी यदि डॉ. नगेंद्र के रसवाद के छायावाद होने में सन्देह हो तो 'अनायास' के सहारे वर्ड्सवर्थ के 'spontaneous overflow' को स्मरण कर लेना काफी होगा।

वैसे, यह उच्छ्वास अपनी प्रबलता के कारण 'नई कविता' के सभी भाव-बोधों और वस्तु-बिम्बों को अपने चक्र में समेटने का दावा कर सकता है, किन्तु उस प्रयास की गम्भीरता का 'स्वर' इससे अधिक न होगा : "समसामयिक काव्य में एक ओर मानव-करुणा और द्वंद्व, दूसरी ओर संवेदना, सह-अनुभूति तथा भाव-बोध स्थायी-संचारी के ही विकास-रूप हैं। महामानव के स्थान पर लघुमानव आलम्बन बना और रस-चक्र में हंसों तथा मयूरों के स्थान पर कौए और मुर्गे तथा मत्तगयंदों के स्थान पर आलसी गैंडे फँसने लगे।" (*आलोचक की आस्था*, पृ. 8) इस उक्ति के बाद भी यदि डॉ. नगेंद्र यह कहें कि "अन्तःरस के स्वरूप-विकास के साथ-साथ रसात्मक बोध की व्याख्या नहीं बदली—यह धारणा और तर्क दुराग्रह के ही द्योतक हैं।" (वही) तो कहने की आवश्यकता नहीं रह जाती कि दुराग्रह किसका है। यदि नए आलम्बनों के नाम पर कौए, मुर्गे और गैंडे फँसाना ही रस-चक्र का विकास है तो हरिऔध का *रस-कलश* रस-सागर है।

रस-संग्रह की इस दृष्टि में यदि समस्त 'नई कविता' में सबसे रोमांटिक समझे जानेवाले कवि गिरिजाकुमार माथुर ही 'नई कविता' के 'अन्यतम' कवि प्रतीत हों तो आश्चर्य नहीं होना चाहिए। यही नहीं, 'चित्र की बिम्ब-योजना में भावना और

कल्पना का अपूर्व मणि-कांचन योग' प्रस्तुत करनेवाली ये पंक्तियाँ भी उस रस-दृष्टि का विकास सूचित करती हैं :

मन का मृग भाग रहा
सुधि की अहेरिन यह
फूलों के बान लिये फिरती है।

इस प्रकार यह विकसित रस-दृष्टि जिस गति से गिरिजाकुमार माथुर के 'सुधियों के चन्दन वन' से होकर श्यामसुन्दर घोष की 'सुधि की अहेरिन' का अनुगमन कर रही है, नीरज का 'सुधियों का कारवाँ' थोड़ी ही दूर रह जाता है! कौन कहेगा कि ये 'सुधियाँ' कालिदास की 'तव्चेतसा स्मरति नूनमबोधपूर्व भावस्थिराणि जननांतर सौहृदानि' नहीं हैं?

इसीलिए इस रस-विकास से 'नई कविता' के कवि गिरिजाकुमार माथुर भी पूरी तरह आश्वस्त नहीं हो सके, क्योंकि वे केवल 'सुधियों के चन्दन-वन' के ही कवि नहीं हैं, और न रहना ही चाहते हैं। यहाँ तक कि वे डॉ. नगेंद्र के 'रस-सिद्धान्त' को रसवाद की संज्ञा देने की अपेक्षा 'नव-भावाभिव्यंजनावाद' कहना अधिक उचित समझते हैं। ('काव्य-बिम्ब, रस-दृष्टि और आधुनिक संवेदना', *साप्ताहिक हिन्दुस्तान,* 27 अगस्त, 1967)। अपेक्षित व्याख्या के बिना इस 'नव-भावाभिव्यंजनावाद' संज्ञा को रस-सिद्धान्त के लिए जैसा भी विरुद समझा जाए, किन्तु गिरिजाकुमार माथुर के आगे के विवेचन से स्पष्ट है कि यह 'नव-भावाभिव्यंजनावाद' 'नई कविता' की समग्रतः व्याख्या करने में असमर्थ है; क्योंकि इस रस-दृष्टि के द्वारा 'नई कविता' के काव्य-बिम्बों को समझ पाना असम्भव है। गिरिजाकुमार माथुर के विवेचन से स्पष्ट है कि बिम्ब को काव्य का 'माध्यम' माननेवाले डॉ नगेंद्र 'नई कविता' के बिम्बों का स्वरूप नहीं समझते; क्योंकि "कलात्मक अनुभूति की समस्त प्रक्रिया ही बिम्बमयी होती है।" इस प्रकार : "बिम्ब कलात्मक अनुभूति का प्रमाण है, केवल प्रभावी 'माध्यम' नहीं।"

'इस प्रकार' डॉ. नगेंद्र का विकसित रसवाद स्वयं उनके प्रिय कवि द्वारा ही असंगत सिद्ध होता है, जिसका अर्थ है : लक्ष्य द्वारा लक्षण का खंडन। कहना न होगा कि इसका मूल कारण वही द्वैत भाव है।

जो केवल अपनी अनुभूति-क्षमता के मिथ्याभिमान के बल पर 'नई कविता' को समझ लेने तथा समझकर मूल्य-निर्णय का दावा करते हैं, व्यवहार में उनकी अनुभूति की सीमा प्रकट होने के साथ ही यह तथ्य भी स्पष्ट हो जाता है कि काव्य-समीक्षा में हवाई ढंग से सामान्य अनुभूतियों का सहारा लेना भ्रामक है। 'महाभारत' के बाद अर्जुन का गांडीव जिस तरह दस्युओं के सम्मुख व्यर्थ हो गया था, उसी प्रकार 'नई कविता' के समक्ष पुरानी अनुभूतियों से निर्मित सहृदयता की विफलता निश्चित

है। सैद्धान्तिक स्तर पर इस सहृदयता को चाहे जितने नए शब्दों एवं युक्तियों से सुसज्जित किया जाए, किन्तु एक छोटी-सी 'नई कविता' भी सिद्धान्त के बड़े-से-बड़े गुब्बारे के लिए आलपिन हो जाती है। उदाहरण के लिए *रस-सिद्धान्त* में अज्ञेय की 'सोन-मछली' कविता का निम्नलिखित विवेचन :

हम निहारते रूप,
काँच के पीछे
हाँफ रही है मछली।
रूप-तृषा भी
(और काँच के पीछे)
है जिजीविषा।

"अज्ञेय की यह कविता 'नई कविता' है और सुन्दर भी। इसके आकर्षण का रहस्य क्या है—सुन्दर बिम्ब? हाँ, इन पंक्तियों द्वारा प्रमाता की कल्पना में उद्‌बुद्ध बिम्ब निश्चय ही अत्यंत आकर्षक और सजीव है। काँच के पीछे अपनी प्राण-रक्षा के लिए जल में थिरकती हुई। 'सोन-मछली' का चित्र एकदम आँखों के सामने नाच उठता है—चमकती हुई मछली की तरंगित आकृति मानो 'जिजीविषा' शब्द के वलयित उच्चारण के साथ शब्द-मूर्त हो जाती है! इतने कम शब्दों में ऐसा सजीव चित्र प्रस्तुत कर देना निश्चय ही सधे हुए कलाकार का काम है। परन्तु मैं पूछता हूँ कि क्या यह शब्द-चित्र ही इस कविता की अन्तिम सिद्धि है? क्या प्रस्तुत शब्द-चित्र को रससिक्त करनेवाली संवेदना, जो केवल मानव-चेतना को ही वरदान रूप में प्राप्त है, इसकी चरम सिद्धि नहीं है? बिम्ब निश्चय ही कला की सिद्धि है पर उस बिम्ब को जीवंत करनेवाला तत्त्व तो मानव-चेतना का स्पर्श ही है, और उसी का नाम रस है।"

[*रस-सिद्धान्त,* पृ. 356-57]

एक प्रमाता की इस रस-मापक व्याख्या के बाद इस रचना पर स्वयं रचनाकार की निम्नलिखित टिप्पणी द्रष्टव्य है :

"जीवन...स्वप्नों और आकारों का एक रंगीन और विस्मयभरा पुंज। हम चाहें तो उस रूप से ही उलझे रह सकते हैं, पर 'रूप का यह आकर्षण भी वास्तव में जीवन के प्रति हमारे आकर्षण का ही प्रतिबिम्ब है।' जीवन को सीधे न देखकर हम एक काँच में से देखते हैं, तो हम उन रूपों में ही अटक जाते हैं, जिनके द्वारा जीवन अभिव्यक्ति पाता है। काँच की टंकी में पली हुई सोन-मछली पर एक छोटी-सी कविता में यही कहा गया है।"

[*आत्मनेपद,* पृ. 45]

अज्ञेय की इस टिप्पणी का शीर्षक है : 'प्रतीक और सत्यान्वेषण', जबकि आलोचक की दृष्टि में पहले 'बिम्ब' उभरता है, फिर आती है उसे रससिक्त करनेवाली संवेदना। इस प्रकार यह 'रूपाकर्षण' 'जीवनाकर्षण' का 'प्रतिबिम्ब' नहीं, बल्कि ऐसा बिम्ब है जिसे आगे चलकर 'रस-सिक्त' करता है। विवेचन से बिम्ब और अनुभूति का द्वैत ही नहीं, बल्कि उनका साधन-साध्य सम्बन्ध भी स्पष्ट है। इस स्थिति में प्रमाता के सम्मुख कथ्य का स्पष्ट न होना स्वाभाविक ही है, जिसे छिपाने के लिए गूढ़ रहस्यदर्शी के समान ऐसे अस्पष्ट संवेदन का नाम लिया गया है, जो "मानव-चेतना को ही वरदान रूप में प्राप्त है।" गोया जिजीविषा उस सोन-मछली में नहीं है। भाषा-बोध की स्थिति यह है कि 'हाँफती हुई मछली' 'थिरकती हुई' दिखाई पड़ती है; और लय-बोध का अतिरिक्त उत्साह 'जिजीविषा' शब्द में मछली की 'तरंगायित आकृति' के अनुरूप 'वलयित उच्चारण' तक सुन लेता है। क्या यह असंगति रूप और भाव को अलग-अलग करके देखनेवाली द्वैत दृष्टि का परिणाम नहीं? अनजाने ही वह कविता तथा कवि की टिप्पणी, जैसे प्रमाता की काव्य-दृष्टि की सीमा, पर भी सटीक टिप्पणी है, जो अपने सिद्धान्त के काँच में फँसकर रह जाती है। ऐसे सिद्धान्त के दायरे में क्या 'नई कविता' की हालत भी 'सोन-मछली' की-सी नहीं होगी?

स्पष्ट है कि 'नई कविता' के सन्दर्भ में कविता के शाश्वत तत्त्व के रूप में केवल 'अनुभूति' का नाम लेना काफी नहीं है—नाकाफी ही नहीं, बल्कि भ्रामक है। अज्ञेय को प्रसाद के अत्यंत निकट मानते हुए भी श्री विजयदेव नारायण साही ने दोनों कवियों के दो ठोस उद्धरण देकर स्पष्ट कर दिया है कि 'अनुभूति' शब्द समान होने पर भी उसका अर्थ भिन्न हो गया और उसी के साथ कविता का मूल धर्म क्या है, इसकी परिभाषा भी। अज्ञेय भी प्रसाद की ही तरह 'अनुभूति' को तथ्य और सत्य को जोड़नेवाली कड़ी मानते हैं : "लेकिन यह 'भाव के रूप-ग्रहण की चेष्टा' नहीं है—रूप के भाव-ग्रहण की चेष्टा है।" दूसरे शब्दों में : " 'तथ्य' का सहसा अर्थ से 'आलोकित' हो जाना है। 'जाने हुए' का 'पहचाना हुआ' हो जाना है।"

तात्पर्य यह कि छायावादी काव्य-रचना की प्रक्रिया जहाँ भीतर से बाहर की ओर है, वहाँ 'नई कविता' की रचना-प्रक्रिया बाहर से भीतर की ओर है। एक में रूप पर भाव का 'आरोपण' है तो दूसरी में रूप का भाव में 'रूपान्तरण' है। ये विपरीत प्रक्रियाएँ अनुभूति और विचार के सम्बन्ध में भी दृष्टिगोचर होती हैं। जैसाकि साही ने आगे कहा है : "इस प्रकार *कामायनी* में जो अनुभूति दर्शन में परिवर्तित हो जाती है, उसे अज्ञेय फिर दर्शन से अनुभूति में परिवर्तित करते हैं। कविता-सम्बन्धी हमारी धारणाओं में इससे गहन परिवर्तन हो जाता है—विशेषत: अनुभूति की सार्वजनीनता को लेकर। यह सार्वजनीनता अपनी अनुभूति के प्रति कृतिकार की 'तटस्थता' अथवा 'निर्वैयक्तिकता' से उत्पन्न होती है—इसलिए नहीं कि हमारे बीच के 'मान्य सत्य'

या 'आस्थाएँ' चिरंतन एवं समान हैं, बल्कि इसलिए कि जिस चिरंतन 'तथ्य' के दबाव में हम रह रहे हैं, वह तथ्य समान है। कवि और पाठक के बीच जोड़नेवाली कड़ी 'आस्था' नहीं, 'यथार्थ' है।"

स्पष्ट है कि प्रसाद और अज्ञेय का यह अन्तर छायावाद और 'नई कविता' का अन्तर है और पूर्वापर क्रम से परस्पर-सम्बद्ध होते हुए भी ये दो भिन्न काव्य-सिद्धान्त हैं।

यही कारण है कि 'नई कविता' छायावाद के समान ही 'अनुभूति' पर बल देते हुए भी भावों की शाश्वतता के प्रति उतनी आश्वस्त नहीं है। इसलिए नए कवि अनुभूति से अधिक अनुभूतियों के परिवर्तित सन्दर्भ पर विशेष बल देते हैं। स्पष्टतः उनका बल रागात्मकता से अधिक रागात्मक सम्बन्धों पर है। इस धारणा की पुष्टि *दूसरा सप्तक* की भूमिका में अज्ञेय के इस कथन से भी होती है : "यह कहा जा सकता है कि हमारे मूल राग-विराग नहीं बदले—प्रेम अब भी प्रेम है और घृणा अब भी घृणा—यह साधारणतया स्वीकार किया जा सकता है। पर यह भी ध्यान में रखना होगा कि राग वही रहने पर भी 'रागात्मक सम्बन्धों' की प्रणालियाँ बदल गई हैं और कवि का 'क्षेत्र रागात्मक सम्बन्धों' का क्षेत्र होने के कारण इस परिवर्तन का कवि-कर्म पर बहुत गहरा असर पड़ा है...। जैसे-जैसे बाह्य वास्तविकता बदलती है, वैसे-वैसे हमारे उससे रागात्मक सम्बन्ध जोड़ने की प्रणालियाँ भी बदलती हैं—और अगर नहीं बदलती तो उस बाह्य वास्तविकता से हमारा सम्बन्ध टूट जाता है। कहना न होगा कि जो आलोचक इस परिवर्तन को नहीं समझ पा रहे हैं, वे उस वास्तविकता से टूट गए हैं जो आज की वास्तविकता है। उससे रागात्मक सम्बन्ध जोड़ने में असमर्थ वे उसे केवल बाह्य वास्तविकता मानते हैं जबकि पीछे हम उससे वैसा सम्बन्ध स्थापित करके उसे आन्तरिक सत्य बना लेते हैं। और इस विपर्यय से साधारणीकरण की नई समस्याएँ आरम्भ होती हैं।"

स्पष्ट है कि छायावादी संस्कारों में पले जो आलोचक अनुभूति को स्थायी भाव का पर्याय समझते हैं, वे बदली हुई परिस्थिति में भी कवि से केवल उन स्थायी भावों के अनुरूप अधिक-से-अधिक नए वस्तुविधान और रूपविधान की ही अपेक्षा रखते हैं। उनका खयाल है कि नए वस्तुविधान के बावजूद स्थायी भावों की सार्वजनीनता के कारण काव्यगत भावों के साधारणीकरण में कोई कठिनाई न होगी। अपनी इस धारणा के अनुसार ही वे 'नई कविता' के नए बिम्बों में चिरपरिचित स्थायी भाव ढूँढ़ने का प्रयास भी करते हैं; और 'जिन खोजा तिन पाइयाँ' के ढंग पर प्रायः वे अपना अभीष्ट पा भी जाते हैं क्योंकि वहाँ सच पूछिए तो 'खोजने' की समस्या भी नहीं है। किन्तु कभी-कभी नए बिम्बों में चिरपरिचित स्थायी भाव नहीं भी मिलते, तब वे अपने काव्य-सिद्धान्त को दोष देने की जगह 'नई कविता' को ही दोषी मान बैठते हैं। वे यह भूल जाते हैं कि कवि-कर्म शास्त्र-निरूपित कुछ गिने-चुने स्थायी या संचारी भावों को उदाहृत करना नहीं, बल्कि नई वास्तविकता से उत्पन्न

होनेवाली वृत्तियों को उजागर करना है। इसी दृष्टि से अज्ञेय ने रागात्मक सम्बन्धों के क्षेत्र को कवि-कर्म का क्षेत्र कहा है। नए कवि की समस्या इस रूप को ही भाव में रूपान्तरित करने की है, प्राप्त भाव को रूप देने की नहीं।

छायावाद के विपरीत 'नई कविता' में जिस प्रकार रूप भाव-ग्रहण करता है, तथ्य सत्य हो जाता है और अन्ततः अनुभूति निर्वैयक्तिक हो जाती है, उससे स्वयं 'कविता की संरचना' में भी गहरा परिवर्तन आ जाता है। इस अन्तर को स्पष्ट करते हुए श्री विजयदेव नारायण साही ने कहा है : "छायावादी कलाकृति मूलतः एक 'विस्फोट' करता हुआ कला-रूप है—जैसे केन्द्रीय अर्थ फूटकर चारों ओर क्रमशः विलीन होता हुआ बिखर रहा हो। तीसरे दशक की कलाकृति उसे विस्फोट की तरह नहीं, बल्कि एक 'लहर' की तरह निर्मित करती है—जिस प्रयास में महादेवी से लेकर बच्चन तक के गीत निर्मित होते हैं। 'नई कविता' उस तरंग के रूप को एक 'स्ट्रक्चर' में बदल देती है, जैसे हीरे का 'क्रिस्टल' हो!" *(लघुमानव के बहाने हिन्दी कविता पर एक बहस।)*

औसत 'नई कविता' 'क्रिस्टल' या 'स्फटिक' की सघन संरचना के समान है, इसका प्रमाण यह है कि आलोचना में उद्धरण की सुविधा के लिए उससे कोई एक अंश चुनना कविता के साथ अन्याय हो जाता है और जब भी ऐसा किया जाता है तो कविता की अन्विति की कीमत पर—समग्र अर्थ की कीमत पर। इसलिए जब अज्ञेय *तार सप्तक* के नए संस्करण में अपने वक्तव्य के 'पुनश्च' में 'अर्थवान शब्द' को अपने कवि-जीवन की चरम उपलब्धि घोषित करते हैं तो उनकी दृष्टि में 'शब्द की अर्थवत्ता' में स्फटिक की संरचना के समान ही ध्वनि, लय, छंद आदि के साथ ही सारे सामाजिक सन्दर्भ, युग-सम्पृक्ति और कृतिकार के सामाजिक उत्तरदायित्व की भी परतें घनीभूत हैं। इसीलिए 'नई कविता' 'अभिव्यक्ति' नहीं, बल्कि 'निर्मिति' मानी जाती है। किन्तु डॉ. नगेंद्र जब कहते हैं कि "निर्मिति का सिद्धान्त अभिव्यक्ति से मूलतः भिन्न नहीं है : भेद केवल बलाबल का है। अभिव्यक्ति में वस्तु-तत्त्व माध्यम है और आत्म-तत्त्व प्रधान, जबकि निर्मिति में आत्म-तत्त्व प्रच्छन्न रहता है और वस्तु-तत्त्व उभरकर सामने आ जाता है," (*आलोचक की आस्था,* पृ. 3) तो वे अपनी समझ का बुनियादी भ्रम प्रकट करते हैं। काव्य के अभिव्यक्ति-सिद्धान्त और निर्मिति-सिद्धान्त में भेद केवल बलाबल का नहीं है। बलाबल का भेद वहाँ होगा जहाँ काव्य-रचना साध्य-साधन के द्वैतवादी सिद्धान्त पर आधारित हो। अभिव्यक्ति-सिद्धान्त में इस द्वैत की सम्भावना हो सकती है; किन्तु निर्मिति-सिद्धान्त शुरू से ही इस द्वैत का निषेध करता है। जब काव्य-कृति को 'निर्मिति' कहा जाता है तो उसका स्पष्ट अर्थ है कि उसमें वस्तु-तत्त्व अथवा आत्म-तत्त्व में से कोई भी 'माध्यम'-मात्र नहीं है। 'स्फटिक' की संरचना पर दृष्टि डालने से यह तथ्य अच्छी तरह स्पष्ट हो सकता है। स्फटिक-संरचना सम्बन्धी विज्ञान के नवीनतम शोधों का तो यहाँ तक

कहना है कि 'स्फटिक' में सब कुछ संरचना ही है, 'तत्त्व'-जैसी कोई चीज नहीं, क्योंकि चरम-विश्लेषण में अन्ततः कुछ भी अलग से प्राप्त नहीं होता। इसलिए किसी काव्य-कृति में अनायास ही रूप, वस्तु, भाव और उद्‌देश्य को एक के बाद एक पा जाने के अभ्यस्त आलोचकों को यदि 'नई कविता' लोहे का चना मालूम हो अथवा केवल कुछ नए बिम्बों का पुंज प्रतीत हो तो आश्चर्य नहीं होना चाहिए।

सम्भवतः इसी स्थिति को देखते हुए श्री विजयदेव नारायण साही ने *शमशेर की काव्यानुभूति की बनावट* के विश्लेषण के प्रसंग में कहा है : " 'नई कविता' की बहसों में यह मान्यता अन्तर्भुक्त रही है कि न सिर्फ कविता का ऊपरी कलेवर बदला है, या नए प्रतीकों या बिम्बों या शब्दावली की तलाश हुई है, बल्कि गहरे स्तर पर काव्यानुभूति की बनावट में ही परिवर्तन आ गया है। लेकिन बहस में इस पर बल कम दिया गया है।"

इस कथन से स्पष्ट है कि 'नई कविता' की इस बनावट या संरचना को ध्यान में रखे बिना आज कविता की कोई भी परिभाषा अधूरी रहेगी। इस संरचना की उपेक्षा वही कर सकता है, जो इसके अभिज्ञान को 'नई कविता' के स्वरूप-वर्णन में सहायक मात्र मानता है। किन्तु उदाहरणों से स्पष्ट हो चुका है कि ऐसे आलोचक 'नई कविता' के स्वरूप-वर्णन में भी अक्षम हैं। वे लाख कहें कि उन्हें पंत और गिरिजाकुमार माथुर अथवा रत्नाकर और अज्ञेय की कविता के भेद की प्रतीति है, किन्तु व्यावहारिक समीक्षा के स्तर पर उनकी प्रतीति की कलई खुल जाती है। अपनी इस अक्षमता के बावजूद वे चाहें तो अपनी तुष्टि के लिए काव्य की शाश्वत परिभाषाएँ गढ़ते-धुनते रह सकते हैं और यथारुचि उसके आधार पर 'नई कविता' पर मूल्य-निर्णय भी दे सकते हैं, किन्तु इस प्रकार का सारा प्रयास अन्ततः निरर्थक होगा। इसलिए यदि 'नई कविता' को कविता के रूप में जाँचना-परखना है तो काव्यानुभूति की इस बदली हुई बनावट को ध्यान में रखकर ही कविता की परिभाषा करनी पड़ेगी। 'नई कविता' को जाँचने के लिए 'कविता' का प्रश्न उठाना गलत नहीं है, गलत है 'कविता' सम्बन्धी बुनियादी सवाल की ओट में किसी पुराने सिद्धान्त का सहारा लेना। और निश्चय ही ऐसी चुनौती का जवाब श्री लक्ष्मीकांत वर्मा की तरह *नई कविता के प्रतिमान* बनाकर नहीं दिया जा सकता; बल्कि जैसाकि साही ने कहा है : "समूची 'नई कविता' को ठीक-ठीक देखने के लिए 'नई कविता के प्रतिमान' की जरूरत नहीं है, बल्कि 'कविता के नए प्रतिमान' की जरूरत है।"

कविता के नए प्रतिमान

नई कविता पत्रिका ने अपने 8वें अंक (1967) में, सम्भवत: श्री विजयदेव नारायण साही से संकेत ग्रहण कर 'कविता के नए प्रतिमान' का प्रश्न उठाया है। परिचर्चा में भाग लेते हुए श्री नागेश्वर लाल कहते हैं : "इस प्रश्न को अब सही ढंग से उठाया जा रहा है। 'नई कविता' के प्रतिमानों के बदले कविता के नए प्रतिमानों पर विचार करना अधिक अर्थपूर्ण है। यह जानी हुई कहानी है कि जब-जब कविता बदलती है, उसके प्रतिमान भी बदलते हैं, पर यह नहीं कि नए प्रतिमान अभी-अभी बनी हुई कविता के लिए ही होते हैं। वस्तुत: वे कविता के समग्र रिक्थ के लिए होते हैं। उनके आधार पर नया युग अपनी कविता का तो मूल्यांकन करता ही है, पूर्वजों की कविता का भी फिर से मूल्यांकन करता है और इस तरह उसे नए सन्दर्भ में अंगीकृत करता है।" इसी क्रम में वस्तुस्थिति पर प्रकाश डालते हुए आगे यह कहा गया कि "समीक्षकों ने नए प्रतिमानों की खोज नहीं की, फिर पुनर्मूल्यांकन का प्रश्न ही कैसे उठता? झंखने और खीजने की बात तो यह है कि उन्होंने उलटा रुख अपनाया और पुराने प्रतिमानों के आधार पर 'नई कविता' को जाँचना चाहा। हुआ वही, जो हो सकता था। उन्हें 'नई कविता' खोटी मालूम पड़ी, क्योंकि उसमें अभ्यस्त शिल्प का रचाव नहीं मिला या इसकी मधुमती भूमिका नहीं मिली। समीक्षकों ने पलटकर अपने प्रतिमानों को देखा होता तो बात रास्ते पर आ सकती थी। उन्होंने यह नहीं किया। जब देखा कि 'नई कविता' जम गई है तो बस, पुराने प्रतिमानों में कुछ कतर-ब्योंत करके उन्हीं के आधार पर उसकी प्रशंसा करने लगे।"

'नई कविता' की आलोचना में प्राय: पुराने प्रतिमान क्यों इस्तेमाल किये गए, यदि इसकी जाँच की जाए तो साफ मालूम होगा कि जिन्हें हम 'पुराने प्रतिमान' कहते हैं, वे वस्तुत: पुराने 'संस्कार' हैं। इसलिए नए प्रतिमान की चर्चा करने से पहले इन संस्कारों का विश्लेषण करना बहुत जरूरी है। जब तक इन संस्कारों को न तोड़ा जाएगा, नए प्रतिमानों के प्रस्तुत होने पर भी वास्तविक मूल्यांकन में वे परोक्ष रूप से दखल देते रहेंगे। श्री कुँवरनारायण ने 'हिन्दी आलोचना और रचनात्मक साहित्य' (*क ख ग-6*; अक्टूबर, 1964) शीर्षक निबन्ध में इस संकट की ओर संकेत करते हुए

सही कहा था : "आज भी हिन्दी समीक्षा के सिद्धान्त पक्ष और व्यवहार पक्ष में यह विषमता बनी हुई है। अधिकांश समीक्षा के पीछे बिलकुल व्यक्तिगत रुचि और काव्यानुभव रहता है—समीक्षा के सुनिश्चित मानदंड या तो होते ही नहीं, या ऊल-जलूल होते हैं।" अपनी इस धारणा में श्री कुँवरनारायण ने आचार्य महावीर प्रसाद द्विवेदी की इस मान्यता का उद्धरण दिया है : "गद्य और पद्य की भाषा पृथक्-पृथक् न होनी चाहिए। हिन्दी ही एक ऐसी भाषा है जिसके गद्य में एक प्रकार की और पद्य में दूसरे प्रकार की भाषा लिखी जाती है। सभ्य समाज की जो भाषा हो, उसी भाषा में गद्य-पद्यात्मक साहित्य होना चाहिए।" इस उद्धरण के बाद श्री कुँवरनारायण कहते हैं : "द्विवेदी जी का उद्धरण 'नई कविता' की एक आधारभूत मान्यता को पुष्ट करता है : लेकिन क्या द्विवेदी जी का काव्य-संस्कार आज की कविता को स्वीकार कर सका होता?" छायावादी कविता के बारे में द्विवेदी जी की राय को देखते हुए ही श्री कुँवरनारायण ने कदाचित् यह आशंका व्यक्त की है; इसलिए उसे निराधार कहना कठिन होगा। द्विवेदी जी के जिस कथन में श्री कुँवरनारायण ने ''नई कविता' की एक आधारभूत मान्यता की पुष्टि' देखी है, उसके सही सन्दर्भ की ओर यदि उनका ध्यान जाता तो शायद वे ऐसी बात न कहते, किन्तु यह तथ्य है कि कविता के वास्तविक मूल्यांकन में बौद्धिक स्तर पर स्वीकृत सिद्धान्तों की अपेक्षा बद्धमूल संस्कार अधिक निर्णायक भूमिका अदा करते हैं।

इस दृष्टि से आज नए-से-नए प्रतिमान के लिए सबसे बड़ी चुनौती छायावादी संस्कार हैं। उदाहरण के लिए गद्य और कविता का अन्तर समझाने के लिए आज भी व्यापक रूप से यह कहा जाता है कि 'शुष्को वृक्षस्तिष्ठत्यग्रे' गद्य है और 'नीरस तरुरिह विलसति पुरत:' काव्य है। इस मान्यता को क्लासिकी मर्यादा प्रदान करने के लिए इसके साथ बाणभट्ट का नाम जोड़कर एक अच्छी-खासी किंवदंती भी गढ़ दी गई है। यह अनुश्रुति कितनी पुरानी है, कहना कठिन है। किन्तु इसका विशेष प्रचलन प्राय: उस समय हुआ, जब कविता में छायावाद का बोलबाला था। आचार्य रामचन्द्र शुक्ल तक ने 'कविता क्या है?' निबन्ध में कविता की भाषागत विशेषता का निरूपण करते हुए इस उक्ति को प्रमाण के रूप में प्रस्तुत किया है। उक्ति भले ही संस्कृत की हो, किन्तु इसमें कविता की एक रूमानी धारणा निहित है, इसकी ओर बहुतों का ध्यान नहीं जाता।

इस ओर सम्भवत: सबसे पहले कवि श्री सियारामशरण गुप्त की दृष्टि गई—1938 में, जब छायावाद का युगांत घोषित हो चुका था और प्रगतिशील चेतना यथार्थवाद के रूप में उदित हो रही थी। श्री सियारामशरण गुप्त ने *झूठ-सच* नामक पुस्तक में इस विषय पर 'शुष्को वक्ष:' शीर्षक निबन्ध लिखा, जिसमें उन्होंने साहस के साथ यह प्रश्न उठाया कि 'शुष्को वृक्षस्तिष्ठत्यग्रे' कविता क्यों नहीं है? उनके शब्दों में : "रस कठोर में भी होता है। सब कोमल पदार्थ सुस्वादु नहीं होते। इसी

से 'शुष्को वृक्षस्तिष्ठत्यग्रे' में जो बात है, 'वह नीरस तरुरिह' आदि में नहीं। इसमें विलास की गंध है। इस वृक्ष के लिए 'विलसति पुरतः' कहना उसका उपहास है।" अपनी इस धारणा की व्याख्या करते हुए आगे वे कहते हैं : "ज्येष्ठ बंधु ने उस सूखे वृक्ष को देखा था, उसकी शुष्कता का अनुभव किया था। कल्पना-लोक में वह भटका न था, इसी से इतने थोड़े शब्दों में उस वृक्ष का ऐसा विशद चित्र उससे बन पड़ा है। 'शुष्को वृक्षः' कहते ही आँखों के आगे नीचे से ऊपर उठता हुआ एक ऐसा वृक्ष दिखाई देने लगता है जिसमें अब कोई गाँठ-सी पड़नेवाली हो! कंठ को यहाँ जो झोंक सँभालनी पड़ती है, वह इस वृक्ष की ही है। इसके बाद 'तिष्ठति' तक फिर उसके तने को ऊपर उठने का मौका मिलता है। वहाँ से 'त्' के द्वित्व की ठोकर खाकर टेढ़ा-मेढ़ा होता हुआ वह फिर ऊपर की ओर बढ़ जाता है। वाक्य का उच्चारण करते-करते मानस-पट पर अलक्षित रंगों में सूखे वृक्ष का एक ऐसा चित्र अंकित होता जाता है, जिसे एक बार अन्तर्दृष्टि से देख लेने पर भुलाया नहीं जा सकता। भाषा इसकी ऊबड़-खाबड़ है। वह उचित ही है। अर्थ न समझनेवाले को भी वह शुष्कता का बोध करा देगी। उसके कारण वर्णित चित्र ऐसा हो गया है कि नीचे लिखा हुआ गद्य पढ़ना आवश्यक नहीं रहता, चित्र का आशय अपने-आप सुस्पष्ट हो जाता है।"

इस विषय में आलोचकों के मतिभ्रम पर टिप्पणी करते हुए श्री सियारामशरण गुप्त कहते हैं : "आश्चर्य का विषय है कि जो बात इन लोगों (किसानों) की समझ में भी आती है, वह हमारे समालोचकों की समझ में नहीं आई। वे वास्तव में कठोर की उपेक्षा करके कोमलता के उपवन में विचरण करने चले गए हैं। इस 'शुष्को वृक्षः' में भी जो आनन्द है, उसकी ओर उनकी दृष्टि नहीं गई।"

बद्धमूल छायावादी संस्कार का यह एक उदाहरण है, जो श्री सियारामशरण गुप्त के उक्त खंडन के बाद भी एकदम समाप्त नहीं हुआ है। कविता की विशिष्टता बतलाते समय जब भी उसे गद्य के विरुद्ध रखा जाता है, प्रायः इसी उदाहरण की सहायता ली जाती है; जो इस स्थूल उदाहरण को अपनी सूक्ष्म बुद्धि के लिए अपमानजनक समझते हैं, वे भी किसी-न-किसी रूप में ऐसी ही उक्ति का सहारा लेते हैं। गद्य को कविता के विरुद्ध रखने का अर्थ ही है—गद्य को यथार्थवाद का प्रतीक मानना और कविता को रोमांटिकता का।

छायावादी संस्कार की दृढ़ता का दूसरा उदाहरण ज्यादा गम्भीर है। इसका श्रेय आचार्य रामचन्द्र शुक्ल को है। सामान्यतः आचार्य शुक्ल छायावाद के विरोधी समझे जाते हैं, किन्तु तथ्य है कि वे स्वच्छंदतावाद के विरोधी न थे। काव्य में रहस्यवाद उन्हें अमान्य था, फिर भी वे प्राकृतिक अथवा स्वाभाविक रहस्य-भावना के कायल थे। कविता में अनुभूति को सर्वोपरि वे भी मानते थे। काव्य-भाषा की दृष्टि से छायावादी पदावली ही नहीं बल्कि पूरी भाषा-व्यंजना उन्हें प्रिय थी। इन मान्यताओं

के अनुसार : उन्होंने हिन्दी कविता की समूची परम्परा का मूल्यांकन किया, जो आगे चलकर 'हिन्दी साहित्य का इतिहास' के रूप में हिन्दी के विद्यार्थियों का संस्कार बन गया। जो लोग आचार्य शुक्ल के स्पष्ट मानदंड से पूरी तरह अभिज्ञ नहीं हैं, वे भी उस मानदंड के व्यावहारिक मूल्यांकन के प्रभाव में हैं, जिसका स्पष्ट प्रमाण यह है कि आज तक हिन्दी कविता की परम्परा का पुनर्मूल्यांकन नहीं किया गया। आचार्य शुक्ल के मूल्यांकन में छायावादी आग्रह किस सीमा तक अन्तर्निहित है, इसे छायावाद से इतर कविता के मूल्यांकन में साफ देखा जा सकता है। जो घनानन्द प्रसाद के प्रिय कवि थे, उन्हें शुक्ल जी ने भी 'साक्षात् रसमूर्ति' कहा और 'लाक्षणिक मूर्तिमत्ता और प्रयोग-वैचित्र्य' के कारण उन्हें छायावादी कवियों से सम्बद्ध कर दिया। इसके विपरीत केशवदास के बारे में उन्होंने स्पष्ट निर्णय दिया : "केशव को कवि-हृदय नहीं मिला था। उनमें वह सहृदयता और भावुकता न थी जो एक कवि में होनी चाहिए।" इस 'सहृदयता और भावुकता' का वास्तविक अर्थ जानने के लिए केशव के बारे में श्री स. ही. वात्स्यायन का *केशव की कविताई* शीर्षक संवाद द्रष्टव्य है, जिसमें केशव को व्यंग्यों का सफल कवि माना गया है। वात्स्यायन ने केशव की तुलना अंग्रेजी कवि बेन जानसन से करते हुए कहा है : "कहीं-कहीं जहाँ चमत्कार की कोई तारीफ करता है और कोई निन्दा, वहाँ भी असल में केशव थोड़ा-सा व्यंग्य ज़रूर करते रहे होंगे। जैसे :

ऐ री गोरी भोरी तेरी थोरी-थ़ोरी हाँसी मेरी,
मोहन की मोहिनी की गिरा की गुराई है।

इस पंक्ति को कोई तो मिठास से भरी हुई बतलाएगा, कोई निरा शब्दाडम्बर कहेगा, पर मुझे तो लगता है कि असल में केशवदास उस गोरी की प्रशंसा करने के साथ-साथ उसे थोड़ा-थोड़ा बना भी रहे थे।"

स्पष्ट है कि ऐसे व्यंग्य में जिस काव्य-दृष्टि को 'सहृदयता और भावुकता' नहीं दिखती, उसके निकट सहृदयता और भावुकता बहुत-कुछ छायावादी दायरे से सम्बद्ध होगी।

आचार्य शुक्ल के छायावादी अनुषंग का ज्वलंत उदाहरण है कबीर को कवि-रूप में मान्यता न देना। कबीर रवीन्द्रनाथ के प्रिय कवि थे; उन्होंने कबीर की सौ कविताओं का अनुवाद किया। इस प्रकार रवीन्द्रनाथ की अनुशंसा से कबीर आधुनिक रोमांटिक कवियों के बीच एक रहस्यवादी कवि के रूप में प्रसारित हुए। आचार्य शुक्ल को रहस्यवाद पसन्द न था, फिर भी उन्होंने कबीर के भक्ति-भावापन्न पदों में काव्य-गुण को स्वीकार किया। किन्तु शेष कृतित्व के बारे में उन्होंने कोई उत्साह नहीं दिखाया। आचार्य शुक्ल की स्पष्ट धारणा थी : "भारतीय ब्रह्मज्ञान और योग-साधना को लेकर चलनेवाली ज्ञानाश्रयी शाखा की रचनाएँ 'साहित्यिक' नहीं

हैं।" क्योंकि उनमें "भक्तिरस में मग्न करनेवाली सरसता भी बहुत कम पाई जाती है।" इसके अतिरिक्त : "संस्कृत बुद्धि, संस्कृत हृदय, और संस्कृत वाणी का वह विकास इस शाखा में नहीं पाया जाता, जो शिक्षित समाज को अपनी ओर आकर्षित करता।" इसी क्रम में कबीर पर लिखते हुए वे कहते हैं : "यद्यपि वे पढ़े-लिखे न थे, पर उनकी प्रतिभा बड़ी प्रखर थी, जिससे उनके मुँह से बड़ी चुटीली और व्यंग्य-चमत्कारपूर्ण बातें निकलती थीं। इनकी उक्तियों में विरोध और असम्भव का चमत्कार लोगों को बहुत आकर्षित करता था, जैसे : 'नैया बिच नदिया डूबति जाय'। अनेक प्रकार के रूपकों और अन्योक्तियों द्वारा ही उन्होंने ज्ञान की बातें कही हैं, जो नई न होने पर भी वाग्वैचित्र्य के कारण अपढ़ लोगों को चकित किया करती थीं।"

कबीर के विपरीत दादू दयाल की बानी की प्रशंसा करते हुए आचार्य शुक्ल कहते हैं : "दादू की बानी में यद्यपि उक्तियों का वह चमत्कार नहीं है जो कबीर की बानी में मिलता है, पर प्रेम-भाव का निरूपण 'अधिक सरस' और 'गम्भीर' है। कबीर के समान खंडन और वाद-विवाद से इन्हें रुचि नहीं थी।"

इसी क्रम में यदि सुन्दरदास के बारे में भी आचार्य शुक्ल की सम्मति देख ली जाए तो उनके काव्य-मूल्यों का पर्याप्त परिचय प्राप्त हो सकता है। सुन्दरदास के रूप-रंग, स्वभाव, चरित्र आदि की प्रशंसा करते हुए आचार्य शुक्ल कहते हैं : "निर्गुण पंथियों में ये ही ऐसे व्यक्ति हुए हैं जिन्हें समुचित शिक्षा मिली थी और जो काव्य-कला की रीति आदि से अच्छी तरह परिचित थे। 'अत: इनकी रचना साहित्यिक और सरस है।' ज्ञानचर्चा के अतिरिक्त नीति और देशाचार आदि पर भी इन्होंने बड़े सुन्दर पद्य कहे हैं। और संतों ने केवल गाने के पद और दोहे कहे हैं, पर इन्होंने सिद्धहस्त कवियों के समान बहुत-से कवित्त और सवैये रचे हैं। इन कवित्त-सवैयों में यमक, अनुप्रास आदि अलंकार की योजना बराबर मिलती है। इनकी रचना काव्य-पद्धति के अनुसार होने के कारण और संतों की रचना से भिन्न प्रकार की दिखाई पड़ती है।"

कबीर, दादू और सुन्दरदास की रचनाओं पर आचार्य शुक्ल की सम्मतियों की तारतमिक विवेचना से स्पष्ट हो जाता है कि वे कबीर की बिना लाग-लपेट वाली अनगढ़ किन्तु सीधी भाषा में कही गई खंडनात्मक रचनाओं में कवित्व न देखकर शिक्षित-जनोपयुक्त सुसंस्कृत भाषा में काव्य-पद्धति के अनुरूप रचित रचनाओं में कवित्व समझते थे अथवा सीधे-सादे प्रेम-भाव को सरस और गम्भीर मानते थे। कहना न होगा कि कविता के मामले में यहाँ तरजीह या तो रीतिवादी काव्य-मूल्यों पर है या फिर कुछ-कुछ छायावादी।

कबीर के सन्दर्भ में आचार्य शुक्ल के काव्य-मूल्यों का स्पष्ट ज्ञान प्राप्त करने के लिए पं. हजारी प्रसाद द्विवेदी के कबीर-विषयक मत का उद्धरण आवश्यक है। द्विवेदी जी के अनुसार : "कबीर के भाव सीधे हृदय से निकलते हैं और श्रोता पर

सीधे चोट करते हैं। जो लोग इस रहस्य को नहीं जानते, वे व्यर्थ ही पांडित्य-प्रदर्शन से पाठकों का समय नष्ट करते हैं। उनकी साफ चोट करनेवाली भाषा, बिना कहे भी सब कुछ कह देनेवाली शैली और अत्यंत सादी, किन्तु अत्यंत तेज प्रकाशन-भंगी अनन्य-साधारण है।...वह भाषा ही झकझोर देनेवाली है—जितनी ही सादी उतनी ही तेज।...इसीलिए वे सीधी बात को भी ललकारने की भाषा में बोलते थे। सारी परिस्थिति का विश्लेषण न कर सकनेवाले पंडित इसे अटपटी वाणी समझकर संतोष कर लेते हैं या फिर घमंड या दम्भ समझकर कुछ आश्वस्त-से हो लेते हैं।...वे जो कुछ कहते थे, अनुभव के आधार पर कहते थे। इसीलिए उनकी उक्तियाँ बेधनेवाली और व्यंग्य चोट करनेवाले होते थे।"

एक ही काव्य-भाषा जो आचार्य शुक्ल के लिए 'अपढ़ लोगों को चकित' करने के लिए चमत्कार-मात्र है, द्विवेदी जी के लिए हृदय पर सीधे चोट करनेवाली है। प्रश्न यह नहीं है कि इन दोनों में कौन-सा मूल्यांकन सही है। प्रश्न यह है कि इनमें से कौन-सी मान्यता हिन्दी के औसत पाठकों में अधिक प्रचलित है और क्यों? कहना न होगा कि जहाँ तक काव्य-रुचि का सम्बन्ध है, औसत हिन्दी पाठक आज भी कबीर की रचनाओं के बारे में आचार्य शुक्ल की राय से ही बहुत-कुछ प्रभावित है। इसका कारण बहुत-कुछ छायावादी संस्कार ही है। यह तथ्य है कि हिन्दी के छायावादी कवियों ने कबीर में विशेष रुचि नहीं दिखलाई—बावजूद रहस्यवादी साम्य के; कारण कबीर की अटपटी भाषा, जो छायावाद के कोमल संस्कारों के अनुकूल न थी। अपनी उसी भाषा के कारण कबीर यदि आज के कवियों को विशेष रूप से अपने लगते हैं तो स्पष्ट है कि काव्यगत बद्धमूल संस्कार और नए सृजन के बीच अन्तर का आधार क्या है? यह संस्कार इतना गहरा है कि इस बीच पुनर्मूल्यांकन के छिटपुट प्रयास किये भी गए तो संस्कारों के बुनियादी ढाँचे में कोई परिवर्तन नहीं हुआ। निस्सन्देह इसकी सारी जिम्मेदारी अकेले आचार्य शुक्ल पर ही नहीं है; क्योंकि यदि आचार्य शुक्ल ही एकमात्र नियामक प्रभाव के रूप में होते तो कायदे से तुलसीदास को हिन्दी के औसत काव्यबोध का आधार होना चाहिए था; पर यह भी नहीं हुआ। कारण कदाचित् यह हो कि आचार्य शुक्ल तुलसीदास को 'काव्य' के स्तर पर प्रतिष्ठित नहीं कर सके। बहरहाल, इतिहास की यह भी एक विडंबना ही है कि छायावाद का विरोध करके भी आचार्य शुक्ल आधुनिक हिन्दी के काव्य-पाठक के संस्कार को बहुत-कुछ छायावादी रुचि से संवलित कर गए, जिसे *छायावाद का पतन* जैसी पुस्तकें भी न तोड़ सकीं।

इधर यह अनुभव किया जा रहा है कि प्रयोगशील 'नई कविता' ने भी आरम्भिक प्रतिक्रिया के बावजूद छायावादी संस्कारों को निर्मूल करने का गम्भीर प्रयास नहीं किया। जुलाई-सितम्बर, '67 की *आलोचना* में *तार सप्तक* का पुनर्मूल्यांकन करते हुए श्री केदारनाथ सिंह ने कहा है : "एक ऐसे समय में जबकि साहित्य को

रोमांटिक भावुकता से छुटकारा दिलाने के लिए बिलकुल दूसरे प्रकार के नारों की आवश्यकता थी, *तार सप्तक* के कुछ वक्तव्यों और विशेषत: सम्पादक के वक्तव्य ने उन प्रश्नों को रेखांकित करने का प्रयास किया, जो जाने-अनजाने रोमांटिक संशयों को ही प्रतिध्वनित करते थे। परिणामत: रोमांटिक और आधुनिक के बीच जो स्पष्ट विभाजन अब तक हो जाना चाहिए था, वह अगली पीढ़ी तक के लिए स्थगित कर दिया गया।" अपनी बात को स्पष्ट करते हुए श्री केदारनाथ सिंह ने आगे कहा है : "प्रयोगवाद का 'अन्वेषण' निश्चित रूप से आध्यात्मिक नहीं था। कोशिश की गई होती तो उसके वस्तुगत स्रोत का भी पता लगा लिया गया होता और उस बाह्य दबाव का भी, जिसके चलते प्रयोग एक अनिवार्यता बन गया था। परन्तु 'यथार्थ-दर्शन से उत्पन्न होनेवाली कुंठा' के मूल में जाने की किसी ने जरूरत ही नहीं समझी। दो-एक कवियों में यह चेतना जाग्रत जरूर थी, पर *तार सप्तक* का जो सामूहिक व्यक्तित्व बना, उसमें वह दब-सी गई।"

उन दो-एक कवियों में मुक्तिबोध अग्रणी थे, जिन्होंने शुरू से ही 'नई कविता' के इस समझौतावादी रुख का विरोध किया। वे लगातार इस बात पर जोर देते रहे कि यथार्थ-दर्शन से उत्पन्न होनेवाली कुंठा किस प्रकार रोमांटिक ढंग की सौन्दर्याभिरुचि में मुँह छिपाने की कोशिश कर रही है। इस आशय के अनेक वक्तव्यों में से उदाहरण के लिए एक वक्तव्य यह है : " 'नई कविता' वालों ने काव्य-सौन्दर्य सम्बन्धी जो व्याख्या की, भले ही वह चाहे जितनी लचीली बना ली जाए, उन सिद्धान्तों का प्रयोग करते समय ऐसी विशेष भावनाओं और उनकी अभिव्यक्ति को असुन्दर समझा गया, जिनका सम्बन्ध ह्रासग्रस्त सभ्यता के विरोध से है। संक्षेप में, एक विशेष प्रकार की काव्याभिरुचि की औचित्य-स्थापना के लिए सिद्धान्त लाए गए अथवा सिद्धान्तों की पुनर्व्याख्या की गई। दूसरे शब्दों में, अपनी काट की कविता—अपने फ्रेम में फिट होनेवाली कविता को—तो कविता माना गया, चाहे वह महत्त्वहीन गद्य ही क्यों न हो पर इसके विपरीत राजनीतिक भावावेश से सम्पन्न काव्य विद्रूप करार दिया गया अथवा उसकी जानबूझकर उपेक्षा की गई। जहाँ भी ऐसा प्रतीत हुआ कि अन्य की जीवन दृष्टि उत्पीड़ित जनता का पक्ष ले रही है, वहीं नाक-भौं सिकोड़े जाने के चिह्न दिखाई दिये। वे सौन्दर्यवादी लोग यह भूल गए कि बंजर काले स्याह पहाड़ में भी एक अजीब वीरान भव्यता होती है, गली के अँधेरे में उगे छोटे-से जंगली पौधे में भी एक विचित्र संकेत होता है। विशाल व्यापक मानव-जीवन में पाए जानेवाले भयानक संघर्ष के रौद्र रूप तो उनकी सौन्दर्याभिरुचि के फ्रेम के बाहर थे।"

इस प्रतिरोध के कारण मुक्तिबोध 'नई कविता' के पूरे दौर में प्राय: उपेक्षित रहे; यहाँ तक कि 'नई कविता' साहित्य के प्रतिष्ठानों में जब बहुत-कुछ स्वीकार भी कर ली गई तो मुक्तिबोध उस दायरे से बाहर रहे। मुक्तिबोध को छोड़कर 'नई कविता' का स्वीकृत होना इस बात का पक्का प्रमाण है कि 'नई कविता' ने

कहीं-न-कहीं पूर्ववर्ती रोमांटिकता के साथ चुपचाप समझौता कर लिया था। इस बारे में 'नई कविता' के अन्तर्गत मुक्तिबोध की स्थिति बहुत-कुछ वही है, जो छायावाद के अन्तर्गत निराला की थी। छायावाद में सबसे पहले विरोध पंत का हुआ और वही सबसे पहले स्वीकृत भी हुए, फिर प्रसाद और अन्त में महादेवी। छायावाद के समाप्त होने तक निराला स्वीकृत नहीं हो पाए थे। 'नई कविता' में सबसे पहले विरोध अज्ञेय का हुआ और स्वीकृत भी सबसे पहले वही हुए। मुक्तिबोध की ओर ध्यान गया तब, जब वे मृत्युशय्या पर थे। और ध्यान भी गया तो किनका? युवा कवियों का।

स्पष्ट है कि कविता के नए प्रतिमानों को निर्धारित करते समय अन्तर्निहित रोमांटिक संस्कारों का आत्म-विश्लेषण आवश्यक है। 'नई कविता' को प्रतिष्ठित करने के लिए नए कवियों और आलोचकों ने जिन प्रतिमानों को सूत्रबद्ध किया है, उन्हीं को स्वीकार करके इधर 'नई कविता' के मूल्य को अस्वीकार करने की प्रवृत्ति देखी जा रही है। उदाहरण के लिए 'मानव व्यक्तित्व की सार्थकता' तथा 'आत्मोपलब्धि' को 'नई कविता' के मूल्यों के रूप में स्थापित किया गया और इन्हीं का नाम लेकर कुछ विरोधियों ने यह प्रमाणित करने का प्रयास किया कि 'नई कविता' इस दृष्टि से मूल्यहीन है। क्या इससे यह निष्कर्ष नहीं निकलता कि केवल नए प्रतिमानों की प्रतिष्ठा पर्याप्त नहीं है? प्रतिमानों को सूत्रबद्ध करने के जो खतरे हैं, उनकी ओर तो सम्भवत: बहुत-से जागरूक लेखकों का ध्यान है किन्तु प्रतिमान-चर्चा में अन्तर्निहित सूत्रबद्धता की अनिवार्यता की ओर बहुत कम लोगों का ध्यान जाता है। एक ही प्रतिमान के नाम पर यदि भिन्न आलोचक एक ही कृति का मूल्यांकन करते हुए भिन्न निष्कर्षों पर पहुँचते हैं तो इसका यही अर्थ है कि वे सभी एक ही कृति को नहीं पढ़ रहे। कृति का स्वरूप निश्चित रूप से सबके सामने भिन्न-भिन्न है; क्योंकि उनकी पाठविधि या पढ़ने के तरीके भिन्न-भिन्न हैं। इसलिए कविता के मूल्यांकन के सन्दर्भ में पद्धति के बिना प्रतिमानों की चर्चा निरर्थक है।

'नई कविता' ने कविता के नए मूल्यों को प्रतिष्ठित करने के साथ ही कविता पढ़ने की नई पद्धति की आवश्यकता भी प्रदर्शित की है। इस पद्धति से अनभिज्ञ होने के कारण आज बहुत-से लोग 'नई कविता' को सहानुभूतिपूर्ण दृष्टि से देखने की सदिच्छा के फलस्वरूप उनके भाव-सम्बन्धी प्रयोगों और बिम्ब-योजनाओं की प्रशंसा करके अपनी उदारता प्रकट कर लेते हैं। यह प्रवृत्ति बहुत-कुछ वैसी ही है, जैसी पिछले युग में केवल अभिव्यंजना-प्रणाली के लिए छायावादी काव्य की प्रशंसा। विडंबना यह है कि ऐसे सभी लोग सिद्धान्त-रूप में शब्द और अर्थ तथा भाषा और भाव की अभिन्नता के कायल हैं। सवाल यह है कि किसी कविता में कथ्य का तिरस्कार करके उसकी भाषा-शैली की प्रशंसा करना कहाँ तक संगत है? ऐसे निर्णायकों से यह पूछना असंगत नहीं है कि उन्होंने कथित कविता का कथ्य किस प्रकार और किस माध्यम से प्राप्त किया? माध्यम काव्यगत शब्द

ही हैं, इससे तो शायद वे भी इनकार न करेंगे, किन्तु जिस प्रकार वे शब्दों को स्पृहणीय मानते हुए भी कथ्य को अमान्य ठहराते हैं, उससे स्पष्ट है कि कविता का कथ्य प्राप्त करने की उनकी विधि कोई और है और इसीलिए उनका उपलब्ध काव्य-कथ्य भी कुछ और ही है।

इस सन्दर्भ में सामान्य रूप से दो प्रकार के भ्रांत पाठकों की चर्चा की जा सकती है : एक तो अतीतजीवी अबोध अथवा जड़ पाठक; दूसरे, भविष्यजीवी सामाजिक जागरूक पाठक। किन्तु इस मामले में दोनों प्रकार के पाठक एक हैं कि दोनों ही के सिर हर समय 'सामान्यताओं' से भन्नाते रहते हैं और हर कविता से वे उन्हीं में से किसी एक की पुष्टि की आशा लगाए रहते हैं और जाहिर है कि इसके लिए उन्हें प्रस्तुत कविता की ओर विशेष ध्यान देने की आवश्यकता नहीं रह जाती। इसीलिए उन्हें एक ही विषय की दो कविताओं में अधिक-से-अधिक केवल भाषागत अन्तर दिखाई पड़ता है और इसी कारण वे जिस कविता को पसन्द करते हैं, उसके भाषा-सौष्ठव अथवा शिल्प-सौन्दर्य की प्रशंसा करके संतोष कर लेते हैं। कहना न होगा कि काव्यपाठ की इस विधि में किसी कविता के विशेष कथ्य की प्राप्ति असम्भव है; क्योंकि जिसके लिए प्रयास ही नहीं, उसकी प्राप्ति क्या?

सम्भवतः इसीलिए *तीसरा सप्तक* की सम्पादकीय भूमिका में अज्ञेय ने जोर देकर यह कहने की आवश्यकता अनुभव की : "काव्य का विषय और काव्य की वस्तु (कंटेंट) अलग-अलग चीजें हैं; पर जान पड़ता है कि इस पर बल देने की आवश्यकता प्रतिदिन बढ़ती जा रही है। यह बिलकुल सम्भव है कि हम काव्य के लिए नए-से-नया विषय चुनें पर वस्तु उसकी पुरानी ही रहे; जैसे यह भी सम्भव है कि विषय पुराना रहे, पर वस्तु नई हो। विषय केवल 'नए' हो सकते हैं, 'मौलिक' नहीं—मौलिकता वस्तु से ही सम्बन्ध रखती है। विषय सम्प्रेष्य नहीं है, वस्तु सम्प्रेष्य है। नए (या पुराने भी) विषय की, कवि की संवेदना पर प्रतिक्रिया, और उससे उत्पन्न सारे प्रभाव जो पाठक-श्रोता-ग्राहक पर पड़ते हैं, और उन प्रभावों को सम्प्रेष्य बनाने में कवि का योग—मौलिकता की कसौटी का यही क्षेत्र है।"

अज्ञेय का यह कथन कवि को जितना सम्बोधित है, उतना ही पाठक या आलोचक को भी। 'वस्तु' की जो 'मौलिकता' कवि का अभिप्रेत सम्प्रेष्य है, आलोचक के लिए ग्राह्य भी वही है; इसलिए जो आलोचक किसी कविता की उस 'वस्तुगत मौलिकता' को प्राप्त करने का प्रयास नहीं करता, उसके बारे में असन्दिग्ध रूप से यह कहा जा सकता है कि उसने उस कविता को पढ़ा ही नहीं। किसी कविता की वस्तुगत 'मौलिकता' की पहुँच में होनेवाला आलोचक कथ्य का तिरस्कार करके केवल भाषा-सौष्ठव या बिम्ब-विधान की प्रशंसा करके संतोष नहीं कर सकता। प्रस्तुत शब्दों में प्रारम्भ करके विविध अर्थ-सारणियों पर क्रमशः

संचरण करते हुए सम्भाव्य कथ्य तक पहुँचने में आलोचक को स्वयं जो आभास होता है, उसी से वह कवि की शब्द-साधना का भी अनुमान करता है और तदनुसार मूल्यांकन भी करता है। किसी काव्यकृति के आयत्तीकरण की इस प्रक्रिया में कथ्य से अलग शब्दों और बिम्बों की सुन्दरता का सवाल ही नहीं उठता। वहाँ कथ्य के आलोक में शब्द-बिम्ब-लय आदि की सार्थकता का प्रश्न मुख्य होता है। इसलिए मूल्य-निर्णय समग्र होता है।

आवश्यक नहीं कि यह पद्धति केवल जटिल भाव-बोध और रूप-गठनवाली कविताओं के लिए उपयुक्त हो। अपने भाव-बोध और रूप-विन्यास में सरल-से-सरल कविताएँ भी इस अवधानता की अपेक्षा रखती हैं। इस विश्लेषण-पद्धति के साथ सबसे बड़ी सुविधा यह है कि भावोच्छ्वसित अथवा 'शिथिल-समाधि' की अकाल-सम्भवा कृतियाँ अपने वाग्जाल एवं खंडित रूप-विधान के कारण तत्काल ही अपनी दुर्बलता उद्घाटित कर देती हैं। इस प्रकार यह सतर्क-विश्लेषण-पद्धति केवल पद्धति नहीं बल्कि मूल्यांकन का अनिवार्य अंग है—स्वत: एक मूल्य है।

इस पद्धति के विरुद्ध एक आपत्ति यह हो सकती है कि इससे कविता वस्तु-रूप में नि:शेष हो जाती है और इस प्रकार यह रूपवादी प्रवृत्ति की द्योतक है। 'नई कविता' के कुछ आलोचकों ने सम्भवत: इसी युक्ति का सहारा लेकर 'नई कविता' के रूपगत प्रयोगों की प्रशंसा करते हुए भी कथ्य के तिरस्कार के लिए युक्ति दी है कि 'नई कविता' के सामाजिक-नैतिक मूल्यों से उनका विरोध है। इस आधार पर 'नई कविता' की अनास्था, कुंठा आदि की आलोचना करते हुए भी रूप-सम्बन्धी नए प्रयोगों की प्रशंसा की गई है। इस प्रकार यह प्रश्न अन्तत: कवि और आलोचक के अपने-अपने 'विश्वासों' के अन्तर पर आ टिकता है। सिद्धान्त के स्तर पर इस समस्या का समाधान जितना मुश्किल और अनिर्णायक दिखाई पड़ता है, व्यवहार में उतना मुश्किल नहीं है। आस्था के लिए जिन कविताओं की प्राय: प्रशंसा की गई है, उन्हें यदि तथाकथित अनास्थावाली नई कविताओं के परिपार्श्व में रखकर देखें तो स्पष्ट हो जाएगा कि उन आस्थावादी कवियों के समान ही आस्थावादी आलोचकों की कविता-सम्बन्धी धारणा भी काफी स्थूल और सपाट है। इसलिए यहाँ भी मूल प्रश्न 'विश्वासों' का उतना नहीं है, जितना कविता के अन्तर्गत सार्थक शब्द के प्रयोग की विधि का है, जिसे आम तौर से 'रूपवाद' कहा जाता है। डॉ. रामविलास शर्मा ने 'नई कविता' के मुकाबले शिवमंगल सिंह 'सुमन' की 'आज कहाँ से फिर आ पहुँचा फागुन में सावन', गिरिजाकुमार माथुर के *धूप के धान* कविता-संग्रह की 'पहिए' शीर्षक कविता और बच्चन की 'बुद्ध और नाचघर' कविता को श्रेष्ठ बतलाया है और इन कवियों के साथ ही नीरज और वीरेंद्र मिश्र के गीतों को भी खुली दाद दी है, उससे स्पष्ट हो जाता है कि आस्था से अधिक महत्त्वपूर्ण कविता-सम्बन्धी धारणा या रुचि है।

इस रुचि का स्पष्ट परिचय प्राप्त करने के लिए पसन्द की गई कविताओं की बानगी देखना आवश्यक है। सबसे पहले शिवमंगल सिंह 'सुमन' के गीत का एक अंश :

सोंधी-सोंधी मिट्टी महकी
गमक उठा उपवन।
बिजली कौंधी आसमान में
धरती में सिहरन॥
होली में कजली गाने का
फिर ललचाया मन।
आज कहाँ से फिर आ पहुँचा
फागुन में सावन॥

स्पष्ट है कि गीत का सारा चमत्कार 'फागुन में सावन' के स्थूल विरोधाभास पर आधारित है, जिसकी अभिव्यक्ति होली में कजली गाने की भोंडी वृत्ति में होती है। जहाँ तक भाषा-प्रयोग का प्रश्न है, उसमें किसी ओर से भी सृजनशीलता का आभास नहीं मिलता। फिर भी डॉ. रामविलास शर्मा के अनुसार : "ये पंक्तियाँ यह साबित करती हैं कि जीवन के छोटे-छोटे अनुभवों को लययुक्त सरल शब्दावली में बाँधना उच्चकोटि का कवि-कौशल है।"

अनुभव यदि बड़ा और जटिल होता तो उसे सरल शब्दावली में बाँधने के प्रयास को 'उच्च कोटि का कवि-कौशल' कहने का कोई तुक भी था। किन्तु यह कौन-सा कवि-कौशल है जिसमें 'छोटे' अनुभव को ही 'सरल' शब्दावली में बाँधा गया है? 'बाँधने' की यह क्रिया निश्चय ही काफी सूक्ष्म होगी। डॉ. शर्मा को इसमें 'उद्दीपन विभावों और रहस्यमय संकेतों से अलग सूक्ष्म संवेदन' के दर्शन होते हैं; अर्थात् सोंधी-सोंधी मिट्टी का महकना 'उद्दीपन विभाव' नहीं बल्कि 'सूक्ष्म संवेदना' है!

इसी प्रकार 'व्यंग्य' और 'बौद्धिक चमत्कार' के लिए बच्चन की 'बुद्ध और नाचघर' कविता का यह अंश उद्धृत किया गया है :

बुद्ध भगवान,
अमीरों के ड्राइंग रूम
रईसों के मकान
तुम्हारे विचारों से अनजान
सपने में भी उन्हें इसका नहीं आता ध्यान।
शेर की खाल, हिरन की सींग
कला-कारीगरी के नमूनों के साथ तुम भी हो आसीन,

लोगों की सौन्दर्यप्रियता को
देते हो तस्कीन
इसलिए तुमने एक की थी आसमान-जमीन।

यह सपाट कथन ही व्यंग्य है तो फिर व्यंग्य की परिभाषा बदलनी पड़ेगी। माना कि इसमें अमीरों और रईसों की आलोचना है और इस दृष्टि से यह कविता प्रगतिशील भी कही जा सकती है किन्तु इसमें व्यंग्य किधर से है : 'कला-कारीगरी के नमूनों के साथ' बुद्ध के भी 'आसीन' होने में या लोगों की 'सौन्दर्यप्रियता' को 'तस्कीन' देने में? किन्तु क्या 'इसीलिए तुमने एक की थी आसमान-जमीन' जैसा वाक्य सारे व्यंग्य को पटरा नहीं कर देता? व्यंग्य के लिए बच्चन ने जिस ठेठ हिन्दुस्तानी का प्रयोग किया है, वह भोंडे हास्यरस के बाजारू कवियों की अंग्रेजी-मिली हिन्दी से अधिक कलात्मक नहीं है। जहाँ तक इस कविता के मुक्त छंद का प्रश्न है, उसमें मकान, अनजान, ध्यान तथा आसीन, तस्कीन, जमीन के तुकों के निर्वाह के सिवा शायद ही कोई और सौन्दर्य हो! फिर भी ये तुक इस कविता की सपाट गद्यमयता को तोड़ने में सर्वथा असमर्थ प्रमाणित होते हैं। स्पष्ट है कि डॉ. शर्मा ने इन पंक्तियों के कवित्व की परख करने की अपेक्षा इसकी अभिधात्मक विषयवस्तु की 'प्रगतिशीलता' के आधार पर इसकी प्रशंसा की है।

इसी क्रम में डॉ. रामविलास शर्मा ने सुमित्रानन्दन पंत के *अतिमा* काव्य-संग्रह की 'सन्देश' शीर्षक कविता की भी प्रशंसा की है। पंत जी के काव्य के कटु आलोचक डॉ. रामविलास शर्मा के मुख से पंत जी की किसी कविता की प्रशंसा निश्चय ही कुछ लोगों के लिए आश्चर्य का विषय होगा, किन्तु प्रस्तुत उद्धरण से स्पष्ट है कि यहाँ प्रश्न कवित्व का उतना नहीं, जितना आस्था का है। पंत जी की यह कविता इसलिए अच्छी है कि उन्होंने इसके अन्त में 'मन की कुंठित कूपवृत्ति से बाहर' होकर 'पाहुन प्रकाश के निरवधि क्षण में' डूबने की बात कही है। अन्त भला तो सब भला। इस न्याय के अनुसार कविता में व्यक्त कुंठा और घुटन भी सुन्दर हो गई। जिस कुंठा और घुटन की बात प्रयोगवादी प्रचारक करते हैं, उसकी 'सुन्दर अभिव्यक्ति' जिन पंक्तियों में डॉ. रामविलास शर्मा को दिखाई पड़ी, वे ये हैं :

मैं सोच रहा था जाने क्या हो गया मुझे
मन किन अनजानी डगरों में है भटक गया
कितने अँधियारे कोने हैं मानव मन के!
कुछ किये नहीं बनता, दिन यों ही बीत रहे
इस निरुद्देश्य जीवन से किसको लाभ भला
भूभार बने रहने से तो मरना अच्छा!

डॉ. शर्मा के अनुसार : "यह तीव्र अवसाद कठोर आत्म-निरीक्षण के प्रकाश में पाठक को निरुत्साहित न करके जीवन की विषम परिस्थितियों का सामना करना सिखाता है।"

किन्तु वे 'विषम परिस्थितियाँ' कौन-सी हैं, इसका पता इस कविता से कहीं चलता है? क्या इस विषाद का विभावन व्यापार इन पंक्तियों में विद्यमान है? स्पष्ट है कि ये पंक्तियाँ ठेठ इतिवृत्तात्मक हैं और भाषा की इतिवृत्तात्मकता से ही स्पष्ट है कि इसमें न तो अवसाद की 'तीव्रता' है और न आत्मपरीक्षण की 'कठोरता'! इस तनावहीन भाषा से अनुभूति की तीव्रता अथवा अन्तर्द्वंद्व की उम्मीद करना व्यर्थ है। जितनी सरलता और सुगमता के साथ कवि ने अपनी व्यथा का कथन यहाँ किया है, वह रोमानी भावुकता का ही निरावेश तथ्यकथन है; इसलिए छंद-विधान के बावजूद ये पंक्तियाँ निष्प्राण गद्य का आभास देती हैं।

इस प्रकार के काव्य-विवेक के लिए डॉ. रामविलास शर्मा के नवीन निबन्ध-संग्रह *आस्था और सौन्दर्य* का 'आधुनिक हिन्दी कविता : विकास की दिशा' शीर्षक निबन्ध विशेष रूप से द्रष्टव्य है। यहाँ आस्था के लिए प्रशंसित कविताओं को एक नजर देखने से ही पता चलता है कि प्रयास कविता को कविता के रूप में पढ़ने का उतना नहीं है, जितना कविता को 'दस्तावेज' या 'वक्तव्य' के रूप में! इन वक्तव्यों में शब्दों का जैसा स्थूल प्रयोग मिलता है, उससे कवि के साथ ही आलोचक की भी आस्था की स्थूलता प्रदर्शित होती है। 'आस्थावादी' कवि के समान ही 'आस्थावादी' आलोचक के लिए अपनी 'सामान्य' आस्था इतनी महत्त्वपूर्ण है कि उन्हें व्यक्त करनेवाले शब्द स्वभावतः महत्त्वहीन हो जाते हैं। ऐसी स्थिति में चिरपरिचित रूढ़ शब्द-योजना ही नहीं बल्कि परम्पराभुक्त छंदविन्यास और रूपविन्यास भी काम का साबित होता है; क्योंकि नए प्रयोगों में सामान्यतः अपेक्षित और अति-परिचित आस्था के विकृत होने का खतरा रहता है। इस पद्धति के अभ्यस्त आलोचक जब 'आस्था' की सूक्ष्म एवं जटिल कृतियों की ओर मुड़ते हैं तो अभ्यासवश उसी प्रकार शब्दों की अवज्ञा करते हुए सामान्य वक्तव्य के रूप में आस्था के स्थूल सूत्र निकालने का प्रयास करते हैं और अभीष्ट की सिद्धि न होने पर कभी तो सम्पूर्ण रचना को तिरस्कृत कर देते हैं और कभी उदारतावश केवल भाषा और बिम्बों की प्रशंसा करके अपनी काव्य-विषयक गुण-ग्राहकता का परिचय देते हैं।

'नई कविता' ने अपने 'अन्तर्ग्रथन' द्वारा यह काव्य-सिद्धान्त प्रस्तुत किया है कि कविता में किसी 'सामान्यता'—सामान्य विचार, भाव या धारणा—का 'वक्तव्य' उतना नहीं होता जितना एक स्थिति-विशेष का 'नाट्यकरण' अथवा 'नाट्यरूपान्तर' (dramatization)। इस प्रकार यदि कविता में ऐसा कोई 'सन्देश' नहीं है जिसे उसके समूचे कथ्य के रूप में पूरा-का-पूरा निचोड़कर अलग किया जा सके तो उससे एकदम सहमत या असहमत होने का सवाल या तो उठता ही नहीं या फिर सहमति-असहमति का निर्णय करना मुश्किल हो जाता है। कविता में स्थिति-विशेष

का जो 'नाट्य-रूप' सामने आता है, उसमें कवि का अपना पक्ष भले ही अन्तर्निहित हो, किन्तु उस नाट्य-रूप के ग्राहक के लिए, कवि के निजी पक्ष से सहमति या असहमति की अपेक्षा वह नाट्य-रूप अधिक स्पृहणीय होता है; क्योंकि सहमति की स्थिति में न तो वह अनावश्यक होता है और न असहमति की स्थिति में सर्वथा निष्फल। इसीलिए कवि के समान ही आलोचक के लिए भी एक 'अन्तर्ग्रथित' कविता की प्रक्रिया के ब्योरे विशेष महत्त्वपूर्ण होते हैं।

इस सन्दर्भ में अज्ञेय के *तार सप्तक* के द्वितीय संस्करण के अपने वक्तव्य का यह अंश विशेष रूप से उल्लेखनीय है : "सामाजिक उत्तरदायित्व ओढ़ लेने से ही कृतित्व के क्षेत्र में कोई समस्या नहीं हल होती—इतना ही होता है कि रोजमर्रा जीवन में काम आनेवाली 'प्रयोजनवती भाषा' का व्यवहार करते समय आप अधिक सतर्क हो जाते हैं—चाहे प्रयोजनों के सामाजिक मूल्यांकन में, चाहे अपनी बात और अपने काम (या अपनी नीयत) में सामंजस्य के मूल्यांकन में। यानी आप रह जाते हैं सामाजिक मूल्यों के क्षेत्र में ही; रचना-प्रक्रिया के क्षेत्र में प्रवेश नहीं पाते। लेकिन शब्द की अर्थवत्ता की खोज में शब्द की ऐतिहासिक और अर्थ की सामाजिक परख, दोनों निहित हैं, और अर्थवान शब्द का संवेदन (सम्प्रेषण) हो ही नहीं सकता बिना युग-सम्पृक्ति के। जो कवि शब्द के संस्कार के प्रति सजग नहीं है (और जैसे जीव का हर कर्म उसके संस्कार को बदलता है, वैसे ही शब्द का प्रत्येक उपयोग उसे नया संस्कार देता है), वह अर्थवान शब्द का साधक नहीं है, और मैं कहूँगा कि वह कवि नहीं है, न होगा।"

कविता के ग्रहण और मूल्यांकन के सम्बन्ध में इस कथन का विस्तार करते हुए निस्संकोच कहा जा सकता है कि जो आलोचक कविता में अर्थवान शब्द की समस्त सम्भावनाओं की खोज किये बिना ही एक सामान्य वक्तव्य या सन्देश के आधार पर किसी कविता पर मूल्य-निर्णय देने का दावा करता है, वह कविता का आलोचक नहीं है, न होगा। इस मान्यता के मूल में कविता का अपना अन्तर्ग्रथन-सम्बन्धी एक निश्चित मूल्य निहित है, जिसका सम्बन्ध कविता की सापेक्ष स्वतंत्रता से है। शताब्दियों पूर्व ध्वन्यालोक-लोचनकार अभिनवगुप्त ने 'अपूर्व यद्वस्तु प्रथयति विना कारणकलाम्' और काव्यप्रकाशकार मम्मट ने 'नियति-कृत-नियम-रहिताम् अनन्यपरतंत्राम्' कहकर कविता की जिस स्वकीयता, स्वायत्तता और सापेक्ष स्वतंत्रता की स्थापना की थी और आधुनिक अंग्रेजी कवि इलियट ने *द सेक्रेड वुड* के द्वारा कविता की निजी 'इंटिग्रिटी' की रक्षा का प्रयास किया, 'नई कविता' ने हिन्दी में आज कविता के उसी स्वधर्म की पुनः प्रतिष्ठा का संकेत दिया है। कहना न होगा कि यह मान्यता कविता के तथाकथित सभी नए प्रतिमानों की आधारशिला है और इससे काव्य-पाठ एवं काव्य-विश्लेषण की पद्धति का प्रश्न सबसे पहले उभरकर सामने आता है।

निस्सन्देह प्रतिमान के समान ही इस पद्धति के भी कुछ-न-कुछ सूत्रबद्ध होने का खतरा है, जो अनसधे हाथों यंत्रवत् इस्तेमाल किया जा सकता है। फिर भी प्रतिमानों को लागू करने की तुलना में अवधानतापूर्वक काव्यपाठ की पद्धति इतनी ठोस, वस्तुगत, परीक्षण के लिए हमेशा खुली हुई, इसलिए श्रमसाध्य है कि यहाँ आसानी से फतवे देने की गुंजाइश कम-से-कम है। फिर भी इस पद्धति के बारे में सामान्यत: इतना कहना आवश्यक है कि किसी रचना के प्रति पूजाभाव भले ही न सही, काव्य की अर्थगत सम्भावनाओं से युक्त समग्र काव्यानुभव के लिए एक खुलापन अभीष्ट है। इसीलिए नुस्खेबाजी के हर सम्भव खतरे की ओर सतर्क करते हुए इलियट ने कविता के आलोचक के लिए अत्यंत सहज भाव में सिर्फ इतना कहा कि उसे 'समझदार' होना चाहिए, क्योंकि समझदार होने के अलावा और कोई अगवाह रास्ता नहीं है। इसी को कहते हैं कि सीधी रेखा खींचना टेढ़ा काम है। प्रसंगात् इलियट के इस सीधे-सादे कथन में भी 'समझदार' शब्द पर्याप्त अर्थगर्भी है। रोमांटिक कवि-आलोचक जहाँ 'भावुकता' और 'सहृदयता' की माँग करते रहे, आधुनिक कवि ने 'समझदारी' की माँग की थी।

रस के प्रतिमान की प्रसंगानुकूलता

कविता के नए प्रतिमानों की चर्चा के प्रसंग में प्राय: सभी नए लेखक इस बात पर एकमत दिखाई पड़ते हैं कि नए प्रतिमानों का सम्बन्ध रस से नहीं हो सकता; क्योंकि "कविता से रस का लुप्तीकरण अब विवादास्पद नहीं रह गया है।" इस सन्दर्भ में आचार्य रामचन्द्र शुक्ल के 'इंदौर साहित्य सम्मेलन' (1934) के भाषण का यह अंश उल्लेखनीय है : "आजकल इस प्रकार के लटके कि 'रस-अलंकार तो पुरानी चीजें हैं, उनका जमाना गया', इधर-उधर से नोचकर ही दोहराए जाते हैं। वे कहाँ से आए हैं, उनका पूरा मतलब क्या है, यह सब जानने या समझने की कोई जरूरत नहीं समझी जाती। इन वाक्यों को बात-बात में दोहरानेवालों में से अधिकांश तो इतना ही जानते हैं कि रस-अलंकार आदि हमारे साहित्य के बहुत काल से व्यवहृत शब्द हैं, अंग्रेजी शब्दों के अनुवाद नहीं। इससे इनका नाम लेना फैशन के खिलाफ है। दिन में सैकड़ों बार 'हृदय की अनुभूति', 'हृदय की अनुभूति' चिल्लाएँगे, पर 'रस' का नाम सुनकर ऐसा मुँह बनाएँगे मानो उसे न जाने कितना पीछे छोड़ आए हैं! भलेमानुस इतना भी नहीं जानते कि हृदय की अनुभूति ही साहित्य में 'रस' और 'भाव' कहलाती है।"

यह बात उस समय की है जब छायावादी दौर था, लेकिन आज भी स्थिति बहुत भिन्न नहीं है। आज छायावादियों की तरह कोई 'हृदय की अनुभूति' भले न कहता हो, किन्तु 'अनुभूति की प्रामाणिकता' को तकिया-कलाम की तरह आज खूब इस्तेमाल किया जाता है। 'हृदय की अनुभूति' न सही, 'अनुभूति की प्रामाणिकता' ही सही, अनुभूति पर बल तो अब भी है। फिर 'रस' से इस प्रकार दामन बचाने या मुँह चुराने का मतलब? दरअसल रस-सिद्धान्त से आज टकराना इसलिए भी आवश्यक हो गया कि रस के नए व्याख्याकार 'नई कविता' की चर्चा में इस्तेमाल होनेवाले तमाम नए फिकरों को रस की अपनी व्याख्या में अन्तर्भुक्त करके उसकी प्रासंगिकता अथवा प्रसंगानुकूलता का दावा लेकर मैदान में आ निकले हैं। उदाहरण के लिए रस-सिद्धान्त के नए प्रचारक डॉ. नगेंद्र रस के रूढ़ और शास्त्रीय अर्थ का परित्याग करके व्यापक अर्थ में उसे 'मानव-व्यक्तित्व की सार्थकता की प्रतीति और सिद्धि' के रूप में प्रतिष्ठित करने को प्रस्तुत हैं। स्वयं उन्हीं के शब्दों में इस प्रकार :

"रसात्मक बोध एक व्यापक और समाकलित काव्य-मूल्य है जिसका आधार है शब्द-अर्थ के माध्यम से मानव-व्यक्तित्व की सार्थकता की प्रतीति और सिद्धि है आनन्द। इस प्रक्रिया में रागात्मक समृद्धि का प्राधान्य है, परन्तु अन्य मूल्यों का—जैसे मौलिक परिदर्शन, परम्परा की जीवंत स्वीकृति, परिवेश के प्रति जागरूकता, नैतिक-सांस्कृतिक प्रभाव-क्षमता, शब्दार्थ-प्रयोग की मौलिक शक्ति आदि का—बहिष्कार नहीं है। इन सभी मूल्यों की रसात्मक बोध में मुक्त स्वीकृति है, परन्तु ये आत्माभिव्यक्ति के अंगभूत होकर या कवि-व्यक्तित्व के पोषक तत्त्वों के रूप में ही गृहीत होते हैं।"
('छायावादोत्तर हिन्दी कविता : मूल्यांकन की समस्या', *साप्ताहिक हिन्दुस्तान,* 10 मार्च, 1968)

आपातत: रस की इस नई व्याख्या को बिना जाँचे अप्रासंगिक करार देना ठीक न होगा। आखिर आचार्य शुक्ल ने भी तो अपने समकालीन काव्य की चुनौतियों के सम्मुख रस की एक पुनर्व्याख्या ही की थी! पुनर्व्याख्यायित रस के प्रतिमान से उन्होंने अपने समकालीन का ही नहीं, बल्कि हिन्दी की सम्पूर्ण काव्य-परम्परा का मूल्यांकन किया; निस्सन्देह उस प्रतिमान से समकालीन काव्य का समुचित मूल्यांकन नहीं हो पाया; किन्तु यहाँ यह प्रश्न उतना प्रासंगिक नहीं है, जितना यह कि आज 'नई कविता' के सन्दर्भ में जो रस की पुनर्व्याख्या की जा रही है, वह भी क्या आचार्य शुक्ल के ही ढंग की है?

आचार्य शुक्ल ने जहाँ रस को हृदय की अनुभूति के रूप में निरूपित किया है, वहीं आगे यह भी लिखा है : "शब्द-शक्ति, रस और अलंकार, ये विषय-विभाग काव्य-समीक्षा के लिए इतने उपयोगी हैं कि इनको अन्तर्भूत करके संसार की नई-पुरानी, सब प्रकार की कविताओं की बहुत ही सूक्ष्म, मार्मिक और स्वच्छ आलोचना हो सकती है। रिचड्र्स जैसे वर्तमान अंग्रेजी समालोचक किस प्रकार अब समीक्षा में बहुत-कुछ भारतीय पद्धति का अवलम्बन करके कूड़ा-करकट हटा रहे हैं, वह मैं शब्द-शक्ति के प्रसंग में दिखा चुका हूँ।"

शब्द-शक्ति के प्रसंग में आचार्य शुक्ल का कथन इस प्रकार है : "शब्द-शक्ति का विषय बड़े महत्त्व का है। वर्तमान साहित्य-सेवाओं को इसके सम्बन्ध में विचार-परम्परा जारी रखनी चाहिए। काव्य की मीमांसा या स्वच्छ समीक्षा के लिए यह बहुत उपयोगी सिद्ध होगी।"

इस सन्दर्भ में उन्होंने पुन: आई. ए. रिचड्र्स के कार्यों का सहमतिपरक उल्लेख किया है, किन्तु इस बार उन्होंने रिचड्र्स की *व्यावहारिक काव्य-समीक्षा* (प्रैक्टिकल क्रिटिसिज़्म) नामक पुस्तक का विशेष रूप से हवाला देते हुए लिखा है : "आजकल के प्रसिद्ध अंग्रेजी समालोचक रिचड्र्स, जो यूरोपीय साहित्य में समीक्षा के नाम पर फैलाए हुए बहुत-से अर्थशून्य वाग्जाल को हटाकर शुद्ध विवेचनात्मक समीक्षा का रास्ता निकाल रहे हैं, हमारे यहाँ के शब्द-शक्ति-निरूपण के ढर्रे पर अर्थ-मीमांसा को लेकर चले हैं।"

इस प्रकार आचार्य शुक्ल रस को 'हृदय की अनुभूति' कहकर ही संतुष्ट नहीं हुए, बल्कि उन्होंने अर्थ-मीमांसा की दिशा में भी विचार-परम्परा आगे बढ़ाई, क्योंकि अर्थ-मीमांसा के बिना 'रस' अपूर्ण ही नहीं, बल्कि निरर्थक है। एक व्यावहारिक समीक्षक के नाते आचार्य शुक्ल इस बात को भली भाँति जानते थे कि काव्य में अर्थ-मीमांसा द्वारा ही रस का निरूपण किया जा सकता है और कविता की अर्थ-मीमांसा के बिना अनायास लभ्य अनुभूति के आधार पर कविता का मूल्यांकन करना मूल्यांकन नहीं, बल्कि 'प्रभावाभिव्यंजक' आलोचना का उपहासास्पद नमूना है।

रस-मीमांसा के अन्त में परिशिष्ट के रूप में संकलित टिप्पणियों से पता चलता है कि अन्तिम दिनों आचार्य शुक्ल शब्द-शक्ति-विवेचन और अर्थ-मीमांसा पर ही अपना ध्यान केन्द्रित कर रहे थे। इस सन्दर्भ में आई. ए. रिचड्र्स की *व्यावहारिक काव्य-समीक्षा* नामक पुस्तक का उल्लेख काफी संकेतपूर्ण है।

निस्सन्देह आज डॉ. नगेंद्र भी आचार्य शुक्ल के ही सदृश *रस-सिद्धान्त* को शाश्वत एवं सार्वभौम काव्य-सिद्धान्त के रूप में प्रतिष्ठित करने का आग्रह कर रहे हैं, किन्तु आग्रह समान होते हुए भी प्रयास कितना दूर है, इसका प्रत्यक्ष प्रमाण है अर्थ-मीमांसा से निपट विरक्ति! यह आकस्मिक नहीं है कि जिस *रस-सिद्धान्त* नामक ग्रंथ में रस को शाश्वत एवं सार्वभौम काव्य-सिद्धान्त बनाने के लिए जैसे आकाश-पाताल एक कर दिया गया है, उसी में सम्पूर्ण अर्थ-मीमांसा तो दरकिनार, 'ध्वनि' पर भी एक अध्याय नहीं है। सभी जानते हैं कि संस्कृत काव्यशास्त्र में अन्तिम रूप से रस की प्रतिष्ठा 'रसध्वनि' के रूप में हुई है, इसलिए ध्वनि के बिना रस की स्थापना निराधार है। आज अर्थ-मीमांसा के बिना रस को सर्वांगीण और सार्वभौम काव्य-प्रतिमान के रूप में प्रतिष्ठित करने का प्रयास अभिनवगुप्त अथवा आई. ए. रिचड्र्स से मिथ्या स्पर्धा ही कहलाएगी। 'मति अतिरंक मनोरथ राऊ' इसी को कहते हैं।

काव्य के मूल्यांकन के लिए प्रतिमान के रूप में रस को प्रस्तुत करनेवाले अनायास ही यह सर्वसामान्य तथ्य भुला देते हैं कि काव्य में रस की प्रसंगानुकूलता अर्थ-मीमांसा की पद्धति से ही सम्भव हो सकी। भरत का 'नाट्य-रस' आनन्दवर्धन के 'ध्वनि-सिद्धान्त' द्वारा ही काव्य-रस बन सका। नाट्य के सन्दर्भ में 'काव्यार्थ' का उल्लेख भरत ने भी किया, किन्तु उन्होंने नाटक में विभावानुभाव-व्यभिचारि-संयोग से ही रसनिष्पत्ति का समाधान किया। किसी मुक्तक काव्य में अर्थ किस प्रकार रस में परिणत होता है—यह समस्या बहुत दिनों तक बनी रही। एक अरसे तक इस समस्या को अलंकार, रीति, गुण, वक्रोक्ति आदि के सहारे हल करने का प्रयास चलता रहा किन्तु युक्तिसंगत हल प्रस्तुत करने का श्रेय सर्वप्रथम ध्वनिकार आनन्दवर्धन को है, जिसे विचारक्रम में अभिनवगुप्त, मम्मट एवं पंडितराज जगन्नाथ ने विकसित और व्यवस्थित किया। इस विचार-परम्परा में महत्त्वपूर्ण वह पद्धति

अथवा प्रक्रिया है जिसके द्वारा किसी कविता में शब्दार्थ के साहित्य का विश्लेषण करते हुए अभीष्ट रस का निदर्शन कराया जाता है। शताब्दियों तक चलनेवाले काव्य-शास्त्रीय वाद-विवाद के अन्तर्गत ऐसे अनेक छंद मिलते हैं जिनके अर्थगत मतभेद के कारण रस-सम्बन्धी मतभेद दिखाई पड़ता है। उदाहरण के लिए निम्नलिखित छंद :

न्यक्कारो ह्ययमेव में यदरयस्तत्राप्यसौ तापसः
सोऽप्यत्रैव निहंति राक्षसकुलं जीवत्यहो रावणः
धिग्धिक् शक्रजितं प्रबोधितवता किं कुंभकर्णेन वा
स्वर्गग्रामटिका बिलुंठन वृथोच्छूनैः किमेभिर्भुजैः।

छंद का सीधा अर्थ है :

'मेरे शत्रु हों, यही अपमान है, उसमें भी यह तापस। वह भी यहीं—(मेरे सामने) राक्षस-कुल का नाश कर रहा है, (यह सब देखकर भी) रावण जी रहा है, यह आश्चर्य की बात है। इन्द्र को जीतनेवाले मेघनाद को धिक्कार है। कुंभकर्ण को जगाने से क्या हुआ? और फिर स्वर्ग के उस क्षुद्रग्राम को लूटकर व्यर्थ ही फूली हुई मेरी इन भुजाओं का ही क्या फल है?'

संस्कृत काव्यशास्त्र में इस छंद के व्यंग्यार्थ को लेकर काफी विवाद हुआ है। ध्वनिकार आनन्दवर्धन एवं अभिनवगुप्त ने इसका व्यंग्यार्थ 'क्रोध' माना है। इसके विपरीत धनिक-धनंजय ने तथा *काव्यप्रकाश* के अनेक टीकाकारों ने यहाँ 'निर्वेद' को व्यंग्य माना है। *साहित्य-दर्पण* की 'विमला' व्याख्या के मर्मज्ञ रचयिता पं. शालिग्राम शास्त्री ने ग्रंथ के परिशिष्ट में इस प्रश्न पर विस्तार से विचार किया है। 'जीवत्यहो रावणः'—यह वाक्य दैन्य की दशा में भी बोला जा सकता है और क्रोध की दशा में भी। इसलिए पूरे सन्दर्भ को ध्यान में रखकर अर्थ-निर्णय करना आवश्यक है। पं. शालिग्राम शास्त्री इसका अर्थविचार करते हुए ओजस्वी वाणी में कहते हैं : "'धिग्धिक् शक्रजिते' कहनेवाले के हृदय में आप 'निर्वेद' तलाश करने चले हैं? कुंभकर्ण तक को निकम्मा और बेकार कहनेवाले के मन में आप दीनता टटोलने चले हैं? जो स्वर्ग को क्षुद्र ग्राम से अधिक नहीं समझता, और इसकी स्वच्छंद लूट को भी कोई महत्त्व नहीं देता, जो परशुराम और बाली जैसे महावीरों को निग्रह करनेवाले दिव्यास्त्र-सम्पन्न राम जैसे अतुल बलशाली शत्रु को भी 'क्षुद्र तापस' समझ रहा है, क्या आप उसके हृदय में 'दीनता' का पता पाने की आशा करते हैं? जो शत्रुओं की सत्ता को भी अपना तिरस्कार समझता है, उसके हृदय में दीनता है या गर्व? जो 'मे' कहकर अपने सब प्राचीन चरित्रों और सकल दिक्पाल-विजयों की याद दिला रहा है, उसका हृदय अभिमान से पूर्ण कहा जा सकता है या दीनता से अभिभूत? जिसका आत्मोत्कर्ष यहाँ तक बढ़ा-चढ़ा है कि भाई और पुत्र के साथ अपने शरीर की अंगभूत 'भुजाओं' को पृथक् पुरुष की तरह फटकार रहा है, क्या

वह दीन है? यह सम्भव है कि रावण के वंश-नाश की भावना करके *साहित्य-दर्पण* के टीकाकार श्री रामचरण तर्कवागीश जी के मन में 'दैन्य' और 'निर्वेद' का दौरा हो गया हो, परन्तु हमें यहाँ उनके हृदय की धड़कन की परीक्षा नहीं करनी है। हमें तो राक्षसराज रावण के मनस्वी मानस की तह का पता लगाना है, और यह देखना है कि कवि ने उसे यहाँ किस रूप में अंकित किया है।"

उद्धरण से स्पष्ट है कि रस-निर्णय अन्ततः अर्थ-निर्णय पर निर्भर है। अर्थ-निर्णय पाठक की कोरी अनुभूति का विषय नहीं, बल्कि प्रस्तुत काव्य के सूक्ष्म विश्लेषण से सम्बद्ध है। अभिनवगुप्त ने इस छंद में क्रोध को व्यंग्यार्थ के रूप में निरूपित करने के साथ ही यह भी कहा है : "तेन तिलशस्तिलशोऽपि विभज्यमानेऽत्र श्लोके सर्व एवांशो व्यंजकत्वेन भातीति किमन्यत्।"—अर्थात् यदि इस श्लोक के इस प्रकार तिल-तिल टुकड़े करके देखा जाए तो उसमें उत्तरोत्तर व्यंजना का चमत्कार बढ़ता जाएगा। तात्पर्य यह है कि यदि विश्लेषण के लिए यथेष्ट धैर्य हो तो काव्य में अर्थगत सम्भावना अनंत है और कोई भी विश्लेषण अर्थ को निःशेष करने में समर्थ नहीं है। प्रस्तुत प्रसंग में उल्लेखनीय है, रस-पद्धति के मूलाधार में प्रतिष्ठित अर्थ-मीमांसा, जिसे रस के रोमांटिक प्रेमी प्रायः अनदेखी कर जाते हैं।

वस्तुतः संस्कृत काव्यशास्त्र में निरूपित रस-सिद्धान्त के दो पक्ष हैं, जिनमें से एक का सम्बन्ध अर्थ-मीमांसा से है तो दूसरे का सम्बन्ध तत्त्व-मीमांसा से। वैसे, एक तरह से उन दोनों पक्षों को एक ही तत्त्व-मीमांसा की प्रणाली में बाँधने का भी प्रयास किया गया है, किन्तु अर्थ-मीमांसा की पद्धति बहुत-कुछ सम्प्रदाय-निरपेक्ष व्याकरण-दर्शन से सम्बद्ध होने के कारण प्राचीन काल के समान ही आज भी रचनात्मक विकास की सम्भावनाओं से युक्त है। इसके विपरीत रस का आस्वाद पक्ष है जो आनन्दमूलक तत्त्ववाद से सम्बद्ध होने के कारण एक निश्चित युग की संस्कृति से परिबद्ध है। आज के अनेक नए लेखक जब रस को सर्वथा अप्रासंगिक करार देते हैं तो सम्भवतः इसी आनन्दमूलक प्राचीन तत्त्ववाद के ही कारण। उदाहरण के लिए श्री स.ही. वात्स्यायन ने रस पर दो आपत्तियाँ की हैं :

1. रस का आधार है—समाहिति, अद्वंद्व; किन्तु 'नई कविता' द्वंद्व और असामंजस्य की कविता है।
2. 'नई कविता' वर्तमान पर केन्द्रित है, जबकि रस की दृष्टि अतीतोन्मुख रहती है—'नई कविता' का विषय है क्षण की अनुभूति जबकि रस का आधार है (जन्मान्तर्गत?) वासना और स्थायी भाव।

स्पष्टतः दोनों ही आपत्तियाँ रस के दार्शनिक पक्ष अथवा तत्त्ववाद से सम्बद्ध हैं। डॉ. नगेंद्र ने अपने *रस-सिद्धान्त* में श्री वात्स्यायन की इन आपत्तियों के निराकरण का प्रयास किया है, किन्तु उससे अधिक-से-अधिक यही प्रमाणित होता है कि 'नई कविता' रस-दर्शन के अनुसार नहीं लिखी गई। यदि केवल इस कारण

'नई कविता' मूल्यहीन कही जाएगी तो फिर इसी का क्या प्रमाण कि सारा संस्कृत काव्य अभिनवगुप्त के रस-दर्शन के आधार पर रचा गया? क्या 'शून्यं वासगृहं विलोक्य', 'निःशेष च्युतचन्दनम्', 'भम धम्मिअ वीसद्धो' जैसी तथाकथित रससिक्त कविताएँ अभिनवगुप्त के दार्शनिक तत्त्ववाद के आधार पर निर्मित हैं? आज का पाठक सम्भवतः इन कविताओं में प्राचीन सहृदयों के समान रस न ले पाए। इस प्रकार रस-सिद्धान्त के तत्त्ववाद का यह एक व्यावहारिक पहलू भी है जिसकी उपेक्षा नहीं की जा सकती है।

उल्लेखनीय है कि आचार्य शुक्ल भी रस के प्राचीन तत्त्ववाद के प्रति बहुत आग्रहशील नहीं थे। यही नहीं बल्कि 'साधारणीकरण और व्यक्तिवैचित्र्यवाद' तथा 'काव्य में लोकमंगल की साधनावस्था' जैसे निबन्धों से स्पष्ट है कि उन्होंने रस को अपने युग की सामाजिक आवश्यकताओं के अनुरूप नई सामाजिक मान्यताओं का आधार प्रदान किया था। 'संग्रह और त्याग' में आचार्य शुक्ल की दृष्टि किस प्रकार की थी, इसका दूसरा उदाहरण है रिचर्ड्स के प्रति उनका रुख! रिचर्ड्स के काव्य-सिद्धान्त में एक ओर काव्य-मूल्य के रूप में संवेगों के सन्तुलन का सिद्धान्त है तो दूसरी ओर अर्थ-मीमांसा। आचार्य शुक्ल ने अर्थ-मीमांसा की उपयोगिता की ओर संकेत किया, लेकिन रिचर्ड्स के मूल्य-सिद्धान्त के बारे में वे खामोश रह गए। स्वयं रिचर्ड्स की परम्परा में आनेवाले परवर्ती अंग्रेजी-अमरीकी आलोचकों की नव्य-काव्य-समीक्षा के इतिहास से स्पष्ट है कि रिचर्ड्स के बारे में आचार्य शुक्ल का संग्रह-त्याग का रुख ठीक था। नव्य-काव्य-समीक्षकों ने रिचर्ड्स की तत्त्व-मीमांसा और उस तत्त्व-मीमांसा से सम्बद्ध मनोविज्ञान के आधार पर निर्मित मूल्य-सिद्धान्त को सदोष पाकर छोड़ दिया, किन्तु अन्तर्निहित 'व्यावहारिक काव्य-समीक्षा' की प्रणाली को प्रस्थान के रूप में सहर्ष स्वीकार कर लिया।

इस मामले में हिन्दी में आज के नए रसाचार्य की गुरुभक्ति अद्‌भुत है। वे अभिनवगुप्त के केवल आनन्दवाद के प्रति ही नहीं, बल्कि रिचर्ड्स के मूल्य-सिद्धान्त के प्रति भी आग्रही हैं। स्पष्टतः यहाँ मोह उसके प्रति है जिसे अन्य जड़ समझते हैं—इसलिए चेतन के प्रति विरक्ति होना स्वाभाविक ही कहा जाएगा।

निष्कर्ष यह कि आज के सन्दर्भ में रस-सिद्धान्त की प्रसंगानुकूलता का निर्णय करते समय युग-सापेक्ष तत्त्ववाद और सम्भावनापूर्ण मीमांसा-पद्धति का भेद करना आवश्यक है। इस विवेक के बिना समूचे सिद्धान्त से मुँह चुराना बचकानापन है : 'संग्रह-त्याग न बिनु पहचाने'।

संतोष की बात है कि नए लेखकों में जो प्रबुद्ध हैं, वे रस के प्रति इसी प्रकार का विवेकपूर्ण रुख अपना रहे हैं। अप्रैल, 1966 के *माध्यम* में उस विवेचना-गोष्ठी का विवरण प्रकाशित हुआ है जिसमें डॉ. जगदीश गुप्त ने डॉ. नगेंद्र के *रस-सिद्धान्त* पर अपनी समीक्षा पढ़ी थी। इस अवसर पर श्री विजयदेव नारायण साही का यह

कथन उल्लेखनीय है : "अधिकांशतः आज के लेखकों और आलोचकों की धारणा या आदत पड़ती जा रही है कि रस-सिद्धान्त पर बहस बन्द हो जानी चाहिए और लगभग प्रच्छन्न रूप से सब सहमत होते जा रहे हैं कि अब फायदा नहीं निकलेगा। 'रस' कहने से जो सहसा साहित्यिक रुचि की प्रतीति होती है, उससे मैं निश्चय ही अपने मत को भिन्न पाता हूँ। लेकिन विचारों को उत्तेजित करने के लिए इस शास्त्र से उलझना आवश्यक है। प्रच्छन्नतः यह मान्यता विद्यमान है कि आज का लेखक या विचारक आधुनिक साहित्य पर ही विचार करेगा, प्राचीन पर नहीं। यदि प्राचीन के लिए रस-सिद्धान्त जरूरी है तो फलतः दो रुचियाँ सामने आती हैं। यानी जब कालिदास को पढ़ें तो रस-सिद्धान्त लागू करें और लक्ष्मीकांत वर्मा को पढ़ें, तो आज की रुचि लागू करें। यह अवसरवादिता साहित्यिक रुचि से बहिष्कृत करना बहुत जरूरी है।"

इस प्रसंग में श्री साही ने सृजनशीलता का प्रश्न उठाया था जिस पर अन्य विवेचकों ने भी बल दिया। इस प्रकार यह मुख्य समस्या सामने आई कि रस-सिद्धान्त में आज काव्य की सृजनशीलता के लिए कितनी सम्भावना है। इस समस्या पर विचार करने के लिए परम्परा से हमें जो रस-सिद्धान्त परिपक्व रूप में प्राप्त हुआ है, उसके निर्माण की ऐतिहासिक आवश्यकता का स्मरण करना आवश्यक है। इस विषय पर प्रकाश डालते हुए श्री शिवप्रसाद भट्टाचार्य ने लिखा है कि काव्य में ध्वनि के द्वारा रस की प्रतिष्ठा करते समय आनन्दवर्धन ने अपने आस-पास के रचनात्मक वातावरण में मन्दी का अनुभव कर लिया था। उल्लेख योग्य रचनात्मक काव्य क्रमशः क्षीण हो रहा था और कविता की भूमिका समाप्तप्राय-सी हो चली थी। उन्होंने स्पष्ट शब्दों में स्वीकार किया है : "अस्मिन्नतिविचित्र-कवि-परम्परावाहिनि संसारे कालिदास-प्रभृतयो द्वित्राः पंचषा वा महाकवय इति गण्यते।" (*ध्वन्यालोक,* 1/6 वृत्ति) अर्थात् अति विचित्र कवियों की परम्परा से युक्त इस संसार में कालिदास प्रभृति दो-तीन अथवा पाँच महाकवि गिने जा सकते हैं। काव्य की सृजनात्मक अवस्था के गतप्राय होने का अनुभव करने के बाद काव्यशास्त्रज्ञों के सामने एक ही कर्तव्य शेष रह गया—काव्य के आस्वाद और आलोचना के एक ऐसे प्रशस्त पथ का निर्माण जिससे पूर्ववर्ती महाकवियों की परम्परा सुरक्षित रह सके। फलस्वरूप काव्य-चिन्तन की दृष्टि क्रमशः कवि से हटकर सहृदय पर आ लगी और कारयित्री प्रतिभा से अधिक विचारणीय भावयित्री प्रतिभा हो गई। इस प्रकार सामाजिक काव्य चिन्तन का केन्द्रबिन्दु बन गया और काव्यशास्त्र का मुख्य लक्ष्य हो गया समाज में अधिक-से-अधिक सहृदयों का प्रशिक्षण। काव्यशास्त्र ने प्रतिभासम्पन्न सर्जक कवियों के अभाव में सहृदय को ही कवि के तुल्य घोषित कर दिया।[1]

---

1. Cornerstones of Rasa-Ideology and the Saiv Darsan of Kashmir *(Proceedings of the Indian Orientail Conference, Nagpur, 1945).*

वैसे आनन्दवर्धन ने *ध्वन्यालोक* के चतुर्थ उद्योत में कवि की सृजनशीलता के विकास के उपयुक्त कारयित्री प्रतिभा पर भी विस्तार से विचार किया, और उनका ध्वनि-सिद्धान्त भी सम्भवतः केवल विगत महाकवियों की अलोकसामान्य वाणी की संतोषप्रद व्याख्या प्रस्तुत करने का ही प्रयास नहीं, बल्कि काव्य-भाषा की सृजनात्मक सम्भावनाओं के लिए पथ प्रशस्त करने की समर्थ दृष्टि भी है; किन्तु तत्कालीन इतिहास के तथ्य परम्परा की रक्षा के पक्ष को ही पुष्ट करते हैं।

अभिनवगुप्त जैसे दार्शनिक ने इस सहृदय-केन्द्रित रसचिंतन में आध्यात्मिक तत्त्ववाद का एक और आयाम जोड़कर दूसरा मोड़ दे दिया। स्वयं अभिनवगुप्त ने इस मोड़ का श्रेय अपने अग्रज भट्टनायक को दिया है।

काव्य के रस को ब्रह्मानन्द के तुल्य प्रमाणित करने का सारा प्रयास एक अन्य ऐतिहासिक आवश्यकता की ओर संकेत करता है। वह आवश्यकता थी सहृदय अथवा सामाजिक को काव्य-रस की पूरी महिमा के बारे में कायल करने की। सम्भवतः उस समय समाज में योग की महिमा विशेष थी—योग से ब्रह्म ही नहीं बल्कि ब्रह्मानन्द की प्राप्ति निश्चित थी। सवाल यह था कि योग को छोड़कर कोई काव्य का सेवन क्यों करे? उस समय कविता के सम्मुख योग लगभग उसी प्रकार की चुनौती के रूप में था, जैसे आधुनिक युग में विज्ञान! विज्ञान के सम्मुख कविता की आवश्यकता प्रमाणित करने के लिए जिस प्रकार पश्चिम के नव्य आलोचकों ने काव्य के ज्ञानपरक कार्यों को सँभालनेवाले तत्त्ववाद का ढाँचा खड़ा किया, उसी प्रकार कश्मीरी शैव आचार्यों ने भी योग के सम्मुख काव्य को महिमान्वित स्तर पर प्रतिष्ठित करने के लिए अध्यात्म का आधार प्रस्तुत किया था।

अभिनवगुप्त ने *लोचन* में अपनी पूरी सहमति के साथ भट्टनायक का यह श्लोक उद्धृत किया है :

वाग्धेनुर्दुग्धं एतं हि रसं यद्बालतृष्णया।
येन नास्य समः स स्याद् दुह्यते योगिभिर्हि यः॥

अर्थात् वाग्धेनु इस रस को वत्स के स्नेह के कारण प्रस्तुत करती है, इसलिए इसके समान वह रस नहीं हो सकता जिसे योगी लोग दुहा करते हैं। इस पर अभिनवगुप्त की यह टिप्पणी है कि योगी लोग रसावेश के बिना ही केवल बलपूर्वक दुहते हैं। मर्यादा में काव्य-रस है तो ब्रह्मानन्द से एक सीढ़ी नीचे ही, किन्तु यह योग की अपेक्षा कम कष्टसाध्य और अधिक सुन्दर है। इस युक्ति के साथ रिचर्ड्स की काव्यानुभूति सम्बन्धी युक्तियों को मिलाकर देखें तो बात काफी खुल जाती है। सत्य अथवा ज्ञान की प्राप्ति का आधार रिचर्ड्स ने भी कविता की अपेक्षा विज्ञान को ही दिया; किन्तु कविता की मानस-चिकित्सात्मक उपयोगिता अथवा आवश्यकता इस रूप में निरूपित की कि आज के इस तनावपूर्ण युग में कविता

अधिक-से-अधिक विरोधी मनोवृत्तियों के बीच सन्तुलन कायम करके चित्त का परिपोष करती है। अभिनवगुप्त के रस का आनन्दवाद एक भिन्न युग के भिन्न सांस्कृतिक सन्दर्भ में रिचड्र्स के आधुनिक मूल्य-सिद्धान्त का ही आध्यात्मिक प्रतिरूप है।

इसलिए आज काव्य के क्षेत्र में सृजनशीलता की दृष्टि से रस-सिद्धान्त की सप्रसंगता का निर्णय करते समय उस सिद्धान्त की उत्पत्ति के मूल में निहित निश्चित ऐतिहासिक आवश्यकताओं को ध्यान में रखना आवश्यक है। इसके साथ ही रस-सिद्धान्त की परिणतियों को भी न भूलना चाहिए। अभिनवगुप्त के रस की परिणति शान्त में होती है और परवर्ती परम्परा में शृंगार रसराज का पद प्राप्त करता है,यहाँ तक कि रस का अर्थ ही शृंगार रस हो जाता है। आज रस को नए सन्दर्भ के उपयुक्त ग्राह्य बनाने के लिए रस को परिवेष्टित करनेवाले प्राचीन तत्त्ववाद को अनायास त्याग देने की घोषणा जितनी आसान है, एक बार उसे स्वीकार करके फिर उसमें निहित अर्थापत्तियों की परिणति से बच सकना उतना आसान नहीं। रस-सिद्धान्त ने उस सांस्कृतिक संकट की घड़ी में ब्रह्मानन्द-जैसा आनन्द भले ही न दिया हो किन्तु इस आश्वासन के द्वारा उसने काव्य की कालजयी परम्परा को नष्ट होने से बचा लिया; उससे तत्काल सृजन की किसी नई सम्भावना का द्वार भले ही न खुला हो किन्तु पहले का जो श्रेष्ठ काव्य था, वह सहृदयों के आस्वाद के द्वारा जीवित, जाग्रत और सुरक्षित रह सका। इस प्रक्रिया में प्राचीन रस-शास्त्र ने सहृदयों को शिक्षित करने के लिए काव्य-कृतियों के कोस वस्तुगत विश्लेषण का जो मार्ग दिखाया, वह दिशा-निर्देश के रूप में आज भी उपादेय हो सकता है। इंग्लैंड और अमरीका में दो महायुद्धों के बीच के सांस्कृतिक संकट के काल में तथाकथित 'नव्य-आलोचना' ने भी लगभग ऐसा ही कार्य किया।

आधुनिक मानव को काव्य द्वारा मनोबल प्रदान करना और टूटती हुई काव्य-परम्परा की रक्षा—ये दो मुख्य ध्येय 'नव्य-आलोचना' के भी रहे हैं, जिससे बहुत-से लोग वहाँ भी सहमत नहीं हैं; किन्तु इस प्रक्रिया ने काव्य के वस्तुगत विश्लेषण की एक व्यवस्थित प्रणाली विकसित की जिससे काव्य-चिन्तन को गति मिली। यदि हिन्दी में आज काव्य के नए प्रतिमान बनाते समय इंग्लैंड-अमरीका की 'नव्य आलोचना' से सहायता ली जा रही है तो फिर अपनी परम्परा के 'रस-सिद्धान्त' ने ही क्या बिगाड़ा है?

आवश्यकता है तो काव्य के वस्तुगत स्वरूप को समझने की दिशा में अग्रसर होने की। श्री विजयदेव नारायण साही ने उक्त गोष्ठी प्रसंग में, इसीलिए, कुछ चुनौती, कुछ व्यंग्य-भरे अन्दाज से कहा : "यह कविता रसीली है, रसाग्रही है तो हम क्या करें? वह है।—स्वयं डॉ. नगेंद्र भी गौण प्रश्नों को छोड़कर मूल पर आने की ओर आकृष्ट हैं; तो उससे आगे जाइए, रस के आग्रह से आगे जाइए;

'कविता के ढाँचे की ओर जाइए'; फिर और आगे जाइए, तो आपको काव्य के अन्तर में, संगठन में मिलेगा वही इलियट का 'ऑब्जेक्टिव कोरिलेटिव'।"

इसी प्रकार रस-सिद्धान्त में निहित काव्य की स्वरूपगत वस्तुनिष्ठता पर डॉ. जगदीश गुप्त ने भी अपने आधार निबन्ध में बल दिया है। प्राचीन रस-सिद्धान्त की वस्तुगत विशेषता का उल्लेख करते हुए उन्होंने स्पष्ट कहा है : "काव्य की आत्मा को कवि में न खोजकर शब्दार्थमूलक काव्य में खोजने की चेष्टा की गई।" 'साधारणीकरण' के लिए भी इसीलिए काव्य के स्वरूप की व्याख्या पर ही ध्यान केन्द्रित किया गया क्योंकि "कवि की अनुभूति क्या है, इसका बोध काव्य के इतर हो ही नहीं सकता।" इसीलिए प्राचीन रस-सिद्धान्त में भी कविगत कारयित्री प्रतिभा तथा सहृदयगत भावयित्री प्रतिभा का संक्षिप्त विवेचन करते हुए प्रधानतः विस्तार के साथ काव्य के स्वरूप का ही विश्लेषण किया गया।

प्राचीन रस-सिद्धान्त में कवि-सहृदय-निरपेक्ष काव्यकृति की वस्तुनिष्ठ सत्ता विचार-विमर्श के केन्द्र में है, यह तथ्य अब क्रमशः मान्य हो चला है। प्रो. सुशील कुमार दे को तो संस्कृत काव्यशास्त्र से इस बात की शिकायत है कि संस्कृत आचार्यों ने काव्य पर कवि-पक्ष से विचार नहीं किया और इसलिए काव्य-सृजन के सबसे महत्त्वपूर्ण तत्त्व कवि-कल्पना की उपेक्षा कर दी। शिकागो विश्वविद्यालय की 'रवीन्द्रनाथ टैगोर व्याख्यान माला' (1961-62) के अन्तर्गत 'संस्कृत पोएटिक्स ऐज ए स्टडी ऑफ एस्थेटिक्स' शीर्षक भाषण में उन्होंने स्पष्ट कहा है : "संस्कृत काव्यशास्त्र काव्यकृति सिद्ध-सम्पूर्ण रूप में ग्रहण करके उसके विश्लेषण-विवेचन की ओर अग्रसर हुआ; वह काव्य की सृजन-प्रक्रिया पर विचार करने के लिए नहीं रुका।"

ऐसा लगता है कि डॉ. दे के मस्तिष्क पर पश्चिम के रोमांटिक सौन्दर्यशास्त्र और काव्यशास्त्र का आतंक है। उनका खयाल है कि काव्य पर कविपक्ष से विचार करना ही आधुनिकता है और इसलिए वे कवि-व्यापार के विवेचन को ही सौन्दर्य-शास्त्र की मुख्य समस्या समझते हैं। सम्भवतः उन्हें बीसवीं शताब्दी के काव्य-चिन्तन और कला-विवेचन की गतिविधियों का परिचय नहीं है, वरना वे संस्कृत काव्यशास्त्र की उक्त दुर्बलता के लिए खेद प्रकट करने के स्थान पर प्रसन्नता व्यक्त करते। जैसाकि जुलाई-सितम्बर, 1967 की *आलोचना* में डॉ. रघुवंश ने कहा है : "वह (भारतीय काव्यशास्त्र) सदा से वस्तुपरक चिन्तन, रूपवादी विश्लेषण पर बल देता है। उसमें न कभी भाववाद तथा प्रभाववाद को महत्त्व मिला है और न किसी प्रकार के विधेयवाद को। सौन्दर्य को सूक्ष्म-से-सूक्ष्म तत्त्व माना गया, उसे अद्वैत और शाश्वत स्वीकार किया गया, उसे ब्रह्मानन्द सहोदर आनन्द-तत्त्व भी माना गया, पर विचार करते समय उसे केवल व्यक्तिपरक या भावमूलक नहीं माना गया। कैसा भी सूक्ष्म क्यों न हो, पर काव्य के अनुभव पर विचार वस्तुगत रूप में ही किया गया।

काव्य को, रचना को सदा अपने-आपमें पूर्ण और स्वतंत्र मानकर उस पर विचार किया गया। न तो उसे रचनाकार के व्यक्तित्व से सम्बद्ध करके देखा गया और न उस पर सामाजिक, युगीन अथवा अन्य किसी प्रकार की प्रतिक्रिया के रूप में विचार किया गया। संस्कृत काव्यशास्त्र के इस वस्तुनिष्ठ और रूपपरक दृष्टिकोण के हम निकट हैं, वह हमारी साहित्य-चिन्तन की परम्परित दृष्टि है।...अतः काव्य के संरचनात्मक संगठन की रूपगत व्याख्या का आधुनिक आधार संस्कृत काव्यशास्त्र से सहज ही प्राप्त किया जा सकता है, उसमें इसकी पूरी सम्भावना निहित है।"

जैसाकि अनेक विद्वानों ने लक्षित किया है, रस-सिद्धान्त के अन्तर्गत कवि-प्रतिभा पर भी विचार किया गया है और सहृदय की प्रतिभा पर भी, किन्तु संस्कृत आलोचना उन दोनों प्रकार के हेत्वाभासों से मुक्त है जिन्हें विम्साट-बियर्ड्स्ले ने 'अभिप्रायपरक हेत्वाभास' (इंटेंशनल फैलेसी) और 'प्रभावपरक हेत्वाभास' (इफेक्टिव फैलेसी) की संज्ञा दी है। किसी रचना में रस-निरूपण करते हुए संस्कृत आचार्य न तो यह बतलाते हैं कि यहाँ कवि का अभिप्राय यही था और न वे एक सहृदय के हृदय पर पड़नेवाले प्रभावों की भावोच्छ्वसित प्रतिक्रिया ही व्यक्त करते हैं। सर्वत्र और सदैव ध्यान काव्यगत शब्दों पर रहता है और विश्लेषण-प्रक्रिया उन शब्दों के पारस्परिक सम्बन्धों तथा उनसे उत्पन्न होनेवाले अर्थ की ध्वनि-तरंगों के सुदूरतम विस्तार को पकड़ने की दिशा में प्रयत्नशील रहती है।

आज इस तथ्य पर इतना अधिक बल देने की आवश्यकता इसलिए आ पड़ी है कि छायावाद के आत्मपरक रोमानी संस्कारों से ग्रस्त आलोचकों ने रस-सिद्धान्त को आधुनिकता का जामा पहनाने के उत्साह में प्रायः उस सिद्धान्त को एक आत्मपरक रोमांटिक सिद्धान्त का रूप दे डाला है। यदि इस प्रकार की व्याख्या छायावाद युग में हुई होती तो इसे एक युग की आवश्यकता समझकर ऐतिहासिक अनिवार्यता के रूप में स्वीकार भी कर लिया जाता। किन्तु छायावाद युग की समाप्ति के बाद इस प्रकार की आत्मरपक व्याख्याएँ केवल कालदोष ही कहलाएँगी। माना कि काव्य में अनुभूति की प्रधानता होती है और काव्य सर्वप्रथम अनुभूति का ही विषय है, किन्तु यह काव्यानुभूति यदि गूँगे का गुड़ नहीं है तो उसे विवक्षित करने के लिए शब्दार्थ-मीमांसा के 'बौद्धिक' व्यापार के श्रमसाध्य पथ से होकर गुजरना ही पड़ेगा। इसके आत्मपरक व्याख्याता इस कठिन पथ से भय खाते हैं इसलिए विश्लेषण के औजारों को 'प्रपंच' मानकर अनुभूति के सुकुमार पथ का ही सेवन करना अभीष्ट मानते हैं। यदि यह सुरक्षित पथ निजी काव्यास्वाद तक ही सीमित रहता तो कोई बात न थी। विडंबना यह है कि इसी आत्मपरक व्याख्या के द्वारा वे रस को सार्वकालिक और सार्वभौम काव्य-प्रतिमान के रूप में प्रतिष्ठित करने का हौसला रखते हैं। एक ओर मूल्य-निर्णय देने के लिए ऐसा दम्भ और दूसरी ओर अर्थ-मीमांसा की पद्धति से नितान्त अनभिज्ञता! विडंबना नहीं तो क्या है?

उल्लेखनीय है कि आचार्य शुक्ल ने रस के प्रसंग में प्राय: 'रस-सिद्धान्त' शब्द के स्थान पर 'रस-पद्धति' शब्द का प्रयोग किया है। इस प्रसंग में डॉ. मनोहर काले की यह आपत्ति भी उल्लेखनीय है : "संस्कृत काव्यशास्त्र का रस-सिद्धान्त काव्य के आस्वाद की एक प्रक्रिया-मात्र है, मूल्यांकन का कोई प्रतिमान नहीं।" ('रसास्वाद नई कविता : मूल्यांकन', *कल्पना*, जुलाई, '65)

यदि यह सही है तो प्रतिमान के रूप में रस के पुनरुद्धार अथवा पुनर्व्याख्या का प्रश्न ही अप्रासंगिक हो जाता है; प्रासंगिक रहती है तो आस्वाद की प्रक्रिया, जिसका आधार अर्थ-मीमांसा है।

मूल्यांकन की समस्या : छायावादोत्तर कविता

पिछले वर्षों की काव्य-चर्चा से क्रमशः यह धारणा स्थिर हो चली थी कि हिन्दी कविता में छायावाद के बाद सबसे मूल्यवान रचनाएँ 'नई कविता' के साथ आईं, लेकिन डॉ. नगेंद्र के निबन्ध 'छायावादोत्तर हिन्दी कविता : मूल्यांकन की समस्या' (*साप्ताहिक हिन्दुस्तान,* 10 मार्च, '68) से पता चलता है कि उस धारणा के विरुद्ध कुछ क्षेत्रों में अब भी प्रतिरोध है; और उनका आग्रह है कि छायावाद के बाद भी सर्वाधिक मूल्यवान काव्य-सर्जना मैथिलीशरण गुप्त, सियारामशरण गुप्त, माखनलाल चतुर्वेदी, नवीन, दिनकर, सुमित्रानन्दन पंत, महादेवी वर्मा आदि पूर्वप्रतिष्ठित कवियों ने ही की। मूल्यांकन के क्षेत्र में कोई भी निर्णय अन्तिम नहीं, इसलिए इस आग्रह को देखते हुए 'मूल्यांकन की समस्या' आज भी विचारणीय मानी जा सकती है; लेकिन *साप्ताहिक हिन्दुस्तान* के सम्पादक का यह कहना सही नहीं है कि "नए साहित्य को लेकर पुराने आलोचक जो चुप्पी साधे हुए हैं, उसे साहसपूर्वक तोड़ने की दिशा में डॉ. नगेंद्र ने पहल की है।"

स्वर्गीय नन्ददुलारे वाजपेयी कुछ ही महीने पहले अगस्त, '67 के *धर्मयुग* में 'नई कविता : एक पुनर्निरीक्षण' शीर्षक चार किस्तों की एक लेखमाला प्रकाशित करा चुके हैं। फिर कैसी चुप्पी और कैसी पहल? यदि कुछ है तो बस, 'नई कविता' के अवमूल्यन का एक और कूट प्रयास। इस प्रयास की खास बात है तो अवसर की ताक। जैसाकि इस निबन्ध में डॉ. नगेंद्र ने लक्ष्य किया है : "सन् 1960 के बाद 'अकविता' का जन्म हुआ और 'युयुत्सा', 'बुभुक्षा', 'दिगम्बरता' आदि अत्याधुनिक काव्य-प्रवृत्तियाँ हिन्दी कविता के क्षेत्र में उभरने लगीं जिनसे नए कवि भी त्रस्त होकर आस्था और संगति की पुनःसाधना करने लगे। यह वास्तव में अराजकता की स्थिति है।"

जाहिर है कि अराजकता की इस स्थिति में 'नई कविता' को धराशायी करके पुराने काव्य को पुनः प्रतिष्ठित करने का इससे अच्छा अवसर दूसरा नहीं मिल सकता, क्योंकि "इस प्रकार की अराजकता से 'स्थिर' जीवन-मूल्यों को प्रायः बल मिलता है।" मजेदार बात यह है कि जिन नई काव्य-प्रवृत्तियों को मूल्यहीन कहा जाता है, उन्हीं से अपना परिचय प्रदर्शित करने की आतुरता भी व्यक्त की जाती है।

उदाहरण के लिए उधर *धर्मयुग* में वाजपेयी जी की 'नई कविता' वाली लेखमाला आई, इधर 17 सितम्बर, '67 के *साप्ताहिक हिन्दुस्तान* में 'उभरते प्रश्न' के अन्तर्गत और तमाम बातों के साथ डॉ. नगेंद्र का यह वक्तव्य : "जब तक मुझे कुँवरनारायण के काव्य में वैचारिक औदात्य, गिरिजाकुमार और भारती की कविताओं में भाव-माधुर्य, अज्ञेय के बिम्ब-विधान की समृद्धि और शमशेर बहादुर सिंह की रचनाओं में व्याप्त सूक्ष्म-तरल संवेदना से आनन्द मिलता है, और इन्हीं कवियों या इनके अनुकर्ता अन्य प्रतिभामन्द कवियों की अनेक कविताओं की बिखरी हुई संवेदना और खंडित बिम्ब-योजना से क्षोभ होता है...जब तक गीतकारों में शम्भुनाथ सिंह, दोषी, नीरज, राही, त्यागी आदि के आवेग-दीप्त गीत मेरे सुप्त भाव-संस्कारों को उद्‌बुद्ध कर सकते हैं और विजयदेव नारायण साही तथा भारतभूषण अग्रवाल की बारीक व्यंग्य-वक्रताएँ मेरी चेतना को गुदगुदाने में समर्थ हैं, तब तक 'मैं यह कैसे मान लूँ कि समसामयिक साहित्य से मेरा जीवंत सम्पर्क टूट गया है'?"

जीवंत सम्पर्क में रहनेवालों को प्रमाण के लिए ऐसी नामावली पेश करने की जरूरत नहीं पड़ती, लेकिन जीवंत सम्पर्क टूटने की यदि इतनी चिन्ता थी तो ठीक से दरयाफ्त कर लेना चाहिए था कि विजयदेव नारायण साही 'व्यंग्य-वक्रताएँ' लिखते हैं या कुछ और, क्योंकि तब तक उनका काव्य-संकलन *मछली घर* आ चुका था और उसमें तथा *तीसरा सप्तक* में भी उनकी एक भी 'व्यंग्य-वक्रता' की कविता नहीं है। फिर भी यह सम्पर्क है काफी व्यापक। जहाँ अज्ञेय और नीरज एक साथ जगह पा सकते हों, वह हृदय निस्सन्देह बहुत विशाल कहा जाएगा। औरों के लिए जो असंगति है, उसी को 'रसात्मक बोध' में विरोधों का सामंजस्य कहा जाता है। रसात्मक बोध का स्पष्ट कथन यहाँ नहीं है तो इसलिए कि रस हमेशा व्यंग्य होता है, और ध्यान से देखें तो उक्त वक्तव्य में रस-व्यंजना बड़ी मार्मिक है। गीत सुप्त भाव-संस्कारों को उद्‌बुद्ध करते हैं, व्यंग्य-वक्रताएँ गुदगुदी पैदा करती हैं, खंडित बिम्ब क्षोभ उत्पन्न करते हैं और कुछ नई कविताएँ आनन्द देती हैं। स्थायी, संचारी, अनुभाव सभी हैं, और कवियों की सूची को आलम्बन-विभाव मान लें तो 'विभावानुभाव-संचारि-संयोगात् रसनिष्पत्ति'। इति। हृदय में रस सुप्त है तो सम्पर्क जीवंत है।

फिर भी ऐसा लगता है कि 'नई कविता' और गीतों के जीवंत सम्पर्क से पूरी तृप्ति नहीं हुई। रस-बोध तो हुआ पर उपलब्धि नहीं हुई। 'छायावादोत्तर हिन्दी कविता : मूल्यांकन की समस्या' निबन्ध गोया वह कसर पूरी करने का प्रयास है। यहाँ रस का प्रतिमान भी व्यक्त है और उपलब्धियों का स्पष्ट निर्देश भी। स्थायी उपलब्धियाँ हैं उत्तर-छायावाद और राष्ट्रीय-सांस्कृतिक काव्यधाराएँ; सर्वाधिक प्रामाणिक प्रतिमान है रसात्मक बोध। जाहिर है कि छायावादोत्तर सीमा तक कालखंड का विस्तार इन्हीं उपलब्धियों के लिए किया गया और उपलब्धियाँ दीखीं तो अव्यक्त रस पूरी तरह व्यक्त हो गया। व्यक्त नहीं हुआ तो प्रतिमान से उपलब्धि तक पहुँचने का क्रम।

प्रतिमान है, निष्कर्ष है, नहीं है तो निष्कर्ष तक पहुँचने की प्रक्रिया। माना कि रस असंलक्ष्यक्रम होता है, लेकिन काव्य में, आलोचना में नहीं। डॉ. नगेंद्र की इस रसात्मक आलोचना में भी यदि रस-निरूपण असंलक्ष्य क्रम है तो यहाँ भी आनन्दवर्धन के अनुसार : 'सत्यासत्य-निरूपणस्य अप्रयोजकत्वमेति' अर्थात् सत्य-असत्य का निरूपण अप्रयोजक ही है। यदि डॉ. नगेंद्र के रसबोध के अनुसार : उत्तर-छायावाद और राष्ट्रीय-सांस्कृतिक काव्यधाराएँ ही स्थायी उपलब्धियाँ हैं तो कथन न सत्य है न असत्य। यह आलोचना नहीं, काव्य है।

समस्या यह है कि इसे 'मूल्यांकन' कहा गया है। मूल्यांकन भी ऐसा कि एक ही साँस में दो-दो निष्कर्ष। पहला निष्कर्ष तो यह है : "इस दृष्टि से सर्वाधिक मूल्यवान काव्य-सर्जना राष्ट्रीय-सांस्कृतिक प्रवृत्ति, उत्तर-छायावाद और वैयक्तिक गीत कविता के अन्तर्गत हुई।" फिर दूसरा निष्कर्ष यह है : "इस दृष्टि से सभी प्रकार के विरोधी प्रचार के बावजूद यह मानना होगा कि स्थायी उपलब्धि उत्तर-छायावादी तथा राष्ट्रीय-सांस्कृतिक काव्यधाराओं के अन्तर्गत ही हुई।" क्षण ही भर में 'वैयक्तिक गीत कविता' अचानक गायब हो गई। रसात्मक बोध की यह कौन-सी दशा है? आशय क्या यह है कि वैयक्तिक गीत कविता 'सर्वाधिक मूल्यवान' तो है किन्तु 'स्थायी उपलब्धि' नहीं? उपलब्धि स्थायी नहीं है तो फिर संचारी होगी! लेकिन इस प्रकार क्या रसात्मक बोध का यह प्रतिमान भी संचारी नहीं? इसीलिए मैंने कहा कि यह आलोचना नहीं, काव्य है, क्योंकि इस तरह के असंगत वक्तव्य काव्य में ही चल सकते हैं, खास तौर से उस काव्य में जिसे 'रस' के प्रतिमान पर छायावादी युग की स्थायी उपलब्धि माना गया है।

डॉ. नगेंद्र का आग्रह है कि मूल्यांकन के लिए वही प्रतिमान इस्तेमाल किया जाए जिसका सम्बन्ध काव्य के 'अन्तरंग' से हो अर्थात् जो शुद्ध काव्य-मूल्य हो। एवमस्तु। फिर राष्ट्रीयता और संस्कृति को मूल्यांकन में ले आने की जरूरत? 'सामाजिक यथार्थ की अभिव्यक्ति' यदि काव्येतर मूल्य है तो 'राष्ट्रीय उल्लास' और 'सांस्कृतिक गौरव' काव्य-मूल्य कैसे हैं?

डॉ. नगेंद्र की मुश्किल यह है कि वे अपने 'रस-बोध' नामक काव्य-मूल्य को शुद्ध रखने के साथ ही उसे 'व्यापक' और 'समाकलित' भी बनाना चाहते हैं। इस प्रकार व्यापकता की हर घोषणा के साथ एक-न-एक काव्येतर मूल्य चोर-दरवाजे से अन्दर घुसता दिखता है : कभी 'मौलिक परिदर्शन', कभी 'परम्परा की जीवंत स्वीकृति', कभी 'परिवेश के प्रति जागरूकता' और कभी 'नैतिक-सांस्कृतिक प्रभाव'। युक्ति यह दी गई है कि ये सभी काव्येतर मूल्य 'अंगभूत' और 'गौण' हैं, जबकि प्राधान्य तो 'रागात्मक समृद्धि' का ही है।

सवाल यह है कि क्या रागात्मकता और परिवेश में प्रधान और गौण का सम्बन्ध है? जिस शास्त्र की नींव पर डॉ. नगेंद्र ने अपने रस-बोध का धौरहर खड़ा किया

है, स्वयं उसमें भाव और विभाव के बीच कार्य-कारण सम्बन्ध माना गया है। यहाँ प्रधान और गौण की चर्चा नहीं है। प्रधानता का सवाल यदि उठाया भी गया है तो आचार्य रामचन्द्र शुक्ल के अनुसार : "काव्य में विभाव ही मुख्य है।" आज की भाषा में कहें तो सामाजिक परिवेश कारण है, रागात्मकता कार्य। इस प्रकार रागात्मक सम्बन्धों के बिना रागात्मक वृत्तियों की कल्पना निराधार है। डॉ. नगेंद्र काव्य में रागात्मक समृद्धि की बात तो करते हैं, किन्तु इस तथ्य से वे सर्वथा अनजान दिखते हैं कि रागात्मक सम्बन्धों की जटिलता के बोध के बिना काव्य में रागात्मक समृद्धि असम्भव है। मनुष्य के अन्तरराष्ट्रीय, राष्ट्रीय, वर्गीय और अन्तर्वैयक्तिक—सारे सम्बन्ध रागात्मक सम्बन्धों की कोटि में आते हैं; और रागात्मक वृत्तियों के समान ही ये रागात्मक सम्बन्ध भी काव्य के अन्तरंग हैं।

लेकिन डॉ. नगेंद्र की स्पष्ट धारणा है : "अपने परिवेश के प्रति जागरूकता के अभाव में भी कवि-कर्म सफल होता है।" इसीलिए उन्हें 'रागात्मक समृद्धि' भी उन्हीं काव्यों में दिखाई पड़ती है जिनमें अपने परिवेश के प्रति जागरूकता के स्थान पर सीधा-सादा राष्ट्रीय उल्लास, सांस्कृतिक गौरव, वैयक्तिक सुख-दुःख की अभिव्यक्ति और अतिचेतना के स्तर की दिव्य अनुभूति मिलती है। स्पष्ट ही यहाँ 'रागात्मक समृद्धि' का अर्थ है : सरल रागात्मक वृत्तियाँ। उल्लेखनीय है कि 'रागात्मक समृद्धि' की व्याख्या करते हुए वे जहाँ 'सूक्ष्म-कोमल, प्रबल और व्यापक, भव्य और उदात्त' अनुभूतियों का नाम लेते हैं, 'जटिल' अनुभूतियों का नाम भूलकर भी उनकी जबान पर नहीं आता। कहना न होगा कि इस मामले में डॉ. नगेंद्र का रस-बोध रिचड्र्स के 'अधिक-से-अधिक वृत्तियों के सन्तुलन' के जटिल राग-बोध से ही नहीं, बल्कि अभिनवगुप्त के भाव-सबल रस-सिद्धान्त से भी कहीं सरल और सपाट है। इसलिए जब उन्हें मैथिलीशरण गुप्त की *हिडिंबा*, सियारामशरण गुप्त का *उन्मुक्त*, प्रभात की *कैकेयी* जैसे प्रबन्ध काव्य, पंत की *उत्तरा* और नरेंद्र शर्मा के अतिचेतनावादी पद्य, लोकप्रिय गीतकारों के सहजगीत और 'नई कविता' में भी माथुर-भारती आदि के रूमानी गीत उपलब्धि प्रतीत होते हैं तो उनके रस-प्रतिमान की रागात्मक सरलता ही नहीं, बल्कि कलात्मक सपाटता का भी उद्घाटन हो जाता है।

स्पष्ट ही यह सरल रसबोध केवल सस्ती भावुकता, सीधी इतिवृत्तात्मकता और कोरी उपदेशात्मकता का पर्याय है। जहाँ रसबोध इतना सपाट हो, जटिल रागबोधवाली बहुत-सी नई कविताओं का उपलब्धि की सीमा से बाहर रह जाना स्वाभाविक है। जहाँ रसबोध इतना कोमल हो, प्रगतिवाद की संघर्षशील कविताएँ निश्चय ही नीरस लगेंगी। इसीलिए डॉ. नगेंद्र जब कहते हैं कि 'इस निकष पर प्रगतिवाद और 'नई कविता' का महत्त्व अधिक नहीं माना जा सकता' तो आश्चर्य तो नहीं होता। आश्चर्य तब भी नहीं होता जब वे अपनी पसन्द की कुछ प्रगतिशील एवं नई कविताओं के काव्य-गुण का श्रेय उन कवियों के छायावादी संस्कारों को देते हैं।

यह 'नई कविता' और प्रगतिवाद से अधिक स्वयं डॉ. नगेंद्र के छायावादी संस्कार का परिचालक है।

मुश्किल यह है कि डॉ. नगेंद्र का रसबोध इस मामले में भी सुसंगत नहीं है। *हिडिंबा, उर्वशी* और *कैकेयी* का समान भाव से रसास्वाद लेनेवाला रसिक निश्चय ही भाग्यवान है। तीनों के रसास्वाद में विरोधों का सामंजस्य कर लेना चमत्कार ही कहा जाएगा। एक ओर यह रसचर्या और दूसरी ओर *उत्तरा* के दिव्य सोपानों का आरोहण और फिर वैयक्तिक सुख-दु:खवाले गीतों का सहज सेवन—एक निश्चित प्रतिमान है या कहीं का ईंट, कहीं का रोड़ा? जहाँ सारी परेशानी इस बात की हो कि मैथिलीशरण गुप्त, सियारामशरण गुप्त, सुमित्रानन्दन पंत, माखनलाल चतुर्वेदी, नवीन, दिनकर आदि सभी वरिष्ठ कवियों तथा बच्चन, नरेंद्र आदि अपेक्षाकृत नवतर किन्तु लोकप्रिय कवियों और फिर कुछ प्रसिद्ध नए कवियों को मिलाकर किसी तरह एक ही रसात्मक बोध में समेट लिया जाए और यह सारा काम इस कौशल से किया जाए कि बड़ों का बड़प्पन सुरक्षित रहने के साथ ही नयों को मान्यता देने की उदारता भी प्रकट हो, वहाँ ऐसी संग्रह-वृत्ति (एक्लेक्टिसिज्म) अनिवार्य है। यह संग्रह-वृत्ति तब और भी आपत्तिजनक हो जाती है जब इसके मूल में काव्येतर प्रयोजन स्पष्ट झाँकने लगते हैं। रस के प्रतिमान को अधिक-से-अधिक 'व्यापक' और 'समाकलित' बनाने की सारी परेशानी का रहस्य यही है। प्रतिमान को व्यवहार में लागू करने का काम इसलिए कवियों और कृतियों के नाम तक ही सीमित है; क्योंकि प्रक्रिया प्रदर्शित करते ही प्रतिमान की पोल खुलने का खतरा पैदा हो सकता है।

निष्कर्ष जब पहले से ही निश्चित हो तो प्रतिमान को अधिक-से-अधिक प्रभावशाली और आकर्षक बनाने का काम रह जाता है और कहना न होगा कि डॉ. नगेंद्र की मुख्य समस्या यही है। इसके लिए उन्होंने 'नई कविता' के दायरे से 'मानव-व्यक्तित्व की सार्थकता' और 'आत्म-साक्षात्कार' जैसे आधुनिक फिकरों को लेने में भी संकोच नहीं दिखाया, बल्कि इनसे अपने रस-बोध को सजाकर आधुनिक रंग दे डालने की पूरी कोशिश की है। किन्तु मूल्यांकन का निष्कर्ष आधुनिक दिखनेवाले इस 'रस' की सारी कलई खोलकर रख देता है। *विचार और अनुभूति* नामक पुस्तक की समीक्षा करते हुए डॉ. रामविलास शर्मा ने काफी पहले कहा था : "नगेंद्र जी की अनुभूति सन् '36 के छायावादी की है, उनके विचार सन् '26 के अधकचरे फ्रायड-भक्तों के।" तब से इतनी तरक्की तो हुई है कि सन् '26 के उन विचारों का जिक्र अब नहीं सुनाई पड़ता; किन्तु सभी जानते हैं कि अनुभूति से मुक्त होना मुश्किल है; और इस लेख से स्पष्ट है कि अनुभूति अब भी वही सन् '36 वाली है। इजाफा हुआ है तो यह कि अब उसका राष्ट्रीय-सांस्कृतिक नाम है रसात्मक बोध। इलियट ने एक कविता में कहा है : "इन द बिगनिंग वाज़ माइ एंड।" इस आत्म-साक्षात्कार से बचने के बावजूद डॉ. नगेंद्र का भी अन्त

उनकी शुरुआत में है : वही सन् '36 वाली छायावादोत्तर सीमा—पूरे छायावादी भी नहीं, पतनकालीन छायावादी।

आज हिन्दी में ऐसे पतनकालीन छायावादी संस्कारोंवाले अतीतजीवी सहृदय और भी हैं; और आश्चर्य नहीं जो उन्हें डॉ. नगेंद्र के इस निबन्ध में अपनी धारणाओं की प्रतिध्वनि सुनाई पड़े। मजा यह कि समकालीन साहित्य के मूल्यांकन की समस्या के लिए सबसे अधिक चिन्तित यही लोग हैं, और प्रस्थान-बिन्दु सबका एक ही है : वही सन् '36, जिसकी अभिव्यक्ति 'छायावादोत्तर', 'शुक्लोत्तर', 'प्रेमचन्दोत्तर', 'प्रसादोत्तर' आदि-आदि संज्ञाओं में एक अरसे से दिखाई पड़ रही है। अब कुछ दिनों से यह उत्तर-प्रेम 'स्वातंत्र्योत्तर' के रूप में प्रकट होने लगा है। क्या यह उत्तर-प्रेम एक संयोगमात्र है?

इस उत्तर-निर्भर अधिकांश मूल्यांकन का निष्कर्ष एक ही है : नए के विरुद्ध पूर्व प्रतिष्ठितों के उत्तर-कृतित्व की गौरव-प्रतिष्ठा, क्योंकि पूर्वप्रतिष्ठा में ही आत्मप्रतिष्ठा है। इसीलिए छायावाद के उदय-काल में जो छायावाद के लिए लड़ाई लड़ने में चूक गए, वही आज उत्तर छायावाद को प्रतिष्ठित करने के लिए खून-पसीना एक कर रहे हैं। इसीलिए जो राष्ट्रीय काव्यधारा छायावाद के समक्ष काव्य का गौरव न पा सकी, उसी को आज उत्तर-छायावाद के साथ गठजोड़ कर 'नई कविता' के विरुद्ध फिर से खड़ा किया जा रहा है। यह चेष्टा बहुत-कुछ वैसी ही है, जैसी *पल्लव* के विरुद्ध *वीर सतसई* को मंगलाप्रसाद-पारितोषिक दिलाना। इस मूल्यांकन को मान लेने का एक ही अर्थ है : नए सर्जनात्मक प्रयासों को छोड़कर आज भी पूर्वागत राष्ट्रीय-सांस्कृतिक काव्यधारा को अबाध बहने देना तथा उसमें स्वयं भी बहना या फिर उत्तर-छायावादी अतिचेतना के दिव्य-लोक में संचरण करना। स्पष्टत: यह स्थिति को यथावत् बनाए रखनेवालों से भी अधिक दकियानूस उलटी गंगा बहानेवालों का दर्शन है। इस साहित्यिक रुझान का एक निश्चित राजनीतिक आधार है, जिसकी ओर संकेत करते हुए दिल्ली विश्वविद्यालय के हिन्दी विभाग की एक विचार-गोष्ठी में सालभर पहले रघुवीर सहाय ने कहा था : "एक लम्बी सूची उन प्रश्नों की गिनाई जा सकती है जिन पर ऐसे व्यक्ति अपना मंतव्य दें तो वे एक जाने-पहचाने राजनीतिक वर्ग से एकाकार हो जाएँगे और अन्तत: आप देखेंगे कि उस राजनीतिक वर्ग की मान्यता सत्तारूढ़ दल की मान्यताएँ हैं।"

अपनी सत्ता बनाए रखने के लिए राजनीति में यदि यह वर्ग गलत के साथ सही को गड्डमड्ड करके घपला पैदा करता है तो साहित्य में भी अपने जड़ को चेतन के साथ रखकर मूल्य-मूढ़ता फैलाता है। छायावादोत्तर काव्य की स्थायी उपलब्धि में राष्ट्रीय-सांस्कृतिक काव्यधारा, उत्तर-छायावाद और वैयक्तिक गीत-कविता के साथ 'नई कविता' के भी एक अंश को मान्यता देने का यही अर्थ है। ऐसे प्रयास के लिए एक प्रतिमान का होना स्वाभाविक है—फिर वह प्रतिमान कालसिद्ध और

पूर्वप्रतिष्ठित हो तो क्या कहने! गैसचेम्बर के लिए नात्सियों को भी एक दर्शन की आवश्यकता महसूस हुई थी। हर काम के लिए कांग्रेस को गांधी जी के नाम की और जनसंघ को भारतीय संस्कृति की आवश्यकता पड़ती है। छायावादोत्तर कविता के मूल्यांकन में रस के प्रतिमान का कुछ वैसा ही महत्त्व है।

इसलिए बहस रस के प्रतिमान से नहीं, रस की नगेंद्री भाषा से है। अज्ञेय ने भी *तीसरा सप्तक* की भूमिका में स्वीकार किया है : "बड़ा कवि 'वाक्सिद्ध' होता था, और भी बड़ा कवि 'रस-सिद्ध' होता था।" यह बात जितनी तब के लिए सच थी, उतनी ही आज के लिए भी सच है। नए कवि एक अरसे से कहते आ रहे हैं कि कविता की परख कविता के रूप में की जाए, किसी और चीज के रूप में नहीं। रस यदि यही है तो नाम को लेकर क्या बहस! बहस तो शुरू होती है जब कविता और 'कविता' में फर्क दिखाई पड़ता है और रस और 'रस' एक-दूसरे के विरुद्ध खड़े होते हैं। निर्णय तब ठोस उदाहरणों के विश्लेषण पर जा टिकता है। संस्कृत के प्राचीन आचार्यों ने रस-निर्णय ऐसे ही ठोस उदाहरणों के विश्लेषण द्वारा किया था।

मूल्यांकन के क्षेत्र में आज भी कोई रस के प्रतिमान को लेकर आने का साहस करता है तो फिर दिखाए वैसी ही यथातथ्यता और करे विश्लेषण एक-एक कविता का! काम कवियों और कृतियों की सूची बनाने से न चलेगा। समस्या का असली मुद्दा दरअसल यह है और यही है विचारों की सीधी टक्कर के लिए सही जमीन।

डॉ. नगेंद्र तो इस क्षेत्र में उतरने से रहे, इसलिए प्रस्तुत हैं तथाकथित राष्ट्रीयता की तीन कविताएँ : 'ध्वज-वंदना' (मैथिलीशरण गुप्त), '15 अगस्त, 1947' (सुमित्रानन्दन पंत), और 'पन्द्रह अगस्त' (गिरिजाकुमार माथुर)। तीनों ही कवि डॉ. नगेंद्र की स्वीकृति सूची के हैं, किन्तु स्थायी उपलब्धि के रूप में जो राष्ट्रीय-सांस्कृतिक काव्यधारा स्वीकृत की गई है, उसके सिरमौर केवल मैथिलीशरण गुप्त हैं और कदाचित् सुमित्रानन्दन पंत भी। गुप्त जी की 'ध्वज-वंदना' भी 15 अगस्त, 1947 से ही सम्बद्ध है। 'ध्वज-वंदना' शुरू होती है 'निज विजय-पताका फहरे' से। स्पष्टतः इस ऐतिहासिक घड़ी में राष्ट्रकवि का सारा ध्यान राष्ट्र-ध्वज पर केन्द्रित है। कविता में एक-एक कर राष्ट्र-ध्वज की पूरी हुलिया बयान की गई है क्योंकि "हमें विजय का सूत्र मिला है इसी चक्र के द्वारा।" 'सूत्र' और 'चक्र' का श्लेष द्रष्टव्य है। फिर उस 'चक्र' को 'सुदर्शन' भी कहा गया है। गरज कि पूरी कविता ऐसे अनेक आलंकारिक चमत्कारों से भरी पड़ी है। छंद पर दृष्टि डालें तो लगता है कि ध्वज से अधिक ध्यान 'फहरे' के तुकों पर है। अकारादि क्रम से जिस प्रकार 'फहरे' के बाद 'घहरे', 'ठहरे', 'छहरे' और 'थहरे' को जमाया गया है, वह राष्ट्रकवि का अपना वैशिष्ट्य है। निस्सन्देह इसमें राष्ट्रीयता के साथ विश्व-भावना की भी व्यापकता हैं, अपनी स्वतंत्रता के साथ सबके मुक्तिमंत्र पाने की कामना भी की गई है और 'सब समान भागी जीवन के' कहकर साम्य का भी महान आदर्श

दोहराया गया है किन्तु कुल मिलाकर कविता? 'विजयी विश्व तिरंगा प्यारा, झंडा ऊँचा रहे हमारा'—सीधी सपाट, अनलंकृत और अत्यंत साधारण होते हुए भी इस काव्यात्मक ध्वज-वंदना से कहीं अधिक ओजपूर्ण और प्रभावशाली प्रतीत होती है—बावजूद अपने अन्ध राष्ट्रप्रेम के। पंत जी की कविता इससे काफी लम्बी है। गुप्त जी में जहाँ 'नरता' का बखान है, पंत जी में 'नवमानवता' का मंगलगान है। कविता की प्रथम पंक्ति है : 'चिर प्रणम्य यह पुष्प अहन्, जय गाओ सुरगण।' गुप्त जी की दृष्टि झंडे की ऊँचाई से ऊपर नहीं उठी, लेकिन अतिचेतनावादी पंत जी की आवाज और ऊँचे उठकर 'सुरगण' को निमंत्रित करने पहुँच गई। 'आह' और 'ओह' के अभ्यस्त गुप्त जी इस अवसर पर जाने कैसे अपने आह्लाद को दबा ले गए लेकिन पंत जी का भावोच्छ्वास पुनः-पुनः जय-जयकार में फूट पड़ा। विह्वलता की यह स्थिति है कि कभी 'कदली स्तम्भ बनाओ', कभी 'मंगल-कलश सजाओ' और कभी 'बन्दनवार बँधाओ'। राष्ट्रीय उल्लास पंक्ति-पंक्ति में फूटा पड़ता है क्योंकि कवि का विश्वास है कि 15 अगस्त की राजनीतिक स्वतंत्रता के साथ 'शान्त हुआ अब युग-युग का भौतिक संघर्षण' अर्थात् 1947 का 15 अगस्त भारत के लिए आर्थिक और सामाजिक संघर्षों के भी अन्त का सूचक है। यथार्थ से यह भावात्मक प्रतिक्रिया कितनी दूर है, इस पर अतिरिक्त टिप्पणी अनावश्यक है। उल्लेखनीय है तो यह कि यथार्थ से दूर जाकर ये पंक्तियाँ कविता से भी उतनी ही दूर चली गईं। इस भाव में 'मुक्त चेतना' चाहे जितनी ऊँचे उड़ जाए, कविता की धरती छूटी ही समझिए।

इन दोनों पद्यों के विपरीत गिरिजाकुमार माथुर का गीत, जिसकी टेक है : 'आज जीत की रात, पहरुए सावधान रहना।' सावधानी का यह स्वर अन्त तक कविता में भावोच्छ्वास को नियंत्रित रखता है; और इस प्रकार उस ऐतिहासिक घड़ी में उत्पन्न भावबोध को एक नया आयाम देता है। 'शत्रु हट गया, लेकिन उसकी छायाओं का डर है।' हर्ष और भय का द्वंद्व इस गीत में एक जटिल रागबोध की सृष्टि कर देता है। फिर भाषा? एक 'पहरुए' सम्बोधन से ही स्पष्ट है कि यह भाषा गुप्त जी के 'तुष्टीकरण' और पंत जी के 'पुष्प अहन्' से अधिक जीवंत है। वे दोनों कवि सम्भवतः 'पहरुए' की जगह 'प्रहरी' लिखना पसन्द करते। निष्कर्ष यह कि ठेठ काव्य अथवा 'रस' के प्रतिमान से ही गिरिजाकुमार माथुर का गीत मैथिलीशरण गुप्त एवं सुमित्रानदन पंत के पद्यों से श्रेष्ठ है।

उल्लेखनीय है कि गिरिजाकुमार कायदे से राष्ट्रीय काव्यधारा के कवि नहीं हैं, बल्कि 'नई कविता' के कवि हैं। यह सही है कि गिरिजाकुमार का यह गीत स्वयं 'नई कविता' की भी कोई उत्कृष्ट उपलब्धि नहीं है, लेकिन यही बात सम्भवतः गुप्त जी और पंत जी की कविताओं के बारे में भी कही जा सकती है कि वे उनकी श्रेष्ठ कृतियाँ नहीं हैं।

दरअसल बहस का यह मुद्दा है भी नहीं। मुद्दा यह है कि जिस राष्ट्रीय-सांस्कृतिक काव्यधारा को छायावादोत्तर युग की स्थायी उपलब्धि माना गया है, उस विषय की श्रेष्ठ कविताएँ तथाकथित राष्ट्रीय कवियों ने नहीं, बल्कि नए कवियों ने लिखी हैं। यहीं अज्ञेय की *आलोक-मंजूषा* वाली 'जनवरी छब्बीस' शीर्षक कविता का भी उल्लेख किया जा सकता है, जो अज्ञेय की अच्छी कविताओं में से न होते हुए भी तत्सम्बन्धी अनेक राष्ट्रीय कविताओं से बेहतर है।

जिस प्रकार आजादी की लड़ाई के दिनों में प्रसाद, निराला आदि छायावादी कवियों ने मैथिलीशरण गुप्त, माखनलाल चतुर्वेदी आदि राष्ट्रवादी कवियों से बेहतर राष्ट्रीय कविताएँ लिखीं, उसी तरह नए कवियों ने भी इस विषय पर अग्रजों से बेहतर रचना की। कारण परिवेश के प्रति जागरूकता और सामाजिक यथार्थ का अपेक्षाकृत अधिक गहरा बोध, जिससे कविता में रागात्मक समृद्धि और कला में सौष्ठव आता है।

यही बात तथाकथित 'सांस्कृतिक' काव्यधारा के बारे में भी लागू होती है। 'सांस्कृतिक' से तात्पर्य यदि प्राचीन पौराणिक-ऐतिहासिक आख्यानों के पुनराख्यान से है तो यहाँ भी 'नई कविता' पूर्वागत काव्यधाराओं से अधिक समर्थ प्रमाणित होगी। मैथिलीशरण गुप्त के *जयभारत* और धर्मवीर भारती के *अन्धायुग* की तुलना से यह बात सहज ही स्पष्ट हो जाती है। *महाभारत* की ओर ध्यान गुप्त जी का भी गया और भारती का भी, किन्तु उपेक्षिताओं के उद्धार के लिए व्याकुल गुप्त जी को पूरे *महाभारत* में हिडिम्बा मिली तो भारती को *महाभारत* की अन्तिम संध्या में इतिहास का एक नया अर्थ और गम्भीर सत्य! इसी प्रकार गुप्त जी की *विष्णुप्रिया* और भारती की *कनुप्रिया* की तुलना भी उपयोगी हो सकती है। काव्य में सांस्कृतिक गरिमा यदि पुनरुत्थानवादी गौरवगाथा तक ही सीमित नहीं है तो 'नई कविता' में प्राचीन मिथकों, पुराण-गाथाओं एवं ऐतिहासिक तथ्यों का सांस्कृतिक उपयोग अधिक सार्थक हुआ है। इस दिशा में 'नई कविता' के बाहर दिनकर के *कुरुक्षेत्र* और *उर्वशी* में भी यदि इस प्रकार की सप्रसंग सफल काव्य-सृष्टि के अंश प्राप्य हैं तो वहाँ भी समानान्तर प्रवाहित होनेवाली 'नई कविता' के नए भावबोध का प्रभाव लक्षित किया जा सकता है। प्रगतिशील चेतना के बिना यदि *कुरुक्षेत्र* की रचना असम्भव थी तो 'नई कविता' के बिना *उर्वशी* की कल्पना भी कठिन थी। ग्रहणशील सर्जनात्मकता हो तो पूर्व-परम्परा के कवि में भी आधुनिक अर्थ ध्वनित हो सकता है।

मूल्यांकन की दिशा में सम्प्रति ये कुछ संकेत हैं, जिनसे स्पष्ट है कि छायावादोत्तर कविता की प्रमुख उपलब्धियाँ 'नई कविता' के अन्तर्गत ही सुलभ हो सकती हैं; किन्तु इसका अर्थ यह नहीं कि 'नई कविता' के बाहर का सारा काव्य मूल्यहीन है। वस्तुतः पूर्वागत कवियों में से भी कुछ ने इस बीच सार्थक सर्जना की है, किन्तु अधिकांश का सर्वोत्तम छायावादोत्तर काल के पहले का है अथवा छायावादोत्तर काल

के आरम्भ का। मैथिलीशरण गुप्त, निराला, पंत और महादेवी अपना सर्वोत्तम काव्य सन् '36 के पहले ही दे गए; बच्चन और नरेंद्र ने अपना सर्वोत्कृष्ट काव्य छायावादोत्तर काल के आरम्भ में दिया। अपवाद एक दिनकर हैं जो छायावादोत्तर काल में ही परिपक्व हुए। निराला की विशेषता यह है कि छायावादोत्तर काल में जहाँ उनके अधिकांश समवर्तियों का क्रमशः स्पष्ट ह्रास हुआ, स्वयं निराला ने अपनी सृजनशील जागरूकता बराबर कायम रखी। *अणिमा, बेला, नए पत्ते, आराधना, गीतगुंज,* आदि काव्य-संग्रहों से कम-से-कम दो दर्जन उत्कृष्ट कविताएँ बड़ी आसानी से चुनी जा सकती हैं जिन्हें कोई नया कवि भी अपनी कहने से गौरव का अनुभव करेगा। छायावादोत्तर काल की यह सारी सार्थक काव्य-सर्जना उस 'नई कविता' के गिर्द हुई है जो इस काल की मुख्य काव्यधारा रही है—स्पष्ट ही यहाँ 'नई कविता' से आशय प्रगति और प्रयोग, दोनों के कल्पित कगारों को तोड़ती हुई समग्र नई काव्यधारा से है। इस काव्यधारा की उपलब्धियों पर भी पुनर्विचार अपेक्षित है—खास तौर से मुक्तिबोध के काव्य-संकलन *चाँद का मुँह टेढ़ा है* के प्रकाशन के बाद। बीस वर्षों की लम्बी उपेक्षा के बाद मुक्तिबोध का पुनराविष्कार समग्र नई काव्यधारा को एक भिन्न परिप्रेक्ष्य में रख देता है, जिससे 'नई कविता' के अन्तर्गत अरसे से चमकनेवाले अनेक तारों की द्युति मन्द होती दीख रही है। इसके सही मूल्यांकन का अर्थ है ब्योरे में जाना; प्रसंगतः इतना ही संकेत किया जा सकता है कि छायावादोत्तर कविता के मूल्यांकन का संगत सन्दर्भ यही है।

रहा प्रतिमान का प्रश्न सो 'पुडिंग' का प्रमाण उसे खाने में है और प्रतिमान की सत्ता ठेठ मूल्यांकन की प्रक्रिया में। मूल्यांकन की प्रक्रिया से अलग सूत्रों में निचोड़कर रखा हुआ प्रतिमान काव्य का प्रतिमान नहीं, गल्ला तौलने का बाट या कपड़ा नापने का गज़ है। वैसे, प्रसंग भी मूल्यांकन का है, जहाँ काव्य के मूल्यों की चर्चा अपेक्षित है और संकेत में यही कहा जा सकता है कि इन मूल्यों का सम्बन्ध ऐसे जीवंत अनुभवों से है, जिन्हें एक समेकित सहृदय-समाज की मान्यता प्राप्त हो। आज जहाँ यह सहृदय-समाज है, वहाँ मूल्यांकन की प्रक्रिया में मूल्यों के अलग निर्देश की आवश्यकता नहीं है, क्योंकि वरण का प्रत्येक प्रयास विवेक के आलोक को स्वतः उद्भासित करता चलता है। मूल्यों की सार्थकता इसी सप्रसंगता में है। वैसे, छायावादोत्तर कविता के मूल्यांकन के लिए जो प्रतिमान के इतने आग्रही हैं, उनसे सबसे पहले यही पूछा जा सकता है कि जिस छायावाद को आज उपलब्धि के रूप में स्वीकार कर लिया गया है, उसी के पीछे कौन-सा प्रतिमान है? प्रतिमान की आजमाइश ही करनी है तो पहले छायावाद को ही क्यों न लें?

छायावादोत्तर कविता के मूल्यांकन की दिशा में, प्रसंगात्, यह निश्चयपूर्वक कहा जा सकता है कि इस काल में जो भी मूल्यवान काव्य आया है, उसका श्रेय

किन्हीं 'छायावादी संस्कारों' को नहीं है। रागात्मक समृद्धि वहाँ है जहाँ वास्तविक स्थितियों के बीच से गुजरते हुए जागरूक मानव-मन की अधिक-से-अधिक जीवंतता मूर्तिमान हुई है और जहाँ आज की वास्तविकता को देखने के लिए कोई 'विजन' मिलता है। इस प्रकार रागात्मक व्यापकता पंत के *लोकायतन* में नहीं, मुक्तिबोध के *अँधेरे में* में है। उदात्तता अतिचेतनावादी दिव्य अनुभूतियों में नहीं, इतिहास से जूझते हुए मानव के चेतन प्रयासों में है। कलात्मक सिद्धि शिल्प के अतिसरलीकृत रूपों में नहीं, सर्जनात्मक भाषा के सार्थक उपयोग में है। काव्य के इन मूल्यों को कोई चाहे तो अपने तोष के लिए 'रस' का नाम भी दे सकता है।

मूल्यों का टकराव : उर्वशी-विवाद

जनवरी, 1964 की *कल्पना* में प्रकाशित *उर्वशी*-परिचर्चा ऐसा ऐतिहासिक दस्तावेज है जिससे समकालीन साहित्य में मूल्यों की सीधी टक्कर का पता चलता है। *उर्वशी* के निमित्त इस चर्चा में विभिन्न पीढ़ियों और विचारों के इतने कवि-आलोचकों का भाग लेना एक घटना है। एक केन्द्र पर इतने प्रकार के विचारों की टकराहट के ऐसे अवसर कम ही आते हैं।

"*कल्पना*-138 में श्री दिनकर की *उर्वशी* पर श्री भगवतशरण उपाध्याय ने एक समीक्षा-लेख लिखा था। *कल्पना*-140, 141 और 144 में उस पर कुछ पाठकों के पत्र प्रकाशित हुए। अन्यत्र प्रकाशित समीक्षाओं, उस समीक्षा और उस पर प्राप्त प्रतिक्रियाओं से हमें लगा कि हमारे यहाँ साहित्य में जैसे कोई प्रतिमान ही नहीं हैं और अगर हैं भी तो इतने वायवीय हैं कि हमारी पकड़ से बाहर हैं। किसी भी कृति के मूल्य के सम्बन्ध में जितने माथ, उतने मत हो सकते हैं, लेकिन कोई-न-कोई इतनी निरपेक्ष कसौटी तो होनी ही चाहिए, जिस पर उसे कसा जा सके और जिसे सब स्वीकार करें। किसी भी कृति के सम्बन्ध में कम-से-कम इस बात पर मतैक्य तो होना ही चाहिए कि वह साहित्यिक कृति है या नहीं। मतभेद इस बात पर हो सकता है कि वह उत्कृष्ट है या नहीं।"

सम्पादकीय टिप्पणी का यह अंश औसत पाठक की निराशा और आतुरता को बड़े बेबाक ढंग से प्रस्तुत करता है। जहाँ यह आम निराशा है कि हमारे यहाँ साहित्य में जैसे कोई प्रतिमान ही नहीं है, वहीं यह आतुरता भी है कि उत्कृष्टता के बारे में मतभेद की गुंजाइश होते हुए भी किसी कृति की साहित्यिकता के निर्णय के लिए कोई-न-कोई सर्वसम्मत प्रतिमान होना ही चाहिए। *उर्वशी*-परिचर्चा जैसे इन्हीं प्रश्नों का उत्तर है, इसीलिए उसकी पड़ताल उपयोगी हो सकती है।

चर्चा में भाग लेनेवाले प्रायः सभी लेखक इस बात पर एकमत दिखाई पड़ते हैं कि काव्य-कृति की आलोचना के लिए काव्येतर प्रतिमान इस्तेमाल न किया जाए। जिन्होंने श्री भगवतशरण उपाध्याय की समीक्षा के साथ कुछ बातों में अपनी सहमति प्रकट की, उन्होंने भी इस तथ्य की ओर संकेत किया कि वह ठेठ साहित्यिक

आलोचना नहीं है। मुक्तिबोध के अनुसार : "वह बाहर से भीतर की ओर यात्रा है और इस प्रकार की यात्रा के जो खतरे होते हैं, वे भी उसमें हैं।" इसलिए उनका सुझाव है : "भगवतशरण जी बाहर से भीतर की यात्रा के पूर्व या अनंतर, यदि सावधानी से भीतर से बाहर की यात्रा भी कर लेते तो उनकी आलोचना में कमजोरियाँ न आ पातीं।"

रघुवीर सहाय की आपत्ति है : "उस रचना को काव्य नहीं, इतिहास का ग्रंथ मानकर उसका मूल्य आँका जाना बिलकुल अनर्गल बात है।"

धर्मवीर भारती के अनुसार : "वास्तव में उस लेख की कमी यह है कि उन्होंने एक काव्यकृति की समीक्षा उस मनोभूमि से की है जो काव्य की समीक्षा के उपयुक्त ही नहीं है।"

दूसरे शब्दों में उसकी कसौटी 'काव्येतर' है। देवीशंकर अवस्थी एक आलोचक की दृष्टि से इस काव्येतर कसौटी की सीमाएँ उद्घाटित करते हुए कुछ और गहराई में जाकर कहते हैं : "उपाध्याय जी ने पूरे *उर्वशी* काव्य को एक दृष्टि की समग्रता, अन्तर्योजना, मूल्य-साँचे से सम्पृक्ति के आधार पर नहीं जाँचा। वे कभी तो कथा-स्रोतों की खोजबीन करके बहुत-कुछ चोरी का माल साबित करने पर तुले हैं तो कभी कवि के भाषा-सम्बन्धी अज्ञान का मजाक उड़ाने लगते हैं। कभी वे छंद की चर्चा करते हैं तो कभी असंगत बिम्ब-विधान की। उनकी समीक्षा-शैली पुरानी खानेदार आलोचना से कुछ बहुत भिन्न नहीं है। यहाँ आलोचना एवं आलोच्य में संवेदनागत धरातल की एक विचित्र एकता है।"

इस प्रकार उस आलोचना के प्रतिमान की असाहित्यिकता के साथ ही पद्धति अथवा शैली के पुरानेपन का उद्घाटन हुआ। इसलिए यह कहना ठीक नहीं है कि हमारे यहाँ साहित्य में जैसे कोई प्रतिमान ही नहीं है। कम-से-कम इस बात में सभी सतर्क हैं कि काव्य-कृति की समीक्षा काव्य-मूल्यों से ही की जाए, किसी काव्येतर मूल्य से नहीं।

किन्तु जब काव्य-मूल्यों की रक्षा का प्रश्न उठता है तो उसके साथ एक नैतिक दायित्व और जुड़ जाता है, जो काव्य-मूल्यों को एक व्यापक मूल्य-प्रणाली से सम्बद्ध कर देता है और *उर्वशी*-परिचर्चा से स्पष्ट है कि जागरूक नए लेखक समस्या के इस पहलू के प्रति अत्यधिक सतर्क हैं। उदाहरण के लिए, इतनी दूर तक तो मुक्तिबोध और अज्ञेय, दोनों सहमत हैं कि भगवतशरण उपाध्याय की समीक्षा बहुत-कुछ साहित्येतर है, किन्तु इसके बाद अज्ञेय की दृष्टि में जहाँ वह 'लेख छपने लायक नहीं था', मुक्तिबोध उसे 'अत्यंत उपयोगी' मानते हैं, क्योंकि : "सामाजिक प्रतिष्ठा और प्रभाव के परिचालन द्वारा साहित्यिक प्रतिष्ठा और प्रभाव के विकास और प्रसार के दृश्य हिन्दी में खूब ही हैं। ऐसी स्थिति में दम्भ और आडम्बर का उद्घाटन और निराकरण करना भी एक कार्य हो जाता है।"

कहना न होगा कि काव्य-मूल्यों की शुद्धता के बारे में मुक्तिबोध को उतनी ही आस्था है जितनी अज्ञेय को; फिर भी दोनों की दृष्टियों में यदि अन्तर है तो जाहिर है कि उसका स्रोत कहीं और होगा। अज्ञेय के लिए जो लेख 'दूषित दृष्टि' और 'द्वेषभरी मनोवृत्ति' का परिचायक है, उसे मुक्तिबोध व्यापक सामाजिक परिप्रेक्ष्य में रखकर देखते हुए यह कहते हैं : "सामाजिक प्रतिष्ठा के जोर से साहित्यिक प्रतिष्ठा प्राप्त करने के जो आडम्बरपूर्ण दृश्य हमें यत्र-तत्र दिखाई देते हैं, उनसे विचलित होकर वह आलोचना प्रस्तुत की गई है। इसीलिए भगवतशरण जी के लेख का अपना अतिरिक्त महत्त्व है।"

अज्ञेय जिसे एक व्यक्ति की मनोवैज्ञानिक व्याधि समझकर संतोष कर लेते हैं, मुक्तिबोध उसी को सामाजिक व्याधि के रूप में देखकर मूल्य-निर्णय देते हैं। इस प्रश्न पर लेखकों में स्पष्टतः दो वर्ग हो जाते हैं—यहाँ तक कि पीढ़ियों का भेद भी मिट जाता है। लेखकों का एक वर्ग वह है जो सुरुचि, संयम, सन्तुलन और भद्रता के नाम पर भगवतशरण उपाध्याय के लेख की भर्त्सना करता है और दूसरा वर्ग वह है जो ईमानदारी, सच्चाई, साहस और खरेपन के लिए उस लेख को सामाजिक दृष्टि से अत्यंत उपयोगी मानता है। एक ओर अज्ञेय, नरेंद्र, कुँवरनारायण, शिवप्रसाद सिंह आदि हैं तो दूसरी ओर मुक्तिबोध, रघुवीर सहाय, धर्मवीर भारती, रघुवंश, रामस्वरूप चतुर्वेदी, लक्ष्मीकांत वर्मा, देवीशंकर अवस्थी आदि। स्पष्ट है कि स्वयं 'नई कविता' के अन्दर ही इस प्रश्न पर दो दल हो गए और उनमें से एक हिस्सा सुरुचि के नाम पर तथाकथित प्रस्थापित दल (इस्टैब्लिशमेंट) के साथ मिल गया।

इसके साथ यह भी उल्लेखनीय है कि प्रस्थापित दल के श्री मैथिलीशरण गुप्त, श्री सुमित्रानन्दन पंत प्रभृति वरिष्ठ कवि इस प्रश्न पर एकदम मौन हैं। एक की दृष्टि में सारा प्रश्न सुरुचि और सन्तुलन का है तो दूसरे की दृष्टि में लेखक की नैतिकता का। स्पष्टतः बुनियादी मतभेद प्रश्न की वास्तविक प्रकृति—प्रश्न को निरूपित करने के सन्दर्भ और उसकी भाषा का है। आपाततः तुच्छ प्रतीत होनेवाला यह मतभेद मूल्य-सम्बन्धी दो भिन्न दृष्टियों का गहरा अन्तर है।

एक ओर कुँवरनारायण का कहना है : "यों उस 'टोन' में लिखी गई समीक्षाएँ मुझे नहीं पसन्द आतीं—चाहे जितनी महत्त्वपूर्ण बात उसमें उठाई जाए", क्योंकि वह स्वर 'असांस्कृतिक' है। दूसरी ओर रघुवीर सहाय की राय में : "वह बहुत ताजी, ईमानदार और खरी आलोचना है और दिनकर जी को इस तरह का व्यवहार गुण भी करेगा।"

मूल्य-बोध के स्तर पर इन दोनों दृष्टियों में जो अन्तर है, उसे लक्ष्मीकांत वर्मा ने स्पष्ट करते हुए कहा : "यह हिन्दी के लिए बड़े दुर्भाग्य की बात है कि जब कभी भी कोई बात तीव्र एवं तीक्ष्ण ढंग से कही जाती है तो लोग बराबर उसका अर्थ व्यक्तिगत राग-द्वेष से जोड़कर उसके महत्त्व को कम कर देते हैं। बात जो कही गई

है—मीठी है या कड़वी है, तेज है या कुंठित है, इसका विश्लेषण तो होने लगता है किन्तु यह प्रश्न उठाना लोग भूल जाते हैं कि बात गलत है या सही है, सप्रमाण है या गैरजिम्मेदार है।...सत्य की परख जब छूट जाए या उसकी क्षमता न रह जाए और उसके बदले 'शराफत' की दुहाई देकर सत्य का गला दबाने का प्रयास किया जाए, तो वह घातक सिद्ध होता है। मेरा अपना मत है कि इससे विकास की गति तो धीमी पड़ती ही है, साथ ही मूल्य भी कृत्रिमता का रूप धारण करने लगते हैं।"

इस प्रकार इस प्रसंग में सुरुचि के विरुद्ध सत्य को प्रस्तुत करके जागरूक नए लेखकों ने काव्य विषयक मूल्यांकन को नैतिकता का एक नया आयाम प्रदान किया जिसमें निहित अर्थापत्तियाँ काफी दूरगामी हैं। इस तीखे मूल्यबोध को देखते हुए क्या यह कहना संगत है कि हमारे यहाँ साहित्य में जैसे कोई प्रतिमान ही नहीं है? क्या पुराने प्रतिमानों की कृत्रिमता को विस्थापित करके नए प्रतिमानों को प्रतिष्ठित करने का यह प्रयास नहीं है? निस्सन्देह मूल्यगत संक्रमण के इस युग में नए मूल्यों की पूरी प्रतिष्ठा के पूर्व वातावरण में कुछ तो धुंध रहेगी ही, किन्तु उसे मूल्यहीनता कहना संगत नहीं है।

कुछ लोगों के लिए यह मूल्यगत मतभेद काव्य के लिए अप्रासंगिक अथवा काव्येतर हो सकता है किन्तु जैसाकि मुक्तिबोध ने इसी प्रसंग में दिखलाया है, उक्त साहित्येतर आडम्बर स्वयं रचना के साथ प्रगाढ़ भाव से सम्बद्ध है : "*उर्वशी* में स्वाभाविकता के स्थान पर शब्दजाल और आडम्बर होने के कारण दिनकर जी के प्रति इस प्रकार के सन्देह की पुष्टि होती है।"

यह कथन नए जागरूक लेखकों के उस सुसंगत मूल्यबोध का सूचक है जिसके अनुसार काव्य-मूल्य किसी लेखक के जाने-अनजाने उसके सम्पूर्ण जीवन-मूल्यों की प्रणाली का अविभाज्य अंग है। इसीलिए आकस्मिक नहीं कि स्वयं काव्यकृति के मूल्यांकन में भी मूल्यों की टकराहट परिलक्षित होती है।

उर्वशी एक काव्यकृति है—सम्भवत: सफल एवं महत्त्वपूर्ण काव्यकृति है, इससे किसी को बहस नहीं है; बहस है तो उसके महत्त्व को लेकर। आलोचकों का एक वर्ग ऐसा है जो उसे *रामचरितमानस* के बाद *कामायनी* के समकक्ष नहीं तो उससे कुछ ही घटकर मानता है और यदि छायावादोत्तर कविता के सन्दर्भ में *उर्वशी* के मूल्यांकन का प्रश्न उठे तो वे उसे असन्दिग्ध भाव से इस दौर की सर्वोत्कृष्ट कृति घोषित कर दें। किन्तु स्पष्ट है कि 'महत्त्व' का प्रश्न मूल्यों से सम्बद्ध है इसलिए नए मूल्यों की खोज और निर्माण में रत नए सर्जक यदि *उर्वशी* के उस महत्त्व के सामने प्रश्नचिह्न लगाते हैं तो यह मूल्यगत अराजकता के प्रसार का प्रयास नहीं बल्कि पुराने और नए मूल्यों का सर्जनात्मक टकराव है।

परिचर्चा में भाग लेनेवाले अन्य लेखकों को छोड़कर यदि केवल *तार सप्तक* के कवियों के विचारों तक ही अपने को सीमित रखें, तो अत्यंत रोचक तथ्य उपलब्ध

होते हैं। अज्ञेय को *उर्वशी* के काव्यगुण पर कुछ कहने की आवश्यकता प्रतीत नहीं हुई, किन्तु संयोग से *तार सप्तक* के पाँच कवियों ने उस पर अपना मत व्यक्त किया है—रामविलास शर्मा, प्रभाकर माचवे, नेमिचन्द्र जैन, भारतभूषण अग्रवाल और मुक्तिबोध। इनमें केवल रामविलास शर्मा और भारतभूषण अग्रवाल को *उर्वशी* पसन्द आई और महत्त्वपूर्ण भी लगी। रामविलास शर्मा के अनुसार : "दिनकर जी उदात्त भावनाओं के कवि हैं। उनके स्वरों में ढलकर उर्वशी की प्राचीन कथा सहज ही रीतिकालीन शृंगार-परम्परा से ऊपर उठ गई है। निराला जी के बाद मुझे किसी वर्तमान कवि की रचना में ऐसा मेघमन्द्र स्वर सुनने को नहीं मिला, जैसा दिनकर की *उर्वशी* में। इस काव्य में जीवन-सम्बन्धी ऐसे अनेक प्रश्न प्रस्तुत किये गए हैं जिन्हें वर्तमान युग का कवि ही प्रस्तुत कर सकता था। *उर्वशी* में नारी-सौन्दर्य के अभिनन्दन के अतिरिक्त मातृत्व की प्रतिष्ठा भी है। आज के कुंठावादी मरुप्रदेश में आस्था के ये स्वर मुझे अच्छे लगते हैं :

चिन्तन कर यह जान कि तेरे
क्षण-क्षण की चिन्ता से,
दूर-दूर तक के भविष्य का
मनुज जन्म लेता है।
उठा चरण यह सोच कि
तेरे पद के निक्षेपों की
आगामी युग के कानों में
ध्वनियाँ पहुँच रही हैं।"

भारतभूषण अग्रवाल को *उर्वशी* इसलिए महत्त्वपूर्ण लगती है कि "प्रणय-काव्य होते हुए भी *उर्वशी* में लुजलुजी कोमलता नहीं है, उसमें ओज का विलक्षण सम्मिश्रण है। यह प्रमाण है कि कवि प्रणय-कथा कहने नहीं बैठा है, नया सन्देश देने आया है।...नारी-जीवन का कोई भी पक्ष उसकी दृष्टि से नहीं छूटा है।" इस प्रकार : "यह एक प्रौढ़ कवि की प्रौढ़ कृति है, जो हिन्दी-काव्य की प्रौढ़ता की घोषणा करती है।" यही नहीं बल्कि भारतभूषण अग्रवाल की दृष्टि में समसामयिक हिन्दी काव्य के चार उल्लेखनीय प्रबन्ध-काव्य *कुरुक्षेत्र, अन्धायुग, कनुप्रिया* और *उर्वशी* में "शिल्प और काव्यत्व की दृष्टि से *उर्वशी* इनमें अन्यतम है।"

इसके विपरीत प्रभाकर माचवे और नेमिचन्द्र जैन को दिनकर की *उर्वशी* की अपेक्षा *कुरुक्षेत्र* पसन्द है। नेमिचन्द्र जैन की राय में *कुरुक्षेत्र* की तुलना में *उर्वशी* बहुत ही अक्षम और दुर्बल है। माचवे को दिनकर की कविता में केवल एक विशेषता दिखाई पड़ती है—वक्तृत्व-गुण। नेमिचन्द्र जैन की दृष्टि में : "इस पंचांकी नाटक का तीसरा अंक केन्द्र ही नहीं, उसका सारभाग है", जिसमें मार्मिक स्थल बिपुल

हैं; फिर भी "कुल मिलाकर *उर्वशी* में अनावश्यक और अनर्गल की मात्रा बहुत अधिक है। उसमें आन्तरिक असंगति, अस्पष्टता, उद्देश्य तथा उसके कार्यान्वित होने में शिथिलता; भागवत तथा रूपगत, दोनों प्रकार की मिथ्या स्फीति; छोटी बात को बढ़ाकर कहने, भारी-भरकम बनाने और विस्तार देने की प्रवृत्ति इतनी अधिक है कि उसकी बहुत-सी मार्मिकता और सुन्दरता मरुप्रदेश की धारा की भाँति विलीन रहती है।" यही नहीं बल्कि रामविलास शर्मा और भारतभूषण अग्रवाल के मत के सर्वथा विपरीत नेमिचन्द्र जैन का यह दृढ़ मत है कि "*उर्वशी* आधुनिक चेतना का काव्य नहीं है।"

मुक्तिबोध की बुनियादी आपत्ति दिनकर की काव्यभाषा पर है जिसमें माचवे को 'वक्तृत्व-गुण' दिखाई पड़ता है और रामविलास शर्मा को निराला के बाद 'मेघमन्द्र स्वर' सुनाई पड़ता है। भाषा के प्रति अपनी संवेदनशीलता का परिचय देते हुए मुक्तिबोध लिखते हैं कि पुरूरवा और उर्वशी "वागाडम्बर द्वारा, शब्द-सुख द्वारा, रति-सुख का पुनः-पुनः बोध करते-से, सांस्कृतिक ध्वनियों और प्रतिध्वनियों का निनाद करते हैं, मानो पुरूरवा और उर्वशी के रति-कक्ष में भोंपू लगे हों, जो शहर और बाजार में रति-कक्ष के आडम्बरपूर्ण कामात्मक संलाप का प्रसारण-विस्तारण कर रहे हों!" इसका कारण 'बलात् उत्तेजित कल्पना' है; इसलिए "प्रयास-सिद्ध होने के कारण वह भाषा को भी आयाससिद्ध और जड़ बना देती है।" इस प्रकार मुक्तिबोध काव्य-भाषा से अपना विश्लेषण आरम्भ करके *उर्वशी* की रचना-प्रक्रिया की बारीकियों में प्रवेश करते हैं और वागाडम्बर के मूल स्रोत को खोज निकालते हैं। निष्कर्षस्वरूप : "*उर्वशी* का मूल दोष यह है कि वह एक कृत्रिम मनोविज्ञान पर आधारित काव्य है।" वास्तविकता यह है कि "वे कामात्मक मनोरति और संवेदनाओं में डूबना-उतराना चाहते हैं; साथ ही इस गतिविधि को सांस्कृतिक-आध्यात्मिक श्रेष्ठत्व प्रदान कर, उस श्रेष्ठत्व का प्रतिपादन करना चाहते हैं। अतएव, उन्हें काव्यात्मक स्थिति के बाहर जाकर भी सोचना पड़ता है। इसलिए भाषा में बोझिल गुण हैं, विचित्र-विचित्र प्रयोग हैं, शब्दों की तोड़-मरोड़ है, ठूँस-ठाँस है। भाषा का अनायास प्रांजल, निर्मल, सरल, चपल प्रवाह देखने को भी नहीं मिलता। भाषा भी समारोहपूर्वक चलती है—बृहत् आयोजन के साथ; इसलिए उसकी प्रदीर्घ पंक्तियों में सांस्कृतिक ध्वनियों और प्रतिध्वनियों का निनाद है, और बहुत-से स्थानों पर अर्थ की वायवीय शून्यताएँ हैं।"

मुक्तिबोध ने *उर्वशी* की जो आलोचना की है, उसके पीछे 'नई कविता' का आत्मसजग भावबोध है और प्रकारांतर से *उर्वशी* की आलोचना में उस नए भावबोध की ही विभिन्न छायाएँ प्रकट हुई हैं। *उर्वशी* के निमित्त स्वयं *तार सप्तक* के प्रयोगशील कवियों के काव्य-बोध के बहुरंगी स्तरों का उद्घाटन हो जाता है और पता चलता है कि किसके बोध में पिछली रूमानियत का कितना रंग अवशिष्ट है। *उर्वशी* की

आलोचना के प्रसंग में यदि रामविलास शर्मा एक छोर पर हैं और मुक्तिबोध दूसरे छोर पर—तो केवल संयोग की बात नहीं है। अन्तर भाषा-बोध का ही नहीं बल्कि मूल्यबोध का भी है। एक के लिए जो भाषा उदात्त है, दूसरे के लिए कोरा वागाडम्बर है। एक को जहाँ आस्था का स्वर सुनाई देता है, दूसरे को थोथी दार्शनिकता। दोनों ही *तार सप्तक* के कवि हैं और साथ ही प्रगतिशील विचारधारा से सम्बद्ध भी, फिर भी काव्यबोध में इतना अन्तर! स्पष्ट ही यह व्यक्तिगत रुचि-भेदमात्र नहीं बल्कि दो भिन्न सुसंगत मूल्य-प्रणालियों का अन्तर है, जिनके सीधे टकराव में सार्थक एवं प्रसंगानुकूल मूल्यों के विकास की सम्भावना निहित है। सम्प्रति नई पीढ़ी ने मुक्तिबोध में रचनात्मक सम्भावना का पुनराविष्कार कर प्रमाणित कर दिया है कि उस टकराहट में मुक्तिबोध की ही दिशा ठीक थी।

पुनर्मूल्यांकन का एक उदाहरण : कामायनी

"क्या आधुनिक साहित्य-चिन्तन की प्रक्रिया में पिछली समीक्षा-पद्धति की तुलना में ऐसा कोई गुणात्मक परिवर्तन आया है?" इस प्रश्न से प्रेरित होकर डॉ. रामस्वरूप चतुर्वेदी ने *कामायनी* के पुनर्मूल्यांकन (*माध्यम,* अक्टूबर, 1967) की दिशा में एक प्रयास किया है; क्योंकि : "पुनर्मूल्यांकन की बात साहित्य में तब आती है, जब किसी रचना, कवि अथवा युग-विशेष को देखने-परखने की दृष्टि में गुणात्मक अन्तर आ जाएँ। हर समय की दृष्टि से—अगला—मूल्यांकन पुनर्मूल्यांकन नहीं होगा, क्योंकि सम्भव है कि वह पिछले मूल्यांकन का ही विस्तार अथवा पूरक हो। पुनर्मूल्यांकन एक साथ ही रचना और प्रचलित समीक्षा-दृष्टि, दोनों का होता है। इस माने में पुनर्मूल्यांकन की प्रक्रिया साहित्य-बोध के नए स्तर को उद्‌घाटित करती है। समकालीन साहित्य के मूल्यांकन की प्रक्रिया में गुणात्मक परिवर्तन होता है तो पिछले युगों के साहित्य का पुनर्मूल्यांकन एक स्वाभाविक और अनिवार्य परिणाम होगा, क्योंकि साहित्य मात्र के मूल्यांकन की प्रक्रिया एक ही होगी। यों पुनर्मूल्यांकन के माध्यम से हम युग-युग के साहित्य को समकालीन जीवन से जोड़ते चलते हैं।"

पुनर्मूल्यांकन की दृष्टि से *कामायनी* का चुनाव सर्वथा उचित है। *कामायनी* का प्रकाशन 1937 में हुआ जो एक युग के काव्य-बोध का चरम बिन्दु ही नहीं, बल्कि दूसरे युग का आरम्भ-बिन्दु भी है। इसके अतिरिक्त आधुनिक हिन्दी की काव्यकृतियों में *कामायनी* को ही यह गौरव प्राप्त है कि उस पर सबसे अधिक आलोचनाएँ प्रकाशित हुई हैं। यदि आचार्य शुक्ल के *हिन्दी साहित्य का इतिहास* को *कामायनी* के मूल्यांकन का प्रस्थान मानें तो अब तक की अधिकांश आलोचनाएँ, जैसाकि डॉ. रामस्वरूप चतुर्वेदी ने अपने *पर्यालोचन* में दिखलाया है, पुनर्मूल्यांकन नहीं बल्कि पिछले मूल्यांकन का ही विस्तार अथवा पूरक हैं। "*कामायनी* को समझने की अब तक की पद्धतियाँ रही हैं—महाकाव्य के रूप में, रूपक के रूप में, ऐतिहासिक इतिवृत्त के रूप में, दार्शनिक रचना के रूप में, या ऐसे ही कुछ अन्य पक्षों को आधार बनाकर।" स्पष्टतः ये पद्धतियाँ पिछले मूल्यांकन का 'विस्तार अथवा पूरक' भी नहीं, बल्कि उससे भी प्राचीन जड़ 'एकेडेमिक' अभ्यास-मात्र हैं। इसके विपरीत

"रचना को वस्तुशिल्प, मूर्ति या चित्र की तरह किसी स्तर पर समग्रता में, उसके अनुभव की संश्लिष्टता में देखने का यत्न।" डॉ. रामस्वरूप चतुर्वेदी के अनुसार : "काव्य-समीक्षा की नवीन पद्धति है, जिसे सर्वथा नवीन न कहकर छायावाद-युग की समीक्षा-पद्धति का ही 'विस्तार अथवा पूरक' कहा जा सकता है," क्योंकि आचार्य शुक्ल ने भी *कामायनी* की 'अन्तर्योजना' का प्रश्न उठाया था; यह दूसरी बात है कि उन्हें *कामायनी* में 'अन्तर्योजना' बाधित प्रतीत हुई। इसके अतिरिक्त नन्ददुलारे वाजपेयी की *कामायनी* सम्बन्धी समीक्षा का महत्त्व तो डॉ. रामस्वरूप चतुर्वेदी ने स्वयं ही स्वीकार किया है और संश्लिष्ट काव्य-विधान के बारे में वाजपेयी जी की दृष्टि कितनी साफ थी, उसके प्रमाणस्वरूप यह उद्धरण भी दिया है : "बड़े जीवन-चक्रों को हाथ में लेना; पेचीदा भावधाराओं और सांस्कृतिक परिवर्तन के फलस्वरूप उठी हुई जटिल समस्याओं का निरूपण करना; व्यक्ति, देश और जाति के जीवन के बृहद् छाया-आलोकों को उद्घाटित करना; सारांश यह कि जीवन के गहरे और बहुमुखी घात-प्रतिघातों और विस्तृत जीवन-दशाओं में पद-पद पर आनेवाले उद्वेलनों को चित्रित करना, उन्हें सँभालना और अपनी कला में उनको सजीव करना।" (*जयशंकर प्रसाद*, पृ. 9)

ये बातें निस्सन्देह किसी काव्यकृति के संश्लिष्ट विधान के बोध की सूचक हैं। किन्तु केवल सैद्धान्तिक स्तर पर, क्योंकि व्यवहार में स्वयं वाजपेयी जी *कामायनी* में इस संश्लिष्टता का उद्‌घाटन न कर सके। इसलिए नए काव्य-बोध की ओर से समीक्षा की नई पद्धति के रूप में काव्य के संश्लिष्ट विधान का सैद्धान्तिक निरूपण करके स्वयं डॉ. रामस्वरूप चतुर्वेदी ने भी उसी प्रकार के खतरे के लिए अपने-आपको खुला छोड़ दिया है, क्योंकि यहाँ भी व्यवहार पक्ष सिद्धान्त की प्रतिज्ञाओं को पुष्ट नहीं कर पाता। इस सन्दर्भ में प्रसंगात् यह उल्लेखनीय है कि संश्लिष्टता के लिए काव्यकृति के प्रसंग में वास्तुशिल्प मूर्ति या चित्र की उपमा भ्रामक हो सकती है—अधिक-से-अधिक इसे एक आलंकारिक प्रयोग के रूप में ग्रहण करना ही निरापद है। फिर भी प्रचलित एकेडेमिक आलोचना की खंड-दृष्टि के विपरीत 'संश्लिष्ट काव्य-विधान' की पुन: प्रतिष्ठा करके डॉ. रामस्वरूप चतुर्वेदी ने महत्त्वपूर्ण कार्य किया है और जैसाकि उन्होंने स्वयं स्वीकार किया है, इस कार्य में उनके अग्रणी मुक्तिबोध हैं। मुक्तिबोध ने पहली बार *कामायनी* को एक ऐसी विशाल 'फैंटेसी' के रूप में देखने का प्रस्ताव किया जो 'कलाकार की विधायक कल्पना द्वारा जीवन की पुनर्रचना' है। डॉ. रामस्वरूप चतुर्वेदी ने भी उस संकेत-सूत्र को पकड़कर *कामायनी* को 'बिम्ब-माला' के जटिल 'विधान' के रूप में विवेचित करने का प्रयास किया है।

विचार-क्रम में डॉ. रामस्वरूप चतुर्वेदी ने जो सबसे महत्त्वपूर्ण तथ्य लक्षित किया है, वह यह है : "कमजोर आधार-भाषा के बावजूद इतना कुशल बिम्ब-प्रयोग

साहित्यिक इतिहास की एक असाधारण पर सुखद बिडम्बना है। वर्णन की भाषा काव्यभाषा का प्राथमिक स्तर है, और बिम्ब-गठन भाषा का अधिकतम सर्जनात्मक स्तर है।...प्रसाद में वर्णन की यह भाषा जितनी अव्यवस्थित, ऊबड़-खाबड़ है, भाषिक बिम्ब-गठन की क्षमता उतनी ही अधिक है। *कामायनी* को लेकर प्राय: हर सजग पाठक के मन में जो आकर्षण-विकर्षण—एबीबैलेंस—चलता है, उसका एक प्रधान कारण इन दो भाषिक स्तरों की विफलता और सफलता एक साथ है। ऐसा शायद इसलिए हो कि काव्य में अपना समूचा ध्यान बिम्ब-गठन पर ही केन्द्रित करके प्रसाद ने सामान्य वर्णन-भाषा की उपेक्षा की हो!"

पर्यवेक्षण निस्सन्देह सूक्ष्म है किन्तु प्रस्तुत समाधान से किसी सजग पाठक का कायल होना नामुमकिन है, जैसाकि गोष्ठी-परिचर्चा में श्री विजयदेव नारायण साही के इस वक्तव्य से स्पष्ट है : "प्रसाद की भाषा अगर ढोकदार लगती है, बीच-बीच में झटके और लटके आते हैं, घुलावट नहीं है तो हमें देखना होगा कि 'स्वीप ऑफ इमेजिनेशन' कितना है। लेकिन एक सवाल रह जाता है कि कथ्य और भाषा में 'इंटेगरल' रिश्ता क्या है? यह अनगढ़पन किस प्रकार का है? कबीर में भी अनगढ़पन है, पर दूसरे प्रकार का है। पर कबीर में हम दर्शन देखते हैं, भाषा नहीं। जो कुछ भी अनगढ़पन है, उसे स्वीकार करना होगा। मैं ऐसा नहीं समझता कि भाषा का अनगढ़पन प्रसाद जी की भावाभिव्यक्ति में बाधक होता है। अनगढ़पन शायद खड़ी बोली की प्रवृत्ति के साथ स्वीकार करना होगा। कबीर में प्रतिज्ञा सुथरी, भाषा ढचर है, पर प्रसाद में नहीं। प्रसाद में भीतर विसंगति है। 'इच्छा क्यों पूरी हो मन की' खासी चपटी पंक्ति लगती है, जो बीच में प्रसाद में बैठी हुई है, जिससे हर आलोचक जूझ ही जाता है। केन्द्र में क्यों है यह? महादेवी के पास भी भाषा का वही दाय था। यह सही है कि प्रसाद ने 'कैनवस' बड़ा लिया। महादेवी ने भाषा को फुला दिया, प्रसाद ने क्यों नहीं? मन:स्थिति स्वयं उस भाषा से उद्भूत थी या नहीं? अस्थि-पंजर और 'स्वीप ऑफ इमेजिनेशन' में खाई, रिक्तता क्यों है जो तुलसी और कालिदास में नहीं मिलती? मैं कोई संगत उत्तर नहीं निकाल पाया।"

कहना न होगा कि विजयदेव नारायण साही ने *कामायनी* की वर्णनात्मक भाषा और बिम्बात्मक भाषा के बीच दिखाई पड़नेवाली असंगति की गहराई में काफी दूर तक जाने का प्रयास किया। इस प्रयास में उन्होंने इतना तो देख लिया कि विसंगति 'भीतर' है जिसे 'स्वीप ऑफ इमेजिनेशन' की माप करके थाहा जा सकता है, फिर भी 'संगत उत्तर' निकाल पाने का संतोष नहीं हुआ। निस्सन्देह यह बौद्धिक ईमानदारी किसी सतही समाधान से लाख दर्जे बेहतर है।

कामायनी में असंगति का अनुभव किसी-न-किसी स्तर पर प्राय: सभी सूक्ष्मद्रष्टा समीक्षकों ने महसूस किया है, किन्तु सभी स्तरों की उन असंगतियों के बीच संगत सम्बन्ध-सूत्र देख पाने की ओर ध्यान बहुत कम गया है। कथानक

और चरित्रों के बीच की असंगतियों की ओर तो आचार्य शुक्ल का भी ध्यान गया था। इसके अतिरिक्त रूपक के निर्वाह में जो गड़बड़ी पैदा हुई है, उसकी ओर भी आचार्य शुक्ल ने संकेत किया है। इन असंगतियों के 'भीतर' पैठने का प्रयास आचार्य शुक्ल ने भी किया और अपने सामर्थ्य के अनुसार उन्होंने प्रसाद जी की जीवन-दृष्टि—रहस्यवाद पर अँगुली रखी, जिसे आचार्य का पूर्वग्रह कहकर डॉ. रामस्वरूप चतुर्वेदी ने एक झटके में टाल दिया। स्पष्टतः इसके पीछे उनकी विशेष काव्य-दृष्टि है। वे काव्य-कृति के अर्थ और अनुभव को कम-से-कम क्षरित होने देना चाहते हैं। उनकी समझ से किसी भी प्रकार का दार्शनिक पूर्वग्रह इसमें बाधक हो सकता है, इसलिए वे कृति को समग्रता में आयत्त करने के लिए आद्योपांत एक खुलापन कायम रखना चाहते हैं। आपाततः यह पद्धति निर्दोष प्रतीत होती है; किन्तु अधिक-से-अधिक यह रस-ग्रहण के उपयोग के लिए ही संगत हो सकती है। यह 'आलोचनात्मक' दृष्टि नहीं है क्योंकि यह मूल्यांकन के लिए प्रस्तुत नहीं है।

आकस्मिक नहीं कि डॉ. रामस्वरूप चतुर्वेदी ने अन्त तक *कामायनी* पर कोई मूल्य-निर्णय नहीं दिया, जो स्पष्टतः पुनर्मूल्यांकन की विडंबना है। विश्लेषण के समस्त बारीक और नए औजारों के बावजूद न तो वे *कामायनी* का कोई नया 'अर्थ' ही उद्‌घाटित करते हैं और न कोई अनदेखा 'अनुभव' ही, और इस प्रकार यदि *कामायनी* के उनके मूल्य-बोधक निष्कर्ष परम्परा की पुनरावृत्ति-मात्र ही दिखाई पड़ते हैं तो यह केवल संयोग की बात नहीं है। वर्णन की भाषा की अनगढ़ता पर ध्यान न देकर केवल सुन्दर बिम्बों के आधार पर *कामायनी* की प्रशंसा करना बहुत-कुछ वैसा ही है, जैसे आचार्य शुक्ल का यह कथन : "यदि हम इस विशद काव्य की अन्तर्योजना पर ध्यान न दें, समष्टि रूप में कोई समन्वित प्रभाव न ढूँढ़ें—श्रद्धा, काम, लज्जा, इड़ा इत्यादि को अलग-अलग लें तो हमारे सामने बड़ी ही रमणीय कल्पना, अभिव्यंजना की अत्यंत मनोरम पद्धति आती है।"

वस्तुतः *कामायनी* के सम्बन्ध में डॉ. रामस्वरूप चतुर्वेदी ने लगभग वही प्रश्न उठाया है जो शेक्सपियर के नाटक *हैमलेट* के सम्बन्ध में किसी समय टी. एस. इलियट ने उठाया था। इलियट को भी *हैमलेट* नाटक के कथानक और हैमलेट चरित्र के मन में उठती हुई अनुभूतियों के बीच संगति का अभाव दिखाई पड़ा और उन्हें लगा कि उन अनुभूति-प्रवण स्थितियों को सँभालने लायक कथा-संघटना नहीं है। अपनी विशिष्ट भाषा में इलियट ने उसी को 'ऑब्जेक्टिव कोरिलेटिव' का अभाव कहा है, जिसे हिन्दी में 'विभावन व्यापार' के रूप में अनुवाद करके बहुत-से लोग बिम्ब-विधान से सम्बद्ध कर लेते हैं। किन्तु इलियट की अपनी शब्दावली तथा उस शब्दावली के सन्दर्भों पर अच्छी तरह ध्यान देने से पता चलता है कि वे भाव की अभिव्यक्ति के लिए तत्सम्बन्धी जिस वस्तुनिष्ठता की खोज की बात कर रहे हैं, वह *हैमलेट* के सन्दर्भ में कोई 'बिम्ब' नहीं बल्कि कथानक है। अमरीकी समीक्षक

जॉन क्रो रैन्सम अपनी भाषा में कविता के अन्तर्गत जिस 'स्ट्रक्चर' और 'टेक्सचर' के तनाव की बात करते हैं, इलियट की भाषा में वह 'स्ट्रक्चरल इमोशन' और 'फ्लोटिंग फीलिंग्ज़' का द्वंद्व है। इलियट भाव या संवेग (इमोशन) को सचेत मस्तिष्क का व्यापार मानते हैं जो अपनी बौद्धिकता के द्वारा कविता को संरचनात्मक अन्विति प्रदान करता है। इनसे भिन्न स्थिति अनुभूतियों (फीलिंग्ज़) की है, जो अचेतन मस्तिष्क की क्रियाएँ हैं और ये कवि की इच्छाशक्ति के अंकुश की अवहेलना करके स्वत:स्फूर्त बिम्बों के रूप में प्रकट होती रहती हैं। इस प्रकार रचनाकार की समस्या इन स्फुट बिम्बों को संरचनात्मक अन्विति में बाँधने की होती है। इलियट की अपनी राय में कवित्व-गुण संरचना में नहीं, बल्कि बिम्बों के ब्योरे में होता है। इलियट के इस काव्य-सिद्धान्त का प्रतिनिधि उदाहरण स्वयं उन्हीं की प्रसिद्ध कृति *वेस्टलैंड* है। इलियट का यह उदाहरण डॉ. रामस्वरूप चतुर्वेदी द्वारा *कामायनी* के सन्दर्भ में प्रस्तुत समस्या पर पर्याप्त प्रकाश डाल सकता है। वर्णन की भाषा और बिम्ब की भाषा के बीच की असंगति वस्तुत: 'स्ट्रक्चर' और 'टेक्सचर' का तनाव है, इसलिए आवश्यकता उस असंगति को तनाव के रूप में देखने की है। इससे काव्य के रूपात्मक विश्लेषण के लिए निश्चित रूप से एक स्पष्ट दिशा मिल सकती है और इस प्रकार नए भाव-बोध के अनुरूप कविता के मूल्यांकन के लिए नई समीक्षा-पद्धति की स्थापना भी हो सकती है—ऐसी समीक्षा-पद्धति जो सच्चे अर्थों में पिछली समीक्षा-पद्धति में 'गुणात्मक परिवर्तन' की सूचक हो।

किन्तु *कामायनी* के पुनर्मूल्यांकन की समस्या इतने मात्र से समाहित नहीं होती। पुनर्मूल्यांकन के मूल में नियामक तत्त्व 'मूल्य' है और *कामायनी* के पुनर्मूल्यांकन में जब तक गुणात्मक स्तर पर भिन्न मूल्य-दृष्टि का परिचय नहीं दिया जाता, वह पुनर्मूल्यांकन न कहलाएगा। इस प्रसंग में गजानन माधव मुक्तिबोध की पुस्तक *कामायनी : एक पुनर्विचार* उल्लेखनीय है, जिसे लेखक के मार्क्सवादी पूर्वग्रह के कारण डॉ. रामस्वरूप चतुर्वेदी ने एक दूसरी 'गलती' का बायस मान लिया। वस्तुत: यहाँ खामखाह के लिए मार्क्सवाद को घसीटना अप्रासंगिक है। वास्तविक भेद प्रस्थान का है। डॉ. रामस्वरूप चतुर्वेदी *कामायनी* के पुनर्मूल्यांकन की ओर प्रवृत्त हुए काव्य-समीक्षा की नई पद्धति की जाँच के लिए, जबकि मुक्तिबोध शुक्लोत्तर आलोचकों द्वारा *कामायनी* के दुरुपयोग से क्षुब्ध होकर उसके पुनर्मूल्यांकन के लिए आगे आए, इसलिए स्वभावत: उनकी दृष्टि मूल्य-केन्द्रित रही। रूपवादी मूल्यांकन की सीमाएँ बतलाते हुए मुक्तिबोध साफ कहते हैं : "केवल काव्य-सौन्दर्य से अभिभूत होकर, वायवीय दार्शनिक बातें करना और सौन्दर्य-विवेचन न करना न केवल अपर्याप्त है वरन् पथ-भ्रामक भी।"

पुनर्मूल्यांकन का अपना मंतव्य स्पष्ट करते हुए मुक्तिबोध ने लिखा है : "हुआ यह कि प्रसाद जी की *कामायनी* साहित्य के रसवादी छायावादी पुराणपंथियों

के हाथ में, नवीन प्रगति-शक्तियों के विरुद्ध एक शस्त्र बन गई। उन्होंने मनु के व्यक्तिवाद के विनाशकारी रूप का उद्घाटन नहीं किया, प्रसाद जी की सभ्यता-समीक्षा की बात को ढाँक दिया। किन्तु यही दो बातें हैं जिनके कारण *कामायनी* अत्यंत महत्त्वपूर्ण हो गई है। भाववादी आलोचकों ने प्रसाद जी से भी आगे बढ़कर *कामायनी* का रहस्यवादी मनोवैज्ञानिक अर्थ लगाया और उसके उपयोगी तत्त्वों को प्रच्छन्न कर दिया। उन्होंने *कामायनी* के सम्बन्ध में हर तरह की ऊँचे किस्म की गलतफहमियाँ भी फैलाईं।"

मुक्तिबोध ने *कामायनी* के पुनर्मूल्यांकन के द्वारा इन आलोचकों का विरोध इसलिए किया कि वे *कामायनी* का उपयोग यथावत् स्थिति बनाए रखने के लिए कर रहे हैं। इस सन्दर्भ में एक स्थान पर उन्होंने पं. नन्ददुलारे वाजपेयी का स्पष्ट उल्लेख करते हुए कहा है कि वे *कामायनी* के द्वारा छायावाद के प्रतिक्रियावादी मूल्यों को पुनः प्रतिष्ठित करने का प्रयास कर रहे हैं। एक नए सृजनशील कवि के नाते मुक्तिबोध काव्य और जीवन, दोनों ही क्षेत्रों में छायावाद के प्रतिक्रियावादी मूल्यों के खिलाफ संघर्ष करना अपना कर्तव्य समझते थे, इसलिए उन्होंने विशेष रूप से *कामायनी* के भीतर घुसकर उन 'सामाजिक-ऐतिहासिक शक्तियों' का उद्घाटन किया : "जिन्होंने हिन्दी में व्यक्तिवादी रोमांसवाद, छायावादी भावुकता तथा भाववादी-आदर्शवादी विचारधारा का प्रणयन किया।" इस प्रयास में उन्होंने 'पूँजीवाद' जैसे काव्येतर शब्दों के प्रयोग से भी परहेज नहीं किया क्योंकि उनकी स्पष्ट धारणा है : "'पूँजीवाद' शब्द के प्रयोग से न केवल उन्हें परहेज है, वरन् भय भी है, क्योंकि यह शब्द उनकी साहित्यिक अभिरुचि पर आघात करता है। इस मनोवृत्ति के पीछे वर्गीय हित काम कर रहे हैं, क्योंकि यदि 'पूँजीवाद' शब्द के बारंबार प्रयोग से संलग्न और संस्कृत जो भावधाराएँ विद्रोहपूर्ण होकर गरीब मध्यवर्ग और मजदूर वर्ग को आन्दोलित करती हैं, वे भावधाराएँ यदि साहित्य में स्थायी रूप से प्रतिष्ठित हुई हैं तो उनके वर्ग-हितों को आघात पहुँचने की सम्भावना बढ़ जाएगी। फलतः 'राष्ट्रीयता', 'भारतीय संस्कृति', 'जातीयता', 'मानवीयता' आदि शब्दों का ही प्रयोग किया जाना चाहिए, जिससे कि अन्यों की चेतना धुँधली हो उठे।"

इस प्रकार मुक्तिबोध का *कामायनी : एक पुनर्विचार* केवल *कामायनी* को 'फैंटेसी' के रूप में देखने का कलावादी प्रयास भर नहीं, बल्कि उस 'फैंटेसी' में निहित जीवन-मूल्यों की समीक्षा करते हुए नए मूल्यों की व्याख्या का मूल्यपरक विवेचन है। इस मामले में मुक्तिबोध की दृष्टि इतनी विशद थी कि वे कुछ मार्क्सवादी बन्धुओं की भ्रांत धारणाओं के निराकरण से भी अपने को रोक न पाए। *कामायनी* में अनेक स्तरों पर द्वंद्व की स्थिति देखकर उतावली में कुछ मार्क्सवादी आलोचकों ने उसमें द्वंद्वात्मक भौतिकवाद की छाया देख ली। मुक्तिबोध ने सोदाहरण विश्लेषण

करके दिखा दिया कि वह मार्क्सवाद की द्वंद्वात्मकता नहीं बल्कि उसका सम्बन्ध भाववाद से है।

किन्तु इसका अर्थ यह नहीं कि मुक्तिबोध ने *कामायनी* का मूल्यांकन किसी दर्शन-ग्रंथ के रूप में किया है। स्वयं 'फैंटेसी' के रूप में काव्य-रचना करने के अभ्यासी मुक्तिबोध ने स्पष्ट देख लिया था कि *कामायनी* कवि के दीर्घ संचित भावों और विचारों के ऊहापोह के दौरान क्रमशः रूप धारण करती हुई एक आत्मपरक 'फैंटेसी' है जिसमें समकालीन जीवन की कलात्मक पुनर्रचना की गई है। इस कला-सृष्टि के विभिन्न कलात्मक तत्त्वों का एक-एक कर विश्लेषण करते हुए उन्होंने *कामायनी* की कलात्मक शक्ति का अनुसंधान किया और फिर उसकी कलात्मकता को बाधित करनेवाले तत्त्वों को अलग करके *कामायनी* की असंगतियों को भी रेखांकित किया। विचार-क्रम में मुक्तिबोध ने दिखलाया है कि *कामायनी* सकर्मक जीवन-अनुभव और अकर्मक जीवन-दर्शन के द्वंद्व अथवा तनाव की कलात्मक सृष्टि है, जिसमें जीवन की वास्तविकता की गहरी पहचान तो है किन्तु मानव-समाज के भविष्य का व्यापक और स्पष्ट चित्र न होने के कारण वे यथार्थ चित्र दकियानूसी जीवन-दर्शन के शिकार हो गए। यहाँ मुक्तिबोध ने प्रसाद के नाटकों को *कामायनी* से अलग करते हुए उनमें निहित सकर्मकता की ओर अर्थपूर्ण संकेत किया है। *कामायनी* की व्याख्या करते हुए मुक्तिबोध की दृष्टि इस हद तक अपने युग की स्थितियों से सम्बद्ध थी कि 'इड़ा' सर्ग की 'शापवाणी' पर टिप्पणी करते हुए वे अनायास कह जाते हैं : "यह शापवाणी सन् 1953 की वास्तविकताओं को भी ठीक चित्रित करती है—सिवाय एक बात के। नई ऐतिहासिक शक्ति-सम्पन्न विकास-मान श्रमिक वर्ग की बलबुद्धि और आत्मविश्वासमयी क्रान्तिकारी प्रवृत्ति को वे न देख सके।"

सारांश यह कि मुक्तिबोध का *कामायनी : एक पुनर्विचार* समकालीन साहित्य में पुनर्मूल्यांकन के बहाने नए मूल्यों का ऐतिहासिक दस्तावेज है जो समकालीन साहित्य के मूल्यांकन के साथ ही समकालीन सन्दर्भ में अपनी पूरी परम्परा का पुनर्मूल्यांकन करने की दृष्टि देता है। और जैसीकि मुक्तिबोध ने आशा व्यक्त की है : "अगर इस रचना की ओर आलोचकों का ध्यान गया तो निश्चय ही मतभेदों की टंकार सुनाई देगी। यह आवश्यक भी है। *कामायनी* हमारे लिए मूल्यवान ग्रंथ है। मतभेदों की सक्रियता के द्वारा ही हम मतैक्य का विकास कर सकेंगे—न केवल साहित्य के वरन् साहित्यालोचन के प्रधान सिद्धान्तों के बारे में भी कतिपय निष्कर्षों की तरफ बढ़ सकेंगे।"

तार सप्तक : इतिहास की आवृत्ति

तार सप्तक के पुनर्मुद्रण के साथ नई हिन्दी कविता का एक चक्र पूरा हो जाता है। वैसे, इस दौर का अन्त *तीसरा सप्तक* के साथ 1959 में ही हो गया, किन्तु चक्र पूरा करने के लिए सम्भवतः बीस वर्ष पूरे होने की प्रतीक्षा थी, क्योंकि "बीस वर्ष की एक पीढ़ी मानी जाती है।" और अब वह रस्म भी पूरी हो गई।

तार सप्तक का पुनर्मुद्रण उस योजना का अंग है जिसकी मुख्य चिन्ता आज इतिहास के निर्माण में नहीं, बल्कि इतिहास के लेखन में है। दूसरे संस्करण की भूमिका के अनुसार : "सम्पादक की धारणा है कि *तार सप्तक* ने अपने प्रकाशन का औचित्य प्रमाणित कर लिया। उसका पुनर्मुद्रण एक ऐतिहासिक दस्तावेज को केवल उपलभ्य बनाने के लिए नहीं, बल्कि इसलिए भी संगत है कि परवर्ती काव्य-प्रगति को समझने के लिए इसका पढ़ना आवश्यक है। इन सात कवियों का एकत्रित होना अगर केवल संयोग भी था तो भी वह ऐसा ऐतिहासिक संयोग हुआ जिसका प्रभाव परवर्ती काव्य-विकास में दूर तक व्याप्त है।"

इस प्रकार *तार सप्तक* उपलभ्य बनाया गया है तो परवर्ती काव्य-प्रगति 'समझाने' के लिए! पुनर्मुद्रण के अवसर पर यदि नई पीढ़ी के कवियों ने *तार सप्तक* में कोई रुचि नहीं ली तो आकस्मिक नहीं है। आकस्मिक यह भी नहीं है कि *तार सप्तक* के कवियों ने ही *तार सप्तक* की चर्चा में सबसे ज्यादा दिलचस्पी ली और बहस भी उठी तो योजना के इतिहास को लेकर! इतिहास की दिलचस्पी इतिहास में।

"जो 1943 के प्रयोगी थे, सन् 1963 के सन्दर्भ हो गए हैं" तथा "तब की सम्भावनाएँ अब की उपलब्धियों में परिणत हो गई हैं"—जैसे वाक्य इस ऐतिहासिक दिलचस्पी के ही सूचक हैं। युगांत पर 'प्रत्यावलोकन' और 'कृत स्मर' की मुद्रा स्वाभाविक है। आज *तार सप्तक* के कवियों से किसी नई सम्भावना या नए उन्मेष की आशा करना ज्यादती है। किन्तु नई सम्भावनाओं की चुनौती के सम्मुख उन्होंने जिस प्रकार 'इतिहास' में मुँह छिपाने का प्रयास किया है, वह किंचित् दुखद है। 1964 में *आँगन के पार द्वार* पर अज्ञेय को साहित्य अकादमी का पुरस्कार मिला तो

तीसरा सप्तक के कवि केदारनाथ सिंह ने अपनी प्रतिक्रिया व्यक्त करते हुए लिखा : "*आँगन के पार द्वार* के पुरस्कृत होने के साथ नई हिन्दी कविता का एक दौर पूरा हो जाता है। यह आकस्मिक नहीं कि दस-पन्द्रह वर्षों के अनवरत विरोध के बाद सहसा 1964 में 'नई कविता' की एक प्रतिनिधि कृति राजकीय पुरस्कार के योग्य मान ली गई।...इतिहास का यह एक विचित्र तर्क है कि पुराने प्रतिष्ठा-प्राप्त आलोचक किसी नई प्रवृत्ति को तब तक स्वीकार नहीं करते, जब तक स्वयं इतिहास के भीतर से ही कोई नव्यतर प्रवृत्ति उसके समानान्तर नहीं उठ खड़ी होती। ऐसी स्थिति में उन्हें अपना पक्ष चुन लेने में सुविधा होती है।"

इतिहास के भीतर से नव्यतर प्रवृत्ति सामने आ चुकी है और उस प्रवृत्ति के बारे में अज्ञेय का रुख स्पष्ट है। अज्ञेय की नए कवि के प्रति 'आ तू—आ तू' सम्बोधनवाली कविताएँ 1960 में ही प्रकाशित हो चुकी थीं। क़हना न होगा कि प्रतिष्ठा-प्राप्त आलोचकों को अपना पक्ष चुनने में सुविधा प्रदान करने में स्वयं अज्ञेय का भी काफी योग है। प्रतिष्ठा कवि को चुने, इससे पहले ही कवि ने प्रतिष्ठा का वरण कर लिया था। *तार सप्तक* का पुनर्मुद्रण इसी सन्दर्भ का अंग है; अगर यह केवल संयोग भी है तो इसे 'ऐतिहासिक संयोग' कहा जा सकता है।

क्या यह आकस्मिक है कि आज अज्ञेय को काव्य के सारे प्रश्न 'चिरंतन' प्रतीत होते हैं? "जो सदैव है और रहेगा, वह भी नित्य है, और जो निरन्तर बदलता जाता है वह भी नित्य नया है", किन्तु 'नित्य' के पहले अर्थ का यह नया बोध क्या अकारण है? पथ की खोज और प्रयोग की अपेक्षा आज 'परम्परा' और 'ऐतिहासिक सम्बन्ध' के लिए इतनी अधिक चिन्ता क्यों?

तार सप्तक के कवियों द्वारा दोबारा दिये गए वक्तव्यों को देखें तो यह प्रवृत्ति कुछ अन्य कवियों में भी मिलती है। गिरिजाकुमार माथुर आसन्न समस्याओं की अपेक्षा 'परम्परा और आधुनिकता' जैसे बुनियादी प्रश्न से चिन्तित दिखाई पड़ते हैं। यही नहीं बल्कि कहीं-न-कहीं वे आधुनिकता को 'भारतीय संस्कृति' अथवा 'भारत की परम्परा' से जोड़ने की अनिवार्यता भी अनुभव करते हैं। गिरिजाकुमार को इस समन्वय के लिए 'कास्मिक चेतना' की उच्च भूमि दृष्टिगोचर होती है, जिसकी तुलना केदारनाथ सिंह ने 'छायावादियों की चक्करदार कोशिश' से की है। रामविलास शर्मा को भी आज ऐसा लग रहा है कि परम्परा के लिए नए लोगों से खतरा पैदा हो गया है, इसलिए उन्होंने यह घोषणा आवश्यक समझी : "मेरी कविताओं का 'घनिष्ठ सम्बन्ध' छायावादी कविता—और उससे भी अधिक छायावादी कवियों—से है।"

आज छायावादी से घनिष्ठ सम्बन्ध की घोषणा, परम्परा की चिन्ता और 'कॉस्मिक चेतना' के स्तर पर आधुनिकता, भारतीयता आदि की खोज के क्या अर्थ हो सकते हैं? यह 'प्रौढ़ वय का प्रभाव' है या अज्ञेय के ही शब्दों में : "जो अतीत की अनुरूपता के प्रति विद्रोह करते हैं, वे प्राय: पाते हैं कि उन्होंने भावी की अनुरूपता

पहले ही स्वीकार कर ली थी। विद्रोह की ऐसी विडंबना कर सकना इतिहास के उन बुनियादी अधिकारों में से है जिसका वह बड़े निर्ममत्व से उपयोग करता है।"

इस पृष्ठभूमि में आसन्न संकट के तीखे बोध का अहसास यदि कहीं मिलता है तो मुक्तिबोध में। 'व्यक्ति के व्यवसायीकरण' के तीव्र होते हुए दबाव का उल्लेख करके मुक्तिबोध ने उस आसन्न संकट को सही नाम दिया। इसके साथ ही उन्होंने 'एक आत्म-वक्तव्य' शीर्षक कविता भी दी जो "इस टिप्पणी को और आगे बढ़ाती है।" स्पष्टतः कविता में आज की वह दुनिया है जिसमें 'तड़के ही, रोज/कोई मौत का पठान/माँगता है जिन्दगी जीने का ब्याज', तथा 'सत्यों के भयानक/केवल व्यंग्यनृत्य, व्यंग्यनृत्य!!'...'सच्चा है जहाँ असंतोष/मेरा वहाँ परिपोष' कहकर मुक्तिबोध ने स्पष्ट कर दिया है कि वह 'असंख्यक इत्यादि जनों का भाग' हैं। यह भी इतिहास की ही चिन्ता है, किन्तु इतिहास-लेखन की नहीं बल्कि इतिहास-निर्माण की। *तार सप्तक* के पुनर्मुद्रण के साथ ही मुक्तिबोध की मृत्यु और उनके प्रथम काव्य-संग्रह *चाँद का मुँह टेढ़ा है* का प्रकाशन—सब एक संयोग ही है, किन्तु यह ऐसा 'ऐतिहासिक संयोग' हुआ कि इतिहास के द्वंद्व का सत्य प्रत्यक्ष हो गया। अज्ञेय को साहित्य अकादेमी ने स्वीकार किया और मुक्तिबोध को कवियों की नई पौध ने! निस्सन्देह *तार सप्तक* ने अपने प्रकाशन का औचित्य प्रमाणित कर लिया।

जहाँ तक *तार सप्तक* की ऐतिहासिकता का प्रश्न है, उसके बारे में अभी तक जो भी तथ्य सामने आए हैं, उनसे स्पष्ट है : "*तार सप्तक* एक नई काव्यात्मक क्रान्ति का अग्रधावक नहीं बल्कि उसकी कुछ आरम्भिक प्रवृत्तियों की सामूहिक अभिव्यक्ति-मात्र है।" *तार सप्तक* का प्रकाशन 1943 में हुआ। उसकी पहली समीक्षा तीन साल बाद 1946 में *नया साहित्य* के पहले अंक में शमशेर बहादुर सिंह ने की। उस समीक्षा में शमशेर ने कहा था : "मौलिक रूप से *तार सप्तक* के प्रयोग अन्यत्र कई और कवियों के इससे काफी पहले के संग्रहों में मिल जाएँगे : प्रथमतः निराला में ही—न केवल *तार सप्तक* के, लगभग सभी प्रयोग बल्कि उससे भी और कहीं अधिक; दूसरे, पंत जी में—उनकी अतुकांत और मुक्त-छंद की कविताओं से लेकर *ग्रंथ* से *युगवाणी* तक।...फिर नरेंद्र शर्मा ने भी अपनी कतिपय वर्णात्मक अतुकांत मुक्तछंद की कविताओं में अपनी एक विशिष्ट शैली का परिचय दिया है (मसलन 'वासना की देह' है—*पलाश वन*), यद्यपि वह उनकी सामान्य धारा नहीं। उनकी एक कविता 'बटन-होल' भी पाठकों को अपरिचित न होगी।" काव्यगत प्रयोगों तक ही शमशेर ने अपने को सीमित इसलिए रखा कि "प्रयोग ही *तार सप्तक* का नारा है।"

गिरिजाकुमार माथुर के साक्ष्य से यह तथ्य सामने आया कि 1939 में नरोत्तम नागर के सम्पादन में *उच्छृंखल* नामक पत्रिका का प्रकाशन हुआ जो तीव्र अस्वीकार, आत्यंतिक विच्छेद और व्यापक मूर्तिभंजन का आरम्भिक मंच बन रहा था। इसमें केदारनाथ अग्रवाल की 'चन्द्रगहना से लौटती बार' तथा 'बसंती हवा' जैसी ताजगी

से भरी कविताएँ निकलीं। इस पुनरावृत्ति की पुष्टि तथा रिक्त स्थानों की पूर्ति के लिए नेमिचन्द्र जैन के बयान को भी शामिल कर लें तो "जिस बदलती हुई काव्य-चेतना की एक अभिव्यक्ति *तार सप्तक* के कवियों में मिलती है, वह निराला के अतिरिक्त शमशेर बहादुर सिंह, त्रिलोचन, भवानीप्रसाद मिश्र, राजेश्वर गुरु, केदारदाथ अग्रवाल और नरेंद्र शर्मा तक में थी," और "कम-से-कम वात्स्यायन जी किसी भी अर्थ में इस परिवर्तन के अग्रणी या नेता न थे। बल्कि जिस समय उनका अधिकांश काव्य अभी भी 'थका हिय हारिल' और 'द्वितीया' की स्थितियों के आस-पास घूम रहा था, उस समय कई अन्य कवि एक नए मुहावरे के अधिक समीप थे।"

सारांश यह है कि *तार सप्तक* के प्रकाशन से चार-पाँच वर्ष पूर्व *तार सप्तक* के कवियों के अतिरिक्त केदारनाथ अग्रवाल, शमशेर बहादुर सिंह, त्रिलोचन, भवानीप्रसाद मिश्र जैसे अनेक समर्थ कवि नए ढंग की काव्य-रचना कर रहे थे। इस बीच नरेंद्र शर्मा ने भी रूमानियत से अलग हटकर नए काव्य-प्रयोग किये। निराला की *अनामिका* में संकलित 1937-38 की कविताओं और आगे चलकर 1941 में प्रकाशित *कुकुरमुत्ता* शीर्षक लम्बी कविता से स्पष्ट है कि हिन्दी में *तार सप्तक* के प्रकाशन से पहले ही नए परिवर्तन की जोरदार हवा बह चुकी थी। *रूपाभ, उच्छृंखल* जैसी अल्पकालिक एवं *हंस, विशाल भारत* जैसी प्रतिष्ठित पत्रिकाएँ इस परिवर्तन का उद्घोष कर रही थीं। इनके अतिरिक्त माखनलाल चतुर्वेदी का *कर्मवीर* भी क्षेत्रीय प्रतिभाओं की नई रचनाएँ प्रकाश में ला रहा था। *तार सप्तक* इसी जीवंत परिवेश की उपज और एक अभिव्यक्ति है। सामान्यत: 1938 को इस परिवर्तन की विभाजक-रेखा मान सकते हैं : *रूपाभ* और *उच्छृंखल* जैसे इस परिवर्तनकाल की मनोवृत्ति की दो संज्ञाएँ हैं।

स्वयं नए लेखक 1938 के इस संक्रमण-काल को उस समय किस दृष्टि से देख रहे थे, इसका एक दस्तावेज है *विश्वभारती* क्वार्टर्ली के अगस्त-अक्टूबर, 1937, और नवंबर, 1937; जनवरी, 1938 के दो अंकों में प्रकाशित 'आधुनिक हिन्दी कविता' शीर्षक अंग्रेजी निबन्ध, जिसके लेखक हैं स. ही. वात्स्यायन अर्थात् अज्ञेय। निबन्ध में समकालीन कवियों के बारे में अनेक रोचक सम्मतियाँ दी गई हैं। उदाहरण के लिए पंत और निराला, दोनों को 'इस्थीट' अर्थात् सौन्दर्यवादी कहा गया है। निराला के बारे में वात्स्यायन ने लिखा है कि मौलिकता के सायास चक्कर में निराला की कलात्मक क्षमता विपथगा हो गई और पुरानी रूढ़ियों को तोड़ने की जिद में उन्होंने अपनी कविता को काफी क्षति पहुँचाई। इतना ही नहीं बल्कि 1937 में वात्स्यायन का यह निर्णय है कि "साहित्यिक शक्ति के रूप में निराला मर चुके हैं" (एंड ऐज ए लिटररी फ़ोर्स, एट एनी रेट, निराला इज़ आलरेडी डेड)।

इस निबन्ध के अन्तर्गत समकालीन कवियों में 'नवीन' को उनके 'उल्लासमय फक्कड़पन' तथा 'नैसर्गिक ऊर्जा' के लिए विशेष रूप से सराहा गया है। 'नवीन'

की कविता की विशेषता मांसलता पर उत्तेजक बल के रूप में स्वीकार की गई है। इसके अतिरिक्त वात्स्यायन को समकालीन कविता में दो चीजों से खास शिकायत है : यौन-कुंठा और प्रगतिशील साहित्य के नाम पर लिखी जानेवाली भावोच्छ्वासपूर्ण जन-कविताएँ।

कुल मिलाकर अपने युग के औसत मिजाज के बारे में वात्स्यायन ने कुछ उल्लेखनीय बातें कही हैं। स्वयं उन्हीं के शब्दों में : " 'यह युग संशय, अस्वीकार' और कुंठा का है। अस्वीकार का व्यापक स्वर सर्वोपरि है और कुछ अपवादों को छोड़कर सामान्यत: 'इसे अश्रद्धा का युग' कह सकते हैं। किसी आस्था को स्वीकार करना, अथवा पुराने आदर्शों से आसक्ति दिखलाना उपहासास्पद हो गया है, फिर वास्तविकता की इस बाढ़ में सम्बल के रूप में ही टेक लेने की प्रबल आवश्यकता सर्वत्र अनुभव की जा रही है।...फिर भी हम यथार्थ के प्रति ही नहीं बल्कि शक्ति के प्रति जागरूक हो रहे हैं—यह 'आत्म-अन्वेषण' का युग है।"[1] प्रसंगात् इस निबन्ध में यह भी लक्षित किया गया है कि "शुष्क बौद्धिकतावाद की तरफ झुकाव अभी से दिखाई पड़ने लगा है और टी. एस. इलियट के आगमन के लिए जमीन जल्द ही तैयार हो जाएगी।"

कहना न होगा कि इस निबन्ध में व्यक्त विचार उस युग की वास्तविक स्थिति से कहीं अधिक स्वयं वात्स्यायन अर्थात् अज्ञेय की अपनी समझ को व्यक्त करते हैं। *राम की शक्ति-पूजा* और *तुलसीदास* के रचयिता निराला को मृत घोषित करना और प्रगतिशील साहित्य की जनवादी क्षमता पर मुँह बिचकाना आकस्मिक नहीं है। इन सीमाओं के बावजूद 1937-38 के समय को 'संशय का युग', 'अस्वीकार का युग' तथा 'आत्म-अन्वेषण का युग' कहकर वात्स्यायन ने युग के मिजाज को काफी हद तक परिभाषित किया। प्रभाकर माचवे की पंक्ति 'संशय के दो कण लाया हूँ आज ज्ञान की झोली में' तथा भारतभूषण अग्रवाल की कविता 'कौन-सा पथ है, मार्ग में आकुल-अधीरातुर बटोही यों पुकारा', जो आगे चलकर *तार सप्तक* में संकलित हुई युग के इसी मिजाज की अभिव्यक्तियाँ हैं।

किन्तु इस युग के मिजाज का सबसे महत्त्वपूर्ण पक्ष है 'यथार्थवादी रुझान' जो वात्स्यायन की दृष्टि से एकदम अनदेखा चला गया। उस युग की व्यापक कुंठा और

---

1. "The age is one of doubt, denial, of frustration. The strident voice of denial can be heard over all others—indeed, but for a fair notable exceptions ours could well be called the age of irreverence. It has become laughable to confess to any faith, or to an attachment to old ideals, yet the urgent need of something to cling to, a bulwork in this flood of reality, is everywhere...yet we are waking not only to reality but also to power—it is an age also of self discovery."

The *Visva-Bharati* Quarterly, Vol. III, part II, New Series, pp. 147-48

पलायन की भावना से वे इतने अभिभूत थे कि उन्हें उस समय एक भी यथार्थवादी न दिखाई पड़ा, "द रियलिस्ट आलमोस्ट नॉन-एग्जिस्टेंट", जबकि साल भर पहले जयशंकर प्रसाद *हंस* में प्रकाशित 'यथार्थवाद और छायावाद' शीर्षक निबन्ध में यथार्थवाद की बढ़ती हुई प्रवृत्ति को रेखांकित कर चुके थे। यही नहीं, बल्कि उन्होंने अपने ढंग से यथार्थवाद को परिभाषित भी किया : "यथार्थवाद की विशेषताओं में प्रधान है लघुता की ओर साहित्यिक दृष्टिपात।...लघुता से मेरा तात्पर्य है साहित्य के माने हुए सिद्धान्त के अनुसार महत्ता के काल्पनिक चित्रण से अतिरिक्त व्यक्तिगत जीवन के दु:ख और अभावों का वास्तविक उल्लेख।" इस यथार्थवाद के सामाजिक आधार को स्पष्ट करते हुए प्रसाद ने आगे लिखा : "राजसत्ता का कृत्रिम और धार्मिक महत्त्व व्यर्थ हो गया और साधारण मनुष्य, जिसे पहले लोग अकिंचन समझते थे, वही क्षुद्रता में महान् दिखलाई पड़ने लगा। उस व्यापक दु:ख-संवलित मानवता को स्पर्श करनेवाला साहित्य यथार्थवादी बन जाता है।"

यथार्थ के साक्षात्कार का इतना दबाव जब छायावादी कहे जानेवाले कवि अनुभव करने लगे थे तो छायावादोत्तर युग के वयस्क कवियों की मन:स्थिति का अनुमान सहज ही लगाया जा सकता है। उल्लेखनीय है कि इसी दौर में प्रगतिशील साहित्य का आन्दोलन पैदा हुआ, जिसका जोर सबसे ज्यादा यथार्थवाद पर था। प्रगतिशील साहित्य की इस यथार्थवादी भूमिका की उपेक्षा करके 1938 के संक्रमण-युग को समझना असम्भव है। तथ्य है कि हिन्दी कविता को उस समय जो कवि नया मोड़ देने का प्रयास कर रहे थे, वे चाहे *तार सप्तक* में संकलित हुए हों या उससे बाहर रहे हों, सभी किसी-न-किसी रूप में उस प्रगतिशील चेतना से अपने-आपको सम्बद्ध अनुभव करते थे। उल्लेखनीय है कि स्वयं *तार सप्तक* की योजना भी दिल्ली के जिस 'अखिल भारतीय लेखक सम्मेलन' (1942) के दौरान बनी, वह वस्तुत: 'प्रगतिशील लेखक संघ' का ही आयोजन था।

वस्तुत: 1938 के आसपास जो परिवेश था, उससे टकराकर यथार्थ की ओर काव्य को मोड़ने का प्रयास पुराने छायावादी कवि भी कर रहे थे, उत्तर छायावादी कवि भी और कवि-यश:प्रार्थी नए बुद्धिजीवी युवक भी, किन्तु वस्तुत: नए बुद्धिवादी युवक ही यथार्थ के अधिक निकट थे। सच्चिदानन्द वात्स्यायन ने जुलाई, 1968 की *कल्पना* में प्रकाशित 'लेखक की स्थिति' शीर्षक निबन्ध में लिखा है : "हमारे देश का तथाकथित बौद्धिक आज भी 'इंतेलिगेंत्सिया' वर्ग का नहीं, 'लितेराती' (साहित्य-संस्कारी) वर्ग का प्राणी है : यानी वह अपना अन्तिम प्रमाण एकान्त शुद्ध और ममत्वरहित बुद्धि में न खोजकर शास्त्र में, परम्परा में, आनुवंशिक अनुभव अथवा संस्कारवती प्रतिभा में खोजता है।"

औसत के हिसाब से यह बात सही हो सकती है किन्तु यह ऐतिहासिक तथ्य है कि हिन्दी साहित्य में 1938 के आसपास बौद्धिक लेखकों और कवियों का एक ऐसा

वर्ग आया जो पश्चिम के आदर्श 'इंतेलिगेंत्सिया' से भले ही कुछ नीचे हो, किन्तु परम्परागत साहित्य-संस्कारी 'लितेराती' से निश्चय ही भिन्न था। उल्लेखनीय है कि अज्ञेय, मुक्तिबोध, शमशेर आदि इस दौर के सभी नए कवि अपने शिक्षा-संस्कार में हिन्दी की ठेठ परम्परा से बाहर के थे। यही नहीं, बल्कि इनमें से अधिकांश कवियों का मानस-गठन भारत की अपेक्षा पश्चिम और हिन्दी की अपेक्षा अंग्रेजी के हवा-पानी से हुआ था। इसीलिए इन कवियों का संशय, दुविधा, अश्रद्धा आदि परम्परागत साहित्य-संस्कारी हिन्दी कवि से नितान्त भिन्न था—यहाँ तक कि उनकी भाषा के मुहावरे भी भिन्न थे।

आकस्मिक नहीं कि यह बौद्धिक कवि-वर्ग चिन्तन-प्रक्रिया में जवाहरलाल नेहरू को अपने सबसे अधिक निकट पाता था। इस दृष्टि से जवाहरलाल नेहरू की *मेरी कहानी* के अन्तिम अध्याय इस युग के मिजाज के साथ इस युग के कवियों की मन:स्थिति को समझने में विशेष रूप से सहायक हैं। अन्तरराष्ट्रीय पैमाने पर फासिज्म का उदय, म्यूनिख-समझौता, स्पेन में जनतंत्र की रक्षा के लिए देश-देश के लेखकों और बुद्धिजीवियों का मोर्चे पर लड़ना, द्वितीय महायुद्ध की विनाशकारी छाया; राष्ट्रीय पैमाने पर कांग्रेसी मंत्रिमंडलों का निर्माण और पतन, त्रिपुरा कांग्रेस और राष्ट्रीय अन्तर्द्वंद्व, राष्ट्रीय आन्दोलन में शिथिलता तथा नए उभरनेवाले वामपंथी दलों का बढ़ता असंतोष—इन तमाम घटनाओं के बीच व्यक्तिगत जीवन के अभावों की जमीन पर जिस अशान्ति, घुटन, कुंठा, कशमकश, निरुपायता आदि का अनुभव नेहरू कर रहे थे, वही गूँज इस दौर के नए बुद्धिवादी कवियों में भी सुनी जा सकती है।

इस दृष्टि से *तार सप्तक* के कवियों में मुक्तिबोध का वक्तव्य ही नहीं बल्कि काव्य भी विशेष रूप से उल्लेखनीय है। 'आन्तरिक विनष्ट शान्ति और शारीरिक ध्वंस' से जर्जर मुक्तिबोध यदि अपनी कविताओं को 'अपना पथ ढूँढ़नेवाले बेचैन मन की अभिव्यक्ति' कहते हैं तो यह आकस्मिक नहीं है। कविता में एक और 'एकाकीपन का लौहवस्त्र' है और दूसरी ओर जीवन का अर्थ खोजने की यह उद्दाम लालसा :

अर्थ-खोजी प्राण ये उद्दाम हैं
अर्थ क्या? यह प्रश्न जीवन का अमर।
क्या तृषा मेरी बुझेगी इस तरह
अर्थ क्या? ललकार मेरी है प्रखर।

जीवन सम्बन्धी प्रश्नों की छायावादी जिज्ञासा को देखते हुए यह प्रश्नाकुलता सहसा अनपहचानी-सी लगती है।

किन्तु जैसाकि विजयदेव नारायण साही ने 'लघुमानव के बहाने हिन्दी कविता पर एक बहस' शीर्षक निबन्ध में विस्तार से दिखलाया है, छायावाद और इस 'नई कविता' के बीच जो दुर्लंघ्य खाई दिखाई पड़ती है, वह वस्तुत: है नहीं। प्रगति-

प्रयोग की कविता के आरम्भ का युग वही है जो भगवतीचरण वर्मा, बच्चन, दिनकर, नवीन, नरेंद्र शर्मा आदि तथाकथित उत्तर-छायावादी कवियों की 'जवानी' के उठान का समय है और उल्लेखनीय है कि इन दोनों की प्रवृत्तियों को अपने-अपने सन्दर्भों में छायावाद की प्रतिक्रिया कहा जाता है। वस्तुतः छायावादी 'नैतिक विजन' का जादू टूटने पर हृदय और बुद्धि के अलगाव के रूप में मन का जो विभाजन हुआ, उससे उत्पन्न 'रिक्तता' और 'संकट' की चुनौती 1938 के आसपास के सभी कवियों के सामने थी। काव्य के स्तर पर इस 'संकट' से उबरने के दो ही रास्ते थे : या तो इस संकट को गम्भीरता से स्वीकार कर समूचे द्वंद्व को पूरी नाटकीयता के साथ काव्य-रूप दिया जाए या फिर इस संकट को 'संकट' के रूप में मानने से एकदम इनकार किया जाए। बौद्धिक युवा कवि पहला रास्ता चुनें, इससे पहले बच्चन आदि उत्तर-छायावादी कवि दूसरा रास्ता अपना चुके थे। बुद्धि और हृदय के बीच की दरार को उन्होंने एक सहज सत्य के रूप में स्वीकार करके बुद्धि से बिलकुल कुट्टी कर ली, क्योंकि उनके लेखे सारे खुराफातों की जड़ बुद्धि ही थी। बुद्धि के बहिष्कार के बाद स्वभावतः कवि का काम एकदम आसान हो गया। छायावादी दार्शनिक गम्भीरता की जगह फक्कड़ाना अन्दाज ने ली। इस मस्ती के आलम में सारी समस्याएँ अपने-आप हवा हो गईं। इस सरलता का लोकप्रिय होना स्वाभाविक था। तथ्य है कि बच्चन को जो लोकप्रियता मिली, वह पंत के लिए केवल सपना थी।

इसलिए 1938 के आसपास काव्य के क्षेत्र में आनेवाले बौद्धिकों के लिए छायावाद से अधिक इस उत्तर-छायावादी अगम्भीरता से निबटने की समस्या प्रधान थी। विजयदेव नारायण साही ने सही लक्षित किया है : "अज्ञेय और उसके साथियों के सामने—जो *तार सप्तक* में संगृहीत हुए—समस्या यही थी कि तीसरे दशक के काव्य में जो अनिवार्य अगम्भीरता थी, उससे मनोभूमि को फिर किस प्रकार गम्भीरता की ओर वापस लाया जाए।...तीसरा दशक 'सत्य क्या है', यह तो पूछता है, परन्तु उत्तर की प्रतीक्षा नहीं करता। *तार सप्तक* के कवि 'सत्य क्या है', पूछते हैं और अत्यंत आतुरता से प्रतीक्षा करते हैं। उत्तर की यह आतुर प्रतीक्षा ही उन्हें मंजिल पर पहुँचे हुए राही नहीं, 'राहों का अन्वेषी' बनाती है। संक्षेप में यह कि उन्होंने 'क्राइसिस' का सामना किया।"

इस प्रसंग में साही ने जिस 'सत्य' शब्द का उल्लेख किया है, वह सर्वथा संगत है। *तार सप्तक* के कवि तथा उनके अन्य सहकर्मी यदि किसी विषय के बारे में सबसे अधिक चिन्तित दिखाई पड़ते हैं तो वह 'सत्य' अथवा 'आत्म-सत्य' है। पहले के कवियों के लिए कविता 'अभिव्यक्ति' अथवा 'आत्माभिव्यक्ति' थी तो इन कवियों के लिए वह 'सत्य' अथवा 'आत्म-सत्य' की खोज थी। इसलिए इन कवियों की गम्भीरता का सम्बन्ध 'सत्य' से था, जो स्पष्टतः छायावाद की

भावुक गम्भीरता से भिन्न है। व्यंग्य-विद्रूप की मुद्रा भी इस गम्भीरता का ही एक रूप है, जो उन्हें छायावादी गम्भीरता से अलग करती है। यह गम्भीरता समकालीन 'संकट' के साक्षात्कार की बौद्धिक परिणति थी। इस प्रकार उत्तर-छायावादी भँवर से कविता को निकालकर उसे समकालीन परिवेश के लिए प्रासंगिक बनाने का जो श्रेय सामान्यत: *तार सप्तक* को दिया जाता है, उसकी शुरुआत 1938 के आसपास ही हो चुकी थी। समकालीन संकट की स्वीकृति, मानसिक विभाजन का प्रतिरोध और यथार्थग्राही यथातथ्य काव्यभाषा का निर्माण—ये तीनों कार्य 1938 के आसपास ही शुरू हो गए थे। सिद्धान्त के स्तर पर छायावादी भावुकता, काल्पनिकता और आदर्शवाद तथा उत्तर-छायावादी बेफिक्री से भरी अल्हड़ता की निस्सारता सिद्ध हो चुकी थी। आवश्यकता थी तो उसे सामूहिक प्रभावशाली रूप देने की। 1943 में *तार सप्तक* का प्रकाशन उसी आवश्यकता की पूर्ति है।

एक लम्बी चिन्तन-प्रक्रिया की परिणति के रूप में प्रकट होने के बावजूद *तार सप्तक* के अपने आकर्षण भी थे। पहला आकर्षण प्रयास की सामूहिकता; दूसरा आकर्षण कवियों द्वारा अपनी आस्था की घोषणा में साहसिकता; तीसरा आकर्षण अपने-आपको 'राहों का अन्वेषी' स्वीकार करने की विनयशीलता। प्रचलित काव्य-रुचि के वातावरण में *तार सप्तक* की कविताएँ अभीष्ट प्रभाव उत्पन्न न कर सकीं किन्तु 'अन्वेषण' की घोषणा ने काव्य के क्षेत्र में सृजन की सम्भावना के लिए निश्चित रूप से आश्वस्त किया। *तार सप्तक* का यह सर्जनात्मक खुलापन सबसे महत्त्वपूर्ण है।

यह सही है कि दो-तीन वर्षों तक *तार सप्तक* की नोटिस नहीं ली गई; किन्तु इसके बाद काव्य-सृजन के क्षेत्र में एक-एक कर अनेक प्रयोगशील कृतियाँ प्रकाश में आने लगीं। *तार सप्तक* के कवियों में से अज्ञेय का काव्य-संग्रह *इत्यलम्* (1946) और *हरी घास पर क्षण भर* (1949), गिरिजाकुमार माथुर का काव्य संग्रह *नाश और निर्माण* (1947) तथा *सप्तक* से बाहर के कवियों में त्रिलोचन की काव्यकृति *धरती* (1946), केदारनाथ अग्रवाल की *युग की गंगा* (1946) आदि पुस्तकें *तार सप्तक* के बाद एकबारगी सामने आईं। छायावादी और उत्तर-छायावादी कवियों के विपुल कृतित्व के व्यापक प्रभाव के सम्मुख इन रचनाओं की ग्राह्यता सीमित ही थी, किन्तु प्रबुद्ध पाठक वर्ग के सामने नई काव्य-रचना का एक स्पष्ट जीवंत रूप खड़ा हो गया था।

काव्य-सर्जना के समानान्तर इस दौर में कुछ ऐसी आलोचनात्मक कृतियाँ भी आईं, जिन्होंने नए काव्य-आन्दोलन को पार्श्व-रक्षण दिया। अज्ञेय की *त्रिशंकु* (1945) और डॉ. देवराज की *छायावाद का पतन* (1948) इस प्रसंग में विशेष रूप से उल्लेखनीय हैं। *त्रिशंकु* ने इलियट का प्रसिद्ध निबन्ध 'ट्रेडिशन एंड इंडिविजुअल टैलेंट' का भावानुवाद 'रूढ़ि और मौलिकता' के रूप में सुलभ किया, जिसमें काव्य

की रोमांटिक अवधारणा को ध्वस्त करके उसके स्थान पर निर्वैयक्तिक काव्य-रचना का सिद्धान्त प्रस्तुत किया गया है। *छायावाद का पतन* नामक आलोचना पुस्तक ने भी लगभग यही कार्य किया; किन्तु इस छोटी-सी पुस्तक का महत्त्व इस बात में है कि इसने 'काव्य' के स्तर पर छायावाद की दुर्बलताओं का उद्घाटन करके काव्य-रचना के क्षेत्र में छायावाद की पुनरावृत्ति के लिए एक तरह से दरवाजा ही बन्द कर दिया।

प्रसंगात् *छायावाद का पतन* में एक स्थान पर *तार सप्तक* का उल्लेख भी है। स्पष्ट ही ये सारे प्रयास *तार सप्तक* के परिणाम नहीं बल्कि स्वत:स्फूर्त समानान्तर प्रयत्न हैं। इन बहुमुखी प्रयत्नों ने वह वातावरण तैयार किया जिसके कारण आगे चलकर *तार सप्तक* की व्यापक चर्चा सम्भव हो सकी और 1951 में *दूसरा सप्तक* की भूमिका लिखते हुए अज्ञेय गर्व से यह कह सके : "*तार सप्तक* का प्रकाशन—प्रकाशन ही नहीं, उसका आयोजन, संकलन, सम्पादन—न केवल समयोचित और उपयोगी था बल्कि उसे हिन्दी काव्य-जगत् की एक महत्त्वपूर्ण घटना भी कहा जा सकता है। और आलोचकों द्वारा उसकी जितनी चर्चा हुई है, उसे *सप्तक* के प्रभाव का सूचक मान लेना कदाचित् अनुचित न होगा।"

इस प्रसंग में केवल एक ऐतिहासिक तथ्य का उल्लेख करना आवश्यक है कि तीन वर्ष की चुप्पी तोड़कर *तार सप्तक* की पहली नोटिस कम्यूनिस्ट पार्टी की साहित्यिक पत्रिका *नया साहित्य* ने ली और वह भी अपने पहले अंक में। समीक्षा लिखी शमशेर बहादुर सिंह ने और सम्पादक-मंडल में एक नाम रामविलास शर्मा का भी था।

इन सफलताओं के बाद 1951 में *दूसरा सप्तक* का निकलना अप्रत्याशित नहीं कहा जा सकता। *दूसरा सप्तक* में कवियों का चुनाव भी द्रष्टव्य है। शमशेर बहादुर सिंह का समावेश तो एक तरह से भूल-सुधार जैसा ही है, किन्तु भवानीप्रसाद मिश्र के चुनाव के पीछे कौन-सी दृष्टि थी—इसे समझना कुछ कठिन है। इसी प्रकार रघुवीर सहाय, श्रीनरेश मेहता, हरि व्यास जैसे नए कवियों की संगति तो स्पष्ट है, किन्तु साही के शब्दों में 'बॉयरनिक' मुद्रावाले धर्मवीर भारती का चुनाव *तार सप्तक* की प्रतिज्ञा को स्मरण करते हुए निश्चित रूप से असंगत है। समकालीन पत्रिकाओं में *दूसरा सप्तक* को सामान्यत: प्रशंसा ही प्राप्त हुई, किन्तु इसकी ऐतिहासिकता की चर्चा करनेवाला कोई न दिखा। बहरहाल, बात उठाई गई है 'परवर्ती काव्य-विकास में *तार सप्तक* के दूरव्यापी प्रभाव' के पड़ताल की, इसलिए *दूसरा सप्तक* की समीक्षा *तार सप्तक* के सन्दर्भ में अप्रासंगिक न होगी।

'अन्वेषण' का आग्रह *दूसरा सप्तक* में भी दोहराया गया है किन्तु *तार सप्तक* में जहाँ 'राहों के अन्वेषण' की बात की गई थी, *दूसरा सप्तक* में बल 'आत्म-अन्वेषण' पर आ गया। 'वस्तु-सत्य' और 'व्यक्ति-सत्य' के बीच द्वंद्व की स्वीकृति और इन दोनों के एकाकार करने की समस्या अज्ञेय ने यहाँ भी रखी है, किन्तु कथन में

बल का अपसरण स्पष्ट है। *तार सप्तक* में कहा गया था : "सत्य व्यक्तिबद्ध नहीं है, व्यापक है और जितना ही व्यापक है, उतना ही काव्योत्कर्षकारी है।" किन्तु *दूसरा सप्तक* में 'व्यक्ति-सत्य' को 'वस्तु-सत्य' की दिशा में विस्तृत करने की अपेक्षा रागात्मकता के द्वारा 'तथ्य' को 'सत्य' बनाने पर बल है। यहाँ 'आत्म-विस्तार' के स्थान पर 'आत्मसात्' करने पर विशेष बल है। ऊपर-ऊपर से देखने पर यह अन्तर नगण्य मालूम होता है किन्तु अन्तर्निहित अर्थापत्तियों की दृष्टि से यह अन्तर इतना महत्त्वपूर्ण है कि 1938 के भावबोध वाले कवियों का ध्यान तत्काल इस ओर गया। जनवरी, 1952 की *आलोचना* में प्रयोगवाद पर आयोजित परिचर्चा के अन्तर्गत शमशेर बहादुर सिंह ने लिखा है : "इस 'आत्म-सत्य' में बाहर के यथार्थ को भी अज्ञेय जी ने बाहर नहीं रखा है, आत्मसात् किये हुए सत्य में शामिल किया है। यहाँ तक तो कोई दिक्कत नहीं होती। मगर दिक्कत होती है, जब हम सोचते हैं कि कलाकार को आत्मा का सत्य कहाँ से खोजना है?" आगे इस प्रश्न का उत्तर देते हुए वे स्वयं कहते हैं : "आत्म-सत्य का अन्वेषण सच्चा कलाकार अपनी अनुभूतियों में नहीं, उनके मूलों में करता है—उन मूलों में, जो उसके समाज और संस्कृति की परम्परा में बहुत गहरे चले गए हैं। उनको शक्ति, बल, प्राण—इन्हीं के गुंफित वैभव से प्राप्त होता है।" इनके अतिरिक्त मुक्तिबोध ने तो इस प्रश्न पर *एक साहित्यिक की डायरी* में मृत्युपर्यंत अपना संघर्ष जारी रखा।

अज्ञेय के इस काव्य-सिद्धान्त की नवीनता यह है कि इसमें बड़े कौशल से *तार सप्तक* की परम्परा को आत्मनिष्ठ मोड़ दे दिया गया। 'वस्तु-सत्य' नि:शेष हो गया 'तथ्य' में और फिर वह 'तथ्य' भी 'रागात्मकता' के अधीन होकर अपनी रही-सही वस्तुनिष्ठता खो बैठा। इस प्रकार 'वस्तु-सत्य' सिमटकर 'आत्म-सत्य' हो गया। अन्वेषण की जो राह बाहर की ओर जा रही थी, वह सहसा अन्दर की ओर मुड़ गई। जोर वास्तविकता से हटकर ईमानदारी पर आ गया। उल्लेखनीय है कि 1951 में *प्रतीक* के सम्पादकीय ने काव्य में 'ईमानदारी' का नारा दिया, जिससे आगे चलकर 'अनुभूति की प्रामाणिकता' की अवधारणा विकसित हुई। बौद्धिकता का स्थान 'रागात्मकता' ने लिया और छायावाद युग का प्रिय शब्द 'अनुभूति' पुन: प्रचलन में आ निकला। ये सभी मान्यताएँ अन्त में 'व्यक्तित्व की खोज' का दार्शनिक रूप लेकर सामने आईं। 'प्रयोग' शब्द को वाद-दूषित पाकर 'नई कविता' नामक संज्ञा का प्रचलन हुआ। 1951 में *दूसरा सप्तक* के प्रकाशन के साथ 'नई कविता' के जिन सिद्धान्तों का सूत्रपात किया गया, उनका विस्तार *तीसरा सप्तक* के प्रकाशन-काल 1959 तक अबाध गति से होता रहा।

1951-1959 के राजनीतिक परिवेश को देखते हुए काव्यगत मान्यताओं का यह परिवर्तन आकस्मिक नहीं है। 1947 में भारत को स्वाधीनता मिलने के साथ काव्य का ऐतिहासिक सन्दर्भ बदल चुका था। आजादी के आरम्भिक तीन-चार वर्ष

भारी उथल-पुथल के थे। इतिहास में भाग लेनेवाली सभी शक्तियाँ भावी इतिहास में अपना स्थान निर्धारित करने के लिए प्रयत्नशील थीं। परिवर्तन की प्रकृति को ठीक-ठीक पहचानना और पहचानकर उसके साथ अपनी संगति बैठाना आसान न था। किन्तु तीन-चार वर्षों की कशमकश और ऊहापोह के बाद 1951 के आस-पास वातावरण में स्थिरता आई। संविधान-निर्माण, गणतंत्र की घोषणा, बालिग मताधिकार के आधार पर प्रथम आम चुनाव, केन्द्र तथा राज्यों में जनतांत्रिक सरकारों के गठन के साथ देश में कांग्रेस-शासन का वह दौर शुरू हुआ, जिसे वर्णन की सुविधा के लिए संक्षेप में 'नेहरू-युग' कहते हैं। यहाँ 1951 के साथ 1938 की तुलना अप्रासंगिक नहीं है। सन्दर्भ भिन्न है किन्तु प्रसंगात् दोनों युगों की पृष्ठभूमि के केन्द्र में नेहरू विद्यमान हैं। यदि 1938 की बौद्धिक कशमकश नेहरू से सम्बद्ध थी तो 1951 का 'आत्मान्वेषण' भी नेहरू की नई स्थिति से असम्बद्ध न था। यह कहना अप्रासंगिक न होगा कि अज्ञेय ने अपनी अंग्रेजी कविताओं की भूमिका ही नेहरू से नहीं लिखवाई, बल्कि 1951 में नेहरू की साठवीं वर्षगाँठ के अवसर पर *नेहरू अभिनन्दन ग्रंथ* का सम्पादन भी किया। यह तथ्य है कि नेहरू 1938 के बुद्धिजीवियों के नायक थे और उनका चिन्तन कहीं-न-कहीं नेहरू के साथ घनिष्ठ रूप से सम्बद्ध था। इसलिए 1951 में नए भारत के नए नेता के रूप में नेहरू को प्रतिष्ठित देखकर यदि *तार सप्तक* युग के कवियों में पूर्ववर्ती तनाव के स्थान पर कुछ आत्मतोष, कुछ आत्मविश्वास, कुछ आशा और कुछ उत्साह का भाव आ गया तो अप्रत्याशित नहीं है। जेल के अन्दर *भारत की खोज* करनेवाले नेहरू के सामने अब दुनिया में 'भारत की खोज' का प्रश्न था। इसके समानान्तर यदि कवि 'आत्म-सत्य' और अपने 'व्यक्तित्व' की खोज की ओर प्रवृत्त हुए तो स्वाभाविक ही कहा जाएगा। परिवेश के साथ काव्य की यह संगति सर्जनात्मक विकास के लिए वरदान सिद्ध हुई।

1951-1959 के बीच 'नई कविता' के रूप में सर्जनात्मक सम्भावनाओं का जो अभूतपूर्व आवेश दिखाई पड़ता है, उसका श्रेय समकालीन परिवेश के साथ कवि की इस रागात्मक संगति को देना अनुचित न होगा। इस वातावरण में जो भी विसंवादी स्वर निकला, अपने-आप डूब गया। सृजनशीलता का जादू ऐसा चला कि किसी भी प्रकार के 'आलोचनात्मक' स्वर के लिए गुंजाइश न रही। केदारनाथ अग्रवाल, नागार्जुन, त्रिलोचन ही नहीं, मुक्तिबोध की आवाज भी इस 'सृजन-क्षण' में डूब गई। स्वाधीनता की पहली लहर में कुछ ऐसा लगा, जैसे नव रोमनवाद का पुनरुत्थान हो रहा है!

निस्सन्देह नेहरू-युग के अन्तर्विरोध जल्द ही अपने असली रूप में सामने आने लगे, और कुछ ही दिनों बाद यह स्पष्ट हो गया कि जिसे स्वाधीनता-प्राप्ति के आरम्भिक दौर में 'सत्य' समझा जा रहा था, वह वस्तुतः 'भ्रम' था। किन्तु यह

'भ्रम' बहुत बड़ा था और साथ ही 'ऐतिहासिक' भी। अनेक वामपक्षी राजनीतिक दल बहुत दिनों तक इस भ्रम के शिकार रहे। किन्तु कभी-कभी 'भ्रम' भी काव्य में रचनाशीलता के लिए उपयोगी सिद्ध होता है; और कहना न होगा कि इस ऐतिहासिक 'भ्रम' के बावजूद 'नई कविता' ने अनेक महत्त्वपूर्ण रचनात्मक कृतियों की सृष्टि की। किन्तु इस युग का श्रेष्ठ एवं सार्थक कृतित्व वह है जो इस 'भ्रम' से कम-से-कम ग्रस्त था अथवा एकदम मुक्त था। तात्कालिक वातावरण में उस कृतित्व का महत्त्व भले ही दबा रह गया हो, किन्तु इतिहास के न्याय से बचना असम्भव है। मुक्तिबोध के कृतित्व का महत्त्व इसी भ्रम-मुक्ति में है, और जैसाकि बाद के पुनराविष्कार से प्रमाणित हुआ, मुक्तिबोध भ्रम के इस लम्बे दौर में सतत जाग्रत रहे।

मुक्तिबोध जिसे 'नई कविता का आत्म-संघर्ष' कहते थे, वह 'नई कविता' की आन्तरिक असंगतियों के विरुद्ध आत्मीय संघर्ष था। वे 1938 के आसपास विकसित होनेवाले सामाजिक संघर्ष और आन्तरिक संघर्ष के सिद्धान्त के प्रति निष्ठावान थे। उन्हें स्पष्ट दिखाई पड़ा कि परवर्ती काव्य में वह दोहरा संघर्ष क्षीण हो रहा है। इसके लिए उन्होंने काव्य में सृजन-प्रक्रिया के विश्लेषण पर बल दिया : उन्हें काव्य के क्षेत्र में बढ़ती हुई 'आत्मग्रस्तता' खतरनाक प्रतीत हुई। 'नई कविता' में व्यक्त होनेवाली कुंठा, निराशा, बेचैनी आदि पर उनकी आपत्ति नहीं थी, आपत्ति थी तो इस बात पर कि "वह वास्तविक सन्दर्भों से हीन होकर, मानव-समस्या का रूप धारण नहीं कर पाती।" इस आत्मग्रस्तता का विश्लेषण करते हुए उन्होंने यह भी लक्ष्य किया कि इसके द्वारा एक 'जड़ीभूत सौन्दर्याभिरुचि' का निर्माण हो रहा है, जिसके अन्तर्गत एक खास काट के विषय, भाव, बिम्ब और शब्द ही स्वीकृत हैं। अपनी पैनी सामाजिक दृष्टि के द्वारा उन्होंने इस 'सौन्दर्याभिरुचि' के वर्गीय आधार को भी स्पष्टत: देख लिया। उनके अनुसार : "यह सौन्दर्याभिरुचि एक विशेष वर्ग की है, जिस विशेष वर्ग ने विशेष परिस्थिति में ही सौन्दर्याभिरुचि को अंगीकार किया है। और, उस अभिरुचि के अन्तर्गत सेंसर काफी सक्रिय हैं। उस 'उच्च-मध्यवर्गीय' सौन्दर्याभिरुचि के अधीन ही निम्न-मध्यवर्गीय कविजन, जाने-अनजाने, उस फ्रेम के कारण सेंसर लगाते रहते हैं।" और इस प्रकार वे अपने मानव-स्पन्दन और मर्मानुभव काटते रहते हैं। इसी सौन्दर्याभिरुचि के चलते "कर्कश विद्रोही स्वर अथवा क्रान्तिकारी चंडता सौन्दर्यजनक नहीं समझी जाती।"

'नई कविता' की इस सौन्दर्याभिरुचि के उदय के ऐतिहासिक कारणों का विश्लेषण करते हुए मुक्तिबोध ने लिखा है : "स्वाधीनता-प्राप्ति के उपरांत, भारत में एक ओर अवसरवाद की बाढ़ आई। शिक्षित मध्यम वर्ग में भी उसकी जोरदार लहरें पैदा हुईं। साहित्यिक लोग भी उसके प्रवाह में बहे और खूब ही बहे। इस भ्रष्टाचार, अवसरवाद, स्वार्थपरता की पार्श्वभूमि में, 'नई कविता' के क्षेत्र में

पुराने प्रगतिवाद पर जोरदार हमले किये गए और कुछ सिद्धान्तों की एक रूपरेखा प्रस्तुत की गई। ये सिद्धान्त और उनके हमले वस्तुतः उस 'शीतयुद्ध' के अंग थे जिसकी प्रेरणा लंदन और वाशिंगटन से ली गई थी। पश्चिम की परिपक्व मानववादी परम्परा से साहित्यिक प्रेरणा ग्रहण न करके उन नए व्याख्याताओं ने उसकी अत्यंत प्रतिक्रियावादी साहित्यिक विचारधारा को अपनाया और फैलाया। ' 'नई कविता की आसपास लिपटे हुए बहुत-से साहित्यिक सिद्धान्तों में शीतयुद्ध की छाप है।' " (*नई कविता का आत्मसंघर्ष तथा अन्य निबन्ध,* पृ. 37)

इस प्रकार मुक्तिबोध के विश्लेषण से स्पष्ट है कि 1951 से 1959 तक तथा सम्भवतः उसके बाद भी 'नई कविता' के विकास की रेखा में जो वक्रता दिखाई पड़ती है, उसका एक कारण तो शिक्षित मध्यवर्ग का 'अवसरवाद' है, और दूसरा कारण साम्यवाद-विरोधी 'शीतयुद्ध' की पाश्चात्य विचारधारा का दूषित सांस्कृतिक प्रभाव।

किन्तु इसका अर्थ यह नहीं कि मुक्तिबोध 'नई कविता' के विरोधी थे अथवा उन्होंने 'नई कविता' के विरोधियों का साथ दिया। उनकी स्पष्ट धारणा थी : " 'नई कविता' के क्षेत्र में भी दो दल तैयार हो रहे हैं—एक दल वह है, जो उच्च मध्यवर्ग का अंग है; दूसरे वे हैं, जो निचले गरीब मध्यवर्ग से सम्बन्धित हैं। उनकी वर्गीय प्रवृत्तियाँ न केवल उनके काव्य में वरन् साहित्य-सम्बन्धी उनके सिद्धान्तों में भी परिलक्षित होती हैं।" (*उप.,* पृ. 15)

इसलिए मुक्तिबोध ने इस निचले गरीब मध्यवर्ग से सम्बन्धित 'नई कविता' के भावबोध का डटकर पक्ष-समर्थन भी किया। इस प्रक्रिया में उन्होंने छायावादी एवं उत्तर-छायावादी संस्कारों के पक्षधर आलोचकों और कवियों से ही नहीं बल्कि स्वयं प्रगतिवादी आलोचकों से भी मोर्चा लिया। मुक्तिबोध की जागरूकता का यह प्रमाण है कि 'नई कविता' की आन्तरिक असंगतियों के विरुद्ध संघर्ष करते हुए कहीं भी उन्होंने कुछ प्रगतिवादी आलोचकों की तरह, 'नई कविता' के विरोधी छायावादी-उत्तर-छायावादी संस्कारों वाले जड़ आलोचकों एवं कवियों का साथ नहीं दिया। इस दृष्टि से उनके जीवन-काल के अन्तिम दिनों में लिखा हुआ 65 पृष्ठों का लम्बा निबन्ध 'समीक्षा की समस्याएँ', जो *नई कविता का आत्मसंघर्ष तथा निबन्ध* नामक पुस्तक में संकलित है, ऐतिहासिक दस्तावेज है।

मुक्तिबोध की इन चेतावनियों की सत्यता जिन लोगों ने अज्ञेय के जादुई प्रभाव के समय अनदेखी कर दी, वही अब नेहरू-युग का प्रभामंडल समाप्त होने के बाद स्वतः स्वीकार करने लगे हैं। *तीसरा सप्तक* के कवि केदारनाथ सिंह ने जैसे मोहभंग से जागते हुए 'सन् '60 के बाद की हिन्दी कविता' शीर्षक निबन्ध (*धर्मयुग,* 5 अगस्त, 1965) में लिखा : "सम्भवतः नवलेखन के क्षेत्र में यह 'सौन्दर्यवादी रुझान' कुछ दिनों तक और चलता रहता—यदि अकस्मात् सन् 1962 के राष्ट्रीय

संकट ने साहित्य तथा राजनीति में एक ही साथ बहुत-से मोहक आदर्शों और खोखले काव्यात्मक शब्दों के प्रति हमारे मन में एक विराट् शंका न भर दी होती। परिणाम यह हुआ कि कुछ आधुनिक विचारकों और विशेष रूप से नई पीढ़ी के रचनाकारों के भीतर नवलेखन के इस सौन्दर्यवादी रुझान के विरुद्ध एक सीधी प्रतिक्रिया हुई। सृजनात्मक विद्रोह के वे तत्त्व, जो अज्ञेय आदि की कृतियों से गायब हो गए थे, इन रचनाकारों की कृतियों में उभरकर आने लगे—इस अन्तर के साथ कि इनके विद्रोह के पीछे काम करनेवाला मानसिक विक्षोभ 'साहित्यिक' कम और 'ऐतिहासिक' अधिक है।"

इस क्रम में जुलाई-सितम्बर, 1968 की *आलोचना* में *तार सप्तक* का पुनर्मूल्यांकन करते हुए केदारनाथसिंह ने स्पष्टत: स्वीकार किया : "अपने अन्य समकालीन कवियों की परिधि से मुक्तिबोध का काव्य यदि कुछ अलग या कटा हुआ-सा दिखाई पड़ता है तो इसलिए कि उन्होंने सृजन के स्तर पर कला के संघर्ष को अस्तित्व के संघर्ष से एकाकार कर लिया था। आज का नया रचनाकार उनके काव्य के इस पक्ष को नई काव्यात्मक मान्यताओं के अधिक अनुकूल पाता है। नए कवियों के बीच मुक्तिबोध की बढ़ती हुई लोकप्रियता का एक कारण शायद यह भी है।"

यह है *तार सप्तक* के पुनर्मुद्रण का ऐतिहासिक सन्दर्भ। अपने संघर्ष का फल देखने के लिए मुक्तिबोध नहीं रहे, किन्तु *तार सप्तक*-सम्पादक का यह कथन कितनी विडंबना के साथ सत्य उतरा : "*तार सप्तक* ने अपने प्रकाशन का औचित्य प्रमाणित कर लिया!"

बीस वर्ष बाद *तार सप्तक* के पुनर्मुद्रण के साथ निस्सन्देह इतिहास की आवृत्ति हुई किन्तु जैसाकि मार्क्स ने 'लुई बोनापार्ट के अठारहवें ब्रूमेयर' में लिखा है : "हीगेल ने कहा था कि इतिहास अपनी आवृत्ति करता है; वह इतना जोड़ना भूल गया कि यह आवृत्ति या तो त्रासदी होती है या फिर स्वाँग!"

2

काव्य-भाषा और सृजनशीलता

रघुवीर सहाय के संकलन *सीढ़ियों पर धूप में* की भूमिका में श्री सच्चिदानन्द वात्स्यायन 'अज्ञेय' ने लिखा है : "काव्य के जो भी गुण बताए जाते या बताए जा सकते हैं, अन्ततोगत्वा भाषा ही के गुण हैं।" इस धारणा की और भी स्पष्ट अभिव्यक्ति *तार सप्तक* के द्वितीय संस्करण के कवि-वक्तव्य 'पुनश्च' में इस प्रकार हुई है : "काव्य सबसे पहले शब्द है। और सबसे अन्त में भी यही बात बच जाती है कि काव्य शब्द है। सारे कवि-धर्म इसी परिभाषा से निःसृत होते हैं। शब्द का ज्ञान—शब्द की अर्थवत्ता की सही पकड़—ही कृतिकार को कृती बनाती है। ध्वनि, लय, छंद आदि के सभी प्रश्न इसी में से निकलते हैं और इसी में विलय होते हैं। इतना ही नहीं, सारे सामाजिक सन्दर्भ भी यहीं से निकलते हैं : इसी में युग-संपृक्ति का और कृतिकार के सामाजिक उत्तरदायित्व का हल मिलता है या मिल सकता है।"

स्पष्टतः इस कथन के मूल में 'वागर्थ-प्रतिपत्ति' की आकांक्षा है, जिसे कालिदास से प्रेरणा ग्रहण कर अज्ञेय *तार सप्तक* के आरम्भ से ही व्यक्त करते आ रहे हैं। कवि का प्रयास यदि वाक् और अर्थ की प्रतिपत्ति की ओर रहा है तो काव्य के सहृदय और समीक्षक भी अपनी ओर से शब्द और अर्थ के सहभाव अथवा 'साहित्य' के विश्लेषण और विवरण से ही साहित्य-मीमांसा का विधान करते आ रहे हैं।

किन्तु आधुनिक युग में कुछ कारणों से वह परम्परा विच्छिन्न हो गई और काव्य-भाषा का विश्लेषण काव्य के मूल्यांकन का आधार न रहकर भाव-विवेचन के बाद कला-विवेचन के रूप में पीछे से जोड़ दिया जानेवाला एक गौण कार्य रह गया। 'नई कविता' के उदय के साथ जब पुनः कविता की रचना में 'वागर्थ-प्रतिपत्ति' की स्थापना की गई तो स्वभावतः काव्य-समीक्षा में भी उसका प्रतिफलन दिखाई पड़ा; और पूर्ववर्ती आलोचना की त्रुटि का परिहार करते हुए काव्य-भाषा को पुनः मूल्यांकन के मूलाधार के रूप में प्रतिष्ठित करने के प्रयास शुरू हुए। इस स्थिति का विवरण प्रस्तुत करते हुए डॉ. रामस्वरूप चतुर्वेदी *भाषा और संवेदना* नामक पुस्तक में लिखते हैं : "वस्तुतः तो काव्य-भाषा के तत्त्व का सम्यक् विश्लेषण आधुनिक काल के समीक्षकों द्वारा प्रमुख रूप से होना चाहिए था; क्योंकि काव्य-भाषा का

प्रयोग उनकी व्याख्या और निर्णय के लिए एक निश्चित और तटस्थ आधार हो सकता है जिसमें समीक्षक के अपने पूर्वग्रह और व्यक्तिगत रुचि के अनपेक्षित तत्त्व कम-से-कम मात्रा में रह जाते हैं। रचना की उत्कृष्टता की यह कसौटी सबसे अधिक विश्वसनीय और 'ऑब्जेक्टिव' होगी। आज की कविता को जाँचने के लिए, जो अब सचमुच 'प्रास के रजत पाश' से मुक्त हो चुकी है, अलंकारों की उपयोगिता अस्वीकार कर चुकी है, और छंदों की पायलें उतार चुकी है, काव्य-भाषा का प्रतिमान शेष रह गया है, क्योंकि कविता के संघटन में भाषा-प्रयोग की मूल और केन्द्रीय स्थिति है : 'कविता उत्कृष्टतम शब्दों का उत्कृष्टतम क्रम है।' पर प्राचीन काव्य की समीक्षा भी इस प्रतिमान के आधार पर निश्चय ही अधिक सन्तुलित ढंग से की जा सकती है।"

डॉ. रामस्वरूप चतुर्वेदी ने, निस्सन्देह, एक सही बात सही वक्त पर उठाई है। किन्तु बात जिस ढंग से—जिस भाषा में कही गई है, उससे कई सवाल एक साथ पैदा होते हैं। काव्य-भाषा के प्रतिमान के प्रति उनका अतिरिक्त आत्मविश्वास देखकर इससे ठीक पहले के इस कथन पर स्वभावतः दृष्टि जाती है : "'नई कविता' के युग में आज जब कविता के सभी परम्परागत भेदक लक्षण तुक, छंद, अलंकरण, लय (शायद सबसे महत्त्वपूर्ण तत्त्व रस भी) धीरे-धीरे विलुप्त हो चले हैं तो काव्य-भाषा ही वह अन्तिम और सर्वाधिक महत्त्वपूर्ण आधार शेष रह जाता है जिसके सहारे कविता के आन्तरिक संघटन को समझने की चेष्टा हो सकती है।... यों तो प्रत्येक युग के काव्य-बोध को समझने के लिए कवि की भाषा-प्रयोग-विधि हमारे लिए शायद सबसे महत्त्वपूर्ण कुंजी सिद्ध हो सकती है। पर जैसा कहा गया, आधुनिक कविता का मर्म ग्रहण करने के लिए काव्य-भाषा का उपादान ही एकमात्र विश्वसनीय माध्यम रह गया है, जिससे हम इस युग-विशेष के काव्य-सर्जन की क्षमता को समझ सकते हैं।"

दिसम्बर, 1965 के *माध्यम* में काव्य-भाषा पर विचार करते हुए डॉ. देवराज ने इस वक्तव्य में आए हुए 'शायद' शब्द को देखकर लिखा है : "लेखक को पूरा-पूरा विश्वास नहीं है कि उसके द्वारा प्रस्तुत की जानेवाली कसौटी सार्वकालिक व सार्वभौम है। यह हिचक या संकोच संकल्पित सामान्य कथन की वस्तुपरक वैज्ञानिकता व सार्वभौमता के दावे के लिए सहायक नहीं है।"

स्पष्ट है कि इस 'शायद' का सम्बन्ध लेखक की 'काव्य-भाषा' सम्बन्धी पूरी समझ से है। डॉ. रामस्वरूप चतुर्वेदी के अनुसार काव्य-भाषा वह है जो काव्य के परम्परागत भेदक लक्षण तुक, छंद, अलंकरण, लय, रस आदि के विलुप्त हो जाने के बाद शेष रह जाती है। यदि थोड़ी देर के लिए आधुनिक कविता की चर्चा छोड़कर प्राचीन कविता की भाषा को ही लें, जिसे प्राचीन आलोचकों ने छंद, अलंकार, रस आदि के समझने-समझाने की कोशिश की थी, तो क्या उस युग की कोई

'काव्य-भाषा' न थी? स्पष्ट है कि डॉ. रामस्वरूप चतुर्वेदी छंद, अलंकार, रस आदि को प्राचीन 'काव्य-भाषा' को समझने का शास्त्रीय उपकरण न मानकर काव्य-भाषा का वास्तविक अंग मानते हैं, इसीलिए वे कवियों की भाषा में यह कहते हुए पाए जाते हैं कि आज की कविता सचमुच 'प्रास के रजत पाश' से मुक्त हो चुकी है, अलंकारों की उपयोगिता अस्वीकार कर चुकी है और छंदों की पायलें उतार चुकी है। क्या 'नई कविता' के सन्दर्भ में ये छायावादी वाक्य आकस्मिक हैं? छायावादी कवियों ने यदि आचार्यों की अवधारणाओं को स्वयं प्राचीन कवियों की काव्य-भाषा के तत्त्व मानकर उनके विरुद्ध इस प्रकार के 'काव्यात्मक' उद्‌गार व्यक्त किये तो बात समझ में आती है; किन्तु नए काव्य-बोध के आलोक में भाषा-प्रयोग-विधि के प्रतिमान लेकर मैदान में आनेवाला कोई आलोचक यदि उन्हीं बातों को दोहराए तो यह भाषा-स्खलन विचार-स्खलन का वाचक हो जाता है। गुण, अलंकार आदि काव्य-भाषा के वास्तविक अंग नहीं बल्कि विश्लेषण की सुविधा के लिए कल्पित विभाग हैं, इसे स्पष्ट करते हुए अभिनवगुप्त पहले ही कह चुके हैं : "जिस प्रकार पुरुष के बारे में लक्षण, गुण, अलंकार आदि का व्यवहार किया जा सकता है, काव्य के बारे में उसके लक्षण, गुण, अलंकार आदि का व्यवहार नहीं किया जा सकता। पुरुष में शरीर और चैतन्य का भेद स्पष्ट है और यह भी स्पष्ट है कि कटक आदि अलंकार उन दोनों से भिन्न हैं। किन्तु काव्य की रचना के आस्वादन के समय इन लक्षण आदि की स्वतंत्र रूप में प्रतीति नहीं होती। दंडी ने काव्य-शोभाकर धर्मों को अलंकार कहा है और प्रसाद आदि शोभाकर धर्मों को गुण कहा है। इनका अर्थ यह होता है कि 'दंडी की सम्पत्ति में गुणालंकार विभाग भी उत्पन्न नहीं हो सकता।'" इस प्रकार आक्षेप उपस्थित करते हुए अभिनवगुप्त समाधान करते हैं : "यह तो ठीक है। फिर भी कवि की काव्य-रचना-सामर्थ्य अथवा रसिक का काव्य-विवेचन-सामर्थ्य ठीक प्रकार से समझने के लिए, इस प्रकार का कुछ-न-कुछ विभाग, चाहे काल्पनिक ही क्यों न हो, स्वीकार करना आवश्यक है।"[1]

काव्य-भाषा के ये प्राचीन काल्पनिक विभाग आज अनुपयोगी और अपर्याप्त प्रतीत हो सकते हैं और इनके स्थान पर काव्य-भाषा के विवेचन के लिए नए विभाग

---

1. किं च पुरुषस्येव काव्यस्य लक्षणगुणालंकार व्यवहारः न युक्तः पुरुषस्य शरीरचैतन्यभेदात् कटकादीनां ततोऽपि भेदात्। काव्यस्य पुनः विरचनकाले प्रतिपत्तिकाले वा प्रापकसत्तायां तेषामगणितत्वाच्च। दंडिनापि 'काव्यशोभाकरान् धर्मान् अलंकारान् प्रचक्षते' इति ब्रुवता गुणमध्य एव च तत्र प्रसादादीनभिदधता च गुणालंकारविभागोऽप्यसम्भवी इति सूचितं भवति। सत्यमेतत्, किन्तु विरचनविवेचन सामर्थ्यसमर्थनाय अवश्यं काल्पनिकोऽपि विभाग आश्रयणीयः।

[अभिनव भारती, 2/29 (ग. त्र्यं. देशपांडे द्वारा भारतीय साहित्यशास्त्र, पृ. 57 पर उद्धृत]

कल्पित किये जा सकते हैं, किन्तु इसका यह अर्थ तो नहीं कि प्राचीन कवियों ने 'काव्य-भाषा' का महत्त्व समझा ही नहीं और इस प्रकार काव्य-भाषा का उपयोग नहीं किया? सन्दर्भ बदल जाने के कारण पूर्ववर्ती कवियों की 'काव्य-भाषा' आज के कवि को अपने सृजन के लिए अनुपयोगी लग सकती है, किन्तु प्राचीन काव्य के नए आलोचक को यदि प्राचीन काव्य का मूल्यांकन करना है तो उसे प्राचीन काव्य-भाषा को तिरस्कृत करने का कोई हक नहीं, बल्कि उसे प्राचीन काव्य-भाषा को समूचे सन्दर्भ के साथ आधार बनाना होगा। नया आलोचक अधिक-से-अधिक आलोचना की प्राचीन भाषा को तिरस्कृत कर सकता है, जैसेकि नया कवि प्राचीन काव्य-भाषा को तिरस्कृत करता है। वैसे यहाँ भी, पुराने शब्दों में नए अर्थ भरने के प्रयास दोनों स्तरों पर हो सकते हैं—किन्तु यह उन सम्बन्धों की अर्थ-सम्भावना और प्रयोक्ता की सन्दर्भ-चेतना तथा सृजनात्मक क्षमता पर निर्भर है। प्राचीन कविताओं के मूल्यांकन में 'काव्य-भाषा' के प्रतिमान लागू करते हुए डॉ. रामस्वरूप चतुर्वेदी के मन में हिचक का भाव इसलिए है कि 'काव्य-भाषा' से उनका तात्पर्य 'नई कविता' में प्रयुक्त एक विशेष प्रकार की काव्य-भाषा है और इस काव्य-भाषा के आदर्श को ध्यान में रखकर जब वे प्राचीन कविता की ओर दृष्टिपात करते हैं तो कठिनाइयाँ-ही-कठिनाइयाँ दिखाई पड़ती हैं। इसलिए काव्य-भाषा के रूप में वे आपाततः तो सम्पूर्ण कविता के लिए एक नया प्रतिमान प्रस्तुत करते हैं, किन्तु मूलतः उनके चित्त में 'नई कविता के प्रतिमान' हैं। इसी कारण 'नई कविता' के सन्दर्भ में वे जितने आत्मविश्वास से इस प्रतिमान की वैधता का दावा करते हैं, प्राचीन कविता के सन्दर्भ में नहीं।

डॉ. देवराज ने प्रसंगात् डॉ. रामस्वरूप चतुर्वेदी की दुर्बलता पर सही जगह अँगुली रखी है, जब उन्होंने यह कहा : "किसी शब्दार्थ (या उपमा, उत्प्रेक्षा आदि) के चुक जाने का यह अर्थ नहीं हो सकता है कि वह शब्द (या अलंकार) 'स्वयं पुरानी विशिष्ट रचनाओं के सन्दर्भ में' चुके हुए दिखाई पड़ते हैं।" इसीलिए "कालिदास, सूर आदि की रचनाओं में प्रयुक्त पदावली अपने-अपने सन्दर्भों के अन्तर्गत 'सार्थक' और 'सटीक' दिखाई देती है—न कि किसी अर्थ में चुकी हुई है।"

डॉ. रामस्वरूप चतुर्वेदी की 'काव्य-भाषा' सम्बन्धी मान्यताओं के संशोधन एवं परिवर्द्धन के लिए डॉ. देवराज ने 'सन्दर्भवाद' को प्रस्तुत किया है, जिससे स्पष्ट है कि डॉ. रामस्वरूप चतुर्वेदी की काव्य-भाषा-सम्बन्धी उक्त मान्यता में जो गड़बड़ी दिखाई पड़ती है, उसे 'सन्दर्भपरक घपला' का नाम दिया जा सकता है।

इस सन्दर्भपरक घपले के कारण डॉ. रामस्वरूप चतुर्वेदी उर्दू कविता की काव्य-भाषा पर इस प्रकार की राय देते हैं : "हिन्दी की काव्य-भाषा व्यंजना को अधिक महत्त्व देती है; पर उर्दू में सीधी-सादी, सहज-सरल भाषा (साफगोई) काव्य-विधान के अधिक अनुकूल मानी जाती है।"

इस मंतव्य की 'आश्चर्यजनक विफलता' की ओर डॉ. देवराज ने सही इशारा किया है, जिससे डॉ. रामस्वरूप चतुर्वेदी के काव्य-भाषा विषयक 'मत-विशेष का मोहपूर्ण आग्रह' स्पष्ट हो जाता है। ये बातें इसलिए उल्लेखनीय हैं कि डॉ. रामस्वरूप चतुर्वेदी आज की स्थिति में 'काव्य-भाषा' के प्रतिमान को 'सबसे सुनिश्चित, तटस्थ, पूर्वग्रह-मुक्त, व्यक्तिगत रुचि के अनपेक्षित तत्त्व से रहित' एवं 'ऑब्जेक्टिव' मानते हैं।

काव्य-भाषा का प्रतिमान 'वस्तुनिष्ठ' और 'पूर्वग्रहमुक्त' हो सकता है या नहीं, इसके लिए स्वयं 'नई कविता' के ही अन्तर्गत इसके उपयोग का एक उदाहरण लिया जा सकता है। अज्ञेय की काव्य-भाषा को सबसे समर्थ मानते हुए डॉ. रामस्वरूप चतुर्वेदी ने 'रँभाती अफराए डाँगर-सी' तथा 'डाँगर भँसाते हैं' जैसे प्रयोगों के उदाहरण देकर बतलाया है कि उनकी कविता की भाषा का रूप अधिक उन्मुक्त और खुला हुआ है। दूसरी ओर श्री लक्ष्मीकांत वर्मा हैं जिनके अनुसार : " 'डाँगर भँसाते हैं' में जो दृष्टि है, वह भाषा को चमत्कृत करके एक नया प्रभाव पैदा करने की है और वह नया प्रभाव भी सामान्य नहीं, वही 'रागात्मक ऐश्वर्य' की महिमामंडित अनिवार्यता के रूप में।...वह न तो तर्कसंगत हो पाता है, और न भाव की जटिलता का अंग। वह जहाँ भी रहता है, वहाँ अकेला चमकता है, अपने आस-पास के शब्दों से कंधा मिलाने का साहस कौन कहे, उनसे उसकी मुँहा-मुँही भी नहीं होती।" ('ताजी कविता : कुछ जोड़, बाकी', *क ख ग*—9 जुलाई, 1965)

मतभेद से स्पष्ट है कि काव्य-भाषा का यह प्रतिमान भी व्यक्तिगत रुचि के तत्त्वों से रहित नहीं है। विडंबना यह है कि डॉ. रामस्वरूप चतुर्वेदी मूल्यांकन के प्रतिमान के रूप में जिस 'काव्य-भाषा' को 'तटस्थ' और 'वस्तुनिष्ठ' मानते हैं, उसी को कविपक्ष से नितान्त वैयक्तिक और अद्वितीय भी मानते हैं। स्वयं उन्हीं के शब्दों में : "विशिष्टीकरण से ही रचनाकार की अनुभूति की अद्वितीयता गृहीत और व्यक्त हो पाती है। प्रतीक का मूल तत्त्व यही है कि उसके माध्यम से किसी शब्द के सम्पूर्ण और चरम अर्थ के स्थान पर उसके 'इच्छित आंशिक' तत्त्व को ही ग्रहण किया जाए। भावचित्र की स्थिति में इस आंशिक अर्थ को कवि एक 'वैयक्तिक' संगति प्रदान करता है।"

इस प्रकार 'काव्य-भाषा' यदि इतनी वैयक्तिक होती है तो उसे तटस्थ और वस्तुनिष्ठ करने का क्या अर्थ?

वस्तुत: वस्तुनिष्ठ है तो काव्य-कृति, जिसे अंग्रेजी आलोचक पृष्ठ पर अंकित कविता अर्थात् 'पोयम ऑन द पेज' कहते हैं। उसकी सत्ता वस्तुनिष्ठ इसलिए है कि रचना-कर्म सम्पन्न होने के बाद वह कवि-सहृदय-निरपेक्ष रूप में अस्तित्व ग्रहण करती है; किन्तु यह अनुभवसिद्ध सत्य है कि अपनी वस्तुनिष्ठ सत्ता के बावजूद प्रत्येक कविता ग्रहण की प्रक्रिया में कुछ-न-कुछ सहृदय-सापेक्ष हो जाती

है। अनन्यपरतंत्रता के आदर्श के बावजूद यथार्थ में उसकी स्थिति सापेक्ष-स्वतंत्र होती है। कविता की सापेक्ष-स्वतंत्रता अनिवार्य है। यह अनिवार्यता प्रत्येक मूल्यांकन की भी सीमा है। आलोचक की वस्तुनिष्ठता इस बात में है कि वह किसी कृति के मूल्यांकन की प्रक्रिया में उसके रूप की जो पुनः सृष्टि अपने लिए करता है, वह यथासम्भव अधिक-से-अधिक मूल कृति के निकट हो। इस प्रयास में एकमात्र अवलम्ब उस कविता की भाषा है। उस कविता से सम्बन्धित चाहे जितनी बाहरी सूचनाएँ उसे उपलब्ध हों, किन्तु 'खेल के नियम' के मुताबिक आलोचक उन सूचनाओं से सर्वथा अनभिज्ञ है और उस कृति के सम्बन्ध में अपनी प्रत्येक व्युत्प्रेक्षा (ऑब्जर्वेशन) को कृति की ठेठ भाषा से प्रतिबद्ध करते रहने के लिए बाध्य है। यही नहीं बल्कि कृति के कथ्य पर दिये गए प्रत्येक निर्णय को कथन-सम्बन्धी निर्णयों की संगति में होना पड़ेगा। उदाहरण के लिए, किसी कविता की भाषा को 'सुन्दर' कहने के बाद उसके कथ्य को 'असुन्दर' कहना असंगत होगा। कथन को कथ्य से कैसे अलग किया जा सकता है? यदि कथ्य कथन से अलग है भी तो कथन के अतिरिक्त उसे जानने का साधन क्या है? इस दृष्टि से संस्कृत के प्राचीन आचार्यों की एक विशेषता का उल्लेख प्रासंगिक है। किसी कविता में उन्हें यदि रस-दोष दिखाई पड़ा तो उन्होंने उस दोष का सम्बन्ध भाषा के स्तर पर भी उद्घाटित किया। बल्कि यह कहना अधिक संगत होगा कि भाषागत दोष की प्रकृति ही रसदोष का नियामक मानी गई।

हिन्दी आलोचना में एक अरसे से काव्य-भाषा के आधार पर सम्पूर्ण काव्यकृति के मूल्यांकन की इस विधि की उपेक्षा होती आ रही है। इस उपेक्षा के स्रोत इस सदी के आरम्भ में हैं, जब आधुनिक हिन्दी आलोचना ने अपना रूप खड़ा किया। आचार्य शुक्ल जैसे समर्थ आलोचक भी इस युगनिर्मित सीमा का अतिक्रमण न कर सके। उन्होंने छायावादी काव्य की भाषागत लाक्षणिक मूर्तिसत्ता की प्रशंसा की, किन्तु उसके भावपक्ष को प्रायः मूल्यहीन माना। रहस्यवाद के लिए जिन कविताओं की उन्होंने आलोचना की, उन्हीं के भाषागत सांकेतिक प्रयोगों की प्रशंसा भी की और प्रशंसित भाषा-प्रयोगों के श्लाघ्य गुणों के मूल स्रोत में जाने का प्रयास नहीं किया। इसलिए आज यदि कोई आलोचक 'नई कविता' के भाषागत प्रयोगों को उपलब्धि मानते हुए उसके कथ्य को नगण्य ठहराता है, तो वह पुरानी परिपाटी का निर्वाह ही कर रहा है। वैसे, प्रतिलोम उदाहरण भी सुलभ हैं। किसी कविता के कथ्य को मूल्यवान मानते हुए उसकी भाषा को सदोष अथवा दुर्बल कहने का भी चलन है, जो सम्भवतः पहली प्रवृत्ति से अधिक बड़ी नासमझी का सूचक है।

पिछले दौर में जब काव्य-कथ्य की उपेक्षा करके केवल कथन-भंगिमा के आधार पर कविता की आलोचना की गई तो उसके पीछे काव्य-भाषा-सम्बन्धी रीतिकालीन धारणा थी, जिसमें शिल्प को कवि के वक्तव्य से भिन्न समझने की रूढ़ि

थी; और यह मान लिया गया था कि कवि का वास्तविक कर्म-क्षेत्र है परम्परा-प्राप्त शिल्प की अधिकाधिक सिद्धि। इस धारणा के अन्तर्गत यह मान्यता निहित है कि विषयवस्तु में नवीनता सम्भव नहीं है, इसलिए कवि की शक्ति की परीक्षा केवल शिल्प के क्षेत्र में ही की जा सकती है। छायावादी कवियों ने जब विषयवस्तु में भी नवीनता का दावा किया तो काव्य-सम्बन्धी एक परम्परागत धारणा को ठेस लगी। पुराने संस्कारों में पले आलोचकों के लिए नवीन विषयवस्तु के साथ तालमेल बैठाना स्वभावत: कठिन था; क्योंकि विषयवस्तु का सम्बन्ध सामाजिक-नैतिक मान्यताओं से था, जिन्हें मूल्यपरक भी कह सकते हैं। निस्सन्देह कुछ रूढ़िग्रस्त आलोचक ऐसे भी थे जिन्होंने इन अप्रीतिकर मूल्यों के कारण उन मूल्यों से सम्बद्ध काव्य-भाषा और शिल्प का भी तिरस्कार किया। किन्तु जो अपेक्षाकृत समझदार, संवेदनशील एवं उदार विचारों के आलोचक थे, उन्होंने भाषा-शिल्पगत नवीनता को तो स्वीकार कर लिया, किन्तु उससे सम्बद्ध मूल्यों से समझौता करना उनके लिए सम्भव न हो सका। इस मूल्यांकन-पद्धति में असंगति स्पष्ट है किन्तु इस असंगति के बावजूद इसे रूढ़िवादी आलोचना से बेहतर ही कहा जाएगा।

काव्य-भाषा की उपेक्षा करके कथ्य के आधार पर कविता के मूल्यांकन की प्रथा उक्त उदारवादी आलोचना की प्रतिक्रिया है और विडंबना यह कि इसका स्रोत स्वयं छायावादी काव्य-भाषा के सिद्धान्त में है। छायावादी कवियों के अनुसार कविता भावों की सहज अभिव्यक्ति है। प्रसाद के शब्दों में : "कला की आत्मानुभूति के साथ विशिष्ट भिन्न सत्ता नहीं, अनुभूति के लिए शब्द-विन्यास-कौशल तथा छंद आदि भी अत्यंत आवश्यक नहीं। व्यंजना वस्तुत: अनुभूतिमयी प्रतिभा का स्वत: परिणाम है, क्योंकि सुन्दर अनुभूति का विकास सौन्दर्यपूर्ण होगा ही।"

व्यवहार में स्वयं छायावादी कवियों ने इस नियम का पालन भले न किया हो, किन्तु आलोचना पर इसका प्रभाव स्पष्ट है। छायावाद के समर्थन में जो आलोचना पैदा हुई, उसमें छायावादी कथ्य के बखान का प्रयास ही अधिक है। एक तरह से छायावादी कथ्य का यह व्याख्यान आवश्यक था क्योंकि विरोधी आलोचकों ने या तो इस कथ्य को ठीक से समझा नहीं, या फिर समझकर भी उसका तिरस्कार किया। किन्तु इस कथ्य को प्राप्त करने के लिए जो विधि अपनाई गई, वह अनजाने ही छायावादी कविता के लिए घातक सिद्ध हुई। आलोचकों ने प्राय: कविताओं की भाषागत सूक्ष्मता और घनत्व को सायास अलग कर सामान्य वक्तव्य को निकालने का प्रयास किया, जिसे अमरीकी आलोचक 'क्लीन्थ ब्रुक्स' ने 'हेरेसी ऑफ़ पैराफ्रेज़' की संज्ञा दी है। छायावाद के इन समर्थक आलोचकों का खयाल था कि कविता के अन्दर मिलनेवाले ब्योरे सजावट भर हैं, जिनकी चर्चा अलग से भी की जा सकती है। उनके सामने मुख्य समस्या प्रत्येक कविता का बोधगम्य कथ्य ढूँढ़ने की थी क्योंकि उसे प्राय: अस्पष्ट और दुर्बोध समझा जा रहा था। इस चुनौती और दबाव

की हड़बड़ी में शायद सबसे आसान तरीका यही था। छिलका-उतारू ढंग से प्रत्येक कविता की गुठली निकालकर उन्होंने 'फल खावहिं पुनि शिखर चलावहिं' का आदर्श दोहराया। जो कुछ अधिक कुशल थे, उन्होंने अपनी आलोचना में उस कथ्य के साथ कवि के जीवन और समाज-सम्बन्धी तथ्यों को एकत्र करके जोड़ दिया और इस प्रकार उसे सजावट के साथ प्रभावशाली ढंग से पेश किया। जाहिर है कि इस व्यापार में कथन की उपयोगिता बहुत कम रह जाती है। जब कविता के कथ्य की पूरी जानकारी कवि के आत्मचरित और उसके परिवेश में सुलभ है तो काव्य-भाषा पर नाहक सिर मारने से मतलब? कविता से बाहर जाकर कविता की आलोचना करने का धड़का एक बार खुल गया तो फिर कविता की भाषा की ओर कौन देखता है! रघुवीर सहाय की एक भिन्न सन्दर्भ की कविता से शब्द लेकर कहें तो :

बाहर बाहर जाते जाते
अब तो यह मन खाली है
पर इसने तो जा जाकर
पगडंडी एक बना ली है।

इस प्रकार कविता से बाहर जाने की जो पगडंडी छायावादी आलोचना में बनी, वह 'नई कविता' तक आते-आते राजमार्ग हो गई और आज कोई चाहे तो इसे 'नेशनल हाइवे' या 'ग्रैंड ट्रंक रोड' भी कह सकता है। आज भी राह-रौ सबसे ज्यादा इसी पर है। स्पष्टत: भाषा-विषयक यह दृष्टि खंडित और विभक्त है; किन्तु इस दृष्टि की विफलता भाषा तक ही सीमित नहीं है। इसका सम्बन्ध भावात्मक और बौद्धिक विभाजन से है। आलोचना की यह बौद्धिक विफलता अन्तत: उस युग की—और आज भी जो उस युग के अवशेषों को ढो रहे हैं, उनकी भी नैतिक विफलता की द्योतक है।

इस नैतिक विभाजन की दरार को पाटने के लिए प्रयोगशील कवियों ने सबसे पहले भाषा के सम्बन्ध में अपना रुख स्पष्ट किया। नए प्रयोगशील कवि की दृष्टि में भाषा कवि के प्रयोग का साधन है और इस प्रकार कविता भाषा का प्रयोग है। *दूसरा सप्तक* की भूमिका में जब अज्ञेय ने प्रयोग को 'दोहरा साधन' कहा तो एक तरह से वे भाषा को ही कविता का दोहरा साधन कह रहे थे। एक ओर तो वह सत्य के 'जानने' का साधन है और दूसरी ओर उस जाने हुए सत्य को 'प्रेषित करने' का भी साधन है। इस मान्यता की नवीनता यह है कि इसमें भाषा को जानने का भी साधन माना गया है। इससे पहले भाषा केवल अभिव्यक्ति का ही साधन मानी जाती थी। जानने के विषय में कवियों का—और दूसरे लोगों का भी—यह खयाल था कि सत्य को जानने का साधन भाषेतर साधन होता है; यहाँ तक कि 'प्रातिभज्ञान' या 'सहजानुभूति' की शक्ति में विश्वास करनेवाले कवि भी थे जो सत्य की आकस्मिक

झलक पा जाने के कायल थे। निश्चय ही यह सहजानुभूति प्राप्य सत्य के समान ही अनिर्वचनीय थी; क्योंकि छायावादी कवियों ने इस बात का कोई संकेत नहीं दिया है कि सहजानुभूति ही गरीब हिन्दी की भाषा है। उन्होंने इस रहस्य का भी उद्घाटन नहीं किया कि अनिर्वच सहजानुभूति से प्राप्त सत्य कविता में भाषा—हिन्दी भाषा में कैसे रूपान्तरित हो गया। इस विषय में कवि-कथन से प्रायः 'सहज', 'अनायास', 'स्वतःस्फूर्त' जैसे शब्दों के स्फुल्लिंग छिटकते दिखाई पड़ते हैं।

प्रयोगशील कवि के लिए सत्य इतना सहज न था। उसने यह अनुभव किया कि परिवेश का बोध भाषा की क्षमता पर निर्भर है। किसी की भाषा-शक्ति उसकी बोध-शक्ति का प्रमाण है : व्यक्ति का अपना भाषा-संसार अनुभव का संसार है; इसलिए अनुभव-संसार के विस्तार के लिए भाषा-संसार का प्रसार अनिवार्य शर्त है। सम्भव है, भाषा-विषयक यह ज्ञान अत्यंत प्राचीन हो, किन्तु नए कवियों को इसकी अवगति पश्चिम के आधुनिक काव्य से हुई, जिसने सम्भवतः समकालीन भाषाविज्ञान, मानवविज्ञान और दर्शन के नए अनुसंधानों से यह ज्ञान अर्जित किया। उदाहरण के लिए अमरीकी भाषा-वैज्ञानिक एडवर्ड सपीर आदिम जातियों की भाषा का अध्ययन करते हुए इस शती के दूसरे दशक के अन्त में ही इस निष्कर्ष पर पहुँच चुके थे कि भाषा एक स्वतः सम्पूर्ण सर्जनात्मक प्रतीक-प्रणाली है जो इसकी सहायता के बिना इतर साधनों से प्राप्त अधिकांश अनुभव का ही संकेत-ग्रह नहीं है बल्कि वह अपनी रूपात्मक पूर्णता के कारण हमारे लिए हमारे अनुभव को परिभाषित भी करती है। इसका एक कारण यह भी है कि हम भाषा में निहित अपेक्षाओं को अनुभव के क्षेत्र में अनजाने ही प्रक्षेपित करते हैं।[1] इस विचार की पुष्टि में अन्य दर्जनों विचारकों के मत उद्धृत किये जा सकते हैं, किन्तु प्रस्तुत प्रसंग में उल्लेखनीय है तो केवल इसका दूरगामी प्रभाव। प्रत्यभिज्ञान का यह झटका कविता के लिए क्रान्तिकारी सिद्ध हुआ। इसकी एक चिंगारी यदि हिन्दी में भी आई तो ज्यादा गजब नहीं हुआ।

आलोचना के क्षेत्र में इससे एक निष्कर्ष यह निकला कि यदि भाषा कवि के अनुभव और ज्ञान का साधन है तो कविता की भाषा का विश्लेषण करके उसके अनुभव की शक्ति को भी मापा जा सकता है। अब इस सफाई के लिए कोई गुंजाइश नहीं रही कि कवि ने अनुभव तो बहुत किया किन्तु भाषा की असमर्थता

---

1. The relation between language and experience is often misunderstood. Language is not merely a more or less-systematic inventory of the various items of experience which seem relevant to the individual, as is so often naively assumed, but is also self-contained, creative symbolic organization, which not only refers to experience largely acquired without its help but actually defines experience for us by reason of its formal completeness and because of our unconscious projection of its implicit expectations into the field of experience.

—'Conceptual Categories of Primitive Languages', Science, 1931.

के कारण अपनी बात पूरी तरह कह नहीं पाया। तुरन्त यह सवाल उठेगा कि उसने बहुत अनुभव किया था, इसका प्रमाण क्या है? कथन के अतिरिक्त तथाकथित मूल अनुभव को जानने का साधन क्या है? 'कविता ही कवि का परम वक्तव्य है'—*तार सप्तक* में अज्ञेय का यह वक्तव्य इस सन्दर्भ में ऐतिहासिक महत्त्व रखता है। 'नई कविता' की आलोचना में इस वक्तव्य का निर्वाह दृढ़ता से हुआ होता, तो आज स्थिति कुछ और होती।

बहरहाल, इस मान्यता के द्वारा कविता में भाषा की 'सृजनशीलता' अथवा 'सर्जनात्मकता' की धारणा का प्रादुर्भाव हुआ। यद्यपि सृजनशीलता के इर्द-गिर्द रहस्यात्मकता का जाल भी काफी बुना गया, किन्तु एक बात स्पष्ट थी कि काव्य-भाषा के स्तर पर सृजनशीलता बहुत-कुछ अन्वेषण का पर्याय है। किसी नए शब्द को खोजने का अर्थ ही है किसी नए अनुभव-खंड अथवा वास्तविकता के किसी नए पहलू की खोज। रघुवीर सहाय की 'नया शब्द' शीर्षक कविता जैसे इस काव्य-सत्य को काव्यात्मक रूप में प्रस्तुत करती है :

कोई और कोई और कोई और—और अब भाषा नहीं—
शब्द, अब भी चाहता हूँ
पर वह कि जो जाए वहाँ वहाँ होता हुआ
तुम तक पहुँचे
चीजों के आरपार दो अर्थ मिलाकर सिर्फ एक
स्वच्छंद अर्थ दे
मुझे दे। देता रहे जैसे छंद केवल छंद
घुमड़-घुमड़कर भाषा का भास देता हुआ
मुझको उठाकर निःशब्द दे देता हुआ।

स्पष्टतः इन पंक्तियों में कोई नया शब्द नहीं है, फिर भी यह एहसास अवश्य होता है कि संकेत किसी नए अनुभव की ओर है। यदि वह अनुभव किसी नए शब्द द्वारा व्यंजित नहीं किया गया है तो इसलिए कि स्वयं कवि की जिज्ञासा भी यही है कि 'आज शब्द नहीं रहा' और न 'भाषा' ही। शब्द हो तो वह, जो 'चीजों के आरपार दो अर्थ मिलाकर एक स्वच्छंद अर्थ दे' और यह सब इस तरह हो, जैसे 'छंद घुमड़-घुमड़कर भाषा का आभास दे', जिसका प्रपाण इस कविता की आवृत्तिपरक लय स्वयं है।

भाषा-सम्बन्धी खोज की छटपटाहट का एक और पहलू है, जो रघुवीर सहाय की दूसरी कविता 'फ़िल्म के बाद चीख' की इन पंक्तियों में व्यक्त हुआ है :

न सही यह कविता
यह मेरे हाथ की छटपटाहट सही

यह कि मैं घोर उजाले में खोजता हूँ
आग
जबकि हर अभिव्यक्ति
व्यक्ति नहीं
अभिव्यक्ति
जली हुई लकड़ी है न कोयला न राख।

यहाँ आकर भाषा की खोज आग की खोज में बदल गई है और कविता हाथ की छटपटाहट बन गई है। सही भाषा की खोज इसलिए महत्त्वपूर्ण हो गई है कि 'भाषा कोरे वादों से/वायदों से भ्रष्ट हो चुकी है सब की।' यहाँ क्या अलग से यह बतलाने की जरूरत है कि यह भ्रष्टाचार केवल भाषागत नहीं है?

यदि इस प्रसंग में श्री सुमित्रानन्दन पंत की लम्बी कविता 'पुरुषोत्तम राम' की कुछ पंक्तियाँ सामने रखी जाएँ तो बात और स्पष्ट हो सकती है :

महत् प्रयोजन सत्य खो गया हो वाणी का,
आज घुणाक्षर-सी अमूर्त संहृत शैली में
बिम्ब प्रतीक उभरते खग-पग चिह्न चित्र से
क्षण की करतल रेती में बन-मिट नगण्य से!
कथ्यहीन युग-कविता कोरी अलंकरण भर
जिसमें गढ़ अरूप वेदना करती रोदन
व्यक्ति अहंता की, युग-स्थितियों से पद-मर्दित!
मृगजल छाया-शोभा का प्सासा युग-कविमन!

कविता की भ्रष्टता के साथ ही सामाजिक भ्रष्टता का एक दूसरा चित्र :

धिक् यह पद मद, शक्ति मोह! कांग्रेस नेता भी।
मुक्त नहीं इससे,–कुत्तों-से लड़ते कुत्सित
भारत माता की हड्डी हित! आज राज्य भी
अगर उलट दे जनता, इतर विरोधी दल के
राजा इनसे अधिक श्रेष्ठ होंगे?—प्रश्नास्पद!
क्योंकि हमारे शोषित शोणित की यह नैतिक
जीर्ण व्याधि है!

भ्रष्टाचार के ये दोनों वर्णन एक ही कविता के अंग हैं : "और प्रभु, यह तुम्हारी दया नहीं तो और क्या है कि इनमें आपस में कोई सम्बन्ध नहीं?" साहित्यिक भ्रष्टाचार के वर्णन की भाषा सामाजिक भ्रष्टाचार के वर्णन की भाषा से स्पष्टतः अधिक 'साहित्यिक' है, जिसकी अन्तिम पंक्ति ताजगी के मामले में अपनी उपमा आप है :

'मृगजल छाया-शोभा का प्यासा युग कवि-मन'। जिस कवि के पथभ्रष्ट होने की बात पंत जी ने यहाँ कही है, वह और चाहे जिस चीज का प्यासा हो किन्तु मृगजल छाया-शोभा का प्यासा नहीं है, इस 'छाया शोभा' का प्यासा कोई छायावादी कवि भले ही हो! इसी प्रकार सामाजिक भ्रष्टाचार का वर्णन करते हुए पंत जी का यह निष्कर्ष कि इस व्याधि का सम्बन्ध हमारे शोणित से है, आकस्मिक नहीं है। सारा विवेक खोकर चरम निराशा में कभी-कभी आम आदमी बोल उठता है कि सारा भ्रष्टाचार तो हमारे खून में है। यही बात पंत जी की कविता की भाषा में है। धिक्कार की मन:स्थिति में स्वभावत: छोटे-छोटे एकाक्षर, द्वय्याक्षर शब्दों का प्रयोग किया गया, किन्तु उन्हीं के बीच सहसा 'प्रश्नास्पद'! सामान्यत: भाषा बोलचाल की ही है—यहाँ तक कि 'कुत्ते' भी हैं और 'हड्डी' भी; लेकिन 'हड्डी हित' प्रयोग कैसे? फिर 'इतर', 'शोणित'? भाषा की इतिवृत्तात्मकता की चर्चा छोड़ भी दें तो स्पष्ट है कि परिस्थिति के वर्णन में किसी भी प्रकार की काव्य-सुलभ सर्जनात्मकता का प्रयास नहीं है। क्या इसका सम्बन्ध कवि के कथ्य से नहीं है? 'भ्रष्टाचार हमारे खून में है'—यह कथ्य जिस स्नायविक स्खलन का सूचक है, अनायास प्रयुक्त निर्जीव भाषा भी उसी मनोदशा को सूचित करती है।

लोकायतन की समीक्षा करते हुए डॉ. देवराज ने एक स्थान पर विस्मय-विमुग्ध भाव से लिखा है : "इतने बड़े काव्य में कहीं भी पंत की शैली एवं भाव-योजना आयासित नहीं जान पड़ती। वे कठिन-से-कठिन विचारों एवं भावभंगियों को बड़ी सहजता से प्रकट करते जान पड़ते हैं। यह दूसरी बात है कि उनकी भाषा, तत्सम शब्दों के अबाधित समावेश के कारण, कुछ ज्यादा शिक्षित व संस्कृत स्तर की जान पड़ती है। इस ऊँचे स्तर की शालीन सुषमा का हमें पग-पग पर अनुभव होता है।"

'पुरुषोत्तम राम' की उद्धृत पंक्तियों के बारे में भी बिना हिचक यह कहा जा सकता है कि भाषा कहीं भी आयासित नहीं है और तत्सम शब्दों का अबाधित समावेश भी कम नहीं है, किन्तु क्या उनसे वही निष्कर्ष निकाला जा सकता है जो डॉ. देवराज *लोकायतन* से निकालने के लिए विवश हैं? भाषा का यह अनायास व्यवहार तत्सम शब्दों का अबाध समावेश क्या यह सूचित नहीं करता कि कवि को भाषा और अनुभव में से किसी भी स्तर पर अब अन्वेषण की आवश्यकता अनुभव नहीं होती; इसलिए वह अपनी एक सहज-सुलभ अभ्यस्त भाषा में रचना करता चला जाता है? स्पष्टत: यह काव्य-भाषा नहीं, बल्कि काव्याभास भाषा है। यह मूल्य-निर्णय केवल रूपगत नहीं, बल्कि कविता के कथ्य से भी सम्बद्ध है। यह भाषिक शैथिल्य बौद्धिक शैथिल्य का पर्याय है जिसकी परिणति नैतिक शैथिल्य में होती है।

इस प्रकार काव्य-भाषा की कसौटी पर 'काव्यात्मक भाषा' और 'काव्याभास भाषा' के बीच भेद करना सम्भव है जिससे वास्तविक काव्य को छद्म काव्य से अलग करने में मदद मिलती है।

कथ्य को कथन के रूप में निःशेष कर देने में, निःसन्देह, आलोचना के अन्तर्गत रूपवादी रुझान का खतरा है, क्योंकि कुछ आलोचक कथन की भाषागत विशेषताओं के विश्लेषण को ही समूची काव्यकृति का विश्लेषण समझने की भूल कर सकते हैं। किन्तु जो जागरूक समीक्षक शब्द के गिर्द बननेवाले समस्त अर्थ-वृत्तों तक फैलते जाने का विश्वासी है वह सन्दर्भ के अनुसार शब्द में निहित सभी अर्थापत्तियों को पकड़कर काव्य-भाषा के आधार पर ही काव्य का पूर्ण मूल्यांकन कर सकता है, जिसमें उसका नैतिक मूल्यांकन भी निहित है। उदाहरण के लिए, छायावादी कविता की भाषा में जब शब्द-मोह, चित्र-मोह आदि दुर्बलताएँ दिखलाई गईं तो उनसे अतिशय काल्पनिकता का निष्कर्ष निकालना स्वाभाविक था, जिससे अन्ततः यह निष्कर्ष निकला कि वास्तविकता पर कवि की पकड़ ढीली है और यह कवि के भावबोध की दुर्बलता है। इसी प्रकार जब छायावादी कविता के बिम्बों की केन्द्रापगामी वृत्ति की ओर संकेत किया गया तो उसका अर्थ स्पष्ट था कि कविता में विचारगत असामंजस्य है, जिसके परिणामस्वरूप प्रौढ़ प्रतिक्रिया के स्थान पर कवि सस्ती भावुकता अथवा विशृंखल भावोच्छ्वास का प्रदर्शन करता है। यही कसौटी 'नई कविता' पर भी लागू की जा सकती है। धर्मवीर भारती के कुछ गीतों और *कनुप्रिया* में जहाँ छायावादी ढंग की काव्य-भाषा का उपयोग किया गया है, उससे कविता के भावबोध की कच्चाई, बौद्धिक अपरिपक्वता एवं कैशोर भावुकता का पता चलता है।

नई प्रयोगशील कविता के साथ काव्य-भाषा के निर्माण की दिशा में जो यह मान्यता आई कि कविता की भाषा का आधार बोलचाल की भाषा होनी चाहिए. वह केवल भाषागत स्वाभाविकता अथवा स्थूल प्रकृतिवादी (नेचुरलिस्ट) प्रवृत्ति का ही सूचक नहीं, बल्कि उसके साथ कवि का एक गम्भीर नैतिक साहस जुड़ा हुआ है, जिसके अनुसार अपने आसपास की दुनिया में हिस्सा लेते हुए ही कविता को इस दुनिया के अन्दर एक दूसरी दुनिया की रचना करना आवश्यक हो जाता है।

जून, 1964 की *कल्पना* में 'हिन्दी के सर्जनात्मक लेखन में अंग्रेजी शब्दों का प्रयोग' शीर्षक निबन्ध में इस समस्या पर विचार करते हुए श्री विजयदेव नारायण साही ने लिखा है : "हिन्दी कविता में पिछले बीस-पच्चीस वर्षों में जो विराट् परिवर्तन हुआ है, उसके पीछे यह गहरा अनुभव है कि आज के विशाल जीवन-सागर के उतार-चढ़ाव को, उसके प्रामाणिक अस्तित्व को, बातचीत की लय के माध्यम से ही पकड़ा जा सकता है। उस लय की तलाश ही अभिव्यक्ति की तलाश है। उसी के लिए भाषा के गठन को, उसकी प्रतीक योजना को, शब्दावली को बदलने की जरूरत पड़ी है। गुस्सा, खीज, व्याकुलता, उल्लास, घबराहट, भेड़ियाधसान, सन्तुलन अथवा आत्मसंयम के विधि मनोयोगों से भावनाओं और विचारों के उन अभूतपूर्व सम्पुंजों को भाषा की उछाल में पकड़कर, हस्तामलकवत् करने की

कोशिश होती रही है।...सवाल यह है कि हम घनीभूत एकतानता, और फैलते हुए स्वर-संधान के द्वारा, आधुनिक जीवन की इस नई गति से हिल्लोलित अबूझ सागर को अधिकृत करें, या हताश शब्दावली और अस्फुट आह-आह के साथ किनारे छटपटाते रह जाएँ?"

इस कथन से स्पष्ट है कि कविता को बोलचाल की भाषा के निकट लाने का अर्थ केवल बोलचाल के शब्दों को अपनाने तक ही सीमित नहीं है, बल्कि सही माने में आज के जीवन की धड़कन को व्यक्त करनेवाली लय को गहरे स्तर पर पकड़ना है। निस्सन्देह इस कथन से काव्य-भाषा के एक नए आयाम का उद्घाटन होता है। *मछलीघर* संग्रह की अधिकांश कविताओं में स्वयं साही ने बातचीत की इसी लय के सहारे जीवन की धड़कन को काव्य-बद्ध करने का प्रयास किया है, जिसके प्रवाह में अलग-अलग शब्दों के अस्तित्व का बोध होने के स्थान पर एकतानता का एहसास होता है। शमशेर बहादुर सिंह के एक कथन का हवाला देते हुए साही ने उसी निबन्ध में लिखा है : "गहरे अर्थ में आज के जीवन के स्पंदन की तलाश भाषा के भीतर से 'निचुड़ते हुए रक्त की' तलाश है, क्योंकि आज के कवि का सत्य यथार्थ के बाहर किसी लोकोत्तर अदृश्य में नहीं, यथार्थ के भीतर अन्तर्भुक्त संचार की तरह अनुभूत होता है। छायावादी काव्य की आरोपित लय, यथार्थ पर आरोपित सत्य की ही भाषा को अनुशासित करती रही। इससे उनका काम चल गया। लेकिन आज के काव्य-शिल्प में व्यवहार में आती हुई भाषा की अन्तर्भुक्त लय को, यथार्थ में अन्त:संचरित सत्य से जोड़ना ही मुख्य उद्देश्य है। बातचीत की घनीभूत लय अनुभूति की इसी शर्त के साथ हमारे लिए उपयोगी है।"

इस सन्दर्भ में धर्मवीर भारती की कविता 'बातचीत का एक टुकड़ा' और विजयदेव नारायण साही की कविता 'एक आत्मीय बातचीत की याद' की तुलना रोचक हो सकती है। भारती की कविता में बातचीत की लय को जहाँ प्रकृतिवादी ढंग से पकड़ा गया है, वहाँ साही की कविता बातचीत को हू-ब-हू नकलियाने की जगह उसके घनीभूत रूप को 'एकालाप' में ही व्यक्त करती है। कविता की गम्भीर अर्थवत्ता का कुछ आभास इन पंक्तियों से चल सकता है :

सचमुच जब मैं बातें कर रहा था
तब तुम भी नहीं थे—
सिर्फ वे शब्द थे
जो मुझे तराशते चले जा रहे थे
और तब मैं तुम्हें नहीं, खुद को भी नहीं
उस तीसरे को देख रहा था
जो अक्सर मेरी मृत्यु के भीतर से

अनायास उद्भूत होने लगता है।
और जब तक मैं बोलता रहा
कलाकृति की तरह वह निर्मित होता रहा
फिर जब मैं चुप हो गया
बाजीगर की गेंदों की तरह
वह लुंज-पुंज
न जाने किस खोखल में समा गया!

बातचीत की प्रक्रिया में कलाकृति की तरह निर्मित होनेवाले उस तीसरे व्यक्ति के समान ही सम्भवत: घनीभूत लयवाली काव्यकृति का निर्माण होता है, जिसका विश्लेषण भी 'भाषा के भीतर से निचुड़ते हुए रक्त की' तलाश है। सृजनशीलता की सच्ची पहचान यहीं होती है और जैसाकि साही ने कहा है : "सृजनशीलता आसान रास्ता छोड़कर नए रास्ते तैयार करती है जो शब्दों की 'परिपाटीग्रस्त-अभिव्यक्ति' और 'बाजारू अभिव्यक्ति', इन दोनों खतरों से बचाकर जीवित अभिव्यक्ति बनाती है। इसीलिए वह सृजनशीलता है।"

कठिनाई यह है कि अनेक नए कवि ऐसे हैं जो परिपाटीग्रस्त अभिव्यक्ति के खतरे से बचने की कोशिश में 'बाजारू अभिव्यक्ति' के शिकार हो जाते हैं। उदाहरण के लिए धर्मवीर भारती की 'पुराना किला' शीर्षक कविता, जो उर्दू-फारसी शब्दों के अनसधे-भोंडे प्रयोगों के द्वारा अभीष्ट व्यंग्य की सृष्टि करने के स्थान पर स्वयं उपहासास्पद हो जाती है। लगभग ऐसी ही भाषा में लिखी हुई मुक्तिबोध की कविता 'भूल-गलती' में काव्य-भाषा की संजीदगी कथ्य की संजीदगी का गहरा एहसास कराती है—कहना न होगा कि इसका स्रोत उस नाटकीयता में है, जिसे मुक्तिबोध दुःस्वप्न के वातावरण की पृष्ठभूमि में और भी खौफनाक बना देते हैं। प्रसंगात् मुक्तिबोध की काव्य-भाषा की सामान्य विशेषता की ओर संकेत किया जा सकता है। शब्द-चयन की दृष्टि से मुक्तिबोध की काव्य-भाषा काफी ऊबड़-खाबड़ लगती है। बोलचाल के साधारण शब्दों के बीच कुछ इतने अजनबी समासबद्ध संस्कृतनिष्ठ शब्द आ जाते हैं कि जबान लड़खड़ा जाती है। इसीलिए जैसाकि केदारनाथ सिंह ने कहा है : "मुक्तिबोध की भाषा की आधुनिकता पर अपेक्षाकृत कम ध्यान दिया गया है।" निराला की आरम्भिक कविताओं के समान मुक्तिबोध की आरम्भिक कविताओं में भी बिदकानेवाली ऊबड़-खाबड़ भाषा मिलती है, जिसकी आवृत्ति आगे चलकर निराला के *बेला, नए पत्ते* के प्रयोगकाल में भी दिखाई पड़ती है। किन्तु इस अटपटेपन के बीच ही निराला ने एक ओर *राम की शक्ति-पूजा* और *तुलसीदास* की रचना की तो मुक्तिबोध ने *चम्बल की घाटी में* और *अँधेरे में* की। इसमें एक रीतिबद्ध भाषा की चमक, लालित्य, प्रसन्नता आदि गुण भले ही न हों, किन्तु वह प्राणशक्ति असन्दिग्ध

है जो सृजनशीलता की अनिवार्य शर्त है। भाषा की इस प्राणशक्ति का सम्बन्ध भाषा के नाटकीय प्रयोग से है और कहना न होगा कि मुक्तिबोध की प्राणवान् काव्य-भाषा उनके प्राणवान् कथ्य की प्रतिध्वनि है।

स्पष्ट है कि काव्य-भाषा की सृजनशीलता को किसी एक नुस्खे अथवा कुछ नुस्खों में बाँधना असम्भव है। भाषा, कवि से जिस सृजनशीलता की अपेक्षा रखती है, वही सृजनशीलता आलोचक के लिए भी आवश्यक है। आलोचक जब आलोच्य कृति के सम्पूर्ण कथ्य को कथन-मात्र के रूप में स्वीकार करके आलोचना-कर्म में प्रवृत्त होता है तो उस पर कथ्य-कथन के सम्बन्ध में प्रवेश करने की कठिन जिम्मेदारी आ जाती है। तादात्म्य के रूप में प्रस्तुत कथ्य-कथन के बीच वह एक तरह से सेंध लगाता है और अन्तर्निहित तनाव की तलाश करता है। आलोचक की यह तलाश ही उसकी सृजनशीलता है। यदि कथ्य-कथन अथवा भाव-भाषा के अनायास तादात्म्य की छायावादी धारणा गलत है और 'नई कविता' द्वारा स्थापित उसका सायास अन्वेषणधर्मी सम्बन्ध सही है, तो यह निःसंकोच कहा जा सकता है कि कथ्य-कथन के बीच द्वंद्वात्मक सम्बन्ध है, जिसे विरोधपूर्ण एकता की संज्ञा दी जा सकती है। जाहिर है कि इस 'विरोधपूर्ण एकता' की भूमि पर कविता की स्थिति कहीं भी हो सकती है, किन्तु अन्ततः कविता की यह स्थिति ही मूल्यांकन का मूल आधार बनती है। कविता में भाषा के स्तर पर इस 'विरोधपूर्ण एकता' का तनाव चरमबिन्दु की दिशा में जिस सीमा तक व्यक्त होता है, उस सीमा तक कविता मूल्यवान होती है। निस्सन्देह इस मार्ग में समझौते की भी अनेक स्थितियाँ हैं, जिन्हें ध्यान में रखे बिना कोई भी मूल्यांकन पूर्ण नहीं हो सकता।

इस सन्दर्भ में काव्य-भाषा-विषयक 'मौन' के चरम दर्शन पर विचार करना अप्रासंगिक न होगा, जिसे अज्ञेय ने 'असाध्य वीणा' जैसी कविता में अत्यंत सफलता के साथ व्यक्त किया है, जिसकी पुष्टि में समय-समय पर उन्होंने अनेक व्याख्यान भी दिये हैं। 'असाध्य वीणा' के विन्यास पर दृष्टिपात करें तो वह दो स्थिर बिन्दुओं के बीच फैलाई हुई रचना प्रतीत होती है। आदि में मौन और अन्त में मौन और दोनों ही स्थिर एवं पूर्ण निर्धारित। किन्तु मौन उभयनिष्ठ है। इस प्रकार आदि-अन्त का द्वैत आभास-मात्र है। आधार-बिन्दु वस्तुतः एक ही है। वह अद्वैत है। जिस प्रकार *कामायनी* का आरम्भ और अन्त, दोनों ही हिमालय में होता है, उसी प्रकार *असाध्य वीणा* का भी आदि-अन्त, दोनों मौन में होता है। प्रसाद का हिमालय भी 'मधुरिमा में अपनी ही मौन एक सोया सन्देश महान्' है। आकस्मिक नहीं कि *असाध्य वीणा* का मौन भी हिमालय के समान ही स्थिर, विराट् और हिम-शीतल है। वस्तुतः *असाध्य वीणा* जिस वज्र किरीटी तरु के दारु से बनी है, उसकी जन्मभूमि हिमालय की ही उपत्यका है। मौन की इस स्थिर भूमि से ही व्यापक जीवन की हलचल की अनेक ध्वनियाँ निःसृत होती हुई दिखाई गई हैं।

इन ध्वनियों का चयन, कलन और विवरण अत्यंत सावधानी से किया गया है। जीवन की विविधता और व्यापकता का पूरा आभास दिया गया है। वीणा बजती है राज-दरबार में, किन्तु उससे दरबार के वातावरण की ही रूप-छवियाँ नहीं ध्वनित होतीं, बल्कि 'बटिया के चमरौधे की रुँधी चाँप', 'कुलिया की कटी में मेंड़ से बहते जल की छुल-छुल', 'लोहे पर सधे हथौड़े की सम चोटें', आदि की भी ध्वनियाँ सुनाई पड़ती हैं। तात्पर्य यह कि जिस प्रकार निर्गुण निराकार ब्रह्म से यह सृष्टि उत्पन्न हुई है, उसी प्रकार *असाध्य वीणा* के 'मौन' से अखिल सृष्टि की ध्वनियाँ उत्पन्न हुई हैं। किन्तु अन्त तक जाकर ये सभी ध्वनियाँ मौन में विलीन भी हो जाती हैं, जैसेकि ब्रह्म में सम्पूर्ण सृष्टि का अन्ततः लय होना निश्चित माना जाता है। यह परिणति सृष्टि की सारी ध्वनियों को माया में बदल देती है और अन्ततः इसकी असारता का एहसास होने लगता है। उल्लेखनीय है कि यह कथ्य स्वयं भाषा की रचना में अन्तर्ध्वनित होता है। चाहे वह शिशु-सुलभ आह्लाद, विस्मय, कातर आत्मनिवेदन, समर्पण आदि का भावोच्छ्वास हो, चाहे वस्तुओं के ब्योरेवार बारीक विवरण की नपी-तुली सतर्कता; तुतलाहट-हकलाहट में टूटती हुई भाषा हो या स्थिर संयत सुनिश्चित शब्दों का सधा प्रयोग, सर्वत्र एक-सी तनावहीन भाषा है। *असाध्य वीणा* की भाषा में आश्चर्यजनक रूप से छायावाद और रीतिवाद जैसे दो विरोधी छोर एक बिन्दु पर मिलते दिखाई पड़ते हैं। एक ही निष्प्राण चेतना भाषा से लेकर भाव के स्तर तक—कथन से कथ्य तक आद्योपांत व्याप्त है। भाषा की यह अशक्यता नैतिक अशक्यता का पर्याय है। इस प्रकार *असाध्य वीणा* का मौन अपनी सारी वर्णन-चातुरी, नाटकीयता और शब्द-प्रयोग-सम्बन्धी सतर्कता के बावजूद आधुनिक परिवेश के साथ एक समझौते का सूचक है।

एक समय था जब *त्रिशंकु*-काल में किसी नए कवि के काव्य-संग्रह की भूमिका लिखते हुए अज्ञेय ने कहा था कि 'नए वातावरण से घबराए हुए पुराने कवि' की अपेक्षा 'पुराने वातावरण से उद्विग्न नए कवि' से अधिक अच्छी कविता की आशा की जा सकती है। अभीष्ट उत्तर के लिए उन्होंने स्वयं ही प्रश्न उठाया था : "लेकिन ऐसा उद्वेग क्या अनिवार्य रूप से अच्छा काव्य उत्पन्न करेगा? नहीं। यदि वह उद्वेग कवि में युयुत्सा जगाता है, उस वातावरण को छिन्न-भिन्न करके नया और स्वच्छतर वातावरण लाने की प्रेरणा देता है, तभी वह सुकाव्य का कारण बनेगा; यदि उससे अनिश्चय, घबराहट अथवा पलायन की भावनाएँ जागती हैं, तब उससे उत्पन्न काव्य कितना भी मधुर होकर हेय ही है।" (*त्रिशंकु*, पृ. 105-6)

आज इस कथन के आलोक में *असाध्य वीणा* को देखकर 'नए वातावरण से घबराए हुए पुराने कवि' का रूप प्रत्यक्ष हो जाता है। सम्भवतः यहाँ वह 'घबराहट' भी नहीं; घबराहट एक स्थिर समर्पण में परिणत हो चुकी है। यह समर्पण काव्य-भाषा के स्तर पर भी स्पष्ट परिलक्षित होता है। अंग्रेजी के युवा आलोचक जॉर्ज स्टाइनर ने

इसी को 'द रिट्रीट फ्रॉम द वर्ड' अर्थात् 'शब्द से प्रत्यावर्तन' कहा है, जो आधुनिक पाश्चात्य संस्कृति के संकट का वाचक है।

किन्तु कविता में मौन की सभी स्थितियाँ पराजय और समझौते की स्वीकृति नहीं होतीं। धनुष की प्रत्यंचा के तनाव की एक स्थिति वह भी होती है जब टंकार की ध्वनि अश्रव्य हो जाती है। केदारनाथ सिंह के शब्दों में : उस समय भाषा 'जिह्वा पर नहीं, बल्कि दाँतों के बीच की जगहों में सटी हुई' प्रतीत होती है; इस मौन को व्यक्त करनेवाली काव्य-भाषा में खौफनाक ताकत होती है।

काव्य-बिम्ब और सपाटबयानी

आम धारणा है कि कविता मूर्त होती है। इस मूर्तिमत्ता के आधार पर कविता का मूल्यांकन भी होता आया है। यह परम्परा सम्भवतः उतनी ही पुरानी है जितनी स्वयं कविता नहीं तो काव्य-चर्चा। अभिनवगुप्त ने *अभिनव भारती* के रस-प्रकरण में *अभिज्ञानशाकुंतल* का 'ग्रीवा भंगाभिरामम्' छंद उद्धृत करते हुए लिखा है कि उससे 'मानसी साक्षात्कारात्मिका प्रतीति' होती है। उस प्रतीति में मृग-शावक विषय रूप से भासता है। प्रतीति की प्रवृत्ति का सूक्ष्म विश्लेषण करते हुए अन्त में यह कहा गया है : "साक्षात् हृदय में प्रविष्ट होता हुआ-सा आँखों के आगे घूमता हुआ-सा 'भयानक रस' होता है।"

अभिनवगुप्त ने काव्य-भाषा की इस विशेषता को अपनी भाषा में 'विभावन-व्यापार' नाम दिया है, क्योंकि इस व्यापार के द्वारा एक ओर कवि-पक्ष से भाव-विभाव का मूर्त रूप धारण करता है तो दूसरी ओर सहृदय-पक्ष में वही मूर्त विभाव पुनः भाव में रूपान्तरित हो जाता है। अभिनवगुप्त के वृद्ध-समकालीन भट्टनायक का 'भावकत्व व्यापार' सम्भवतः इसी विभावन-व्यापार का पूर्व रूप है।

आधुनिक युग में संस्कृत काव्यशास्त्र की इस विस्मृत परम्परा का पुनरुद्धार करते हुए आचार्य रामचन्द्र शुक्ल ने कविता में पुनः विभावन-व्यापार की प्रतिष्ठा की। सन्दर्भ-भेद से इसी के लिए उन्होंने 'मूर्तिमत्ता' और 'बिम्ब-ग्रहण' शब्दों का भी प्रयोग किया। इस विषय में शुक्ल जी के विचार सामान्यतः इतने ज्ञात हैं कि उद्धरण अनावश्यक है। सम्भवतः इन विचारों की पृष्ठभूमि में कहीं-न-कहीं स्वयं छायावादी कवियों की भी मान्यताएँ थीं। पंत ने *पल्लव* की भूमिका में लिखा है : "कविता के लिए 'चित्र-भाषा' की आवश्यकता पड़ती है।" निराला ने इस चित्र-भाषा को विराटता से मंडित करते हुए 'काव्य में रूप और अरूप' शीर्षक निबन्ध में लिखा : "हिन्दी के नवीन पद्य-साहित्य में 'विराट्-चित्रों' के खींचने की तरफ कवियों का उतना ध्यान नहीं, जितना छोटे-छोटे सुन्दर चित्रों की ओर है।...काव्य में साहित्य के हृदय को दिगंत-व्याप्त करने के लिए विराट् रूपों की प्रतिष्ठा करना अत्यंत आवश्यक है।"

इस प्रकार छायावादी युग में कवियों ने चित्र-भाषा के द्वारा कविता में लघु-विराट् चित्रों की सृष्टि का प्रयास किया तो आलोचकों की ओर से चित्रात्मकता के आधार पर कविता का मूल्यांकन भी हुआ। किन्तु इस मूल्यांकन का रूप उस ऐतिहासिक सन्दर्भ में एक खास तरह का था। कविता में उस समय विचारों के वक्तव्य की अपेक्षा भावों के सीधे उद्‌गार का खतरा अधिक था। इस भावोच्छ्‌वास की आलोचना करते हुए आचार्य शुक्ल ने लिखा : "हर बात में 'अहा-हा! कैसा मनोहर है!'...'कैसा आह्लादजनक है' जैसे भावोद्‌गार भद्‌देपन से खाली नहीं, और काव्य-शिष्टता के विरुद्ध हैं।" इसलिए उनकी राय में : "'वस्तु-विन्यास' प्रधान कार्य है। यदि वह अच्छी तरह बन पड़ा तो पाठक के हृदय में दृश्य के सौन्दर्य, भीषणता, विशालता, इत्यादि का अनुभव थोड़ा-बहुत आप-से-आप होगा।"

ध्यान देने की बात है कि शुक्ल जी सीधे भावोद्‌गार को 'काव्य-शिष्टता' के विरुद्ध मानते थे। स्पष्टत: यह भद्‌दापन काव्य-दोष ही नहीं बल्कि नैतिक दोष है। काव्य में वस्तु-योजना का आग्रह एक तरह से आत्मनिष्ठता के विपरीत वस्तुनिष्ठता की प्रतिष्ठा थी। विचार-क्रम में इस 'वस्तु-योजना' को और स्पष्ट करते हुए शुक्ल जी ने बतलाया कि आवश्यकता से अधिक अप्रस्तुत विधान का सहारा लेना कविता के लिए हानिकर है। उन्हीं के शब्दों में : "यों हो खिलवाड़ के लिए बार-बार प्रसंग प्राप्त वस्तुओं की ओर ले जाना, जो प्रसंगानुकूल भाव उद्‌दीप्त करने में भी सहायक नहीं, काव्य के गाम्भीर्य और गौरव को नष्ट करना है, उसकी मर्यादा बिगाड़ना है।"

इस कथन का अर्थ पंत की 'छाया', 'बादल', 'नक्षत्र', आदि कविताओं के सन्दर्भ में पूरी तरह स्पष्ट हो जाता है। यहाँ भी मूल्य-निर्णय में 'मर्यादा' शब्द नैतिक रंग की सूचना देता है। इस प्रकार के नैतिक निर्णयों के लिए कुछ लोगों ने शुक्ल जी पर यह आरोप लगाया है कि उन्होंने काव्येतर मूल्यों का प्रयोग किया। किन्तु सन्दर्भ से स्पष्ट है कि वे तथाकथित काव्येतर मूल्य काव्य-मूल्यों के तार्किक परिणाम थे। दूसरे शब्दों में : आचार्य शुक्ल कविता के केवल रूपवादी आलोचक न थे, बल्कि उनकी रूपात्मक आलोचना तर्क-सारणियों का अनुगमन करते हुए अन्तत: मूल्यात्मक आलोचना के ठिकाने पहुँचकर ही विश्राम लेती थी। बहरहाल, शुक्ल जी के समय तक हिन्दी में काव्य के मूल्यांकन के लिए मूर्तिमत्ता की कसौटी पूरी तरह प्रतिष्ठित हो चुकी थी।

फिर 'नई कविता' के दौर में काव्य-बिम्ब को बलपूर्वक पुन: प्रतिष्ठित करने का क्या अर्थ है? निश्चय ही इसका एक कारण ऐतिहासिक पृष्ठभूमि में निहित है। छायावाद के अन्त में प्रतिक्रियास्वरूप जब कविता भाव से विचार की ओर और कल्पना से वास्तविकता की ओर मुड़ी तो एकबारगी कविता में वक्तव्य देने की बाढ़ आ गई। छायावादी चित्र-मोह से मुक्त होकर कविता विचारों के बौद्धिक आलेख में बदल गई। पंत की *युगवाणी* इस संक्रमण का ऐतिहासिक दस्तावेज है। यह परिवर्तन

आचार्य शुक्ल की आँखों के सामने घटित हुआ। किन्तु आश्चर्य है कि इस अवसर पर उन्होंने अपनी मूर्तिमत्ता की कसौटी इस्तेमाल करने में वैसी मुस्तैदी न दिखाई। *युगवाणी* में पंत की लोक-मंगल-भावना से आचार्य शुक्ल इतने प्रीत हुए कि औरों को खटकनेवाली बौद्धिकता को भी वे साफ अनदेखा कर गए। अपनी पसन्द के लिए उन्हें *युगवाणी* में 'निर्जन टीले पर खड़े चिलबिल के दो पेड़' मिल ही गए। प्रकृति-प्रेम ने आचार्य की दृष्टि को इस हद तक धूमाकुलित किया कि उस रौ में वे 'इतिहास' के लगभग तीन पृष्ठों तक *युगवाणी* के पद्यों को गद्यार्थ के सहारे बखानते चले गए। बहरहाल, यह तथ्य है कि इस संक्रमण-काल में वक्तव्यवादी कविताओं का व्यापक चलन था, यहाँ तक कि *तार सप्तक* की प्रयोगशीलता भी इससे मुक्त नहीं है। आगे चलकर 'नई कविता' को जब 'लघुमानव' और 'क्षण' के दर्शन के सहारे कविता में 'नए मानव' और 'नए मूल्यों' की प्रतिष्ठा का गम्भीर दायित्व निभाने की जरूरत महसूस हुई तो एक बार फिर वक्तव्यवादी कविताओं की बाढ़ आई। यही वह ऐतिहासिक पृष्ठभूमि है जिसमें *तीसरा सप्तक* के अन्तर्गत केदारनाथ सिंह को घोषणा के स्वर में कहना पड़ा : "कविता में मैं सबसे अधिक ध्यान देता हूँ बिम्ब-विधान पर। बिम्ब-विधान का सम्बन्ध जितना काव्य की विषयवस्तु से होता है, उतना ही उसके रूप से भी। विषय को वह मूर्त और ग्राह्य बनाता है; रूप को संक्षिप्त और दीप्त।"

बिम्ब-विधान की इस घोषणा और संक्षिप्त परिभाषा के साथ ही उन्होंने काव्य-बिम्ब को मूल्यांकन के प्रतिमान के रूप में भी स्थापित किया : "एक आधुनिक कवि की श्रेष्ठता की परीक्षा उसके द्वारा आविष्कृत बिम्बों के आधार पर ही की जा सकती है। उसकी विशिष्टता और उसकी आधुनिकता सबसे अधिक उसके बिम्बों से ही व्यक्त होती है।" और फिर : "मैं बिम्ब-निर्माण की प्रक्रिया पर जोर इसलिए दे रहा हूँ कि आज 'काव्य के मूल्यांकन का प्रतिमान' लगभग वही मान लिया गया है। एक अंग्रेज आलोचक का तो यहाँ तक कहना है कि आधुनिक कवि नए-नए बिम्बों की योजना के द्वारा ही अपनी नागरिकता का शुल्क अदा करता है। तात्पर्य यह है कि प्राचीन काव्य में जो स्थान 'चरित्र' का था, आज की कविता में वही स्थान 'बिम्ब' अथवा 'इमेज' का है।"

काव्य के मूल्यांकन के प्रतिमान के रूप में 'बिम्ब' को प्रतिष्ठित करने का यह प्रस्ताव हिन्दी में सम्भवत: पहला है। नि:सन्देह यह कोई नितान्त नई खोज नहीं, बल्कि एक स्थापित तथ्य की स्वीकृति-मात्र है। रचना के स्तर पर बिम्ब का जो महत्त्व स्वीकृत था, उसे आलोचना के स्तर पर निश्चित पदों में विवक्षित करके केदारनाथ सिंह ने ऐतिहासिक महत्त्व का कार्य किया। उनके इस कथन को स्वयं उनकी बिम्बधर्मी काव्य-रचना ने अतिरिक्त अर्थवत्ता प्रदान की। किन्तु यह घोषणा 'नई कविता' के विकास की उस मंजिल पर हुई जब वह रचना और आलोचना, दोनों के लिए दुर्भाग्यपूर्ण प्रमाणित हुई। 1959 का साल ऐतिहासिक दृष्टि से 'नई कविता'

के विकास का प्राय: चरम बिन्दु था। इस बिन्दु से एक रास्ता 'नई कविता' की रूढ़ियों की ओर जाता था, जिनमें बिम्ब आदि विज्ञापित नुस्खों के अन्धानुकरण की प्रवृत्ति थी और दूसरा रास्ता सच्चे सृजन का था, जिसमें बिम्बवादी प्रवृत्ति के बन्धन को तोड़ना आवश्यक प्रतीत हुआ। ये दोनों प्रवृत्तियाँ आलोचना में भी प्रतिफलित हुईं। केदारनाथ सिंह का वक्तव्य दुर्भाग्यपूर्ण इस अर्थ में हुआ कि आलोचना में उसकी परिणति डॉ. नगेंद्र के 'काव्य-बिम्ब' में हुई तो रचना में लोकप्रिय गीतकार तक यथाशक्ति नए बिम्बों की उधारी पूँजी पर नए गीतों का दावा लेकर मैदान में आ निकले, इसके अलावा स्वयं 'नई कविता' में बिम्बों की रूढ़ियाँ बनीं सो अलग।

प्रयोजन यहाँ आलोचना से है, इसलिए प्रस्तुत प्रसंग में अपेक्षित है मूल्यांकन के प्रतिमान के रूप में काव्य-बिम्ब की प्रासंगिकता और सार्थकता। काव्य-बिम्ब की चर्चा का आरम्भ यदि एक कविता के ठोस उदाहरण से न हो तो फिर वह चर्चा क्या? इसलिए सबसे पहले एक कविता—और वह भी स्वयं केदारनाथ सिंह की—'अनागत', जो प्रसंगात् *तीसरा सप्तक* में उनके संकलन की पहली कविता है :

इस अनागत को करें क्या?—
जो कि अक्सर बिना सोचे, बिना जाने
सड़क पर चलते अचानक दीख जाता है?

स्पष्ट है कि अनागत अमूर्त है किन्तु कवि-दृष्टि उसकी आहट को अपने आसपास के वातावरण में देख लेती है और वातावरण के उन मूर्त सन्दर्भों के द्वारा अमूर्त अनागत को मूर्त करने का प्रयास करती है। जीवंत सन्दर्भों के कारण अनागत एक निराकार भविष्य के स्थान पर जीवित सत्ता मालूम होता है। एक प्रेत-छाया के समान वह कभी किताबों में घूमता प्रतीत होता है तो कभी रात की वीरान गलियों-पार गाता हुआ। इसी तरह खिड़कियों के बन्द शीशों को टूटते, किवाड़ों पर लिखे नामों को मिटते और बिस्तरों पर पड़ी छाप देखकर उसके आने का एहसास होता है। उसका आना इतना अप्रत्याशित और रहस्यमय है कि "हर नवागंतुक उसी की तरह लगता है।" कहना न होगा कि आसपास के वातावरण से चुनी हुई ये वस्तुएँ मन में उस निराकार अनागत की हरकतों का एक मूर्त रूप प्रस्तुत करती हैं। किन्तु इन अतिपरिचित चित्रों की लड़ी को छोड़कर कविता सहसा बिम्ब-निर्माण के लिए दूसरे सोपान की ओर अग्रसर होती है :

फूल जैसे अँधेरे में दूर से ही चीखता हो;
इस तरह वह दरपनों में कौंध जाता है।

यहाँ दो बिम्बों को बिम्ब-प्रतिबिम्ब भाव से आमने-सामने रखकर एक प्रकार की सायास जटिलता उत्पन्न की गई है। एक ओर 'अँधेरे में फूल का चीखना'

और दूसरी ओर 'दरपनों में उसका कौंध जाना'! निस्सन्देह अपनी ओर से कवि ने यह सबसे जटिल और सम्भवतः ताजा बिम्ब देने का प्रयास किया है; किन्तु विश्लेषण की तेज धार के सम्मुख यही बिम्ब इस कविता की बुनियादी कमजोरी खोलनेवाला भेदिया भी साबित होता है। सायास जुटाई हुई दूर की ये दो चीजें प्रीतिकर चमत्कार उत्पन्न करने के स्थान पर बिम्ब को धुँधला ही बनाती हैं। यदि 'जैसे' और 'इस तरह' के द्वारा इन्हें जोड़ने का प्रयास न किया गया होता तो अलग-अलग दोनों बिम्ब पर्याप्त स्पष्ट हैं और स्पष्ट ही नहीं बल्कि अनागत की हरकतों के अलग-अलग पहलुओं को आलोकित भी करते हैं। सवाल यह है कि यह सायास जोड़-तोड़ क्यों? और यह प्रश्न एक सन्दर्भ से फैलकर कविता के अन्य सन्दर्भों में भी मिलनेवाले बिम्बों के सम्मुख खड़ा हो जाता है। क्या इन बिम्बों के बीच कोई निश्चित अनुक्रम है? स्पष्ट है कि कोई क्रम नहीं है। दरपनों में कौंधने के बाद हाथ-से-हाथ के बिछलने का चित्र है, फिर स्पर्श से धमनियों के रौंदे जाने का और इसके तुरन्त बाद वह एक फरिश्ता बन जाता है जिसके पंख सुनहली परछाइयों में खोए हुए हैं और पाँव कुहासे में छटपटाते हैं। क्या इस क्रमहीनता के द्वारा कवि यह बताना चाहता है कि अनागत के आने में कोई क्रम नहीं है? कभी वह प्रेत-छाया प्रतीत होता है, कभी फरिश्ता और कभी नवागंतुक व्यक्ति। क्या ये बिम्ब उसके स्वरूप की अनिश्चितता और अस्पष्टता व्यंजित करने के लिए लाए गए हैं? कविता का संक्षिप्त कथ्य यही है कि भविष्य हमारे आसपास ही है किन्तु उसका स्वरूप अभी अस्पष्ट और अनिश्चित है, फिर भी उसका आकर्षण इतना दुर्निवार है कि हम उसकी ओर बरबस खिंचे जाते हैं। निःसन्देह इस बात को अनेक वक्तव्यवादी कवियों ने गद्योपम कविताओं में कहा है। उन कविता नामधारी रचनाओं की तुलना में असन्दिग्ध रूप से यह सर्जनात्मक काव्य-कृति है। और इसका कारण है : कवि की बिम्ब-निर्माण-क्षमता। किन्तु बिम्बों की लड़ी देखकर लगता है कि यह चरखे से निकले सूत की तरह चाहे जितनी लम्बी हो सकती थी, इसका आकस्मिक अन्त अनिवार्य नहीं, बल्कि सुविधाजन्य है। समाप्ति के पीछे कविता में अन्तर्निहित कोई तर्क नहीं, बल्कि और अधिक चमत्कारपूर्ण बिम्बों को ढूँढ़ने के प्रयास से उपराम ही प्रतीत होता है। यदि बिम्ब-विधायक वस्तुओं की प्रकृति का विश्लेषण करें तो वास्तविक और काल्पनिक, भयावह और प्रीतिकर गुण-धर्मों का अद्भुत संयोग दिखाई पड़ता है। निस्सन्देह इससे अनागत के भय-आशा-मिश्रित रूप की व्यंजना होती है। किन्तु यह मिश्रण इतना अनिश्चित और अस्पष्ट है कि अभीष्ट से अधिक अनायासलभ्य प्रतीत होता है। कहना न होगा कि ये बिम्बधर्मी असंगतियाँ कविता के मूल कथ्य की असंगतियाँ हैं, जो अन्ततः कवि-कर्म की कमजोरी को प्रकट करती हैं। केदारनाथ सिंह की परवर्ती कविताओं में बिम्ब-मोह का अभाव और काव्य-संरचना में बिम्बों की घुलावट एक तरह से

'अनागत' जैसी आरम्भिक कविताओं की कमजोरियों की स्वीकृति ही नहीं, बल्कि अपेक्षित आलोचना भी है।

बिम्बों के आधार पर निर्मित कविता तथा कविता के विन्यास में यथास्थान सायास बिम्ब-योजना का दुष्परिणाम यह हुआ कि आलोचकों का ध्यान समूची कविता पर न जाकर कुछ चमकते हुए बिम्बों पर ही केन्द्रित हो गया। ऐसा नहीं कि यह आलोचकों का ही अपना दृष्टि-दोष हो, स्वयं कवियों की ओर से ही इस प्रवृत्ति को जैसे बढ़ावा मिला। उदाहरण के लिए सर्वेश्वर दयाल सक्सेना की 'वह खिड़की' शीर्षक कविता अपने सारे कथ्य के बावजूद मुख्य रूप से पाठक के मन पर दो बिम्ब छोड़ जाती है :

(1) *जिन्दगी मरा हुआ चूहा नहीं है*
जिसे मुख में दबाए
बिल्ली की तरह हर शाम गुजर जाए
और मुँडेर पर
कुछ खून के दाग छोड़ जाए।

(2) *लोकतंत्र को जूते की तरह*
लाठी में लटकाए
भागे जा रहे हैं सभी
सीना फुलाए।

स्पष्टत: ये दोनों बिम्ब अपने-आपमें पूर्ण हैं और किसी सन्दर्भ की अपेक्षा नहीं रखते। यह भी उल्लेखनीय है कि ये दोनों बिम्ब पूर्णत: स्वतंत्र हैं और यदि किसी ने इन्हें एक ही कविता के अन्तर्गत न देखा हो तो वह इनमें से प्रत्येक को स्वतंत्र कविता के रूप में ग्रहण करके आनन्द ले सकता है। यदि ये बातें सच हैं तो स्वभावत: यह सवाल उठता है कि इन्हें एक ही कविता में स्थान देने की काव्यात्मक 'अनिवार्यता' क्या है? कविता में इसका कोई स्पष्ट और संगत उत्तर नहीं है, कवि से उत्तर की तो खैर अपेक्षा भी नहीं है। अधिकांश कविताएँ इधर इसी विधि से गढ़ी जा रही हैं जिनमें बिखरे बिम्बों की एक माला तैयार की गई है, यहाँ तक कि बिम्बों की मणियों के बीच कभी-कभी आवश्यक सूत्र का भी लोप रहता है—'अदर्शनं लोप:' जैसा नहीं बल्कि उसका अस्तित्व ही नहीं होता। पाठक यदि उन्हें एक सूत्र में पिरो लेता है तो इसलिए कि वह उस सन्दर्भ से परिचित है, जिसमें ये कविताएँ लिखी जा रही हैं। व्यावहारिक दृष्टि से पाठक का यह प्रयास अनुचित नहीं किन्तु सैद्धान्तिक दृष्टि से यह प्रवृत्ति निश्चय ही काव्य-विरोधी है। यदि किसी कविता का आन्तरिक सूत्र ढूँढ़ने के लिए पाठक को उस कविता से बाहर सामयिक परिवेश का सहारा लेना पड़े तो

कविता की पराजय है। ये सारी बातें इसलिए उठती हैं कि इस प्रकार लिखी जानेवाली बिम्बविधायिनी कविताओं में कुछ अच्छी भी होती हैं और उनके दो-चार बिम्ब निहायत टटके और जीवंत भी होते हैं, जैसे सर्वेश्वर की कविता 'वह खिड़की' ही।

कविताएँ जब ऐसी हों तो क्यों न कुछ अध्यापक अपनी आधुनिकता प्रदर्शित करने के लिए कुछ काव्य-बिम्बों को यहाँ-वहाँ से लेकर 'नई कविता' का मूल्यांकन करने का हौसला दिखाएँ? लेकिन बन्दर की बला तबेले के सिर। नुकसान उठाना पड़ता है उन कविताओं को जिनकी काव्यानुभूति की बनावट भिन्न ढंग की होती है। इसलिए साफ अलग दीखनेवाले बिम्बों के अभाव में वे इस आलोचना-दृष्टि में हेय प्रमाणित होती हैं। अंग्रेजी साहित्य में किसी समय इस प्रवृत्ति का प्रचलन देखकर बिम्ब-सम्बन्धी भ्रम का निराकरण करते हुए डॉ. एफ. आर. लीविस ने सितम्बर, 1945 की *स्क्रूटिनी* में 'इमेजरी एंड मूवमेंट' (बिम्ब और गतिमयता) शीर्षक निबन्ध लिखा था, जिसकी प्रमुख स्थापना का उल्लेख यहाँ प्रासंगिक है।

ठोस काव्य-विश्लेषण के द्वारा मूल्यांकन की जटिल समस्याओं से जूझने के अभ्यस्त आलोचक डॉ. लीविस का कहना है कि कविता के अन्तर्गत जीवंतता के चिह्नों की तलाश में जो आलोचक अपना ध्यान स्थानिक प्रभावों पर केन्द्रित करता है, वह सम्पूर्ण संघटन के विश्लेषण के लिए और चाहे जिन तत्त्वों का सहारा ले, 'बिम्ब' जैसे अति सुलभ शब्द से सन्तुष्ट नहीं हो सकता, क्योंकि यह शब्द सहसा एक सरलीकरण को प्रोत्साहित करता है। यही नहीं बल्कि जहाँ अपेक्षाकृत सरलतर स्थानिक प्रभाव अपने पूरे वातावरण से अलूचे (plums) के समान आसानी से चुन लिये जाने की सुविधा देते हैं। अन्ततः यह प्रमाणित होता है कि उनका अधिकांश गुण प्रथम दृष्टि में आपाततः दृष्टिगत होनेवाली विशेषताओं की अपेक्षा विस्तृत सन्दर्भ पर निर्भर होता है।[1] इस प्रकार कविता में प्रत्येक बिम्ब उसकी सम्पूर्ण संघटना का अविच्छेद्य एवं अविभाज्य अंग होता है। डॉ. लीविस उस संघटना की गतिशीलता को ध्यान में रखकर ही उसे 'मूवमेंट' अथवा 'गतिमयता' की संज्ञा देते हैं। तात्पर्य यह है कि जिसे बिम्ब और सन्दर्भ के गत्वर सम्बन्ध की जटिल सम्भावनाओं का बोध होगा, वह किसी कविता से कुछ-एक बिम्बों को चुनकर केवल उनके गुण और परिमाण के आधार पर मूल्यांकन न करेगा। इसीलिए जब डॉ. लीविस यह कहते हैं कि किसी बिम्ब के चारों ओर रेखा खींचना कठिन है तो कविता की

1. Whatever tip the analysist may propose to himself for a local focussing of attention, the signs of vitality he is looking for or matters of organization among words, and must not be thought of in the naive terms that the word 'image' too readily encourages. Even where it appears that some of the simpler local effects can be picked like plums out of their surroundings, it will usually turn out that more of the virtue depends on an extended context than was obvious at first sight.

—*Scrutiny*, Vol. XIII, No. 2, Sept. 1945

संघटना से बिम्बों के अलगाने के खतरे की ओर ही संकेत करते हैं। इस कठिनाई को देखते हुए वे इस निष्कर्ष पर पहुँचते हैं कि चरम विश्लेषण में बिम्ब का स्थान गतिमयता (मूवमेंट) ले लेती है क्योंकि काव्य-मूल्य का अन्तिम निर्णय गतिमयता के ही आधार पर होता है। डॉ. लीविस की अपनी भाषा में यह गतिमयता अन्ततः कविता में व्यक्त 'जीवन' का पर्याय हो जाती है, इसलिए इसे केवल भावावेग अथवा अनुभूति तक सीमित कर देना ठीक नहीं।

गतिमयता के साथ बिम्ब-रचना का सफल रूप प्रायः छोटी कविताओं में सुलभ होता है। आकस्मिक नहीं कि अंग्रेजी के आरम्भिक बिम्बवादी कवियों ने छोटी कविता का ही आदर्श सामने रखा और समूची कविता की परिकल्पना एक बिम्ब के रूप में की। उल्लेखनीय है कि जापानी 'हाइकू' पाउंड का आदर्श काव्य है, जिसकी ओर हिन्दी की 'नई कविता' का ध्यान छठे दशक के अन्त में गया। इस दृष्टि से अज्ञेय का 'अरी ओ करुणा प्रभामय' संकलन द्रष्टव्य है। किन्तु इस सन्दर्भ में इससे भी अधिक उल्लेखनीय तथ्य यह है कि अज्ञेय के इस प्रयास से काफी पहले चौथे दशक से ही शमशेर बहादुर सिंह इस प्रकार की छोटी बिम्बवादी कविताएँ लिखते आ रहे हैं। उदाहरण के लिए 1939 की लिखी हुई यह कविता :

सूना-सूना पथ है, उदास झरना
एक धुँधली बादल-रेखा पर टिका हुआ आसमान
जहाँ वह काली युवती
हँसी थी।

आगे चलकर इस बिम्बवादी प्रवृत्ति में और भी सघनता आई, जिसका उदाहरण है 1956-58 के बीच की लिखी 'सुबह' शीर्षक कविता :

जो कि सिकुड़ा हुआ बैठा था, वो पत्थर
सजग होकर पसरने लगा
आप से आप।

इस प्रसंग में एक और उपेक्षित-से कवि केदारनाथ अग्रवाल की कविता-पुस्तक *फूल नहीं रंग बोलते हैं* में संकलित 1956 से 1964 के बीच की छोटी कविताएँ टटके बिम्बों की ताजगी के लिए विशेष रूप से उल्लेखनीय हैं। बानगी के लिए सिर्फ एक कविता :

जल रहा है
            जवान होकर गुलाब
खोल कर होंठ
            जैसे आग
गा रही है फाग।

स्पष्टत: इस प्रकार की कविताओं की एक सीमा है, किन्तु भावहीन सपाट वक्तव्य की अपेक्षा ये भावचित्र अपने संक्षिप्त रूपाकार में प्राय: एक से अधिक भावों और विचारों की जटिल स्थिति को व्यजित कर जाते हैं।

जहाँ तक मूर्तिमत्ता का प्रश्न है, वह तथाकथित 'बिम्बवादी' काव्य-सिद्धान्त को अपनाए बिना भी सम्भव है, जैसाकि कुछ प्रगतिवादी कहे जानेवाले कवियों की सफल काव्य-कृतियों में दिखाई पड़ता है। उदाहरण के लिए नागार्जुन की 'अकाल और उसके बाद' शीर्षक कविता :

कई दिनों तक चूल्हा रोया, चक्की रही उदास
कई दिनों तक कानी कुतिया सोई उनके पास
कई दिनों तक लगी भीत पर छिपकलियों की गश्त
कई दिनों तक चूहों की भी हालत रही शिकस्त।

दाने आए घर के अन्दर कई दिनों के बाद
धुआँ उठा आँगन के ऊपर कई दिनों के बाद
चमक उठीं घर भर की आँखें कई दिनों के बाद
कौए ने खुजलाई पाँखें कई दिनों के बाद।

चूल्हा, चक्की, छिपकलियों, चूहों, कौए के अलावा दाने और धुआँ जैसी रोज की जानी-पहचानी मामूली चीजों के द्वारा दो विरोधी स्थितियों को जिस प्रकार मूर्त किया गया है, वह साधारण कवि-कौशल नहीं। यहाँ चीजों का सिर्फ वर्णन नहीं, क्रिया-व्यापार दिखाया गया है और क्रिया-व्यापार के चयन में भी एक दृष्टि है जिसे आचार्य शुक्ल ने 'व्यापार-शोधन' नाम दिया है। 'चूल्हा रोया' को यदि एक मुहावरा भी मान लें, तो चूल्हा और उदास चक्की के पास कानी कुतिया का सोना एक मर्मस्पर्शी क्रिया-व्यापार है जो मन में भावचित्र जगाता है। अनाज के लिए सिर्फ 'दाने' शब्द का प्रयोग है, और अन्तिम स्पर्श : 'कौए ने खुजलाई पाँखें'। घर भर की खुशी के हिस्सेदार भी कौन-कौन और कहाँ-कहाँ के प्राणी हैं! क्या यह सब केवल सूक्ष्म पर्यवेक्षण और यथार्थ चित्रण मात्र है? वास्तविकता के मर्म की यह आन्तरिक पहचान कोई नैतिक दृष्टि नहीं? एक मूर्तिमत्ता यह भी है, किन्तु तथाकथित बिम्बवादी मूर्तिमत्ता से कितनी अलग!

वास्तविकता को अपनी सारी जीवंतता में व्यक्त करने का एक और तरीका इधर बड़े पैमाने पर रघुवीर सहाय ने इस्तेमाल किया है, जिसमें व्यक्तिवाचक नामों का सहारा लिया गया है; जैसे : 'दिन-रात साँस लेता है ट्रांजिस्टर लिये हुए खुशनसीब खुशीराम' या 'रामकुमार को मैंने अपना दिल उधार दिया' और फिर :

नाम कहाँ तक याद रखूँ
लोगों को उनकी तोंद से जानता हूँ
पहले मुझे वही मिली देवीदयाल वर्मा में
कितनी शान्ति भरी घुटनभरी
आदमी से आदमी के बचाव की ढाल!

कविता में व्यक्तिवाचक नामों का प्रयोग एक समय निराला ने भी किया था *नए पत्ते* के जमाने में, मसलन : 'मास्को डायलॉग्य' शीर्षक कविता में गिडवानी का, जो काफी व्यंजक है। नामों का प्रयोग राजकमल चौधरी के *मुक्ति प्रसंग* में भी है। चन्द्रमौलि उपाध्याय, मंजू हालदार आदि जो वास्तविक बतलाए जाते हैं। किन्तु रघुवीर सहाय द्वारा नामों का प्रयोग कितना विशिष्ट और कितना काव्यात्मक है! एक बार 'देवीदयाल वर्मा' को हटाकर देखें तो स्पष्ट हो जाएगा कि इस एक नाम के होने से क्या बात पैदा हो जाती है, एक शब्द में कितनी अधिक बातें कह दी गई हैं और उस शब्द का होना कितना अनिवार्य है। कहना न होगा कि मूर्तिमत्ता का एक रूप यह भी है, लेकिन यह बिम्ब-योजना नहीं है।

यह भी एक विडंबना ही है कि जिस समय कुछ अध्यापक अपनी आधुनिकता प्रमाणित करने की आतुरता में अपने पिछड़ेपन की झेंप मिटाने के लिए 'काव्य-बिम्ब' पर विचार करने की ओर प्रवृत्त हो रहे हैं, काव्य-सृजन बिम्ब के दायरे से निकलकर एक खास तरह की सपाटबयानी की ओर अग्रसर हो रहा है :

प्रिय पाठक
ये मेरे बच्चे हैं
कोई प्रतीक नहीं
और इस कविता में
मैं हूँ मैं
कोई रूपक नहीं

यह मैं खड़ा हूँ
भरापूरा एक आदमी!

एक अधेड़ भारतीय आत्मा के माध्यम से रघुवीर सहाय का यह कथन उस बदली हुई मनःस्थिति का अर्थपूर्ण संकेत है। 'कविता में मैं सबसे अधिक ध्यान देता हूँ बिम्ब-विधान पर'—यह एक समय कहनेवाले केदारनाथ सिंह बिम्ब-विधान का मोह छोड़कर अब सीधे-सीधे इस प्रकार के वक्तव्य देने लगे हैं :

तुमने जहाँ लिखा है 'प्यार'
वहाँ लिख दो 'सड़क'

फर्क नहीं पड़ता।
मेरे युग का मुहावरा है
फर्क नहीं पड़ता।

और भाषा जो मैं बोलना चाहता हूँ
मेरी जिह्वा पर नहीं
बल्कि दाँतों के बीच की जगहों में—
सटी हुई है।

इस परिवर्तित स्थिति को देखकर ही मैंने 'नई कविता पर क्षणभर' शीर्षक लेखमाला के अन्तर्गत सितम्बर, '63 के *ज्ञानोदय* में लिखा था : "आज की कविता अपनी प्रकृति में अब-तब की बिम्ब-प्रधान कविता से सर्वथा भिन्न है अथवा उसका झुकाव बिम्ब-भिन्न है। कवियों का सम्भवतः कुछ ऐसा विश्वास हो चला है कि बिम्ब-विधान सीधे सत्य-कथन के लिए बाधक है। इधर की अधिकांश बिम्बवादी कविताओं को देखते हुए यह आशंका एकदम असंगत नहीं लगती। इसे विरोधाभास ही कहना चाहिए कि जब से कविता में बिम्बों की प्रवृत्ति बढ़ी, सामाजिक जीवन के सजीव चित्र दुर्लभ हो चले। सुन्दर बिम्बों के चयन की ओर कवियों की ऐसी वृत्ति हुई कि प्रस्तुत गौण हो गया और अप्रस्तुत प्रधान! इस तरह कवि की दृष्टि ही संकुचित नहीं हुई, कविता का दायरा भी सीमित हो गया—पहले जीवन से खिंचकर प्रकृति की ओर, और फिर प्रकृति में भी विशेष प्रकार के रमणीय की ओर; यहाँ तक कि वातावरण का संकेत देनेवाले बिम्ब भी सिमटकर एक कमरे की वस्तुओं के रूप में रह गए और बाहरी दुनिया एक खिड़की की तकदीर के सहारे बैठ गई। कविता को चित्र बनाने का नतीजा क्या होता है, यह बात पिछले पन्द्रह वर्षों के अनुभव से स्पष्ट हो गई। यही हाल प्रतीक-संकेत पद्धति का हुआ। सांकेतिकता भीरुता का बाना ही नहीं बनी, अज्ञान का कवच भी बन गई। जहाँ कुछ स्पष्ट न हो, वहाँ संकेत। अँधेरे में जैसे हर किसी को तीर चलाने का मौका मिल गया, और हर कवि को परम ज्ञानी की तरह पहेली बुझाने की छूट मिल गई। देखते-देखते कविता भी उसी दुनिया का आईना बन गई, जिसमें 'सब दूसरों से छिपाते हैं'। यदि इतने पर भी इस कविता के विरुद्ध प्रतिक्रिया न होती तो विनाश निश्चित था—विनाश सामाजिकता और मानवीयता का ही नहीं, बुद्धि, हृदय और सृजनशीलता का भी।"

वस्तुतः इस बिम्ब-मोह के टूटने का कारण सामाजिक और ऐतिहासिक है। छठे दशक के अन्त और सातवें दशक के आरम्भ में सामाजिक स्थिति इतनी विषम हो उठी कि उसकी चुनौती के सामने बिम्ब-विधान कविता के लिए अनावश्यक भार प्रतीत होने लगा। जिस प्रकार सन् '36 तक आते-आते स्वयं छायावादी कवियों को भी सुन्दर शब्दों और चित्रों से लदी हुई कविता निःसार लगने लगी, उसी प्रकार

सन् '60 के आसपास 'नई कविता' की बिम्बधर्मिता की निरर्थकता का एहसास होने लगा। समस्या परिस्थितियों के सीधे 'साक्षात्कार' की थी; प्रश्न हर चीज को उसके सही नाम से पुकारने का था; क्योंकि जैसाकि केदारनाथ सिंह ने कहा है :

चीजें एक ऐसे दौर से गुजर रही हैं
कि सामने की मेज को सीधे मेज कहना
उसे वहाँ से उठाकर अज्ञात अपराधियों के बीच रख देना है।

और कुछ ऐसी ही मुश्किल श्रीकांत वर्मा की इन पंक्तियों से भी झलकती है :

मेरे सामने समस्या है
किसको किस नाम से
पुकारूँ
आईने को आईना कहूँ
या
इतिहास?

इस मुश्किल ने क्रमशः उस प्रवृत्ति को जन्म दिया जिसे अशोक वाजपेयी ने श्रीकांत वर्मा के दो नए काव्य-संग्रह *माया दर्पण* और *दिनारम्भ* की समीक्षा (*धर्मयुग*, 23 जून, '68) करते हुए 'सपाटबयानी' कहा है। यह परिवर्तन आज इतना स्पष्ट है कि अशोक वाजपेयी भी इसे लक्षित करते हुए कहते हैं : "'नई कविता' बिम्ब-केन्द्रित रही है और अक्सर कवियों में बिम्ब का ऐसा घटाटोप तैयार हुआ कि सातवें दशक तक आते-आते कई कवियों को यह महसूस हुआ कि कविता को बिम्ब से मुक्त कराके ही उसे जीवंत और प्रासंगिक रखा जा सकता है। उनके सामने बिम्ब-प्रधान कविता कुछ शक की चीज बन गई और सपाटबयानी की तरफ कई कवि झुके और उसे विश्वसनीय माना जाने लगा।"

इसी क्रम में रघुवीर सहाय, केदारनाथ सिंह और श्रीकांत वर्मा, तीन कवियों का विशेष रूप से उल्लेख करते हुए वे आगे यह भी जोड़ते हैं : "उनमें से हर एक ने सपाटबयानी के मूल्य को पहचाना लेकिन उसे अपनी बुनियादी बिम्ब-धर्मिता के प्रतिकूल न रखकर उसे उसके साथ संयोजित किया और अपने मुहावरों को और उनसे उजागर होनेवाले काव्य-संसार को समृद्ध किया, चित्रमयता को खोए बिना उसे रोजमर्रा की जीवंतता दी।"

किन्तु अशोक वाजपेयी ने, जैसाकि श्रीकांत वर्मा की कविताओं को लक्ष्य करके कहा है, इस प्रकार वे "वक्तव्य नहीं रह जातीं और न उनमें अपने अनुभवों का निरा एकायामी बखान होता है।" क्योंकि वहाँ "बिम्ब और चित्र आलंकारिक नहीं रहते, साक्षात्कार से बचने का उपाय भी नहीं।" इस भटकाव से रोकने में कवि की सपाटबयानी का व्यंग्यपूर्ण एवं नाटकीय अन्दाज सहायक होता है।

बिम्बों की भाषा से चिढ़ इस बीच इतनी बढ़ गई कि अनेक कवि और आलोचक 'नंगी' भाषा के लिए आग्रहशील हो उठे। 'ताजी कविता' का नारा देते हुए लक्ष्मीकांत वर्मा ने साफ शब्दों में कहा : "बिम्बों की यह निरर्थकता ही हमें अब 'नंगे शब्दों' की ओर ले जा रही है—आवरणहीन, सज्जाहीन, संस्कारहीन, और इन सबसे अधिक ऐसा नंगापन जिसमें आभिजात्य जंगलीपन के ऊपर एक समय-बोध की छाप लगा सके।"

प्रतिक्रिया का तीखापन इस बात से स्पष्ट है कि वे सातवें दशक में भी मैथिलीशरण गुप्त की भाषा का समर्थन करने के लिए तत्पर हो उठते हैं क्योंकि वह जटिल संवेदनाओं की जटिलता को निभाने की क्षमता से रहित होने के बावजूद आभिजात्य और अस्पष्टता से मुक्त है।

कविता में सपाटबयानी का यह आग्रह वस्तुतः गद्य-सुलभ जीवंत वाक्य-विन्यास को पुनः प्रतिष्ठित करने का प्रयास है, जिसके मार्ग में बिम्बवादी रुझान निश्चित रूप से बाधक रहा है। 'नई कविता' के उत्कर्ष-काल में भी प्रवाह-पतित होने का खतरा उठाकर एक कवि धारा के विरुद्ध वाक्य-विन्यास की रक्षा के लिए आवाज बुलंद करता रहा, लेकिन उसकी आवाज न तब सुनी गई और न अब—वह कवि है 'धरती' और 'दिगंत' का रचनाकार त्रिलोचन, जिसके बारे में शमशेर ने लिखा है :

तुमने 'धरती' का पद्य पढ़ा है?
उसकी सहजता प्राण है।

त्रिलोचन की 'धरती' की सहजता का आधार है अटूट वाक्य-विन्यास, जिसके अनवरुद्ध प्रवाह को 'सॉनेट' के कसे रूप में बाँधते हुए उन्होंने ऐसी भाषा का प्रयोग किया है जिसकी "ध्वनि में क्रिया भरी है और क्रिया में बल है।" इस भाषा के आग्रह के पीछे वही दृष्टि है जिसके कारण सातवें दशक के कवि आज सपाटबयानी पर उतरने के लिए विवश हैं।

गला सत्य का कभी नहीं घोटूँगा, मेवा से
वरब्रूहि न कहूँगा और न चुप रहने का,
लड़ता हुआ समाज, नई आशा-अभिलाषा
नए चित्र के साथ नई देता हूँ भाषा।

इस प्रकार जहाँ अँधेरी कोठरी को अँधेरी कहने की साहसिक सच्चाई है, वहीं नए चित्र के साथ नई भाषा देने का आत्मविश्वास भी सम्भव है।

अंग्रेजी कविता में बिम्ब-प्रतीकवाद के विरुद्ध इसी प्रकार की तीखी प्रतिक्रिया एक दशक पूर्व छठे दशक के आरम्भ में हुई, जिसे सैद्धान्तिक रूप देने का श्रेय

कवि-आलोचक डोनाल्ड डेवी को है। उन्होंने *आर्टिकुलेट एनर्जी* (1955) नामक पुस्तक में टी. एस. इलियट द्वारा प्रतिष्ठित 'ऑब्जेक्टिव को-रिलेटिव' सिद्धान्त को चुनौती देते हुए परम्परागत वाक्य-विन्यास के उपयोग को काव्य-भाषा के समर्थ साधन के रूप में निरूपित किया। उनकी युक्तियाँ संक्षेप में इस प्रकार हैं : बिम्बवादियों और उनके अनुयायियों के लिए भाषा तभी विश्वसनीय होती है जब वह वाक्य-विन्यास के तार्किक संघटन को छोड़कर विच्छिन्न शब्दों के रूप में बिम्ब-रचना करती है। वाक्य-विन्यास का परित्याग कवि के स्नायु-दौर्बल्य का सूचक है। तर्क-ज्ञान और बुद्धिसंगत अवधारणा से विश्वास उठ जाने पर ही कवि वाक्य-विन्यास का दामन छोड़ता है।

इलियट का 'ऑब्जेक्टिव को-रिलेटिव' का सिद्धान्त इसी अबुद्धिवाद का परिणाम है। इसका कारण समाज से कवि का नितान्त अलगाव है; इसीलिए वह क्षणिक प्रकाश में परिस्फुट होनेवाले बिम्बों के रूप में अपने-आपको व्यक्त करके ही दूसरों से ग्रहणशीलता की सहानुभूति प्राप्त करने की आशा रखता है। इसके विपरीत सत्रहवीं सदी के कवि कविता में वाक्य-विन्यास के उपयोग पर पूरा भरोसा रखते थे क्योंकि अपने समाज के साथ वे जीवंत सम्पर्क में थे और बुद्धिसंगत संवाद में उनका विश्वास था। कविता में वह परम्परा आज भी पुनर्जीवित की जा सकती है। इसका अर्थ है : अपने पाठक के साथ कवि द्वारा साक्षात् सम्पर्क स्थापित करने का प्रयास। यह सम्पर्क एक ऐसे अनुबन्ध को जन्म देगा जिसके अनुसार कवि और पाठक एक भाषागत 'समय' के पालन के लिए प्रतिश्रुत होंगे। यह 'समय' अनिवार्यतः कविता में पुनः वाक्य-विन्यास की प्रतिष्ठा कर देगा। इस प्रकार बिम्बों की व्यक्तिगत भाषा के स्थान पर कविता में सम्प्रेषणीय जीवंत भाषा की सुरक्षा सम्भव होती है।

डोनाल्ड डेवी का अनुसरण करते हुए फ्रैंक कर्मोड ने *रोमांटिक इमेज* (1957) नामक पुस्तक में एक भिन्न कोण से इलियट के बिम्ब-प्रतीकवादी काव्य-सिद्धान्त का प्रतिवाद किया। कर्मोड का प्रमुख आक्रमण इलियट के 'डिस्सोसिएशन ऑफ सेंसिबिलिटी' अर्थात् 'भावबोध की विच्छिन्नता' पर है, किन्तु इस मान्यता की अनैतिहासिकता एवं कोरी काल्पनिकता का उद्घाटन करते हुए अन्ततः वे इसमें निहित बिम्ब-प्रतीकवादी काव्य-सिद्धान्त की पड़ताल करने में तत्पर होते हैं। इलियट ने जब यह कहा कि पाश्चात्य मानस में 17वीं सदी के मध्य में 'भावबोध की विच्छिन्नता' घटित हुई तो उसका स्पष्ट अभिप्राय था कि बीसवीं सदी में 'अविच्छिन्न भावबोध' को संयोजित करके काव्य-सृजन की ओर प्रवृत्त होना चाहिए और बिम्ब-योजना इस 'अविच्छिन्न भावबोध' का अपरिहार्य माध्यम है। कर्मोड ने इस मान्यता का खंडन करते हुए स्थापित किया कि महान कविता केवल बिखरे हुए बिम्बों की शृंखला नहीं है, वह सामान्य संलाप के तंत्र का उपयोग करती है; इसलिए उसे

अपने पाठकों को सहज-सुलभ अर्थों का सम्प्रेषण करना चाहिए। बिम्बों की भाषा सदैव श्रेष्ठ नहीं होती और न वह अविच्छिन्न भावबोध का सर्वोत्कृष्ट माध्यम ही है। क्रियोन्मुख वाक्य-विन्यास सामाजिक विचार-विनिमय का परम्परागत साधन है और विवेकसम्मत काव्य-रचना का आधार भी वही है।

अंग्रेजी काव्य-जगत् में इन विचारों की व्यापक प्रतिध्वनि हुई क्योंकि ये प्रकारांतर से एक सृजनात्मक आकांक्षा को ही विवक्षित करने के सैद्धान्तिक प्रयास थे। 'सेवेन टाइप्स ऑफ एंबिगुइटी' के विश्रुत आलोचक और कवि विलियम एंपसन ने भी कविता में जटिलता एवं अस्पष्टता का पुराना सिद्धान्त छोड़कर तर्कसंगत एवं स्पष्ट कविता का नारा बुलन्द किया, जिसका आभास बी. बी. सी. द्वारा प्रसारित उनकी 'आर्गुफाइंग इन पोएट्री' शीर्षक वार्ता (*लिसनर,* 22 अगस्त, 1963) में मिलता है।

इस वार्ता में उन्होंने कहा है कि एक समय हमने डन को इसलिए पसन्द किया था कि वह 'मेटाफिज़िकल' है किन्तु अब मैं यह अनुभव करता हूँ कि हमने बहस के लिए ही उसे पसन्द किया था। अभी तक डन के इस पक्ष को इसलिए बचाया जाता रहा है कि वह प्रतीकवादी काव्य-सिद्धान्त के ढाँचे में फिट नहीं बैठता था। कविता में तर्क से बचने का कारण है प्रतीकवाद का बुद्धिविरोधी प्रभाव। प्रतीकवाद और बिम्बवाद की यह मान्यता थी कि कवि को जो कुछ सीधे-सीधे कहना है, उसे नहीं कहना चाहिए, क्योंकि यह बौद्धिकीकरण होगा। इसलिए कवियों ने संकेत से कहने की ऐसी विधि अपनाई जिसे उस समय कुछ लोगों ने 'प्रतीक' कहा तो कुछ ने 'बिम्ब'। इस काव्य-सिद्धान्त का सार यह है कि कविता तर्कहीन असम्बद्ध बिम्बों का समुच्चय-मात्र है। इसलिए एंपसन का कहना है कि मैंने इस काव्य-सिद्धान्त को हमेशा गलत समझा। यह कविता के साथ ही गद्य के लिए भी हानिकर है, क्योंकि यह मिथ्या संकेतों और टालमटोल को बढ़ावा देता है। फ्रांसीसियों ने प्रतीकवाद का आविष्कार इसलिए किया कि फ्रांसीसी बुर्जुआ फ्रांसीसी बुर्जुआ से नफरत करता था। यह नफरत इस सीमा तक थी कि वह सौन्दर्य-दृष्टि से नितान्त शुद्ध हो गया। यह सिद्धान्त विज्ञान के विरुद्ध कला के महान युद्ध में शस्त्र साबित हुआ, लेकिन उसमें कभी बुद्धिमत्ता के दर्शन नहीं हुए। इतिहास जो भी हो, आज प्रतीकवाद के पक्ष में जो युक्तियाँ प्रायः सुनाई पड़ती हैं, उनके मूल में एकमात्र विश्वास यही है कि सारा चिन्तन बिम्बों में होता है। लेकिन यह विश्वास कि हम बिम्बों में सोचते हैं, आदिमयुगीन चिन्तन का ठेठ उदाहरण है।

बिम्ब से साहित्यिकों का तात्पर्य प्रायः दृश्य बिम्ब से होता है; अर्थात् मस्तिष्कगत चित्र, लेकिन मनोवैज्ञानिकों के अनुसार सभी ऐन्द्रिय-बोधों और मांसपेशियों की क्रियाओं के बिम्ब होते हैं। इसलिए आप अपने पैरों के चित्र की धारणा के बिना भी साइकिल पर सवारी करने का ख्वाब देख सकते हैं। एंपसन के अनुसार कविता

पाठ के लिए मांसपेशियों की ऊर्जा सबसे महत्त्वपूर्ण है। कविता में बहस केवल मानसिक नहीं, बल्कि मांसपेशियों की गति के रूप में भी महसूस होती है। 'अतः' का प्रयोग पाठक की नाक पर एक घूँसे के समान है। 'बौद्धिक' कविता को कोई चाहे जितना अवास्तविक और बासी कहे, नाक पर पड़ा हुआ घूँसा अवास्तविक और बासी नहीं है। इसलिए यदि 'उषा' बासी नहीं है तो 'अतः' भी बासी नहीं है और उसमें भी उतनी ही 'बिम्बमयता' है। वस्तुतः प्रतीकवादी कविता एक ऐसे पंगु व्यक्ति की कविता है जिसने अपने पाँवों की नसें काट रखी हैं। ऐसा कवि जहाँ जाना चाहता है, नहीं जा सकता; वह बैठकर प्रतीक्षा करने के लिए बाध्य है ताकि वह अपनी ओर आनेवाले अनुषंगों को पकड़ सके।

अंग्रेजी साहित्य में इधर बिम्ब-विधान के विरुद्ध इतनी गहरी प्रतिक्रिया हुई है कि अब इसे आलोचना की भाषा से निकाल देने का भी प्रस्ताव किया जा रहा है। शीत 1967 के *क्रिटिकल क्वार्टर्ली* में पी. एन. फ़रबैंक ने 'डू वी नीड द टर्म्स इमेज़ एंड इमेज़री?' (क्या हमें 'बिम्ब' और 'बिम्ब-योजना' शब्दों की आवश्यकता है?) शीर्षक निबन्ध में 'बिम्ब' शब्द के सभी सम्भावित प्रयोगगत अर्थों पर विचार करते हुए निष्कर्ष निकाला है कि काव्य-समीक्षा में परम्परागत 'मेटाफ़र' शब्द के रहते हुए 'बिम्ब' शब्द अनावश्यक ही नहीं, बल्कि भ्रामक भी है; क्योंकि इसका मूल स्रोत चित्रकला है, जो काव्येतर होने के कारण काव्य के सही रूप को समझने में साधक की जगह प्रायः बाधक ही होती है। ज्याँ-पाल सार्त्र और गिलबर्ट राइल के मानस-बिम्ब सम्बन्धी मतों का उल्लेख करते हुए फ़रबैंक ने यह दिखलाने का प्रयास किया है कि कोई व्यक्ति मानस-बिम्बों को अपने मन से विलगाकर उनका अनुचिन्तन कर ही नहीं सकता, क्योंकि वह निरन्तर उनकी सृष्टि में रत रहता है—बिम्ब क्रियारत चेतना का प्रतिनिधित्व करता है। लोगों का अब भी यह खयाल है कि मानस-बिम्बों की चाक्षुष वास्तविकता होती है, गोया दिमाग के अन्दर वस्तुओं को देखना उन्हें बाहरी दुनिया में देखने से मूलतः भिन्न नहीं है। किन्तु जैसाकि राइल और सार्त्र ने संकेत किया है, कोई व्यक्ति मानस-बिम्बों का अनुचिन्तन करता ही नहीं। मानस-बिम्ब वही है जो हम स्वयं मानस में प्रस्तुत करते हैं। इसलिए मानस-बिम्ब से कोई व्यक्ति नया कुछ सीख ही नहीं सकता, क्योंकि पहले से जो उसकी जानकारी में होता है, बिम्ब उसी को प्रस्तुत करने का एक ढंग भर है। यदि ये बातें सच हैं तो 'बिम्बग्रहण' के नाम पर हम कविता से उसका विशेष कथ्य न प्राप्त कर केवल अपनी जानकारी का ही प्रक्षेप करते हैं। तथ्य है कि 'नई कविता' में केवल बिम्ब ढूँढ़नेवाले अध्यापक प्रायः यही करते हैं, जिससे उनकी अपनी जानकारी का तो पता चलता है, किन्तु कविता के बारे में कोई नई बात नहीं मालूम होती और न इस पद्धति से कविता के किसी नए पक्ष के प्रकाशित होने की सम्भावना ही है। इस वातावरण में यदि तथाकथित 'सपाटबयानी' में रचे-पचे रोजमर्रा की जिन्दगी से

लिये गए जाने-माने बिम्ब अनदेखे चले जाएँ और इस प्रकार उनका विशेष कथ्य भी साधारण मान लिया जाकर उपेक्षित हो जाए, तो आश्चर्य नहीं।

काव्य-बिम्ब की चर्चा में प्रसंगात् पाश्चात्य आलोचना-जगत् के ये कुछ उदाहरण इसलिए पेश किये गए कि काव्य-बिम्ब की मंजिल तक देर से आनेवाले कुछ अध्यापकों का ऐसा खयाल है कि "पश्चिम का आलोचक बिम्ब के महत्त्व से इतना आक्रान्त है कि उसकी सम्पूर्ण काव्य-चेतना ही बिम्ब से परिव्याप्त है।" इन तथ्यों के बाद भी यदि वह अपने भ्रमों की दुनिया में रहना चाहता है तो इलियट के शब्दों में यही कहना पड़ेगा कि 'आफ्टर सच नॉलेज, वाट फॉरगिवनेस!'

निष्कर्ष यह है कि कविता बिम्ब का पर्याय नहीं है। सामान्यत: जिसे 'बिम्ब' कहा जाता है, उसके बिना भी कविताएँ लिखी गई हैं और वे बिम्बधर्मी कविताओं से किसी भी तरह कम अच्छी नहीं कही जा सकतीं। कविता में बिम्ब-रचना सदैव वास्तविकता को मूर्त ही नहीं करती, कभी-कभी वह वास्तविकता का अमूर्तन भी करती है (वैसे, 'मूर्त' और 'अमूर्त' शब्दों का प्रयोग पर्याप्त अनिश्चित अर्थों में होता है)। कविता में बिम्ब वास्तविकता के साक्षात्कार का ही सूचक नहीं होता, प्राय: वह वास्तविकता से बचने का एक ढंग भी रहा है। काव्य-भाषा के लिए भी प्राय: बिम्ब-योजना हानिकारक सिद्ध हुई है। बिम्बों के कारण कविता बोलचाल की भाषा से अक्सर दूर हटी है, बोलचाल की सहज लय खंडित हुई है, वाक्य-विन्यास की शक्ति को धक्का लगा है, भाषा के अन्तर्गत क्रियाएँ उपेक्षित हुई हैं, विशेषणों का अनावश्यक भार बढ़ा है और काव्य-कथ्य की ताकत कम हुई है। इन कमजोरियों को दूर करने के लिए ही कविता में तथाकथित 'सपाटबयानी' अपनाई जा रही है, जिसमें फिलहाल काफी सम्भावनाएँ दिखाई पड़ती हैं। हो सकता है कि इस 'सपाटबयानी' में 'नई कविता' के भाषा-प्रयोगों की-सी 'नवीनता' न हो, बल्कि जैसाकि कृष्ण नारायण कक्कड़ ने राजकमल चौधरी के *मुक्ति प्रसंग* की भाषा के सिलसिले में अक्टूबर, '67 के *आरम्भ* में लिखा है : "पहली बार वर्तमान हिन्दी कविता में दूसरे शब्दों में उस भाषा का प्रयोग हुआ है जो हिन्दी के पुराने कवियों में पाया जाता है।"

पुराने कवियों से कक्कड़ का आशय क्या है, यह स्पष्ट नहीं, किन्तु अनुमानत: यह वही भाषा है जो कबीर-सूर-तुलसी आदि भक्त कवियों में मिलती है, जिसकी प्रकृति मूलत: बिम्ब-धर्मेतर है। नए प्रत्यभिज्ञान के साथ अर्द्ध-विस्मृत परम्परा के किसी प्रासंगिक तत्त्व को पुनर्जीवित करना सार्थक है तो इधर की कविता के इस भाषागत प्रत्यावर्तन की सार्थकता भी असन्दिग्ध है।

काव्य-संरचना : प्रगीतात्मक और नाटकीय

कविता के मूल्यांकन में 'संरचना' के महत्त्व पर बल देते हुए निराला ने काफी पहले 'मेरे गीत और कला' शीर्षक लेखमाला के अन्तर्गत *जुही की कली* का हवाला देकर लिखा था : "यह ऐसी रचना नहीं कि सूक्ति-रूप इसका एक अंश उद्धृत किया जा सके। मेरी छोटी रचनाएँ (लीरिक्स) और गीत (सांग्स) प्रायः ऐसे ही हैं। इनकी कला इनके सम्पूर्ण में है, खंड में नहीं। सूक्तियाँ-उपदेश मैंने बहुत कम लिखे हैं, प्रायः नहीं; केवल चित्रण किया है। उपदेश को मैं कवि की कमजोरी मानता हूँ।... ऐसी रचनाओं का खंडोद्धरण आलोचक का अधूरा सौन्दर्य-दर्शन और कवि पर की गई कृपा-रूपिणी अकृपा है।"

आगे इसी क्रम में फूल की उपमा के द्वारा काव्य के 'आवयविक सिद्धान्त' (आर्गेनिक थियरी) को समझाते हुए वे लिखते हैं : "फूल का कला वाला रूप मिलाइए। तने से डालें भिन्न होकर भी जुड़ी हैं, इसी तरह डालों से पत्ते, पत्तों से फूल, फूलों से खुशबू। खुशबू अपने तत्त्व में सारे पेड़ को ढके हुए है। तने का रूखापन, डालों की थोड़ी-थोड़ी हरियाली, पत्तों की पूरी, फूलों का एक या अनेक रंगों—केसर-पराग आदि से विकसित रूप, सुगंध सारे पेड़ के उच्चतम विकास को स्पष्ट करती हुई, उसी में उसी से ढके हुए—यह कला है। यह बात पंत जी की कविता में नहीं। हर बन्द अपना राग अलग अलाप रहा है। उनकी अधिकांश रचनाएँ ऐसी ही हैं। सब जगह एक-एक उपमा, रूपक या उत्प्रेक्षा काव्य को कला में परिगणित कराने के लिए है, और इसे ही आलोचकों ने अपूर्व कला समझ लिया है। इनकी दो-एक रचनाएँ सम्बद्ध हैं पर वे भी उत्तम श्रेणी की नहीं बन सकीं; उनमें विषय की विशदता वैसी नहीं, जैसी अलंकारों की चमक-दमक है। केवल रस, अलंकार या ध्वनि कला नहीं। अगर है तो कला के खंडार्थ में है, पूर्णार्थ में नहीं। खंडार्थ में पंत जी की कला बहुत ही सुन्दर बन पड़ी है। उनके प्रशंसकों की दृष्टि इन्हीं खंड-रूपों में बँध गई है। वह विस्तृत होकर बृहद् विवेचन में नहीं जा सकी। वे प्रशंसक इस प्रकार की कला देखने के आदी भी न थे। पहले से छंद, दोहे, चौपाइयों की जो परिपाटी थी, वह इस कला के अनुरूप न थी।"

निराला के इस कथन से एक साथ अनेक बातें सामने आती हैं। सबसे पहले आती है आलोचना की वह प्रचलित परिपाटी जो एक-एक दोहे पर दाद देने की आदी रही है। इस रुचि के कारण कविता की आलोचना में खंड-दृष्टि विकसित हुई। छायावाद-युग में भी इस रुचि के पोषण के लिए कुछ कविताएँ मिल गईं। फुटकल चमत्कारों से सजी कविताएँ आलोचक के लिए सुविधाजनक होती हैं। काव्य-सौन्दर्य को पकड़ने में ज्यादा मेहनत नहीं करनी पड़ती—न पूरी कविता के सन्दर्भ में जाना जरूरी होता है और न पूर्वापर क्रम बैठाने की जहमत उठानी पड़ती है; उद्धरण देने में आसानी होती है सो अलग। आलोचक का काम आसान करके कुशल कवि जल्द ही यश लूट लेते हैं। छायावाद-युग के कवियों में पंत जी की लोकप्रियता का एक बड़ा कारण यह भी है। नए कवियों में गिरिजाकुमार माथुर को बहुत-कुछ इसी वजह से जल्दी ख्याति मिली। दो-चार चमकते हुए बिम्बों के लिए कविता लिखनेवाले बहुत-से नए कवि इसी आसान नुस्खे से मैदान मार ले गए। कहना न होगा कि यह आलोचना की कमजोरी का सूचक है।

निराला के कथन में दूसरी बात है कविता के 'आवयविक सिद्धान्त' का स्पष्ट व्याख्यान। यह आकस्मिक नहीं है कि 'आवयविक सिद्धान्त' को समझाने के लिए निराला ने एक प्राकृतिक उपमा का सहारा लिया है। अन्य भाषाओं के रोमांटिक कवियों ने भी प्राय: वनस्पतिशास्त्रीय उदाहरणों के सहारे आवयविक सिद्धान्त का व्याख्यान किया है। यह प्रवृत्ति रीतिवाद अथवा 'क्लासिकी' प्रवृत्ति के विपरीत है। रीतिवाद में कविता की संरचना को प्राय: किसी मानव-निर्मित कृति के आधार पर निरूपित किया गया है। किन्तु रोमांटिक कवि कविता को प्राकृतिक वस्तुओं के समान सजीव-सचेतन मानते थे; इसीलिए वे उसकी संघटना को अपने-आप अन्दर से विकसित एक अखंड सत्ता के रूप में देखते थे। कविता के सन्दर्भ में निराला की फूलवाली उपमा का यही महत्त्व है। आज उस सिद्धान्त के वनस्पतिशास्त्रीय आधार से मतभेद हो सकता है, किन्तु कविता की अन्विति और अन्तर्ग्रथन के महत्त्व को अस्वीकार करना असम्भव होगा।

उल्लेखनीय है कि निराला ने कविता के विन्यास की अखंडता का प्रश्न विशेष रूप से छोटी कविताओं के सन्दर्भ में उठाया है, जिसका स्पष्ट अर्थ है कि छोटी कविता की अखंडता अनायास और स्वयंसिद्ध नहीं है। आपत्ति का तात्कालिक कारण यही था कि बहुत-से कवि छोटी कविताओं में भी विन्यास की अखंडता के स्थान पर खंड-चमत्कार को महत्त्व देते थे। इसके विपरीत निराला अपनी छोटी रचनाओं का भी अर्थ-सौन्दर्य पूरी संरचना में न्यस्त करते थे। उदाहरण के लिए 'तोड़ती पत्थर' शीर्षक कविता। 1937 की लिखी हुई यह कविता अपने विषय की प्रगतिशीलता के लिए तुरन्त प्रसिद्ध हो गई। लोकप्रियता का एक कारण शब्दों की सरलता भी थी। किन्तु यह 'सरलता' कितनी भ्रामक है, इसका पता निराला के

एक पत्र से चलता है, जो उन्होंने जानकी वल्लभ शास्त्री को 12-8-37 को लिखा था। इस कविता से सम्बन्धित अंश इस प्रकार है : "सीधी चीजें अच्छी हैं। मैंने नहीं लिखीं—आप कह सकते हैं?—यह 'तोड़ती पत्थर' कैसी है? लेकिन कुछ कला समझकर आप इसे 'सरल' कहेंगे, मुझे विश्वास नहीं। जो गहन-भाव सीधी भाषा—सीधे छंद में चाहता है, वह धोखेबाज है। उसे भाषा का भी ज्ञान नहीं, वह भाव क्या समझेगा? कला के सम्बन्ध में पत्र में क्या लिखूँ? उसके विकास और सौन्दर्य की बातें लाखों तरह की हैं—एक देखिए :

कोई न छायादार
पेड़, वह जिसके तले बैठी हुई स्वीकार,
श्याम तन, भर बँधा यौवन,
नत नयन, प्रिय-कर्म-रत मन,
गुरु हथौड़ा हाथ, करती-करती बार-बार प्रहार—
सामने—तरुमालिका-अट्टालिका, प्राकार।

यहाँ सीधा वर्णन होने पर भी, हथौड़े की चोट पत्थर पर पड़ने पर भी—देखिए, किस तरह 'अट्टालिका' पर पड़ती है! लेखक के वर्णन-प्रकार के कारण और निर्देश से! वह जहाँ बैठी है, वहाँ पेड़ छायादार नहीं है और अट्टालिका तरुमालिका है।—अट्टालिका भी तरुमालिका है, फिर आदमी कितनी छाँह में है! 'बँधा यौवन' छलकता नहीं : कैसी पवित्रता है! स्वास्थ्य भी कैसा है!! 'मैं तोड़ती पत्थर'—अन्त का स्वभावतः समझ में आ जाएगा—'मैं तोड़ती पत्थर-हृदय'।"[1]

कवि के ये संकेत 'तोड़ती पत्थर' कविता की संरचनात्मक सूक्ष्मता को उद्घाटित करते हैं, जिसकी ओर न तो पहले किसी का ध्यान गया और न बाद ही में; गया भी हो तो कम-से-कम कोई लिखित प्रमाण उपलब्ध नहीं है। कविता में 'वह तोड़ती पत्थर' की आवृत्ति दो बार हुई है और तीसरी बार एक परिवर्तन के साथ—'मैं तोड़ती पत्थर'। किन्तु सन्दर्भ के अनुसार तीनों जगह पत्थर का अर्थ क्रमशः बदलता गया है। पहले सड़क का पत्थर, फिर अट्टालिका का पत्थर और अन्त में अपने हृदय का पत्थर। एक ही हथौड़ा पहले सड़क पर पड़ता है, फिर अट्टालिका पर और अन्त में स्वयं तोड़नेवाली के अपने हृदय पर! कविता की सघन संरचना में ही एक वाक्य की आवृत्ति इतने अर्थ पैदा कर सकती है। संरचना पर ध्यान न हो तो कविता सपाट है, किन्तु यह अनवधानता स्पष्टतः गूढ़ अर्थ को खो देती है। आवृत्तियाँ अन्यत्र भी दिखाई पड़ती हैं : बहुत-से गीतों में आरम्भिक टेक हर पाद (स्टैंजा) के बाद दोहराई जाती है किन्तु कितनी निरर्थक! बहरहाल, प्रश्न यहाँ आवृत्ति का उतना नहीं, जितना कविता की संरचना में निहित अर्थ का है, और कहना न होगा कि निराला ने

1. *साहित्य*, पटना, वर्ष 1, अंक 3, अक्टूबर, 1950 में प्रकाशित।

आधुनिक हिन्दी कविता में काव्य-संरचना का जो पथ प्रशस्त किया, वह आलोचना के क्षेत्र में मूल्यांकन की पद्धति के लिए भी आवश्यक औजार है।

वैसे, काव्य-रचना में संरचना के महत्त्व को अस्वीकार करनेवाला शायद ही कोई कवि या आलोचक मिले—स्वीकार नहीं करता तो संरचना-सम्बन्धी समझ और धारणा की अपनी विशिष्ट सीमा। उदाहरण के लिए कविता में 'अन्विति' का महत्त्व आचार्य शुक्ल भी समझते थे किन्तु जब वे यह कहते हैं कि 'छायावाद की रचनाएँ गीतों के रूप में ही अधिकतर होती हैं, इससे उनमें अन्विति कम दिखाई पड़ती है। जहाँ यह अन्विति होती है, वहाँ समूची रचना अन्योक्ति-पद्धति पर की जाती है', तो वे अन्विति-सम्बन्धी एक विशेष धारणा को प्रकट करते हैं। अन्योक्ति-पद्धति के अतिरिक्त भी कविता में अन्विति हो सकती है, इस तथ्य को स्वीकार करने में आचार्य शुक्ल को कठिनाई थी।

इसी प्रकार डॉ. देवराज ने भी *छायावाद का पतन* नामक पुस्तक में छायावादी कविता पर 'केन्द्रापगामी व्यंजना-प्रवृत्ति' का आरोप लगाया है। उनके अनुसार छायावादी कवियों में 'गौण चित्रों में बहक जाने की प्रवृत्ति' थी। पंत की 'बादल' कविता को उदाहरण के रूप में प्रस्तुत करने के बाद उन्होंने निराला की 'प्रगल्भ प्रेम' शीर्षक कविता से एक उद्धरण देकर लिखा है : "यह कविता-खंड केन्द्रापगामिता का उत्कृष्ट उदाहरण है।" जो निराला अपनी कविता में अखंडता के सबसे बड़े दावेदार थे, उन पर डॉ. देवराज का यह आरोप है : "निराला जी की रचना में यह दोष (केन्द्रापगामिता) प्रचुर परिमाण में पाया जाता है।" 'प्रगल्भ प्रेम' कविता का दोष, डॉ. देवराज की दृष्टि में, यह है : "कवि असली विषय को भूलकर 'कंटकाकीर्ण' विशेषण के मोह में पड़ जाता है और कविता की गति उसी से निर्धारित होने लगती है। कंटकाकीर्ण पथ में कविता कैसे पार होगी? उसके अंचल के तार निकल जाएँगे। इसके आगे 'तार' शब्द की तुक मिलाने के लिए 'हार' की स्थापना आवश्यक हो जाती है, और 'हार' शब्द के प्रयोग के बाद कवि को याद आता है—जिसे उसने अभी-अभी पहनाया था, और नजर भर के देख भी न सका था कि वह गले पर कैसा सजा है।"

ये सारी बातें केन्द्रापगामिता इसलिए हैं कि बंधनमय छंदों की छोटी संकीर्ण और कंटकाकीर्ण राह छोड़कर कविता को अर्द्ध-विकच हृदय-कमल में आने के लिए निमंत्रण देना ही 'असली विषय' है। गरज कि 'असली विषय' पर कायम रहने के लिए निराला को या तो राह की कठिनाइयों का विस्तृत वर्णन करना चाहिए था या फिर अपने हृदय-कमल की विशेषताओं का। निराला ने इस तर्क का सहारा नहीं लिया, इसलिए आलोचक को नाहक इधर-उधर भटकना पड़ा। आलोचक के कष्ट का कारण साफ है। उसकी दृष्टि 'असली विषय' पर है, जबकि कवि की दृष्टि 'कविता' पर। 'छोटी राह' शब्द को देखकर डॉ. देवराज को सम्भवत: यह ढाढ़स

हुआ होगा कि कविता 'असली विषय' से चलकर 'असली विषय' पर झट से पहुँच जाएगी, लेकिन कविता है कि काँटों से उलझ गई। निस्सन्देह दो बिन्दुओं की सबसे छोटी दूरी को रेखा कहते हैं किन्तु क्या यह आवश्यक है कि उसे कविता भी कहें? इस प्रकार के विषयांतर में भटकना यदि दोष है और इससे कविता की अन्विति खंडित होती है तो रघुवीर सहाय की 'शराब के बाद का सवेरा' और श्रीकांत वर्मा की 'जीवन-बीमा' जैसी कविताओं पर नए सिरे से विचार करना पड़ेगा। किन्तु इस ब्योरे में जाने से पूर्व प्रसंगवश यहाँ इतना कहना पर्याप्त है कि कविता में 'तार्किक' अन्विति ही एकमात्र अन्विति नहीं होती। यहाँ यदि मूल्य-निर्णय देना आवश्यक ही हो तो 'तार्किक' अन्विति कविता में अपेक्षाकृत घटिया किस्म की अन्विति है, शायद इसीलिए नए कवियों ने इसका उपयोग व्यंग्यात्मक ढंग की कविताओं के लिए किया है; उदाहरण के लिए नागार्जुन की प्रसिद्ध व्यंग्य-कविता : 'पाँच पूत भारत माता के', जिसमें कवि क्रमशः पाँच की संख्या से उतरकर शून्य तक पहुँचता है और कविता खत्म होती है 'अंडा' पर :

पाँच पूत भारतमाता के दुश्मन था खूँखार
गोली खाकर एक मर गया बाकी रह गए 4
चार पूत भारतमाता के चारों चतुर प्रवीन
देश-निकाला मिला एक को बाकी रह गए 3
तीन पुत्र भारतमाता के लड़ने लग गए वो
अलग हो गया उधर एक अब बाकी रह गए 2
दो बेटे भारतमाता के छोड़ पुरानी टेक
चिपक गया है इक गद्दी से, बाकी रह गया 1
एक पुत्र भारतमाता का, कंधे पर है झंडा
पुलिस पकड़ के जेल ले गई, बाकी रह गया 0

वैसे, 'तार्किक अन्विति' पर उत्तर-छायावादी कविता में विशेष रूप से ध्यान दिया गया। गीत की परिभाषा करते हुए महादेवी ने 'अन्विति' को गीत का अनिवार्य गुण बतलाया है। महादेवी द्वारा इन गीतों का एक ऐसा ढाँचा प्रचलित हुआ जिसमें टेक की पहली पंक्ति में कविता का मुख्य कथ्य होता है और फिर कम-से-कम तीन या चार पादों (स्टैंजा) में उसे उदाहरणों द्वारा स्पष्ट किया जाता है। जैसे पहली पंक्ति है : 'सब आँखों के आँसू उजले सबके सपनों में सत्य पला'। इसके बाद पूरी कविता उपमाओं, रूपकों और चित्रों के सहारे इस सूक्ति की व्याख्या है। ऐसा लगता है कि ज्यामिति के प्रमेय के समान आरम्भ में मुख्य प्रतिज्ञा, फिर बनावट और उपपत्ति जिसके अन्त में तुक की आवृत्ति देखकर मुँह से अपने-आप निकल पड़ता है : 'यही सिद्ध करना था' अर्थात् 'क्वाड एराट डिमांसट्रेंडम'।

लेकिन ऐसा लगता है कि कविता की अपनी रचना-प्रक्रिया के दबाव में कभी-कभी इस तार्किक ढाँचे का उल्लंघन भी हो जाता था। डॉ. देवराज जैसे सतर्क आलोचक से भला यह स्खलन कैसे अनदेखा जा सकता है? केन्द्रापगामिता के आरोप से महादेवी भी न बच सकीं। 'मैं नीर भरी दुख की बदली' कविता का विश्लेषण करते हुए डॉ. देवराज ने बड़े विस्तार से दिखलाया है : "शेष कविता का प्रथम पंक्ति से रागात्मक ऐक्य नहीं दीखता। प्रथम पंक्ति में जैसी तरल करुणा है, वैसी कविता में अन्यत्र नहीं है। उलटे 'मेरा पग-पग संगीत भरा', 'नवजीवन अंकुर हो निकली', 'सुख की सिहरन हो अन्त खिली' आदि पंक्तियाँ करुण वातावरण को भंग करनेवाली हैं।" व्यावहारिक आलोचना का अनूठा आदर्श उपस्थित करते हुए डॉ. देवराज ने अपनी ओर से इस कविता का एक निर्दोष रूप भी प्रस्तुत कर दिया है, जिसके बारे में विनयवश उन्होंने सिर्फ इतना कहा है : "शायद उसमें सामंजस्य का अभाव न लगे।"

यह दूसरी बात है कि लोग संशोधित रूप को मूल कविता की पैरोडी समझते हैं। कविता से तार्किक अन्विति की माँग आलोचना को किस प्रकार उपहासास्पद स्थिति तक पहुँचा देती है—इसका सर्वोत्तम उदाहरण 'छायावाद का पतन' है। किन्तु अनिवार्य नहीं कि तार्किक अन्विति का निर्वाह कविता को भी उसी स्थिति तक पहुँचाए। बच्चन ने महादेवी के ही समान अपने अधिकांश गीतों में तार्किक अन्विति का सफल निर्वाह किया है, बल्कि कुछ अधिक सफाई के साथ; जैसे *निशा निमंत्रण* और *एकान्त संगीत* के गीतों में। तार्किकता की कड़ाई से गीतों में सफाई तो आई, लेकिन इसके साथ ही वे बहुत-सी बातें साफ भी हो गईं जो महादेवी के गीतों में सम्भवत: ढिलाई के कारण रह जाती थीं। इसीलिए महादेवी के गीतों में जहाँ अनुभूति की सघनता मिलती है, बच्चन में सरलता मिलती है, जिसे कुछ लोग सपाटता कहना पसन्द करेंगे और शायद कुछ लोग तीव्रता। जो हो, इतना निश्चित है कि बच्चन ने महादेवी की तुलना में अनुभूतियों का अतिसरलीकरण किया, जिसके मूल में कहीं-न-कहीं 'तार्किक अन्विति' का हाथ निश्चित है।

किन्तु 'तार्किक अन्विति' का एक और रूप है जो इस 'तार्किक अन्विति' से भिन्न है। उसका प्रयोग प्रयोगशील कवियों ने किया। उदाहरण के लिए अज्ञेय की कविता 'कलगी बाजरे की'। पूरी कविता एक तर्क-युक्ति में कसी हुई है। कविता का 'मैं' अपनी प्रेयसी को पुरानी उपमाओं से सम्बोधित न करके 'बाजरे की कलगी' कहना चाहता है और इसके लिए एक तर्कजाल बुनता है, जिसका सार यह है कि ये उपमान मैले हो गए हैं। यह तर्कजाल बहुत-कुछ वैसा ही है, जैसा अंग्रेजी के डन, मार्वेल जैसे 'मेटाफिजिकल' कहे जानेवाले कवियों ने अपनी प्रेम-कविताओं में बुना है। ऐसी कविताओं को प्राय: 'बौद्धिक' कहकर तिरस्कृत किया गया है। अंग्रेजी के पुराने आलोचकों की दृष्टि में 'मेटाफिजिकल' कवियों के प्रेम-निवेदन उनकी

प्रेमिकाओं के लिए खीज पैदा करनेवाले थे। हिन्दी के आलोचकों ने प्रेमिकाओं की जगह स्वयं ही अपनी खीज का इजहार किया है। संरचना की दृष्टि से 'कलगी बाजरे की' कविता के बारे में इतना ही कहना पर्याप्त है कि इस कविता से कोई एक अंश तोड़कर उसके आधार पर कविता का मूल्यांकन करना असम्भव है। बच्चन आदि की तार्किक कविताओं से यह कविता इसी बात में भिन्न है कि एक युक्ति के लिए दिये गए उनके अनेक उदाहरणों में से किसी एक को लेकर अथवा सबको छोड़कर केवल मुख्य कथ्य के आधार पर भी कविता की आलोचना सम्भव है, क्योंकि वहाँ मुख्य कथ्य एक वाक्य में सुलभ हो जाता है। इसके विपरीत 'कलगी बाजरे की' कविता का कथ्य आद्योपांत अनुस्यूत है। युक्ति बिम्बों के साथ गुँथी हुई एक के बाद एक इस क्रम में विकसित होती है कि बीच से किसी खंड को तोड़कर पूरे कथ्य को पकड़ना असम्भव है। यही नहीं, बल्कि यहाँ कोई तार्किक निष्कर्ष भी नहीं है। जो कथ्य है, वह भी भावमूलक किन्तु सम्पूर्ण तर्क-प्रक्रिया से अलग करके उद्धृत करने पर उसकी शक्ति क्षीण हो जाती है। उदाहरण के लिए कथ्य के रूप में 'कलगी बाजरे की' कविता की ये अन्तिम पंक्तियाँ :

यह खुला वीरान संसृति का घना ही सिमट आता है—
और मैं एकान्त होता हूँ
समर्पित
शब्द जादू हैं
मगर क्या यह समर्पण कुछ नहीं है?

स्पष्टत: यह कथन 'बौद्धिक' नहीं है। 'समर्पण' का यह भाव यदि कुछ है तो बुद्धि के विराम की परिणति। किन्तु कथन के प्रश्नपरक रूप से भी यह पता चलता है कि यह रोमांटिक भावोच्छ्वास नहीं है। क्या इस भाव-संयम के पीछे उस तर्क-युक्ति का दबाव नहीं है जो कविता में इस कथन के पूर्व तक बुनी गई है? ये सारे प्रश्न इस तथ्य की ओर ले जाते हैं कि कविता का कथ्य उसकी संरचना से अविच्छिन्न रूप से जुड़ा हुआ है—यहाँ तक कि 'कलगी बाजरे की' का बिम्ब भी, जिसे संरचना की बुनावट से अलग करके देखना गलत है; क्योंकि अलग करके देखने पर किया गया मूल्यांकन भी गलत होगा।

इस संरचना की विशेषता का पूरा महत्त्व समझने के लिए पंत की 'रूपतारा' शीर्षक कविता (गुंजन) को समानान्तर रखना प्रासंगिक है। 'कलगी बाजरे की' कविता के समान ही 'रूपतारा' भी प्रेयसी को सम्बोधित करके लिखी गई है। यहाँ भी सम्बोधित नारी के सौन्दर्य को अनेक उपमाओं से वर्णित करने का प्रयास किया गया है :

तारिका सी तुम दिव्याकार
चन्द्रिका की झंकार

प्रेम पंखों में उड़ अनिवार
अप्सरा सी लघु भार
स्वर्ग से उतरी क्या सोद्गार
प्रणय-हसिनि सुकुमार?
हृदय-सर में करने अभिसार
रजत-रति स्वर्ण-विहार!

'तारिका', 'चन्द्रिका', 'हंसिनि', 'अप्सरा' आदि अनेक उपमाओं से रूप की विशेषताएँ बतलाने पर भी कवि को संतोष नहीं हुआ, इसलिए अन्त में भावात्मक प्रतिक्रिया भी व्यक्त कर दी :

कल्पना तुममें एकाकार
कल्पना में तुम आठो याम
तुम्हारी छवि में प्रेम अपार
प्रेम में छवि अभिराम;
... ...
बन गई मानसि! तुम साकार
देह दो एक प्राण!

इतने बड़े भावोच्छ्वास की तान टूटी तो इस घिसे मुहावरे पर : 'देह दो एक प्राण!' रूप-चित्र के लिए जुटाए गए इतने सारे उपमान और फिर भावों का घनघोर घटाटोप लेकिन इन सबकी परिणति एक साधारण-सी बात में। क्या यह आकस्मिक है?

ऐसी ही रोमांटिक कविताओं को ध्यान में रखकर बिम्बवादी कविता के प्रवक्ता रिचर्ड एल्डिंगटन ने कहा था : "हम यह नहीं कहते, 'ओ मैं उस सुन्दर, अद्भुत—और 25 विशेषण—स्त्री पर कितना मुग्ध हूँ' या 'ओ अद्भुत, ओ सुन्दर, ओ 25 विशेषणोंवाली स्त्री, आओ, तुम्हारे लिए हम हमेशा चम्मच लिये तैयार हैं', हम उस स्त्री को प्रस्तुत करते हैं। हम उसका एक बिम्ब निर्मित करते हैं। हम यह कोशिश करते हैं कि दृश्य भाव को स्वयं सम्प्रेषित करे...एक काटे-तराशे हुए पत्थर की सख्ती। न शिथिलता, न भावोच्छ्वास। जब लोग कहते हैं कि बिम्बवादी कविता 'बेहद सख्त' है, जैसे सफेद संगमरमर की प्रतिमा, तो हम हँसते हैं। हम समझते हैं कि हमने सचमुच कुछ अच्छा रचा है।"

[*मॉडर्न पोएट्री एंड इमेजिस्ट, इगोइस्ट,* 1 अप्रैल, 1914]

एल्डिंगटन ने जिस प्रकार की 'बेहद सख्त' कविता का जिक्र किया है, उसका उदाहरण हिन्दी में शमशेर बहादुर सिंह की यह कविता अनायास प्रस्तुत करती है :

शिला का खून पीती थी
वह जड़
जो कि पत्थर थी स्वयं।
सीढ़ियाँ थीं बादलों की झूलती
टहनियों सी।
और वह पक्का चबूतरा
ढाल में चिकना :
सुतला था
आत्मा के कल्पतरु का?

सम्भवत: ऐसी ही कविताओं के सन्दर्भ में शमशेर की ये पंक्तियाँ सही उतरती हैं :

बात बोलेगी
हम नहीं।
भेद खोलेगी
बात ही।

विजयदेव नारायण साही के ध्यान में कदाचित् ऐसी ही नई कविताएँ रही होंगी, जब उन्होंने छायावादी और उत्तर-छायावादी कविताओं की संरचना से 'नई कविता' की संरचना को अलगाते हुए कहा था : "छायावादी कलाकृति मूलत: एक विस्फोट करता हुआ कला-रूप है—जैसे केन्द्रीय अर्थ फुटकर चारों ओर क्रमश: विलीन होता हुआ बिखर रहा हो। तीसरे दशक की कलाकृति उसे एक लहर की तरह निर्मित करती है, जिस प्रयास में महादेवी से लेकर बच्चन तक के गीत निर्मित होते हैं। 'नई कविता' उस तरंग के रूप को एक 'स्ट्रक्चर' में बदल देती है, जैसे हीरे का क्रिस्टल हो!"

स्पष्ट है कि पूरी कविता की संरचना जहाँ 'स्फटिक' या 'क्रिस्टल' के रूप में होती है, वहाँ संरचना के तार्किक और अतार्किक सिद्धान्तों का विभाजन चरमराकर टूट जाता है। यहाँ बुद्धि और हृदय का विभाजन नहीं है, बल्कि वह मानसिक अन्तर्ग्रथन है जिसमें समूची कविता एक अविभाज्य ठोस बिम्ब के रूप में निर्मित होती है। इसी अर्थ में अज्ञेय ने कहा है : "मैं मानता हूँ कि भावना-प्रधान कविता छोटी ही हो सकती है, नहीं तो अपने भावों का 'पैराफेज' होने लगता है। 'जो घनीभूत पीड़ा थी मस्तक में स्मृति-सी छाई', वह एक आँसू बनकर आए, यहाँ तक तो ठीक है; किन्तु जब वह बरसात की झड़ी-सी बरसने लगती है, तब वह शायद वही पीड़ा नहीं रहती, और घनीभूत तो भला रह ही कैसे सकती है?"

घनीभूत पीड़ा की भावना-प्रधान छोटी कविता की इस कसौटी पर यदि आज की कविताओं को कसकर देखें तो संरचना के स्तर पर ही अनेक कविताओं की काव्यगत कमजोरियाँ स्पष्ट हो जाएँगी। उदाहरण के लिए सर्वेश्वर दयाल सक्सेना की 'अपनी पत्नी की मृत्यु पर' शीर्षक कविता। पहली पंक्ति 'बाएँ हाथ में ले/अपना कटा हुआ दाहिना हाथ' कविता में थोड़े-थोड़े अवकाश के बाद तीन बार और आती है; और निस्सन्देह हर आवृत्ति, हर उठान के साथ एक नया बिम्ब प्रस्तुत करती है, जो मूल पीड़ा को और गहरा कर जाता है। किन्तु एक हद के बाद ऐसा लगता है, जैसे भाव का 'पैराफ्रेज' हो रहा है! इतनी मर्मस्पर्शी कविता अनपेक्षित विस्तार के कारण प्रभावक्षीण हो गई है। वैसे, इस कविता का चरमबिन्दु इस भावचित्र में स्पष्ट देखा जा सकता है :

चारों ओर हरहराती हुई बाढ़
कमर तक पानी में
पीठ पर सन्दूक लादे खड़ा मैं
देख रहा हूँ सामने से
बहता हुआ सारा घर
हिलती हुई छत पर
कुछ सहमे, कुछ निडर बैठे
अपने दो खिलौने।
भविष्य सिकोड़ता जा रहा है मेरी पीठ
और झुकाता जा रहा है मेरे कंधे
छाती पहाड़ बनाते-बनाते
मैं आदमी से नाव बनता जा रहा हूँ।

इस कविता के अनपेक्षित विस्तार से स्पष्ट है कि संरचनागत दोष वस्तुत: काव्यानुभूति का दोष है। संरचना में शिथिलता आती है तो अनुभूति की सघनता टूटकर सस्ती भावुकता (सेंटिमेंटलिज्म) में बदल जाती है। यह सर्वमान्य काव्य-दोष है क्योंकि उससे कवि की नैतिक दृष्टि के स्खलन का आभास होता है। इसी प्रकार जहाँ भी कविता के लम्बायमान होने का कोई तर्कसंगत कारण ढूँढ़ने पर भी न मिले, काव्यानुभूति की दुर्बलता का अनुमान किया जा सकता है।

किन्तु जैसाकि अज्ञेय ने स्वीकार किया है : "लम्बी कविताएँ भी होती हैं, हो सकती हैं, पर उनको कलात्मक एकता और गठन देनेवाली चीज फिर दूसरी हो जाती है—भाव की संहति और तीव्रता नहीं। वह ढंग दूसरा है, और कहूँ कि मेरा वह नहीं है।"

वह दूसरा ढंग अज्ञेय के समानधर्मा कवियों में मुक्तिबोध का रहा है। उनके साथ सबसे बड़ी दिक्कत यह थी कि वे छोटी कविता लिख ही नहीं सकते थे।

कविता के प्रतिमान निश्चित करते समय छोटी और लम्बी कविताओं के इस संरचनात्मक अन्तर को ध्यान में रखना अत्यंत आवश्यक है। यह अन्तर केवल आकार का नहीं है। जैसाकि अमरीकी आलोचक आइवर विंटर्स का कहना है[1] : छोटी कविता और लम्बी कविता में दो काव्य-सिद्धान्तों का अन्तर है। छोटी कविता मूलतः प्रगीत कविता है, जबकि लम्बी कविता नाटकीय कविता है। नाटकीय कविता अरस्तू द्वारा निरूपित 'कार्य का अनुकरण' (इमिटेशन ऑफ एक्शन) सिद्धान्त पर आधारित होती है, जबकि प्रगीत कविता में सारा बल अनुचिन्तन पर होता है। छोटी कविता के लिए किसी विषयवस्तु का होना आवश्यक नहीं; विषयवस्तु निहायत मामूली-सी कोई चीज हो सकती है; किन्तु प्रगीत का कवि उस वस्तु का अनुकरण करने के लिए बाध्य नहीं है। प्रगीत कविता न अनुकरणात्मक है, न वर्णनात्मक और न कथात्मक। इसके मूल में अनुचिन्तन या अनुभूति की प्रधानता है। विंटर्स के अनुसार : प्रगीत कविता का ढाँचा अनिवार्यतः तार्किक है—चाहे वह तार्किकता प्रच्छन्न ही क्यों न हो। प्रगीत कविता की संरचना को तार्किक मानने के पीछे विंटर्स का अपना निजी काव्य-सिद्धान्त है, जिसके अनुसार : कविता में 'पैराफ्रेज' करने योग्य एक तर्कसंगत वक्तव्य का होना अनिवार्य है। तथ्य यह है कि बहुत-सी आधुनिक कविताएँ विंटर्स के प्रतिमान का अनुसरण नहीं करतीं। इसके बावजूद छोटी कविता का प्रगीतपरक होना तथ्य है।

कुछ आलोचकों का तो यहाँ तक कहना है कि 'नई कविता' अपनी संरचना में रोमांटिक काव्य-सिद्धान्त की ही अनुगामिनी है। गेब्रिएल पियर्सन ने 'रोमांटिसिज्म एंड कंटेंपोरेरी पोएट्री' शीर्षक निबन्ध[2] में लिखा है कि आधुनिक कविता में रोमांटिक कविता की अनुचिन्तनात्मक संरचना सुरक्षित है। औसत कविता की आदर्श संरचना कुछ इस प्रकार की होती है : एक केन्द्रबिन्दु, जो कविता का बीज भाव या स्थिति है; इस बिन्दु के चारों ओर निर्मित होनेवाले समकेन्द्रिक वृत्तों की शृंखला; बाहरी वृत्त सम्पूर्ण अनुभव-क्षेत्र की सीमा का सूचक है; भीतरी वृत्त क्रमशः अनुचिन्तनात्मक प्रक्रिया की आन्तरिक गति को सूचित करते हैं। कविता का सामान्य रूपाकार एक सीधी रेखावाला न होकर वर्तुल होता है। पियर्सन की इस संरचनात्मक धारणा का आधार प्रगीत की रचना-प्रक्रिया का मानसिक मानचित्र है। उनके अनुसार : प्रगीत कविता एक प्रयोग है। किन्तु इस प्रयोग का कोई सम्बन्ध बाह्य जगत को लेकर होनेवाले पर्यवेक्षणों से नहीं है। कवि वस्तुतः संसार का पर्यवेक्षण करते हुए अपने-आपका निरीक्षण करता है और अनुभव-क्रिया में अपने-आपको पकड़ने की कोशिश करता है। इस प्रकार प्रगीत कविता अनुभव सम्बन्धी अनुभव अथवा अनुभव को अनुभव करने की कविता है। इसीलिए इसे अहं-केन्द्रित या अनुचिन्तनात्मक कविता कहा जाता है।

---

1. *The Function of Criticism*, pp. 60-61
2. *New Left Review*, No. 16, July/August 1962

यदि वर्तुलाकार संरचना और अनुचिन्तनात्मक कविता पर्याय हैं तो अज्ञेय की लम्बी कविता 'असाध्य वीणा' अपने आकार की लम्बाई के बावजूद एक प्रगीत है। निस्सन्देह उसमें एक छोटी-सी कथा भी है और नाटकोचित संवाद भी। किन्तु भावबोध के स्तर पर पूरी कविता अनुचिन्तनात्मक है और संरचना भी वर्तुलाकार है। दृष्टि फैलाकर देखने पर 'नई कविता' के अन्तर्गत वर्तुलाकार संरचना की अनेक छोटी कविताएँ मिल जाएँगी। संस्मृति या 'रिवरी' की मन:स्थिति को सूचित करनेवाली अनेक छोटी कविताओं में यह विशेषता परिलक्षित की जा सकती है। श्रीकांत वर्मा की 'घर-धाम' जैसी अनेक कविताओं में इस वर्तुलाकार संरचना का आभास मिलता है : 'मैं अब घर जाना चाहता हूँ' की आवृत्ति संरचना के साथ ही कविता की भावभूमि के भी वर्तुल होने की सूचना देती है। इसी दायरे के अन्तर्गत राजकमल चौधरी की लम्बी कविता 'मुक्ति-प्रसंग' भी आ जाती है, जिसका आवृत्तिपरक ध्रुवक है : वापस लौट जाने की कामना। इस दृष्टि से इस कविता में भी निश्चित रूप से एक प्रगीतात्मकता है। किन्तु ध्यान से विश्लेषण करने पर पता चलता है कि श्रीकांत वर्मा की छोटी कविताओं की तरह राजकमल चौधरी के 'मुक्ति-प्रसंग' की संरचना भी वर्तुलाकार नहीं बल्कि सर्पिल (स्पाइरल) है। पर इसकी बारीकी में जाने से पहले वर्तुलाकार प्रगीतात्मक कविताओं की अनुचिन्तनात्मक सीमा को स्पष्ट कर लेना आवश्यक है।

अहंकेन्द्रित अनुचिन्तन के कारण कविता की संरचना में जहाँ वर्तुल विधान के कारण एक सीमा प्रकट हुई, वहीं वर्तुल संरचना ने भावबोध को भी सीमित किया। कभी-कभी कविता की संरचना स्वयं कवि की अनुभूति के लिए कितनी नियामक हो जाती है, इसका यह ज्वलंत उदाहरण है। किन्तु इसका अधिक खतरनाक असर काव्य के मूल्यांकन के प्रतिमान पर पड़ा। प्रगीत कविता कविता का पर्याय हो गई और प्रगीत का प्रतिमान कविता का प्रतिमान हो गया। परिणामस्वरूप जो लम्बी कविताएँ इस दायरे में नहीं आती थीं, अपने-आप तिरस्कृत हो गईं। इसका दंड सबसे अधिक मुक्तिबोध को भोगना पड़ा। इसीलिए *एक साहित्यिक की डायरी* में वे लिखते हैं : "मुझे गहरा सन्देह है कि आजकल की सौन्दर्य-परिभाषा (यदि उसे व्याख्या कहें तो) केवल कविता, और वह भी 'आत्मपरक कविता' की विशेषताओं के आधार पर बनाई जा रही है। सौन्दर्य-सम्बन्धी इन व्याख्याओं का प्रकट या अप्रत्यक्ष उद्देश्य आज की काव्य-दृष्टि का 'डिफेंस' है...किन्तु ये व्याख्याएँ कुछ इस प्रकार से, कुछ इस ठाठ से और शान से बनाई जाती हैं मानो वे सार्वभौम सत्य की सार्वकालिक स्थापनाएँ हों! इस 'पोज़' और 'पोस्चर' की जरूरत नहीं। वह अवैज्ञानिक दृष्टि है। अगर साहित्य की सौन्दर्य-मीमांसा करनी है तो आपको दृष्टि केवल आत्मपरक कविता—वह भी आजकल की कविता—तक ही सीमित नहीं करनी चाहिए।"

इसलिए कविता के प्रतिमान को व्यापकता प्रदान करने की दृष्टि से 'आत्म-परक' 'नई कविता' की दुनिया से बाहर की कविताओं को भी विचार-क्षेत्र की सीमा में ले आना आवश्यक हो उठा है। सबसे पहले वे कविताएँ जो अपनी काव्यानुभूति में आत्मपरकता का आभास देते हुए भी वस्तुतः 'संरचना' में अप्रगीतात्मक हैं। इस दृष्टि से इधर की प्रकाशित कविताओं में श्रीकांत वर्मा की 'समाधि-लेख', रघुवीर सहाय की 'आत्महत्या के विरुद्ध' और राजकमल चौधरी की 'मुक्ति-प्रसंग'—तीन लम्बी कविताएँ विशेष रूप से विचारणीय हैं। यह आकस्मिक नहीं है कि इन तीनों कविताओं की पीठिका में कहीं-न-कहीं मृत्यु का बोध है, निस्सन्देह एक जैसा नहीं; किन्तु किसी-न-किसी रूप में वह है अवश्य जिससे प्रत्येक कविता की संरचना निर्धारित होती है।

'समाधि-लेख' का ध्रुवक है : 'मुझसे नहीं होगा'। सारी कविता में अन्तर्ध्वनि के समान जिस भाव की आवृत्ति होती रहती है, वह यह है :

मुझसे नहीं होगा!
जो मुझसे नहीं हुआ
वह मेरा संसार नहीं।

एक चरम अस्वीकार, जिसके पीछे स्वीकार करने की कोशिश की पूरी ताकत है :

मगर दूसरे के दुख को
अपना मानने की बहुत
कोशिश की; नहीं हुआ।

'मुझसे नहीं हुआ' और 'मुझसे नहीं होगा' की बार-बार आवृत्ति ही उस कोशिश और कोशिश की पीड़ा को और प्रगाढ़ करती है। किन्तु कविता शुद्ध आत्मपरक विलाप का प्रलाप नहीं, बल्कि अन्दर की दुनिया के अन्दर से एक-एक कर उस बाहरी दुनिया की असंगतियों को उद्घाटित करती है, जिसे उस रूप में स्वीकार करना सचमुच असम्भव लगता है। वैसे, वह दुनिया निहायत मामूली, रोजमर्रा की जानी-पहचानी घटनाओं वाली ही है, जिसमें 'एक स्त्री आईने के सामने सँवारती है बाल' या फिर 'कुछ और लोग मूर्तियाँ बनाकर फिर बेचेंगे क्रान्ति की (अथवा षड्यंत्र की); कुछ लोग सारा समय कसम खाएँगे लोकतंत्र की'। इस प्रकार इस दुनिया को बिम्बों या प्रतीकों के सहारे मूर्त करने की कोशिश नहीं की गई है और न बिम्बों-प्रतीकों की कोई लम्बी लड़ी ही पिरोई गई है। फिर भी विचित्र विरोधाभास है कि अमूर्त कथनों के सहारे ही इस दुनिया को अपनी निरर्थकता के साथ बड़ी सफलता के साथ मूर्त कर दिया गया है। 'कितना बड़ा फासला है एक कदम के बाद दूसरा उठाने में'! और फिर 'अपने को बिछाकर हर आदमी प्रतीक्षा कर रहा है'।

अस्वीकार की अन्य कविताओं में जहाँ बेमतलब चीख-पुकार, गुस्सा की मुद्राएँ मिलती हैं, उनके विपरीत इस कविता का स्वर निहायत सधा हुआ है और उसी के अनुसार पूरी कविता की लय में भी मन्द्र मंथरता है। कुछ अन्य कविताओं में तुकों की लम्बी लड़ी के साथ श्रीकांत वर्मा जो विच्छिन्न-प्रवाह का चमत्कार पैदा करते हैं, वह भी यहाँ बहुत कम है : 'झूल रही है एक डाल' के बाद 'पूछती हैं हाल', फिर 'सँवारती है बाल' और अन्त में 'कई साल' पर तुक खत्म हो जाती है। यह तुकांत उस प्रवृत्ति से भिन्न है जिसमें एक पंक्ति के आखिरी शब्द की तुक से दूसरी पंक्ति शुरू होती है और तुक में आनेवाला शब्द अर्थ में इतना बेतुका होता है कि पाठक एक झटके से चौंक उठता है। इस प्रकार नाद के स्तर पर अनवरुद्ध प्रवाह का निर्माण करते हुए श्रीकांत वर्मा अर्थ के स्तर पर प्रभाव को सायास विच्छिन्न करते चलते हैं। जहाँ यह विधि सफलता के साथ इस्तेमाल की जाती है अर्थात् यह विच्छिन्न-प्रवाह काव्यानुभूति के मेल में होता है, कविता इन झटकों के बावजूद अन्तर्ग्रथित रहती है और पूरा प्रवाह सम्प्रेषित कर जाती है; अन्यत्र खिलवाड़ मालूम होती है।

जो हो, 'समाधि-लेख' में इस कौशल का अत्यंत संयत और सधा हुआ प्रयोग है। इस प्रकार अपने रचना-विन्यास में यह कविता 'दिन जल्दी-जल्दी ढलता है' (बच्चन), 'कितनी शान्ति, कितनी शान्ति' (अज्ञेय) और 'जी हाँ, हुजूर, मैं गीत बेचता हूँ' (भवानीप्रसाद मिश्र) जैसी प्रगीतात्मक कविताओं से भिन्न एक ऐसे नाटकीय एकालाप की संरचना प्रस्तुत करती है जो हिन्दी कविता के नए प्रयोगों में से है।

रघुवीर सहाय की कविता 'आत्महत्या के विरुद्ध' भी नाटकीय एकालाप ही है किन्तु अपने कथ्य के अनुरूप ही संरचना में 'समाधि-लेख' से थोड़ा भिन्न है। 'आत्महत्या के विरुद्ध' में जिस वाक्यांश की आवृत्ति बार-बार होती है, वह है : 'समय आ गया है'। जैसे : 'समय आ गया है जब तब कहता है सम्पादकीय', 'गरजा मुस्टंडा विचारक—समय आ गया है', समय आ गया है/दस बरस बाद फिर पदारूढ़ होते ही/नेतराम, पदमुक्त होते ही न्यायाधीश/कहता है', 'समय आ गया है—मौका अच्छा देखकर प्रधानमंत्री/पिटा हुआ दलपति अखबारों से/सुन्दर नौजवानों से कहता है गाता-बजाता/हारा हुआ सारा देश', इत्यादि। 'समाधि-लेख' की पद-आवृत्ति से यह आवृत्ति भिन्न है। हर सन्दर्भ में एक ही वाक्य अपनी आवृत्ति के बावजूद नया अर्थ ध्वनित करता है : कहीं विडंबना, कहीं खीज, कहीं गुस्सा और कहीं उपहासास्पदता। यह रघुवीर सहाय के भाषा-प्रयोग की विशेषता है। कविता में आवृत्ति के लिए चुने हुए वाक्य में भी गहरी सूझ है। जीवन में रोज इसकी आवृत्ति दर्जनों बार सुनाई पड़ती है—वह आवृत्ति, जो इसे निरर्थक बना देती है। इसीलिए इसे जैसे सन्तुलित करते हुए अन्त में एक गहरे दर्द के साथ कहा गया है : 'समय जो गया है/मेरे तलुवे से छनकर पाताल में/वह जानता हूँ मैं'।

'आत्महत्या के विरुद्ध' की लय में मन्द्र मंथरता नहीं बल्कि आवेश में हाँफते हुए स्वर की त्वरा है—इसीलिए एक वाक्य जैसे दूसरे वाक्य के अन्दर घुसा हुआ तीसरे वाक्य को आगे की ओर धक्का देता-सा प्रतीत होता है। आविष्ट लय का यह प्रवाह कविता की इन पंक्तियों के अर्थ में जुड़ा हुआ है :

कुछ होगा कुछ होगा अगर मैं बोलूँगा
न टूटे न टूटे तिलिस्म सत्ता का मेरे अन्दर एक कायर टूटेगा टूट
मेरे मन टूट एक बार सही तरह
अच्छी तरह टूट मत झूठमूठ अब मत रूठ
मत डूब, सिर्फ टूट।

टूट के साथ 'झूठमूठ', 'ऊब', 'रूठ', 'डूब' का अनुप्रास यहाँ भी है और टूट की आवृत्ति भी, किन्तु आवेश के श्वास-चाप में शब्दों के प्रयोग में अन्तर्निहित कौशल डूब जाता है और यह कवि की सफलता है कि उसका प्रभाव ही शेष रह जाता है। कहना न होगा कि यह लय इस कविता का सबसे समर्थ तत्त्व है जो शुद्ध वक्तृत्व गुण के द्वारा कविता के मूल अर्थ को सम्प्रेषित कर देता है। मूल अर्थ अर्थात् 'कुछ करो/उसने कहा लोहिया से, लोहिया ने कहा/कुछ करो'। यह आवेश कोरा भावुकतापूर्ण प्रलाप बनकर यदि नहीं रह गया तो इसलिए कविता में वे स्थितियाँ अपनी नग्न तथ्यात्मकता के साथ साक्षात् खड़ी हैं, जिनका परिणाम या तो हत्या है या आत्महत्या। 'रोज-रोज एक दर्द एक क्रोध एक बोध और नापैद'। अर्थात् 'हर दिन मनुष्य से एक दर्जा नीचे रहने का दर्द'। इस दर्द का विभावन कोई बिम्ब या प्रतीक नहीं बल्कि 'हम दफनाते हैं एक हताश लड़के की लाश बार-बार'।

'आत्महत्या के विरुद्ध' कविता के आन्तरिक एकालाप के अन्दर से एक दुनिया उठती हुई दिखाई पड़ती है जो 'समाधि-लेख' की दुनिया से ज्यादा ठोस, ज्यादा खूँखार, ज्यादा भयावह और सम्भवत: ज्यादा राजनीतिक है। इस दुनिया की सजीवता कविता की अतिरिक्त नाटकीयता का आधार है। कविता की संरचनात्मक सघनता काव्यानुभूति की शक्ति और काव्य-कथ्य की ऊर्जा का प्रतिबिम्ब है।

राजकमल चौधरी की कविता 'मुक्ति-प्रसंग' की संरचना के विषय में कृष्णनारायण कक्कड़ अक्टूबर, '67 के *आरम्भ* में इतनी बारीकी से विचार कर चुके हैं कि उसमें ज्यादा कुछ जोड़ने को शेष नहीं रहता।

कविता का 'मैं' अस्पताल में ऑपरेशन की मेज पर पड़ा हुआ अपनी दुनिया में वापस लौट जाने की कामना करता है, किन्तु उसे विश्वास है कि वह लौट न सकेगा। आधी बेहोशी की-सी स्थिति में असम्बद्ध रूप में उसकी आँखों के सामने पीछे छूटी हुई दुनिया के चित्र एक-एक करके आते हैं। कभी बच्चे, हरिन, फूल, चिड़िया, झरने, पहाड़ी गाँव, औरतें आदि; कभी ब्लैक आउट के आदिम अँधेरे में

शहीद स्मारक के नीचे रोती हुई खून से लथपथ नंगी औरत, संसदीय अधिनायकवाद, वियतनाम आदि। इस आत्मप्रलाप की निर्वैयक्तिकता इस बात में है कि इसमें अपनी निजी दुनिया के साथ एक और दुनिया भी जुड़ी हुई है, बल्कि यह दूसरी दुनिया निजी दुनिया पर बुरी तरह हावी है, जिसके साझीदार करोड़ों लोग हैं।

'मुक्ति-प्रसंग' में स्पष्टतः प्रलाप है। इस प्रलाप की तार्किक संगति है ऑपरेशन टेबुल। चित्र असम्बद्ध ही नहीं, विपर्यस्त भी हैं। इसके पीछे का तर्क है अर्द्ध-बेहोशी। चित्रित दुनिया भी अपेक्षाकृत बड़ी है और अन्तरंग भी। किन्तु अन्तरंग दुनिया जितनी सजीव है, आत्मेतर दुनिया उतनी नहीं। स्वर में आक्रामकता विशेष है और कातरता भी जो कहीं-कहीं आत्मदया की हद छू लेती है। प्रलाप-सुलभ वाक्यों की आवृत्ति यहाँ भी है और है एक पुरअसर वक्तृत्व-गुण। कुछ निरे ऐकान्तिक प्रतीक भी हैं, जैसे 'नीला रंग' और 'उग्रतारा'। इसके अतिरिक्त बीच-बीच में 'सेक्स' के खुले शब्दों से भद्र रुचि को धक्का देने की शोखी या शरारत भी। कविता मुक्ति के दो भिन्न रूपों के बीच एक अनिश्चित तनाव का अर्थ ध्वनित करती है। एक ओर : 'मगर भीड़ अब खाने के लिए गेहूँ/और सो जाने के लिए किसी भी गंदे बिस्तरे के सिवा कोई बात/नहीं कहती है। प्रजाजनों के शब्द कोश में नहीं रह गए हैं, दूसरे शब्द, दूसरे वाक्य/दूसरी चिन्ताएँ नहीं रह गई हैं। किन्तु भीड़ से विच्छिन्न असम्पृक्त रहकर भी भीड़ से मुक्त मैं हो नहीं पाता हूँ। मुक्त हो जाना कविता से पहले और मृत्यु से पहले/मुक्त हो जाना असम्भव है।' दूसरी ओर अपनी उग्रतारा के प्रति कहे हुए ये वाक्य : 'कविता से पहले और मृत्यु से पहले/तुम मेरी पृथ्वी हो और मैं तुम्हारा इष्ट देवता हूँ और कवि हूँ तुम मुझे/जन्म देती हो और मेरे साथ रमण करती हो/तुम मुझे मुक्त करती हो/और मैं तुम्हें मुक्त करता हूँ अपने मरण में/अपनी कविता में।'

आकस्मिक नहीं है कि कविता का अन्त इस दूसरी मुक्ति के ही साथ होता है। शायद दोनों मुक्तियों का द्वंद्व वास्तविक है भी नहीं। एक 'भीड़' के समान अस्पष्ट है और दूसरी उग्रतारा की प्रतिमा के समान मूर्त। कवि को सम्भवतः इसका एहसास था। इसलिए उसे बार-बार यह आशंका हुई कि 'जटिल हुए किन्तु कोई प्रतिमा बनाने के योग्य नहीं हुए उसके अनुभव'। ईमानदारी का यह स्वर जहाँ इस कविता की शक्ति है, वहीं प्रतिमाहीनता उसे एक लम्बे प्रगीत की आत्मनिष्ठ छाया बनाकर छोड़ देती है।

लम्बी नाटकीय कविताओं का दूसरा वर्ग वह है जिसमें विजयदेव नारायण साही की 'अलविदा' और गजानन माधव मुक्तिबोध की 'अँधेरे में' शीर्षक कविताएँ आती हैं। ये दोनों कविताएँ भी नाटकीय एकालाप ही हैं, किन्तु इनमें फैंटेसी के सहारे एक ऐसी प्रभावशाली पटभूमि तैयार की गई है जो पूर्वोक्त कविताओं से इन्हें अलग कर देती है। एकालाप के बावजूद इन दोनों कविताओं में वाचक के अतिरिक्त एक और व्यक्ति है जो छायारूप उस एकालाप का साझीदार बना रहता है। 'अलविदा'

में वह अपर व्यक्ति स्पष्टत: अपने से भिन्न 'कोई दूसरा' है, जिसे यदि 'अभिन्न' कहा जा सकता है तो लाक्षणिक भाषा में। 'अँधेरे में' का अपर व्यक्ति वाचक का प्रतिरूप या 'डबल' है जो उस नाटक में छाया के समान केवल उपस्थित ही नहीं रहता, बल्कि सक्रिय रूप से हिस्सा भी लेता है। इसके अतिरिक्त दोनों कविताओं में कथानक का हल्का-सा आश्रय भी लिया गया है जिसके कारण ये अरस्तू की भाषा में सच्चे अर्थों में 'कार्य का अनुकरण' हैं। इस प्रकार इनमें निहित सिद्धान्त प्रगीत कविता से सर्वथा भिन्न है। इनमें 'कहानी' नहीं, बल्कि एक हल्का-सा कथानक है जिसका निश्चित आदि, मध्य और अन्त है।

'अलविदा' में एक दोस्त को रास्ते की उस मंजिल पर विदा दी जा रही है जिसके आगे वह बदनसीब इमारत है, जिसमें अक्सर एक 'हसीन चेहरे और भटके हुए मुसाफिर का साक्षात्कार होता है'। इस लोक-प्रचलित किंवदंती अथवा कथानक रूढ़ि को स्वीकार करके साही ने कविता में एक जादुई दुनिया की सृष्टि की है। इसे कविता में मिथक का सर्जनात्मक उपयोग भी कह सकते हैं। खूबी यह है कि कविता में शुरू से यह कहानी नहीं कही गई है। कविता की शुरुआत होती है इन पंक्तियों से :

तुम खुद हाथ में रेत लेकर
उसमें चमकते चाँदी के जर्रे देखते रहे
तुम्हें किसी ने नहीं भरमाया।

और कविता का अन्त भी इन्हीं पंक्तियों के साथ होता है। 'रेत में चाँदी के जर्रे' का भ्रम ही मित्र को उस बदनसीब इमारत की हसीना से साक्षात्कार की स्थिति तक ले जाता है। साथ के और सभी लोग समझाकर लौट चुके हैं। विदा लेने से पहले आखिरी साथी का यह बयान है। वह आनेवाली घटना की तस्वीर खींचता है। लहजे में न चेतावनी का स्वर है, न लौटने का कोई आग्रह और न डराने के लिए तस्वीर की भयावहता को अतिरंजित करने का कोई अतिरिक्त प्रयास ही। स्वर कुछ इस प्रकार का है : 'फिर क्या होगा, यह बताना मेरे लिए कठिन है'। और 'और किस तरह वह घटित होगा/इसकी कोई साफ तस्वीर/अफवाह में शामिल नहीं है'।

स्वर की यह आग्रहहीनता ही कविता की शक्ति है। इस आग्रहहीनता का सीधा सम्बन्ध कविता के मूल अर्थ से है। कविता 'निर्णय के क्षण' से सम्बद्ध है, जिसमें सारे विकल्पों को खोलकर रखना ही अभीष्ट है, बलात् किसी निर्णय का लादना नहीं। निर्णय के क्षण की एक अनुभूति की काव्यात्मक अभिव्यक्ति यह है :

या शायद तन कर खड़े होने से काम चले
वह नहीं जो भविष्य के नाम पर
चुनौतियाँ देने से उपजता है

बल्कि वह जो आखिरी निर्णय के बाद सहसा
बिलकुल अकिंचन हो जाने से
उत्पन्न होता है
तब शायद तुम्हारी आँखें
न सिर्फ शीशे के पार
बल्कि शीशे के पार दिखती हुई छवि के भी आर-पार
देखने लगें
तब तुम देखोगे कि यहाँ से वहाँ तक
अटूट अँधेरा है
जो माँद में मरते हुए जानवर की तरह
साँस लेता है।

और दूसरा क्षण वह है जिनके बारे में यह आत्म-स्वीकृति है :

मुझे जिन शर्तों से बाँध दिया गया है
वहाँ इन्तजार और अस्तित्व दो चीजें नहीं हैं।

इस कथन के अर्थ-गाम्भीर्य का पता इस बात से चलता है कि इसके कुछ ही देर पहले यह स्वीकार किया जा चुका है :

और मेरे लिए वे सारे रास्ते बन्द कर दिये गए हैं
जिनसे होकर
चमकता हुआ जोखम प्रवेश करता है
और खून की आखिरी बूँद तक को
आत्मा में बदल डालने की माँग करता है।

उल्लेखनीय है कि इस मितकथन में निर्णय के उस क्षण के अनुभव से अपने-आपको वंचित बतलाते हुए भी उस अनुभव की अर्थवत्ता का पूरा संकेत दे दिया गया है। कविता में उस घटना के घटित होने से पहले ही सभी सम्भावनाओं के साथ उसका जो आभास उपस्थित किया गया है, वह इन्द्रजाल के समान मालूम होता है। यह पूर्वाभास ही कविता का कथ्य है और कविता की नाटकीयता का रहस्य भी। इसे 'विकल्प का इन्तजार' भी कहा जा सकता है। 'अलविदा' में बनी हुई काव्यानुभूति की तीव्रता इसी बात में है कि यहाँ निर्णय लेने से ठीक पहले की मन:स्थिति के अनुभूतिगत चाप को शब्दों में पूरी कलात्मकता के साथ रख दिया गया है। कविता की नैतिक शक्ति इस बात में है कि निर्णय के विषय में कोई अनिश्चयात्मकता नहीं है। 'नैतिक विजन' की यह परिपक्वता ही 'अलविदा' को श्रेष्ठ कविताओं में स्थान दिलाने के लिए पर्याप्त है।

'अँधेरे में' शीर्षक कविता की पटभूमि हर तरह से विशाल है। कविता स्वप्न-चित्रों की लड़ी है। स्वप्न-चित्रों का रूपबंध किसी फिल्म की पटकथा के समान है। जगह-जगह 'कट' और 'क्लोज-अप' इस्तेमाल किये गए हैं। ध्वनि और रूप, दोनों का अन्तर्वेशी नियोजन है। वैसे मूल कथ्य है सम्भावित आत्मरूप या अस्मिता की खोज जिसे मनोविज्ञान की भाषा में 'सर्च फॉर आइडेंटिटी' कहते हैं।

मुक्तिबोध की इस कविता की विशेषता है कि आज के अन्य कवि जहाँ अस्मिता की खोज आत्मपरक ढंग से करते हैं, मुक्तिबोध ने उसे अन्दर और बाहर, दोनों जगह खोजा है, बल्कि यह कहना अधिक संगत होगा कि मुक्तिबोध की काव्यानुभूति की बनावट ही ऐसी है कि इसमें अन्दर और बाहर के बीच कोई अन्तर नहीं रह जाता। कविता के 'मैं' का प्रतिरूप पहले तो एक प्रेत की तरह अँधेरे कमरे में अपने आने की आहट का आभास देता है—डरावने रूप में। उसकी धमक से भीत के पलस्तर अकस्मात् गिर जाते हैं और उसमें से एक डरावना-सा चेहरा बन जाता है; फिर दरवाजे पर आहट सुनाई पड़ती है, किन्तु दरवाजा खोलने पर कुछ भी दिखाई नहीं देता। इस भय के वातावरण में ही कविता का 'मैं' बाहर निकलता है और उसे रात के अँधेरे में एक मशालों वाला जुलूस दिखाई पड़ता है। जुलूस क्या है कि किसी मृत्यु-दल की शोभायात्रा। जुलूस के आगे बैंड बजता चल रहा है और पीछे 'इसी नगर के कई प्रतिष्ठित पत्रकार, आलोचक, विचारक, जगमगाते कविगण, उद्योगपति, विद्वान्, मंत्री भी, यहाँ तक कि शहर का हत्यारा कुख्यात डोमाजी उस्ताद भी'।

कहने की आवश्यकता नहीं कि यह किसी फासिस्ट दल का जुलूस है। कविता का 'मैं' इसका साक्षी है, जो जुलूस की नजरों से बच नहीं पाता। 'मारो गोली' की आवाज आती है और वह भागता है। उसका अपराध यह है कि उसने उन लोगों को नंगा देख लिया जो दिन में तो विभिन्न दफ्तरों-कार्यालयों, केन्द्रों में षड्यंत्र करते हैं और रात को जुलूस निकालते हैं। दूसरे स्वप्नचित्र में किसी जनक्रान्ति के दमन-निमित्त मार्शल लॉ का दृश्य आता है। और अन्त में एक जनक्रान्ति के पूर्वाभास का स्वप्नचित्र है जिसमें कविता का 'मैं' स्वयं अपने ढंग से साझीदार हो जाता है। स्वप्नचित्रों की दुनिया में काव्यगत 'मैं' का प्रतिरूप हर घटनाचक्र के मोड़ पर कहीं-न-कहीं प्रकट हो जाता है। कभी उसका ओजस्वी उद्‌बोधन गान सुनाई पड़ता है, और कभी वह पीछे से आकर कंधे पर हाथ रख देता है। विडंबना यह है कि यह काव्यगत 'मैं' अपने प्रतिरूप से डरता भी है और उसे देखना और पाना भी चाहता है। किन्तु दुनिया के कार्यकलाप में हिस्सा लेते हुए अनेक अनुभवों के बीच गुजरकर वह देख लेता है कि वह प्रतिरूप भयावना नहीं बल्कि स्पृहणीय है, उसे वह पहचान लेता है। वह वस्तुतः 'आत्मसम्भवा आत्माभिव्यक्ति' है।

कुल मिलाकर 'अँधेरे में' कविता का संसार एक साथ ही दहशत भरा और उम्मीद भरा, दोनों ही है। यह फैंटेसी का दुहरा प्रयोग है। कवि ने यथार्थ पर अँधेरे

की एक चादर डालकर उसके अन्दर से एक जीती-जागती स्पष्ट गोचर दुनिया को उभारकर रख दिया है जो यथार्थ से भी अधिक यथार्थ मालूम होती है। इस काव्य-लोक की अस्पष्टता और स्पष्टता, दोनों ही स्वप्न के मानिन्द हैं। कविता का सबसे प्रभावशाली अंश है अन्तिम दृश्य : 'कहीं आग लग गई, कहीं गोली चल गई'! इस वाक्य की आवृत्ति इतनी बार हुई है और हर बार इतने सार्थक ढंग से कि कविता समाप्त करने के बाद दिमाग में गूँजती रह जाती है। एक ओर जनक्रान्ति की आग भड़कती है और दूसरी ओर उसे दबाने के लिए गोली चलती है, लेकिन 'सब चुप, साहित्यिक चुप और कविजन चुप... (क्योंकि) उनके खयाल से यह सब गप है।' उस पर टिप्पणी है : 'बौद्धिक वर्ग है क्रीतदास/किराए के विचारों का उद्भास'। फिर भी कवि को विश्वास है कि 'मेरे युवकों में होता जाता व्यक्तित्वांतर'।

इस समाज-व्यवस्था के बारे में कविता भविष्यवाणी करती है :

कविता में कहने की आदत नहीं, पर कह दूँ
वर्तमान समाज चल नहीं सकता।
पूँजी से जुड़ा हुआ हृदय बदल नहीं सकता,
स्वातंत्र्य व्यक्ति का वादी
छल नहीं सकता मुक्ति के मन को,
जन को।

इस विश्वास के बल पर 'अँधेरे में' कविता में कवि 'कल होनेवाली घटनाओं की कविता' का यह घोषणापत्र भी देता है :

अब अभिव्यक्ति के सारे खतरे
उठाने ही होंगे।
तोड़ने होंगे मठ और गढ़ सब।
पहुँचना होगा दुर्गम पहाड़ों के उस पार
तब कहीं देखने मिलेंगी बाँहें
जिसमें कि प्रतिपल काँपता रहता
अरुण कमल एक।

सन्दर्भ से अलग इस प्रकार की जो पंक्तियाँ सीधी, सपाट और गद्यात्मक लगती हैं, उन्हें यदि सन्दर्भ से युक्त रूप में देखें तो उनकी काव्यात्मक शक्ति का पता चलता है। वस्तुत: 'अँधेरे में' कविता की अर्थवत्ता उसके स्वप्नचित्रमय वातावरण में है जो अपनी नाटकीय संरचना के द्वारा सीधे-सादे वाक्यों को भी काव्यात्मक गूँज से अनुरणित कर देता है। चेखव की प्रसिद्ध कहानी 'वार्ड नं. 6' को पढ़ने के बाद, कहते हैं, लेनिन ने क्रान्ति से पहले कहा था : "सारा रूस वार्ड नं. 6 है।"

'अँधेरे में' कविता को पढ़कर भी कोई यह महसूस किये बिना नहीं रह सकता कि यह आज का भारत है। स्वप्नचित्र जैसी एक अयथार्थ कला के द्वारा यथार्थ की काव्यात्मक पुन:सृष्टि करके मुक्तिबोध ने एक विरोधाभास का ही चमत्कार पैदा नहीं किया बल्कि आधुनिक हिन्दी कविता में एक कालजयी कृति की रचना की है, जिससे नि:संकोच निराला की *राम की शक्ति-पूजा* के बाद की सबसे बड़ी उपलब्धि माना जा सकता है।

विसंगति और विडंबना

रघुवीर सहाय की कविता 'शराब के बाद का सवेरा' में आए हुए 'मलबे के तले से एक हाथ छुड़ाकर उसे टोता हूँ। ढ नहीं, ट' को जब 'नई कविता' से पूरी सहानुभूति रखनेवाले श्री नेमिचन्द्र जैन कोरा क्रीड़ा-कौतुक कहकर टाल देते हैं तो कविता के प्रतिमान के अन्तर्गत इस प्रकार के क्रीड़ा-कौतुक की स्थिति पर नए सिरे से विचार करना आवश्यक हो जाता है। 'टोता हूँ। ढ नहीं, ट' क्या सचमुच ही शब्दों का खिलवाड़भर है? 'टोता हूँ' कहते ही अनुषंगवश याद आता है : 'ढोता हूँ', किन्तु कवि तत्काल ही स्पष्ट कर देना चाहता है कि मैं उसे केवल 'टोता हूँ', 'ढोता' नहीं हूँ। 'ढ नहीं, ट' का जो 'खिलवाड़' है, उसका पूरा सन्दर्भ इस प्रकार है :

जन्म के कितने दिनों बाद आई थी
वह मेरी मरी हुई माँ।
जो महान मकान बना है पड़ोस में
वह मुझ पर गिर पड़ेगा।
फिर मेरी गर्मियों की छुट्टियाँ हो जाएँगी
मेरे अपने स्कूल के अन्दर से निकलकर
बचपन के आखिरी दिन
आएँगे घर के कोने में
कहानियों की अलमारी की खुशबू
और ठंडा चिकना फर्श
मलबे के तले से एक हाथ छुड़ाकर
उसे टोता हूँ। ढ नहीं, ट।

शराब की आधी बेहोशी में जिस आदमी को अपनी 'मरी हुई' माँ की याद आ रही है और जिसे ऐसा लगता है कि पड़ोस का 'महान' मकान उस पर गिर पड़ेगा, वह क्या खिलवाड़ की मन:स्थिति में है? 'बचपन के आखिरी दिन' से क्या स्पष्ट नहीं कि शराब ने उसे सहसा बचपन की स्थिति में पहुँचा दिया है? उस स्थिति में

यदि वह ककहरा सीखनेवाले एक बच्चे की तरह 'ढ नहीं, ट' कहता है तो इसमें असंगति कहाँ है? क्या इस मन:स्थिति में 'ठंडा चिकना स्पर्श' भुलाया जा सकता है? कविता के पूरे सन्दर्भ से स्पष्ट है कि खिलवाड़ मालूम होनेवाली हरकत की तह में एक गहरी व्यथा की विडंबना है। जैसाकि एक अन्य सन्दर्भ में रघुवीर सहाय ने कहा है : "जब घने कष्ट में मन गम्भीर हो उठे, जब व्यथा में जो 'व्यंग्य' है, वह भी वहाँ हो—नहीं तो व्यथा ही कैसे वहाँ रहेगी?" (*सीढ़ियों पर धूप में*, पृ. 257) यह ऊपर का हल्का-फुल्कापन खिलवाड़ नहीं रह जाता। फिर भी इसे यदि खिलवाड़ समझा जाता है तो यह एक कविता की अधूरी समझ ही नहीं बल्कि इसके मूल में एक गहरा पूर्वग्रह है, जिसे 'रोमांटिक गम्भीरता' से सम्बद्ध माना जा सकता है।

इस पूर्वग्रह का इतिहास काफी लम्बा है। छायावादी कविता में इस प्रकार के हल्के-फुल्केपन के लिए कोई गुंजाइश न थी। निराला जैसे और बहुत-सी बातों में छायावाद के बीच अपवाद थे, इस मामले में भी छायावादी गम्भीरता को तोड़नेवाले निकले; और वह भी किसी ऐसे-वैसे प्रसंग में नहीं बल्कि *सरोज-स्मृति* जैसे शोकगीत में :

वे जो यमुना के-से कछार
पद फटे बिवाई के, उधार
खाए के मुख ज्यों, पिए तेल
चमरौधे जूते से सकेल
निकले, जी लेते, घोर गंध
उन चरणों को मैं यथा अंध
कल घ्राण-प्राण से रहित व्यक्ति
हो पूजूँ, ऐसी नहीं शक्ति!
ऐसे शिव से गिरिजा-विवाह
करने की मुझको नहीं चाह।

शोक की गम्भीर भावभूमि में ऐसे अगम्भीर प्रसंग को लाने का साहस निराला ही कर सकते थे। 'पद फटे बिवाई के' तो शायद एक बार छायावादी पाठक को ग्राह्य भी हो जाएँ क्योंकि उस पर नरोत्तमदास के *सुदामा चरित* की मुहर लगी हुई है; किन्तु इस चमरौधे जूते को बर्दाश्त करना तो छायावादी सुरुचि के लिए निश्चय ही मुश्किल था। आकस्मिक नहीं कि निराला की लम्बी कविताओं में जहाँ *राम की शक्ति-पूजा* और *तुलसीदास* को इतना गौरव प्राप्त है, *सरोज स्मृति* बहुत-कुछ उपेक्षित ही रही है। 'शोकगीत' जैसी एक काव्य-विधा की गणना का आकर्षण न होता तो *सरोज-स्मृति* सम्भवत: गम्भीर काव्य-चर्चा के दायरे से बाहर ही रहतीं। कारण है वही मुद्रा, जो छायावादी सुरुचि के लिए चमरौधा है। शोक की भावभूमि में गम्भीरता की एकरसता को तोड़नेवाला यह यथार्थ चित्र आकस्मिक नहीं है। कथा-साहित्य

में प्रेमचन्द ने भी दु:खांत स्थितियों के अन्तर्गत इसी प्रकार के 'हल्के-फुल्केपन' का सहारा लिया है। उदाहरण के लिए 'पूस की रात' और 'कफन' कहानियों का आत्म-विडंबनापूर्ण अन्त, जिनकी पृष्ठभूमि में प्रेमचन्द का यह कथन है : "गम की कहानी मजा ले-लेकर कहना : Tales of misery told in joyful style."

हिन्दी कविता में यह प्रवृत्ति छायावादी मिजाज के टूटने की स्थिति में उत्पन्न हुई जिसका ऐतिहासिक दस्तावेज है निराला का *कुकुरमुत्ता*। *कुकुरमुत्ता* उसी कवि की रचना है जिसने कभी *जुही की कली* लिखी थी। *जुही की कली* अब मान्य है, जबकि *कुकुरमुत्ता* एक कुतूहल-मात्र। वैसे, एक समय था जब *जुही की कली* भी सरस्वती के मन्दिर से लौटा दी गई थी। लेकिन *कुकुरमुत्ता* को एक दर्जा नीचे की कविता मानने का कारण दूसरा है : हास्य-व्यंग्य के प्रति एक विशेष प्रकार का पूर्वग्रह।

अकस्मात् एक हल्की बात कहकर गम्भीरता को झटके से तोड़ने की प्रवृत्ति छायावादोत्तर काव्य के संधिकाल की व्यापक प्रवृत्ति थी। *तार सप्तक* के अधिकांश कवियों ने इस कौशल का उपयोग किया है। अज्ञेय के 'धैर्यधन गदहा', प्रभाकर माचवे की 'मैं और चा की खाली प्याली', भारतभूषण अग्रवाल की 'मैं सुनता रहा मधुर नूपुर-ध्वनि, यद्यपि बजती थी चप्पल' की ओर तो उस समय के छायावादी आलोचकों का भी ध्यान आकृष्ट हुआ था। किन्तु इनके साथ ही रामविलास शर्मा की 'सत्यं शिवं सुन्दरम्' कविता का भी उल्लेख किया जा सकता है, जिसमें 'हाथी घोड़ा पालकी, जय कन्हैयालाल की' जैसी लोक-प्रचलित धुन के सहारे 'सत्यं शिवं सुन्दरम्' के छायावादी प्रभामंडल को तोड़ा गया है। निहायत गम्भीर और गरिष्ठ समझे जानेवाले मुक्तिबोध भी इस विडंबना से अछूते नहीं रहे। *नूतन अहं* में सीधे निराला का *कुकुरमुत्ता* इन शब्दों में उठ खड़ा हुआ है :

अहंभाव उत्तुंग हुआ तेरे मन में
जैसे घूरे पर उट्ठा है।
धृष्ट कुकुरमुत्ता उन्मत्त।

इन पंक्तियों की 'आत्म-विडंबना' को समझने के लिए इतना संकेत करना आवश्यक है कि 'तेरे' सम्बोधन किसी और के प्रति नहीं, बल्कि अपने प्रति है।

आलोचकों ने इस प्रवृत्ति को छायावाद की प्रतिक्रिया के रूप में स्वीकार करते हुए इसे 'ऐतिहासिक' महत्त्व तो दिया, किन्तु ऐसा प्रतीत होता है कि काव्य के स्थायी मूल्यों में इसके लिए जगह न थी। डॉ. नगेंद्र के 'प्रयोगवाद' शीर्षक निबन्ध के इस अंश से यह बात काफी स्पष्ट हो जाती है : "प्रयोगवादी कविता का जन्म छायावाद के विरुद्ध प्रतिक्रिया के रूप में हुआ है। अंग्रेजी साहित्य में भी प्रयोगवादी कविताओं में रोमानी प्रकृति के विरुद्ध विद्रोह का एक तीखा स्वर मिलता है, परन्तु वह व्यावहारिक की अपेक्षा सैद्धान्तिक अधिक है। हिन्दी में यह प्रतिक्रिया अधिक

स्थिर और स्पष्ट है। भावक्षेत्र में छायावाद की अतींद्रियता और वायवी सौन्दर्य-चेतना के विरुद्ध एक वस्तुगत मूर्त और ऐंद्रिय चेतना का विकास हुआ और सौन्दर्य की परिधि में केवल मसृण और मधुर के अतिरिक्त परुष, अनगढ़ और 'भदेस' का समावेश किया गया। वास्तव में नए कवि ने अतिशय कोमलता और मार्दव से ऊबकर अनगढ़ और भदेस को कुछ 'अधिक ही आग्रह' के साथ ग्रहण किया।"

प्रसंगवश इस सन्दर्भ में अंग्रेजी की 'प्रयोगवादी' कविताओं में प्राप्त 'रोमानी प्रकृति के विरुद्ध विद्रोह' का जिक्र आया है तो टी. एस. इलियट की प्रसिद्ध कविता 'द लव सांग ऑफ अल्फ्रेड जे. प्रूफ्रॉक' का नाम लेना अप्रासंगिक न होगा, ताकि स्पष्ट हो जाए कि अंग्रेजी में यह विद्रोह सैद्धान्तिक अधिक था या व्यावहारिक। साथ ही वह कविता इस बात के लिए भी ठोस प्रमाण है कि रोमानी प्रकृति की प्रतिक्रिया में लिखी गई विडंबनापूर्ण कविता का महत्त्व केवल 'ऐतिहासिक' नहीं, बल्कि 'स्थायी' भी हो सकता है। अंग्रेजी की 'प्रयोगवादी' कविता की प्रकृति के बारे में डॉ नगेंद्र के इस बुनियादी अज्ञान का उल्लेख इसलिए आवश्यक है कि हिन्दी की प्रयोगवादी कविता सम्बन्धी उनकी समझ का इससे सीधा सम्बन्ध है। 'सूर्य और मेढक, चाँदनी रात और मूत्र-सिंचित वृत्त में खड़े हुए गदहे, नूपुर-ध्वनि और चप्पल, कांट, फिक्टे और खाली चा की प्याली का साथ-साथ आना' डॉ. नगेंद्र के लिए केवल विषय-परिवर्तन है। 'साहित्यिक उपादानों के लघु-गुरु के अन्तर का झटके के साथ अस्वीकार' प्रयोगवाद के आरम्भिक विद्यार्थी के लिए 'जीवन-मूल्यों की अव्यवस्था' का प्रतीक था। उल्लेखनीय है कि लघु-गुरु के आकस्मिक और अप्रत्याशित संयोजन में निहित काव्य-दृष्टि की ओर ध्यान नहीं गया—न तब और न अब। इसीलिए आगे चलकर जब इस काव्य-दृष्टि का प्रौढ़ रूप सामने आया, तब भी उसका ठीक-ठीक मूल्यांकन न हो सका।

इस विषय में छायावादी आलोचकों से ही चूक हुई हो, ऐसी बात नहीं। जो 'नई कविता' के समर्थक और प्रचारक के रूप में सामने आए, उन्होंने भी किसी बेहतर समझ का परिचय नहीं दिया। उदाहरण के लिए *नई कविता* पत्रिका के एक ही अंक में रघुवीर सहाय की रचना 'अगर कहीं मैं तोता होता' तो 'किंचित् कविता' के अन्तर्गत प्रकाशित की गई और 'काँगड़े की छोरियाँ' (अज्ञेय) और 'चाँदनी चन्दन सदृश हम क्यों लिखें' (अजितकुमार) को 'ठेठ कविता' के अन्तर्गत स्थान दिया गया। सम्पादक के मन में 'कविता' और 'किंचित् कविता' के बीच निश्चय ही कोई-न-कोई विभाजक-रेखा होगी किन्तु उक्त तीनों कविताओं का विभाजन इस अन्तर को किसी भी तरह स्पष्ट नहीं करता। क्या 'कविता' के अन्तर्गत स्वीकृत कविताएँ इसलिए कविता मानी गई हैं कि उनमें से एक का विषय 'चाँदनी' है और दूसरे का विषय 'छोरियाँ'? और 'तोता' से सम्बद्ध होने के कारण ही रघुवीर सहाय की कविता 'किंचित् कविता' के खाते में डाल दी गई? *नई कविता* के उसी अंक

में स्वयं जगदीश गुप्त की एक कविता है : 'पहेली'। कविता निहायत हल्के-फुल्के ढंग से शुरू होती है : 'तुम्हें जाने/अगर इस बार बतला दो/हमारी मुट्ठियों में है छिपी क्या चीज?' लेकिन अन्त तक जाते-जाते वह मुट्ठी फौलाद बन जाती है और रहस्य खुलता है कि छिपी चीज 'दर्द' है, 'मजबूरी' है, 'आँसू' है! देखते-देखते हँसी आँसू बन जाती है; लेकिन हँसी को आँसू बनाने में कविता को खींचकर फैलाना जरूरी हो जाता है : इस खींच-तान का एक ही परिणाम है—कविता का कविता न रह जाना। गम्भीरता के आडम्बर में हँसी ही गायब नहीं होती, स्वयं कविता भी गायब हो जाती है। यह अतिरिक्त गम्भीरता ही वह पूर्वग्रह है जो हल्के-फुल्केपन का आभास देनेवाली गम्भीर कविताओं के मूल्यांकन में बाधक हुआ।

वैसे, इस विषय में अज्ञेय की दृष्टि काफी स्पष्ट रही है। भवानीप्रसाद मिश्र की 'गीत-फरोश' शीर्षक कविता की विशेषता बतलाते हुए एक कला-पारखी की सही दृष्टि का परिचय देते हुए उन्होंने कहा कि इसका कवित्व एक गम्भीर बात को निहायप्त अगम्भीर ढंग से कहने में है और वह अगम्भीरता कविता के 'स्वर' (टोन) में है। इसी प्रकार *तीसरा सप्तक* की भूमिका में उन्होंने साफ शब्दों में स्वीकार किया है : "क्रीड़ा और लीला-भाव भी सत्य हो सकते हैं—जीवन की ऋजुता भी उन्हें जन्म देती है और संस्कारिता भी। देखना यह होता है कि वह सत्य के साथ खिलवाड़ या 'फ्लर्टेशन' मात्र न हो।"

इस कथन में महत्त्वपूर्ण बात है क्रीड़ा और लीला-भाव। कवि की सृजनशीलता और प्रयोगशीलता के मूल में यही क्रीड़ा-भाव और लीला-भाव है, जिसे रघुवीर सहाय की कहानी 'खेल' अत्यंत कलात्मक ढंग से प्रस्तुत करती है और जो अन्तःसूत्र के समान उनकी काव्य-रचना में आद्यंत विद्यमान है। यह क्रीड़ा-भाव कला-मात्र की बुनियाद है। भरत मुनि ने इसी अर्थ में नाट्य को 'क्रीड़-नीयक' कहा है। अंग्रेजी के आधुनिक कवि ऑडेन जब कविता को 'ज्ञान का खेल' और 'गहरे अर्थ में तुच्छ' (Frivolous) कहते हैं तो वे इसी बुनियादी क्रीड़ा-भाव पर बल देते हैं। हिन्दी के नए कवियों में रघुवीर सहाय ने इस क्रीड़ा-कौशल का उपयोग अनेक रूपों में अत्यंत सफलता के साथ किया है। उदाहरण के लिए प्रेम-कविता के अन्तर्गत :

तुम उसका क्या करती हो मेरी लाडली
—अपनी व्यथा के संकोच से मुक्त होकर
जब मैं तुम्हें प्यार करता हूँ।

एक 'लाडली' सम्बोधन पूरी कविता को और ही रंग दे देता है। छायावादी 'सखि', 'सजनि', 'प्रिये', 'प्राण', 'रानी' आदि सम्बोधनों के स्थान पर 'लाडली' शब्द रखकर रघुवीर सहाय ने रूमानी भावुकता को ही नहीं तोड़ा, बल्कि एक मीठी-सी अगम्भीरता के द्वारा प्यार में निहित अकेलेपन की व्यथा को बिजली की कौंध के

समान पूरी तीव्रता के साथ उद्‌भासित भी कर दिया। *सीढ़ियों पर धूप में* संकलन के अन्तर्गत ऐसी अनेक छोटी-छोटी कविताएँ हैं जिनमें यह क्रीड़ा-वृत्ति साफ व्यक्त हुई। इसका एक रूप है असम्बद्ध और नितान्त भिन्न समझी जानेवाली वस्तुओं को अप्रत्याशित रूप से एकत्र संयोजित करके संयोजन से उत्पन्न होनेवाले नए अर्थ की ओर संकेत करना; जैसे :

बिल्ली रास्ता काट जाया करती है
प्यारी-प्यारी औरतें हरदम बकबक करती रहती हैं
चाँदनी रात को मैदान में खुले मवेशी
आकर चरते हैं

और प्रभु यह तुम्हारी दया नहीं तो और क्या है
कि इनमें आपस में कोई सम्बन्ध नहीं।

क्या इनमें आपस में सचमुच कोई सम्बन्ध नहीं है? बिल्ली और औरतें, चाँदनी रात और खुले मवेशी कविता में जो एक साथ आए हैं, उनका कोई अर्थ नहीं? एक ओर औरतें 'प्यारी-प्यारी' हैं तो दूसरी ओर वे 'बकबक' करती हैं, यह विरोध अकारण है? और क्या इसके बाद भी औरतें 'प्यारी' रह जाती हैं? 'प्यारी-प्यारी' का व्यंग्य स्पष्ट नहीं है? और अन्त में प्रभु की 'दया' दया ही है या और कुछ? कविता का अर्थ उद्‌घाटित करने की दिशा में ये जो कुछ प्रश्न प्रस्तुत किये गए हैं, उनसे एक और बात सामने आती है कि इस कविता में कितनी अधिक बातों को, बल्कि कितनी बड़ी बात को कितने संक्षेप में कहा गया है। यह संक्षेप अथवा शाब्दिक मितव्ययिता ही व्यंग्य की जान कही जाती है। इस प्रकार यह क्रीड़ा-कौतुक अर्थ-चमत्कार के साथ ही शिल्प-सिद्धि का भी सूचक है। *आत्महत्या के विरुद्ध* में रघुवीर सहाय ने इस क्रीड़ा-कौशल का और भी सार्थक एवं प्रौढ़ प्रयोग किया है। उदाहरण के लिए 'फिल्म के बाद चीख' शीर्षक कविता ली जा सकती है। आरम्भ में कविता एक घटिया रंगीन फिल्म का आभास देती है, किन्तु अन्त में जाकर संसद-भवन में जिस प्रकार उसकी परिणति होती है, उससे एक अर्थगर्भित रूपक की सृष्टि होती है :

एक बार जानबूझकर चीखना होगा
जिन्दा रहने के लिए
दर्शकदीर्घा में से
रंगीन फिल्म की घटिया कहानी की
सस्ती शायरी के शेर
संसद-सदस्यों से सुन
चुकने के बाद।

किन्तु इस कविता के अन्तर्गत फिल्म और संसद-जैसी दो भिन्न वस्तुओं को एकत्र करने के अतिरिक्त तनाव-भरी चीख को जैसे हल्का करने के लिए गम्भीर और हल्के-फुल्के अनेक चित्र थोड़े-थोड़े अन्तराल के साथ एकजुट किये गए हैं! जैसे 'तुमने किस औरत पर उतारा क्रोध/वह जो दिखलाती है पेट पीठ और फिर/भी किसी वस्तु का विज्ञापन नहीं है/मूर्ख, धर्मयुग में अस्तुरा बेचती है वह/कुछ नहीं देती है बिस्तर में बीस बरस के मेरे/अपमान का जवाब' जैसी पंक्तियाँ हैं, जिनमें एक साथ औरत, विज्ञापन की औरत और बीस बरस का अपमान है; और एक ही 'देती है' क्रिया बिस्तर को राजनीति तक विस्तृत करके एक ही ढेले से दो शिकार करने का चमत्कार पैदा करती है। इसी प्रकार गम्भीर और हल्की-फुल्की चीजों के गड्डमड्ड का दूसरा उदाहरण है :

सेना का नाम सुन देशप्रेम के मारे
मेजें बजाते हैं
सभासद भद भद भद कोई नहीं हो सकती
राष्ट्र की
संसद एक मन्दिर है जहाँ किसी को द्रोही कहा नहीं
जा सकता
दूध पिए मुँह पोंछे आ बैठे जीवनदानी गोंद—
दानी सदस्य तोंद सम्मुख धर
बोले कविता में देशप्रेम लाना हरियाना प्रेम लाना
आइसक्रीम लाना है

देश-प्रेम, हरियाना-प्रेम और आइसक्रीम को एक साथ लाना तो स्पष्ट ही है, 'भद भद भद' में शब्दों का खिलवाड़ करते हुए जो श्लेष लाया गया है और फिर जीवनदानी को गोंददानी में बदलते हुए अन्त में गोंद के तुक में तोंद को रखकर सारी स्थिति के उपहासास्पद रूप को स्पष्ट कर दिया गया है। ध्यान देने की बात है कि ये सारे कौशल चीख के तनाव को कविता के अन्दर ढीला करने के लिए, किन्तु कविता के समग्र प्रभाव को और भी गहरा करने के लिए इस्तेमाल किये गए हैं। स्पष्टतः यह कविता एक ओर चालू हास्य कविताओं से अलग है तो दूसरी ओर ऐसे ही विषयों पर लिखी गई आक्रोश की आविष्ट रचनाओं से भिन्न है। आक्रोश की आवेशपूर्ण रचनाओं के साथ रघुवीर सहाय की इस कविता को रखने पर यह तथ्य उभरकर सामने आता है कि जीवन के प्रति यह क्रीड़ा-भाव कविता में अनर्गल भावावेश को संयत करके कविता की संरचना में ही कसावट नहीं लाता, बल्कि उसके कथ्य में भी गहराई, प्रौढ़ता और सघनता उत्पन्न करता है।

श्रीकांत वर्मा ने भी अन्त:अनुप्रास के खिलवाड़ से इसी प्रकार विरोधी वस्तुओं के संयोजन से अर्थ-चमत्कार एवं कविता की संरचना में कसावट का निर्माण किया है। उदाहरण के लिए 'दर्ज' और 'मर्ज' के तुक द्वारा जोड़ी गई दो भिन्न स्थितियों का निम्नलिखित संयोजन :

नहीं, एक रोजनामचा हूँ
मुझमें मेरे अपराध
हू-ब-हू कविताओं-से
दर्ज हैं।
मर्ज हैं
जितने
उनसे ज्यादा इलाज है।

किसी अर्थ-गम्भीर कथ्य के अभाव में यही तुक कोरा कौतुक बन सकता था किन्तु श्रीकांत वर्मा के सधे हाथों इसका प्रयोग कम-से-कम शब्दों में अधिक-से-अधिक गहरे अर्थ की व्यंजना के लिए हुआ है; जैसे :

मैं हरेक नदी के साथ
सो रहा हूँ
मैं हरेक पहाड़
ढो रहा हूँ।
मैं सुखी
हो रहा हूँ
मैं दुखी
हो रहा हूँ
मैं सुखी-दुखी होकर
दुखी-सुखी
हो रहा हूँ
मैं न जाने किसी कंदरा में
जाकर चिल्लाता हूँ : मैं
हो रहा हूँ। मैं
हो रहा हूँ ऽऽ

शुरू का शाब्दिक खिलवाड़ अन्त तक जाते-जाते 'मैं हो रहा हूँ' की जिस अर्थ-गम्भीरता में परिणत होता है, वह आज की कविता में एक उपलब्धि है। 'अरथ अमित अति आखर थोरे' के ऐसे उदाहरण आज कम ही मिलते हैं। इधर के

नए कवियों में विपिनकुमार अग्रवाल और धूमिल ने इस रंग में ज्यादा रुचि दिखलाई है; किन्तु इन दोनों कवियों में—खास तौर से धूमिल में शब्दों और तुकों से खेलने की अपेक्षा सूक्तियों से खेलने की वृत्ति अधिक है। धूमिल यदि यह कहते हैं कि :

हर ईमानदारी का
एक चोर दरवाजा है
जो संडास की
बगल में खुलता है

तो विपिनकुमार अग्रवाल 'अदांत' शीर्षक कविता में एक भद्र परिवार के ड्राइंगरूम के 'ताम-झाम' का लम्बा ब्योरा अन्त में सिर्फ यह कहने के लिए देते हैं :

...तुम यहाँ आए क्यों?
तुमसे तुम्हारी माँ ने मरते समय
नहीं कहा था—वहाँ मत जाना
जहाँ सबको जाना अच्छा लगे!

हिन्दी कविता में यह प्रवृत्ति इधर इतनी बढ़ी है कि *तार सप्तक* काल के जो कवि सिर्फ इस प्रवृत्ति के कारण पिछले दौर में उपेक्षित रह गए थे, इन कविताओं के चलते पुनः प्रकाश में आ गए। इस दृष्टि से भारतभूषण अग्रवाल और प्रभाकर माचवे के नाम उल्लेखनीय हैं। स्पष्टतः नवतर कवियों की तुलना में इन प्रयोगशील कवियों की क्रीड़ा-सुलभ कविताओं में शिल्प का वह कसाव और सुथरापन नहीं, फिर भी व्यंग्य की तीक्ष्णता द्रष्टव्य है। उदाहरण के लिए भारतभूषण अग्रवाल की 'अनुपस्थित लोग' शीर्षक कविता, जिसका अन्तिम अंश इस प्रकार है :

कितने 'खुशकिस्मत' हैं हम
जो एक-दूसरे की आँखों में हैं
अकेले हैं,
और यहाँ हैं—
इस क्षण में
इस टेबिल पर

कविता के पूरे सन्दर्भ से स्पष्ट हो जाता है कि 'खुशकिस्मत' होने का क्या मतलब है। रेस्त्राँ की भीड़ में काव्य-नायक अपनी प्रेयसी को आश्वस्त करते हुए कहता है कि और यहाँ कौन है? क्योंकि 'आसपास बैठे ये लोग—ये सब-के-सब यहाँ नहीं, कहीं और हैं'। कहा तो यह गया है कि यहाँ यदि कोई है तो सिर्फ हमीं दोनों, किन्तु व्यंग्य स्पष्ट है कि औरों की तरह हम दोनों भी कहीं और हैं। ये हैं 'खुशकिस्मत'

लोग। कवित्व 'अकेले हैं' की दुहरी व्यंजना में है। उल्लेखनीय यह नहीं है कि हल्के-फुल्के ढंग से अकेलेपन की गहरी व्यथा व्यक्त की गई है, बल्कि यह कि कहने का हल्का अन्दाज उस व्यथा को और गहरा कर देता है।

प्रभाकर माचवे की तुलना अंग्रेजी के आधुनिक कवि विलियम एंपसन के साथ करते हुए केदारनाथ सिंह ने जुलाई-सितम्बर, '67 की *आलोचना* में लिखा है कि ये व्यंग्य, विडंबना तथा शाब्दिक विरोधों का भरपूर उपयोग करनेवाले कवि हैं। यह आकस्मिक नहीं है कि कुछ दिनों पूर्व नई पीढ़ी के कुछ कवियों ने माचवे की कविता के साथ अपना सम्बन्ध जोड़ने का प्रयास किया था। उनके काव्य में जो स्थितियों का एक हल्का-फुल्कापन और काव्य के बुनियादी ढाँचे के साथ रचनात्मक खिलवाड़ का-सा भाव है, वह नई पीढ़ी की काव्यात्मक मनोदशा के अधिक निकट है। जहाँ तक माचवे का सम्बन्ध है, केदारनाथ सिंह का कथन एकदम सही है, किन्तु माचवे के साथ नाता जोड़नेवाले कवियों के सम्बन्ध में उनके कथन को थोड़ा सीमित करना पड़ेगा। माचवे से नाता जोड़नेवालों में तथाकथित 'अकवितावादी' कवि प्रमुख हैं, जिनके बारे में विडम्बना यह है कि 'विसंगति' के प्रति अपनी जागरूकता की घोषणा करते हुए भी वे अपनी कविता में 'विसंगति' की व्यंजना विसंगति की शैली में न करके, भावावेश का आस्फालन ही अधिक करते हैं।

माचवे की कविता के महत्त्व को रेखांकित करनेवाले लक्ष्मीकांत वर्मा भी हैं, बल्कि लक्ष्मीकांत वर्मा ने इस मामले में पहल की है। लक्ष्मीकांत वर्मा को इस बात के लिए श्रेय देना होगा कि उन्होंने कविता के अन्तर्गत विसंगति, विडंबना, विद्रूप आदि के महत्त्व को प्रतिष्ठित करने के लिए 'ताजी कविता' के नाम से एक आन्दोलन चलाने का भी संकल्प किया। अगम्भीरता की स्थापना के लिए गम्भीर मुद्रा अपनाकर लक्ष्मीकांत वर्मा ने अपनी विसंगति प्रकट कर दी, किन्तु इसके बावजूद इस प्रवृत्ति को स्पष्ट करने के लिए उन्होंने 'शरारतपूर्ण सह-संयोजन' के रूप में जो सूत्र प्रस्तुत किया, वह निस्सन्देह पर्याप्त अर्थगर्भ है। उनके अनुसार, आज की स्थिति एक बहुत बड़े 'फार्म' का प्रतीक है। इसलिए 'शब्दों, बिम्बों, और उनके साथ स्थितियों के चयन और संयोजन में' शरारत को 'पिरोना' आवश्यक है। शरारत का महत्त्व बतलाते हुए वे लिखते हैं : "जब शब्दों के प्रति पूजा का भाव हो, बिम्बों के प्रति मोह हो, स्थितियों को जानने के प्रति 'तथ्य-दृष्टि' न हो और अर्थों के प्रति व्यामोह हो तो इनसे उबरने के लिए कुछ 'शरारतें' करनी चाहिए।" लक्ष्मीकांत वर्मा के 'शरारतपूर्ण सह-संयोजन' को समझने में आसानी होगी यदि हम यह याद कर लें कि इससे पहले उन्होंने कविता में जीवन के प्रति 'सिनिकल एप्रोच' की हिमायत की थी।

इस बिन्दु पर पहुँचकर आज की कविता में व्यक्त होनेवाले तथाकथित क्रीड़ा-भाव के 'मूल्य' पर विचार करना आवश्यक हो जाता है। क्या जीवन के प्रति क्रीड़ा-भाव या लीला-भाव और 'सिनिसिज़्म' अथवा सनकीपना पर्याय है? क्या श्रीकांत वर्मा

जब आज की स्थिति को *माया-दर्पण* का नाम देते हैं तो वह 'सिनिसिज़्म' है? मुक्तिबोध ने 'मेरे सहचर मित्र' शीर्षक कविता में लिखा है :

खूँखार, सिनिक, संशयवादी
शायद मैं कहीं न हो जाऊँ
इसलिए बुद्धि के हाथों-पैरों की बेड़ी
जंजीरें खनका कर तोड़ीं।

स्पष्ट है कि आज की स्थिति संशयवादी, सिनिक और खूँखार बना देनेवाली है किन्तु मुक्तिबोध के कथन से यह भी स्पष्ट है कि बुद्धि के हाथों इस स्थिति पर काबू भी पाया जा सकता है। पक्का 'सिनिक' हो जाने के बाद फिर कविता भी अनावश्यक हो जाती है। काव्य-रचना का अर्थ ही है 'सिनिसिज़्म' पर मानसिक विजय। आकस्मिक नहीं है कि श्रीकांत वर्मा की *माया-दर्पण* कविता के अन्त में 'नाटक की समाप्ति' का संकेत है। सम्पूर्ण स्थिति को एक नाटक के रूप में स्वीकार करना और फिर नाटकीय बुनावट के साथ उसे काव्य-बद्ध करना तथाकथित 'सिनिसिज़्म' का रचनात्मक उपयोग है। फिर यह नाटक त्रासदी भी हो सकता है, कामदी भी, और दोनों के बीच स्थित कोई अन्य रूप तथा दोनों के मिश्रण का कोई नया प्रयोग भी। ऐसा प्रतीत होता है कि लक्ष्मीकांत वर्मा के 'शरारतपूर्ण सह-संयोजन' में नाटकीयता के विभिन्न रूपों के लिए पूरी गुंजाइश नहीं है। इसी प्रकार यदि प्रभाकर माचवे, रघुवीर सहाय और श्रीकांत वर्मा की क्रीड़ापरक कविताओं की तुलना की जाए तो उनमें भी परस्पर पर्याप्त अन्तर दिखाई पड़ेगा और यह अन्तर काव्य-संरचना से लेकर भावबोध और मूल्यबोध तक में प्रतिबिम्बित मिलेगा। माचवे में जहाँ कौतुक-मात्र की प्रधानता है, रघुवीर सहाय और श्रीकांत वर्मा में क्रीड़ायुक्त गम्भीरता है। इसे दोनों ही कवि कविता के नाटकीय विन्यास में त्रासदीय और कामदीय तत्त्वों की बुनावट द्वारा उपलब्ध करते हैं। उदाहरण के लिए *माया-दर्पण* का काव्य-नायक न केवल सुखी हो रहा है, न केवल दुखी; बल्कि सुखी-दुखी होकर दुखी-सुखी हो रहा है और अन्त में एक कंदरा के अन्दर से चिल्लाता है : 'मैं हो रहा हूँ'! *माया-दर्पण* की यही नाटकीयता उसे कोरे क्रीड़ा-कौतुक के स्तर से ऊपर उठाकर गहरे अर्थ से संवलित कर देती है। किन्तु *माया-दर्पण* में यह भी है कि 'किसी के न होने से कुछ भी नहीं होता'; और यह भाव अन्ततः 'होने' की सारी नाटकीयता को भोथर ही नहीं करता, बल्कि कविता की संरचनात्मक नाटकीयता की गति को मंथर और बुनावट को झीना कर देता है। इसके विपरीत रघुवीर सहाय की *आत्महत्या के विरुद्ध* में सक्रियता है, गतिमयता है और है एक सघनता जो तनावपूर्ण नाटकीयता का निर्वाह अन्त तक करती है। सम्भवतः ऐसा इसलिए है कि रघुवीर सहाय के लिए आज की स्थिति केवल 'माया-दर्पण' नहीं बल्कि जीती-जागती वास्तविकता है और कवि इस

वास्तविकता से अन्त तक जूझने का संकल्प लेकर 'आत्महत्या के विरुद्ध' खड़े होने का निर्णय लेता है। यह 'सिनिसिज़्म' नहीं, बल्कि उससे उबरने की मानवोचित कोशिश है। इस प्रकार कविता में क्रीड़ाभाव की सबसे बड़ी उपलब्धि यही नाटकीयता है।

कुँवरनारायण ने *तीसरा सप्तक* के अन्तर्गत अपने वक्तव्य में इस नाटकीय विशेषता को रेखांकित करते हुए कहा है : "जीवन के इस बहुत बड़े कार्निवाल में कवि उस बहुरुपिए की तरह है जो हजारों रूपों में लोगों के सामने आता है, जिसका हर मनोरंजक रूप किसी-न-किसी सतह पर जीवन की एक अद्‌भुत व्याख्या है और जिसके हर रूप के पीछे उसका एक अपना गम्भीर और असली व्यक्तित्व होता है जो इस विविधता के बुनियादी खेल को समझता है।"

नि:सन्देह इस कथन में कुँवरनारायण का अभिप्राय किसी एक कविता के नाटकीय विन्यास से नहीं, बल्कि कवि-व्यक्तित्व के बहुरुपियापन से है; और हजारों रूपों से भी तात्पर्य सम्भवत: अलग-अलग कविताओं में पाए जानेवाले बहुरंगी चित्रों से है। किन्तु इसके बावजूद, जैसाकि कुँवरनारायण की कुछ क्रीड़ापरक कविताओं से स्पष्ट है, वे काव्य के अन्तर्गत 'बुनियादी खेल' को महत्त्वपूर्ण मानते हैं।

लगभग इसी तरह की बात अमरीका के आधुनिक आलोचक रिचर्ड ब्लैकमर ने 'द लोगोस एंड केटाकूम : द रोल ऑफ़ इंटेलेक्चुअल'[1] शीर्षक निबन्ध में कही है। ब्लैकमर के इस निबन्ध की पृष्ठभमि में उनकी जापान-यात्रा का एक कड़ुवा अनुभव है। 'यूनाइटेड स्टेट्स इन्फार्मेशन एजेंसी' के अनुरोध पर ब्लैकमर ने साहित्य-सम्बन्धी भाषण के लिए जापान जाना स्वीकार कर लिया। उनका खयाल था कि अपनी बात कहने के लिए वे पूरी तरह स्वतंत्र रहेंगे। किन्तु उनकी आशा के विपरीत 'यूनाइटेड स्टेट्स इन्फार्मेशन एजेंसी' के अधिकारियों ने हस्तक्षेप किया। इस प्रत्यभिज्ञान के झटके से उन्हें ऐसा कटु अनुभव हुआ कि उन्होंने यात्रा से लौटकर तुरन्त वह निबन्ध लिखा। निबन्ध में उन्होंने अपनी खास बारीक बुनावटवाली शैली में कहा है कि आज की स्थिति में लेखक एक अभिनेता की भूमिका अदा करके ही जिन्दा रह सकता है और अभिनय-सुलभ क्रीड़ा-वृत्ति के द्वारा ही उसकी कला का सार्थक उपयोग सम्भव है। एक बुद्धिजीवी कर्म से आलोचनात्मक और क्रीड़ाशील होता है। वह सत्य को खोजता है और उसके साथ खिलवाड़ करता रहता है और नाटक की अनेक भूमिकाओं में एक-न-एक भूमिका अदा करता है। ब्लैकमर ने साफ यह तो नहीं कहा कि लेखक को अनिवार्यत: एक विदूषक की भूमिका अदा करनी पड़ती है, किन्तु इसकी ओर एक हल्का-सा संकेत अवश्य है।

स्पष्ट है कि आज की विडंबनापूर्ण स्थिति के सम्मुख नाटकीय काव्य के लिए अपार सम्भावनाएँ हैं और नाटकीय रचनाएँ ही इस स्थिति की चुनौती को अच्छी तरह

1. *Kenyon Review,* Vol, XXI, No. 1, Winter, 1959

स्वीकार भी कर सकती हैं। आकस्मिक नहीं है कि इस दौर की सशक्त रचनाओं में जिस *अन्धायुग* का नाम प्राय: लिया जाता है, वह काव्य-नाटक है। त्रासदी की छाया से रंजित इस नाटक के सम्भवत: सबसे प्रभावशाली चरित्र दो प्रहरी हैं; और उनके आत्म-विडंबना से भरे हुए संवाद का यह अंश *अन्धायुग* के मार्मिक प्रसंगों में से एक है :

हमने मर्यादा का अतिक्रमण नहीं किया
क्योंकि नहीं थी, अपनी कोई भी मर्यादा
हमको अनास्था ने कभी नहीं झकझोरा
क्योंकि नहीं थी अपनी कोई गहन आस्था
इसीलिए सूने गलियारे में
निरुद्देश्य
निरुद्देश्य
चलते हम रहे सदा
दाएँ से बाएँ
और बाएँ से दाएँ
मरने के बाद भी
यम के गलियारे में
चलते रहेंगे सदा
दाएँ से बाएँ
और बाएँ से दाएँ।

यह काव्य-खंड यदि गीत होता तो सर्वथा सपाट लगता—एक व्यक्ति के आत्म-संलाप के रूप में यही उद्गार अपनी गम्भीरता के बोझ से पूरे कथ्य को बोझिल बनाकर उसकी अर्थवत्ता नष्ट कर देता। किन्तु दो व्यक्तियों के संवाद में विभक्त होकर यह काव्य-खंड अपनी एकरसता ही भंग नहीं करता, समूचे कथ्य को विडंबनापूर्ण बना देता है, जिसमें आत्म-विडंबना भी अन्तर्निहित है। 'महाभारत' के सर्वनाश की त्रासदीय पीठिका में प्रहरियों का यह आत्मतुष्ट स्वर अपनी अगम्भीरता द्वारा समूचे सन्दर्भ को और भी भाव-गम्भीर बना देता है और इस कारण उस त्रासदी की छाया और गहरी हो जाती है। कवि के अनजाने ही यह काव्य-खंड स्वयं कवि द्वारा अन्त में स्थापित 'मर्यादा' और 'आस्था' की निरर्थकता नहीं तो विडंबना को उद्घाटित कर देता है।

मुक्तिबोध की *चम्बल की घाटी में* और *अँधेरे में* जैसी भयावह त्रासदीय रंग की नाटकीय कविताओं के अन्तर्गत काले बादलों को चीरकर बिजली की कौंध के समान हल्के-फुल्के संक्षिप्त प्रसंग झलक जाते हैं, जिनसे विडंबना के सर्जनात्मक उपयोग का गहरा एहसास होता है।

कविता के प्रतिमान में अब तक यदि इस क्रीड़ा-भाव से उत्पन्न होनेवाली विडंबना को उचित स्थान नहीं मिला, तो साहित्यिक कारणों के अतिरिक्त एक साहित्येतर कारण भी है और वह है इन कविताओं की आक्रमण-क्षमता का भय। आकस्मिक नहीं है कि अफलातून और अरस्तू, दोनों ने कामदी को राजनीतिक रूप से खतरनाक घोषित किया था। शायद यही एक ऐसा बिन्दु था जिस पर अफ़लातून और अरस्तू, दोनों एकमत थे। कामदी को एक दर्जा नीचे स्थान देने का एक कारण सम्भवतः यह भी था। हिन्दी के आधुनिक आलोचकों को ऐसी दूरदर्शिता के गौरव से मंडित करना तो शायद उनके लिए भारी पड़े, किन्तु इस आशंका के लिए पूरी गुंजाइश है कि रोमानी सुरुचि के लिए ये रचनाएँ ज्यादा तेज पड़ती हैं। किन्तु संरचना की सघनता, शब्दों की मितव्ययिता, भावों की विडंबना-निर्मित जटिलता, भावावेश-हीनता एवं विचारों की तीक्ष्णता आदि काव्य-गुणों के कारण ही इस प्रकार की कविताएँ आज के काव्य में महत्त्वपूर्ण स्थान की अधिकारी हो जाती हैं।

अनुभूति की जटिलता और तनाव

अनुभूति को कविता के मूल में स्थापित करते ही पहली समस्या काव्यानुभूति की माप की उठती है। माप सामान्यतः मात्रा और गुण, दो स्तरों पर हो सकती है किन्तु भावाभिव्यक्तिवादी आलोचक अपने शुद्ध अनुभूतिपरक आग्रह के कारण प्रायः मात्रापरक माप के लिए विवश होते हैं। उदाहरण के लिए डॉ. नगेंद्र का यह कथन : "रसानुभूति की कोटियों की कल्पना शास्त्र को सर्वथा अग्राहय है; किन्तु व्यवहार में तो हम रस के मात्रा-भेद की बात करते ही हैं। यदि रस की कोटियों की कल्पना अग्राह्य है तो *शाकुंतलम्* की अपेक्षा *उत्तर रामचरितम्* अधिक सरस है अथवा एक छंद की अपेक्षा दूसरा अधिक सरस है—इसका क्या अर्थ? मेरे विचार से रस का मात्रा-भेद केवल विस्तार में है, गुण में नहीं है—अर्थात् सिद्धि की अवस्था में रस का स्वरूप अखंड है; किन्तु संकलित प्रभाव की अवस्था में, रागात्मक स्थितियों के 'संख्या-भेद' से, मात्रा का भेद हो जाता है। *साकेत यशोधरा* की अपेक्षा अधिक सरस है, इसका अर्थ यह है कि *साकेत* में रसात्मक स्थितियाँ अपेक्षाकृत 'अधिक' हैं जिनका संकलित प्रभाव अधिक स्थायी और सघन होता है। स्फुट छंद के सन्दर्भ में यह तर्क अधिक कारगर नहीं प्रतीत होता। किन्तु नहीं; वहाँ भी जो भेद है, वह भी 'विस्तार' का ही है। जो छंद अधिक सरस है, उसके द्वारा अपेक्षाकृत 'अधिक चित्तवृत्तियों' की समाहिति सम्पन्न होती है और अधिक चित्तवृत्तियों का जाल जितना 'विस्तृत' और 'जटिल' होता है, उनकी समाहिति में उतना ही समय लगता है—और इसी समय के अनुपात से उसमें स्थायित्व भी अधिक होता है। मात्रा का भेद आस्वाद में नहीं है—आस्वाद दशा के स्थायित्व में है। रसास्वाद की आवृत्ति से उसमें स्थायित्व के साथ घनत्व का भी अनुभव होने लगता है। रस में मात्रा-भेद की प्रतीति की यही व्याख्या है।" (*आलोचक की आस्था,* पृ. 5-6)

यह कथन किसी कविता की अनुभूति से अधिक स्वयं आलोचक की अपनी मानसिक दशा को समझने के लिए उपयोगी है। रसास्वाद की 'आवृत्ति' से काव्यानुभूति में 'घनत्व' आता हो या नहीं, किन्तु यहाँ आवृत्ति के द्वारा घनत्व पैदा करने का प्रयास अवश्य है। किसी कविता में चित्तवृत्तियों के जटिल जाल से

रसानुभूति की समाहिति में जितना समय नहीं लगता, उससे कहीं अधिक समय इस तर्कजाल की जटिलता ले लेती है। सीधा सवाल है रसानुभूति की कोटियों का। प्राचीन काव्यशास्त्र को मानें तो रस की कोटियाँ नहीं होतीं। किन्तु अनुभव में रस की कोटियाँ दिखाई पड़ती हैं। एक कविता दूसरी कविता से अधिक सरस मालूम होती है। किन्तु ये कविता की कोटियाँ हैं, सहृदयगत रसानुभूति की नहीं। जब कोई एक कविता को दूसरी से अधिक सरस कहता है तो वह कोटियों का निर्धारण कविता के स्तर पर करता है, अपनी अनुभूति के स्तर पर नहीं। उसकी अपनी अनुभूति कविताओं के कोटि-निर्धारण का करण हो सकती है, उपकरण नहीं। सहृदयगत रसानुभूति के कोटि-निर्धारण की कठिनाई स्पष्ट है। इसका निर्धारण स्वयं उस व्यक्ति के अतिरिक्त और कौन कर सकता है? इस स्थिति में उसकी युक्तता या वैधता की परीक्षा कैसे की जा सकती है? आत्मनिष्ठता की इस कठिनाई को देखते हुए यदि संस्कृत आचार्यों ने सहृदयनिष्ठता रस की कोटियाँ निर्धारित नहीं कीं तो यह उनकी वस्तुनिष्ठ वैज्ञानिक काव्य-दृष्टि का सूचक है। किन्तु इसका अर्थ मूल्यांकन से पलायन नहीं है। संस्कृत काव्यशास्त्र में काव्य की कोटियाँ स्पष्टतः निर्धारित की गई हैं। उत्तम, मध्यम और अधम के रूप में काव्य की त्रिविध कोटियाँ प्रायः सर्वमान्य रही हैं। पंडितराज जगन्नाथ ने उत्तमोत्तम, उत्तम, मध्यम और अधम के रूप में चतुर्विध भेद का प्रस्ताव किया था। उत्तमोत्तम और उत्तम काव्य के बीच स्तर-भेद करते हुए पंडितराज ने लिखा है : "अनयोर्भेदयोरनपह्नवनीयचमत्कारयोरपि प्राधान्याप्राधान्याभ्यामस्ति कश्चित् सहृदयवेद्यो विशेषः।" इस कथन से स्पष्ट है कि पृथकता का आधार अनुभूति ही है और इसे रस-काव्य के अन्तर्गत किये गए कोटि-निर्धारण के रूप में ग्रहण किया जा सकता है।

बहरहाल अपने अनुभव के क्षेत्र में संस्कृत काव्यशास्त्र को सहायक न पाकर यदि डॉ. नगेंद्र दूसरा सहारा ढूँढ़ने के लिए रास्ता टटोलते हैं तो कोई हर्ज नहीं। देखना यह है कि वह रास्ता क्या है? शास्त्र का सहारा छूटते ही डॉ. नगेंद्र से हटकर 'मात्रा' पर आ जाते हैं और फिर चित्तवृत्तियों की संख्या के आधार पर काव्य में रस की कोटियाँ निर्धारित करने लगते हैं। रास्ता बदलना बुरा नहीं और न स्तर-अवतरण पर ही किसी को आपत्ति हो सकती है, किन्तु जब किसी और के रास्ते पर इस तरह डग भरा जाता है, जैसे वह अपना ही खोजा या बनाया हुआ रास्ता हो, तो मुसीबत में फँसने का खतरा रहता है। आधुनिक अंग्रेजी आलोचना से थोड़ा-सा परिचय रखनेवाला विद्यार्थी भी जानता है कि चित्तवृत्तियों की संख्या के सन्तुलन के आधार पर कविताओं का मूल्य-निर्णय करने का सिद्धान्त आई.ए. रिचर्ड्स का है। हो सकता है, इसे अतिपरिचित समझकर ही डॉ. नगेंद्र ने इस प्रसंग में रिचर्ड्स का नाम लेना आवश्यक न समझा हो। अवसर भी 'आलोचक की आस्था' की घोषणा का था और कहते हैं कि जिसके प्रति गहरी 'आस्था' होती है, उसका नाम नहीं

लिया जाता। धर्म में यह कुफ्र है। खैर, नाम न सही, विचारों का सही प्रतिपादन ही हो। लेकिन कहते हैं कि फरिश्ते जहाँ पाँव रखते डरते हैं, बेवकूफ सरपट दौड़ लगाते हैं। और विचित्र बात है कि इस मामले में डॉ. नगेंद्र रिचड्र्स से बाजी मार ले जाते हैं। चित्तवृत्तियों की संख्या के आधार पर मूल्यांकन करने के लिए पहले वे दो कथात्मक काव्य लेते हैं : एक बड़ा और एक छोटा, ताकि मात्रा-निर्णय में आसानी हो। गनीमत है कि दोनों रचनाएँ एक ही कवि की हैं। वैसे, एक ही कवि की दो कृतियाँ चुनने के पीछे भी मसलहत साफ है। उदाहरण है *साकेत* और *यशोधरा*। इस काव्य-युग्म के स्थान पर यदि *यशोधरा* और *पंचवटी* को लें तो? फिर *साकेत* और *कामायनी* के बीच रस की मात्रा का निर्णय क्यों न किया जाए? इन युग्मकों से रस की मात्रा वाली बात सम्भवत: ज्यादा साफ होती। यह जरूर है कि कठिनाई थोड़ी बढ़ जाती। लेकिन कठिनाई से बचाव कहाँ है? कथा-काव्य से आगे बढ़कर एक मुक्तक में चित्तवृत्तियों की संख्या का निरूपण करना नि:सन्देह अपेक्षाकृत कठिन है, और यह देखकर खुशी होती है कि झिझकते-झिझकते भी डॉ. नगेंद्र इस कठिनाई में अपने को डाल देते हैं। लेकिन यहाँ कोई ठोस उदाहरण न देखकर साफ हो जाता है कि वे अपने-आपको पूरी तरह किसी कठिनाई में भरसक नहीं डाल सकते।

इस मामले में डॉ. नगेंद्र से कहीं ज्यादा साहस डॉ. रिचड्र्स में है जो दो छोटी कविताओं का ठोस उदाहरण तो लेते हैं, भले ही वह विलकॉक्स जैसे अज्ञात-से कवि और कीट्स जैसे मान्य कवि की कविताओं की ही तुलना क्यों न हो! किन्तु तुलना के लिए चुने गए इन नमूनों से स्पष्ट है कि चित्तवृत्तियों की संख्या की समाहिति को मूल्य-निर्णय की कसौटी बनानेवाला बड़े-से-बड़ा आलोचक भी सरलतम तुलना का सहारा लेने के लिए विवश है।

किन्तु कठिनाइयों का अन्त इतने पर भी नहीं। एक ओर दो कथा-काव्यों और दूसरी ओर दो मुक्तकों के बीच चित्तवृत्तियों की संख्या के आधार पर रस के मात्रा-भेद का अलग-अलग विचार करने के बाद डॉ. नगेंद्र स्वयं इस प्रश्न के लिए पृष्ठभूमि तैयार कर देते हैं कि एक कथा-काव्य और एक मुक्तक के बीच तुलना क्यों न की जाए? यदि *यशोधरा* और 'मधुप गुनगुनाकर कह जाता कौन कहानी यह अपनी' पंक्ति से आरम्भ होनेवाले प्रसाद के गीत के बीच चित्तवृत्तियों की संख्या की समाहिति का निर्णय किया जाए तो कैसा रहे? छायावादी गीतों के रसिक आलोचकों के लिए कदाचित् यह धर्मसंकट की स्थिति हो; किन्तु मात्रा के आग्रह को देखते हुए अधिक सम्भावना यही है कि निर्णय 'सामान्यत:' एक अच्छे-से-अच्छे गीत के विरुद्ध किसी प्रबन्ध-काव्य के ही पक्ष में होगा।

इस प्रसंग में काल का उल्लेख और भी रोचक है। रस की मात्रा निर्भर बताई गई है चित्तवृत्तियों की समाहिति में लगनेवाले काल पर। स्पष्ट है कि इस काल का सम्बन्ध काव्यगत चित्तवृत्तियों की समाहिति से नहीं हो सकता। कवि ने किसी

कविता में चित्तवृत्तियों की समाहिति करने में कितना समय लगाया, इसे जानने का कोई साधन आलोचक के पास नहीं। यदि हो भी तो उससे कविता का मूल्य-निर्णय करना निश्चय ही उपहासास्पद होगा। इसलिए सम्भावना यही है कि इस काल का सम्बन्ध पाठक या सहृदय से है। पाठक के चित्त में किसी कविता को पढ़कर चित्तवृत्तियों की समाहिति में कितना समय लगता है, इसके लिए किसी परिनिष्ठित वस्तुनिष्ठ काल-मान के अभाव में, यही सोचना संगत है कि किसी कविता को पढ़ने में लगनेवाला समय ही प्रस्तावित काल का प्रमाण है और इस दृष्टि से कहना न होगा कि वृहद् प्रबन्ध-काव्य हर हालत में श्रेष्ठ होगा। चित्तवृत्तियों के विस्तार में जाने की यह परिणति अवश्यम्भावी है। डॉ. नगेंद्र ने लगे हाथों इस सन्दर्भ में जटिलता का भी उल्लेख किया है किन्तु विस्तार की सरलता में वह उल्लेख अपने-आप खो जाता है।

यही नहीं, बल्कि रिचड्र्स के जिस सिद्धान्त के आधार पर उन्होंने कविता में रस के मात्रा-भेद की 'समाहिति' खोजने की कोशिश की है, वह भी उनके सपाट चिन्तन-क्रम में अपनी सारी जटिलता खोकर एकदम सपाट हो गया है। रिचड्र्स ने जिस मनोविज्ञान के आधार पर अपने मूल्य-सिद्धान्त का महल खड़ा किया है, उसकी नींव बेंथम का उपयोगितावादी दर्शन है, जिसका आदर्श था : 'अधिकतम लोगों का अधिकतम सुख।' अधिकतम चित्तवृत्तियों का परितोष इसी मात्रापरक सुख-कामनावाद का मनोवैज्ञानिक रूपान्तर है।

किन्तु रिचड्र्स के लिए चित्तवृत्तियों का परितोष इतना सरल नहीं है। हर तोष के साथ क्षोभ भी जुड़ा हुआ है। तोष का मसला तय नहीं होता कि क्षोभ की नई समस्या खड़ी हो जाती है। इस उलझन का समाधान यह है कि 'क' वृत्ति के सन्तुष्ट न होने से पाँच वृत्तियों में क्षोभ उत्पन्न हुआ तो वह 'ख' वृत्ति से अधिक महत्त्वपूर्ण है, जिसके सन्तुष्ट न होने से चार ही वृत्तियों में क्षोभ उत्पन्न होता। इस पेचीदा अंकगणित के बाद भी यह सवाल पैदा होता है कि वृत्तियों का कैसा सन्तुलन श्रेष्ठ है? इसके समाधान के लिए रिचड्र्स 'मानवीय सम्भावनाओं' का सहारा लेते हैं; अर्थात् वह सन्तुलन श्रेष्ठ है जिसमें मानवीय सम्भावनाएँ कम-से-कम नष्ट होती हैं।

लेकिन सवाल फिर उठता है कि 'मानवीय सम्भावनाएँ' क्या हैं? इस प्रकार जटिलता की व्याख्या में तर्कजाल क्रमशः जटिल होता जाता है। रिचड्र्स अपनी व्याख्या को स्वयं भी अपूर्ण और अस्पष्ट मानते हैं। 'प्रिंसिपल्स ऑफ़ लिटररी क्रिटिसिज़्म' स्वयं के बनाए हुए जाल से सुलझने-उलझने का एक अन्तहीन लम्बा सिलसिला है, जिसकी ओर अनेक आलोचकों ने इशारा किया है। इसीलिए आगे चलकर *फिलॉसफी ऑफ़ रेटरिक* (1936) में रिचड्र्स ने 'प्रिंसिपल्स' के मात्रापरक आग्रह को छोड़कर अर्थगत सन्दर्भवाद के सहारे अपनी मूल स्थापना को संशोधित करने का प्रयास किया। डॉ. नगेंद्र की विडंबना यह है कि वे 1966 में रिचड्र्स के उसी मत की लीक पीट रहे हैं जिसे स्वयं रिचड्र्स तीस साल पहले छोड़ चुके हैं।

इस क्रम में सबसे उल्लेखनीय है रिचड्‌र्स-कृत काव्य का द्विविध विभाजन : 'अन्तर्वेशी काव्य' (Poetry of Inclusion) और 'अपवर्जी काव्य' (Poetry of Exclusion)। अपवर्जी काव्य वह है जिसमें अन्विति के लिए विसंवादी अनुभूतियों का बहिष्कार कर दिया जाता है। इसके विपरीत अन्तर्वेशी काव्य में विसंवादी अनुभूतियों के बावजूद अन्विति के लिए प्रयास रहता है। अन्तर्वेशी काव्य अपवर्जी काव्य से इसलिए श्रेष्ठ है कि एक की अन्विति अथवा सन्तुलन दूसरे से अधिक जटिल है। रिचड्‌र्स द्वारा प्रस्तावित 'सन्दर्भवाद' के प्रकाश में इसी बात को इस प्रकार रखा जा सकता है कि कविता में अन्विति के लिए जिसका अपवर्जन किया जाता है, वह एक भिन्न 'सन्दर्भ' है। एक सरल और स्पष्ट उदाहरण लें तो प्रेम की एक भावुकतापूर्ण कविता अपने सन्दर्भ से ऐसे तमाम विषयों को सावधानीपूर्वक अलग रखती है जिनसे प्रेम की अनुभूति में बाधा पड़ती है, जैसे—डॉक्टरों के बिल, बच्चों की देखभाल, रसोईघर की गंध आदि। इस कविता की अन्विति इस बात पर कायम है कि पाठक भी उसे एक विशेष रोशनी में और एक विशेष कोण से देखता है। लेकिन ज्योंही पाठक के प्रासंगिक सन्दर्भ का विस्तार हो जाता है और वह एक भिन्न कोण से उसी कविता को देखता है, कविता का छिछलापन अनायास उद्‌घाटित हो जाता है।

परिवर्तित परिप्रेक्ष्य से स्पष्ट हो जाता है कि कविता ने अनुभव के विसंवादी तत्त्वों को समाविष्ट नहीं किया। यही नहीं, बल्कि सुविधा के लिए जानबूझकर उनकी उपेक्षा की। इसके विपरीत अन्तर्वेशी काव्य सायास ऐसे विसंवादी तत्त्वों को समेटता है और इस प्रकार निरन्तर अपने सन्दर्भ का विस्तार करता है।

रिचड्‌र्स द्वारा निरूपित 'अन्तर्वेशी' और 'अपवर्जी' काव्यों के आधार पर आगे चलकर 1943 में राबर्टपेन वैरेन ने *शुद्ध और अशुद्ध कविता* (Pure and Impure Poetry) का विभाजन प्रस्तुत किया, जिसकी छाया दिनकर की *शुद्ध कविता की खोज* (1966) में देखी जा सकती है। वैरेन के अनुसार : 'शुद्ध कविता' की सबसे बड़ी कमजोरी यह है कि वह सिद्धान्ततः 'अन्य सम्भावित पक्ष' के साक्षात्कार से कतराती है। इस सन्दर्भ में वैरेन ने यह सवाल उठाया है कि क्या प्रेम-कविता को अपनी संरचना में 'परस्पर विरोधों, सयानप, विडंबना, यथार्थवाद आदि ऐसी सभी वस्तुओं को जो अपूर्णता और गद्य की दुनिया की ओर वापस ले जाते हैं', समाविष्ट करना चाहिए? उन्होंने *रोमियो एंड जूलिएट* के समानान्तर शेली की 'इंडियन सेरेनेड' और टेनिसन की 'नाउ स्लीप्स द क्रिम्सन पेटल, नाउ द वाइट' जैसी कविताएँ रखकर दिखलाया है कि 'रोमियो एंड जूलिएट' में उन तमाम विसंवादी तत्त्वों का समावेश किया गया है, जबकि अन्य दो कविताएँ जानबूझकर उनसे बचने का प्रयास करती हैं; और 'रोमियो एंड जूलिएट' की श्रेष्ठता का यही रहस्य है।

'शुद्ध' और 'अशुद्ध' कविता के इस अन्तर को स्पष्ट करने के लिए हिन्दी से हम दो उदाहरण ले सकते हैं : एक, बच्चन की *मिलन यामिनी* में संकलित 'प्राण,

संध्या झुक गई गिरि, ग्राम, तरु पर' और दूसरी, कविता अज्ञेय की 'हरी घास पर क्षण भर'। बच्चन के प्रेम-गीत में प्रेमी है, प्रेमिका है और प्रेमी की भावनाओं के अनुकूल प्रकृति का मनोरम वातावरण है; इनके अतिरिक्त बाधा देनेवाली एक भी अवांछित वस्तु नहीं है। प्रेमी अबाध भाव से कहता है कि 'मेरा प्यार पहली बार लो तुम'। प्रेम के इस निभृत आदान-प्रदान की प्रक्रिया में कहीं से भी किसी की बाधक दृष्टि की आशंका नहीं है, यदि है तो भीतर का पाप-बोध, जिसे एक साँस में अलग हटाते हुए कहा गया है कि 'हम किसी के हाथ के साधन बने हैं/सृष्टि की कुछ माँग पूरी कर रहे हैं/हम नहीं अपराध कोई कर रहे हैं'। इस प्रकार संध्या से शुरू करके सुबह होने तक सारी रात चाँद 'प्रेम' के सिर्फ ढाई अक्षर लिखता रहता है। इसके विपरीत 'हरी घास पर क्षण भर' में प्रेमियों को बाहरी और भीतरी अनेक बाधाओं का पूरा बोध है। बाहरी बाधा के रूप में 'माली-चौकीदारों का यह समय नहीं है'—और भीतरी बाधा के रूप में 'और न सहसा चोर कह उठे मन में/प्रकृतिवाद है स्खलन।' प्रेम-व्यापार के नाम पर अधिक-से-अधिक 'हरी घास पर क्षण भर' पास-पास बैठने का आग्रह तथा 'क्षण भर हम न रहें रहकर भी/सुने गूँज भीतर के सूने सन्नाटे में/किसी दूर सागर की लोल लहर की'। इस अन्तःस्थ भावदशा में स्मृति-रूप प्रकृति के जो चित्र उभरते हैं, उसमें अधजानी बबूल की धूल मिली-सी गंध, नदी-किनारे की रेती पर बित्ते-भर की छाँह झाड़ की, अंगुल-अंगुल नाप-नापकर तोड़े तिनकों का समूह, लू आदि हैं और हैं भर्राई सीटी स्टीमर की, डाकिए के पैरों की चाप, संथाली झूमर का लम्बा कसक भरा आलाप आदि। 'और रहे बैठे तो लोग कहेंगे धुँधले में दुबके दो प्रेमी बैठे हैं'—इस विडंबनापूर्ण बोध के साथ अन्त में 'बन्धु' से उठने के लिए कहा गया है—इस हल्के-से संकेत के साथ कि 'वह हम हों भी/तो यह हरी घास ही जाने'। कविता में प्रेम-निवेदन के नाम पर न कोई भावोच्छ्वास, न प्रलाप बल्कि सिर्फ :

क्षण भर तुम्हें निहारूँ
अपनी जानी एक-एक रेखा पहचानूँ
चेहरे की, आँखों की—
अन्तर्मन की
और—हमारी साझे की अनगिन स्मृतियों की :

× × ×

धीरे-धीरे
धुँधले में चेहरे की रेखाएँ मिट जाएँ—
केवल नेत्र जगें

× × ×

केवल बना रहे विस्तार—हमारा बोध
मुक्ति का
सीमाहीन खुलेपन का ही।

इस प्रकार प्रेम की इस कविता में भी 'मुक्ति के बोध' की अभिव्यक्ति है, जो कदाचित् बच्चन के प्रेम-गीत के सम्मुख कठिन बौद्धिकता का कथन प्रतीत हो! कहना न होगा कि 'हरी घास पर क्षण भर' का सन्दर्भ बच्चन के गीत से अधिक व्यापक, अधिक यथार्थ और अधिक सघन है। सन्दर्भ के अनुरूप ही इस कविता में अनुभूति की जटिलता भी है, सघनता भी और विसंवादी पक्षों की एक कुशल समाहिति भी। क्या इसे हम रिचड्र्स की भाषा में 'अन्तर्वेशी काव्य' नहीं कह सकते?

विश्लेषण से स्पष्ट है कि अनुभूति की तथाकथित जटिलता का सम्बन्ध अन्तर्वृत्तियों की संख्या से नहीं, बल्कि सन्दर्भ और सन्दर्भ से उत्पन्न होनेवाले भाव-बोध की प्रकृति से है। डॉ. नगेंद्र जैसे भावाभिव्यक्तिवादी आलोचकों की समझ में यदि यह बात नहीं आती और वे 'नई कविता' की जटिलता की व्याख्या करने में असमर्थ साबित होते हैं तो इसलिए कि उनकी 'अनुभूति' की धारणा अत्यंत संकुचित है। डॉ. नगेंद्र की 'अनुभूति' आई. ए. रिचड्र्स की 'अनुभूति' से भी सीमित है, इसका प्रमाण स्वयं यह कथन है : "आई.ए. रिचड्र्स ने मनोविज्ञान के प्रकाश में कविता को 'अनुभूति' रूप माना है। यह ठीक है कि उनकी अभिप्रेत अनुभूति शुद्ध भाव का पर्याय नहीं है, उसमें कल्पना और विचार-तत्त्व का भी योग है, फिर भी अनुभूति में भाव की प्रधानता असन्दिग्ध है—स्वयं 'अनुभूति' शब्द ही भाव की प्रधानता का प्रमाण है।" (*रस-सिद्धान्त,* पृ. 322)

आपातत: ऐसा प्रतीत होता है कि डॉ. नगेंद्र की 'अनुभूति' में कल्पना और विचार-तत्त्व गौण है, भाव प्रधान है। किन्तु 'शुद्ध भाव' से स्पष्ट है कि उनकी अनुभूति में कल्पना और विचार-तत्त्व के लिए गौण रूप में भी कोई जगह नहीं है। यह आकस्मिक नहीं है कि विशाल *रस-सिद्धान्त* के अन्तर्गत 'भाव-विवेचन' प्रकरण में डॉ. नगेंद्र ने जहाँ भाव के सम्बन्ध में भारत और यूरोप के तमाम प्राचीन और आधुनिक विद्वानों के मत दिये हैं, आचार्य रामचन्द्र शुक्ल के विचारों से साफ कन्नी काट गए हैं।

दरअसल आचार्य शुक्ल का 'भाव' डॉ. नगेंद्र की 'अनुभूति' के लिए कुछ भारी है। आचार्य शुक्ल के अनुसार : "प्रत्यय-बोध, अनुभूति और वेगयुक्त प्रवृत्ति—इन तीनों के गूढ़ संश्लेष का नाम 'भाव' है।" (*रस-मीमांसा,* पृ. 168) इस 'गूढ़ संश्लेष' की व्याख्या करते हुए आचार्य शुक्ल ने स्पष्ट कहा है : "विवेकात्मक बुद्धि-व्यापार भी भावों के शासन के भीतर आ जाते हैं।" (वही, पृ. 164)

आचार्य शुक्ल के 'भाव' की सीमा में आलम्बन आदि का प्रत्यय-रूप से उपस्थित रहना आवश्यक है। इस बात को आचार्य शुक्ल ने अनेक स्थलों पर कहा

है कि भाव के अन्तर्गत ज्ञानात्मक अवयव का विशिष्ट विन्यास पाया जाता है। उनके अनुसार किसी व्यक्ति का भाव-प्रसार उसके ज्ञान-प्रसार से सम्बद्ध है। सवाल यह नहीं है कि भाव की यह परिभाषा किस हद तक मनोविज्ञान-सम्मत है, क्योंकि इसका निर्णय बहुत-कुछ इस बात पर निर्भर है कि हम हिन्दी में 'भाव' शब्द का प्रयोग मनोविज्ञान में प्रयुक्त अंग्रेजी के किस शब्द के लिए करते हैं। फिलहाल, इस ब्योरे में न जाकर यही स्वीकार करना संगत है कि भाव और अनुभूति शब्द साहित्य-समीक्षा के हैं। सवाल यह है कि कौन आलोचक इन्हें व्यवहार में क्या अर्थ देता है अथवा उसके प्रयोग से भाव और अनुभूति का अर्थ क्या निकलता है?

और कहना न होगा कि डॉ. नगेंद्र की 'अनुभूति' शुक्ल के भाव से अधिक 'शुद्ध', अधिक सरल और अधिक सीमित है—यहाँ तक कि वह वस्तुओं के प्रत्यय और ज्ञान से भी शून्य है। काव्यानुभूति की जटिलता की व्याख्या करने में डॉ. नगेंद्र की सारी कठिनाई का यही रहस्य है। जिस शुद्ध, सरल, संकुचित अनुभूति के द्वारा वे कविता की जटिलता को समझना-समझाना चाहते हैं, उससे प्रेम के अपवर्जी गीतों की व्याख्या तो शायद हो जाए, किसी श्रेष्ठ कविता की व्याख्या असम्भव है।

इसके विपरीत आचार्य शुक्ल का भाव अपनी प्रकृति से ही इतना 'गूढ़ संश्लेष' है कि वह बेखटके तुलसीदास, निराला और मुक्तिबोध जैसे समर्थ कवियों की जटिल-से-जटिल और भाव-गम्भीर कविता के विश्लेषण के औजार के रूप में इस्तेमाल किया जा सकता है। काव्यानुभूति की जटिलता की समस्या इसीलिए है कि भावाभिव्यक्तिवादी आलोचक अनुभूति के दायरे से 'बौद्धिकता' अथवा 'ज्ञानात्मक अवयव' को बाहर रखकर कविता का विश्लेषण करना चाहते हैं।

विश्लेषण से स्पष्ट है कि काव्यानुभूति की जटिलता चित्तवृत्तियों की संख्या पर निर्भर नहीं, बल्कि संवादी-विसंवादी वृत्तियों के द्वंद्व पर आधारित है। भावाभिव्यक्तिवाद विसंवादी वृत्तियों को बुद्धिगत मानकर जटिलता के प्रश्न को हृदय-बुद्धि के द्वंद्व के रूप में निरूपित करता है। इसीलिए संख्या के स्तर से ऊपर उठकर जब भावाभिव्यक्तिवादी कविता में द्वंद्व को स्वीकार करता है तो वहाँ भी समस्या को वह एक विशिष्ट रूप देता है। इस स्वीकृति का अद्यतन रूप है डॉ. नगेंद्र का यह कथन : "प्रत्येक सच्ची अनुभूति की कलात्मक अभिव्यक्ति या प्रत्येक कलात्मक अनुभूति—तीव्र-से-तीव्र द्वंद्व प्रक्रिया में ही हो सकता है, परिणति में नहीं, अन्यथा 'सच्चाई' और 'ईमानदारी' या 'अभिव्यक्ति की सफलता' की बात करना व्यर्थ होगा।" (*रस-सिद्धान्त,* पृ. 347)

इतने जोर-शोर से *रस-सिद्धान्त* में द्वंद्व की स्वीकृति का कारण यह है कि इस द्वंद्व के अभाव की बिना पर ही 'नई कविता' के समर्थकों ने *रस-सिद्धान्त* को 'नई कविता' के लिए अप्रासंगिक करार दिया था।

बहरहाल, रस-सिद्धान्त के शास्त्रीय रूप में द्वंद्व की स्वीकृति है या नहीं, सवाल बहसतलब हो सकता है और प्रस्तुत प्रसंग में इस बात का फैसला करना जरूरी भी नहीं। विचारणीय है डॉ. नगेंद्र के *रस-सिद्धान्त* में स्वीकृत द्वंद्व का स्वरूप। इससे पहले रस के अन्तर्गत द्वंद्व की स्वीकृति आचार्य शुक्ल के चिन्तन में भी मिलती है। आधुनिक नाटकों के अन्तर्द्वंद्वपरक व्यक्ति-वैचित्र्यवाद की समस्या का सामना करते हुए शुक्ल जी ने साधारणीकरण अथवा तादात्म्य की परम अवस्था से कुछ नीचे एक अन्य अवस्था की कल्पना की जिसमें द्वंद्व प्राप्त होता है। शुक्ल जी ने उसे मध्यम कोटि की रस-दशा कहा। उसी समय प्रसाद जी भी द्वंद्वपरक रस-सिद्धान्त की एक नई व्याख्या को लेकर सामने आए। प्रसाद के साथ एक ओर नाटककार का रचनात्मक अनुभव और दूसरी ओर शैवाद्वैत का दार्शनिक आधार था। जाहिर है कि उन्हें रस के अन्तर्गत कोई मध्यम अवस्था ग्राह्य नहीं हो सकती थी। इसलिए उन्होंने अपने समरसतापरक रस-सिद्धान्त में इस द्वंद्वमूलक अवस्था को 'साधन' के रूप में स्वीकार किया। इस प्रकार आचार्य शुक्ल के लिए जो अवस्था 'मध्यम' थी, वह प्रसाद जी के यहाँ आकर 'माध्यम' हो गई। उन्होंने स्पष्ट लिखा है : "भारतीय दृष्टिकोण रस के लिए इन चरित्र और व्यक्ति-वैचित्र्यों को रस का साधन मानता रहा, साध्य नहीं। रस में चमत्कार ले आने के लिए इनको बीच का 'माध्यम-सा' ही मानता आया।" (*नाटकों में रस का प्रयोग; काव्य और कला तथा निबन्ध*, पृ. 84)

द्वंद्व की अर्द्ध-स्वीकृति के पीछे प्रसाद जी की पूरी चिन्तन-प्रणाली है। उन्हें यह पता था : "व्यक्ति के लिए मानवीय भावनाएँ विशेष परिस्थिति उत्पन्न कर देती हैं और उन परिस्थितियों से व्यक्ति अपना सामंजस्य नहीं कर पाता।" उन्हें यह भी पता था कि यह असामंजस्य विद्रोह को जन्म देता है और उस विद्रोह की परिणति दु:खांत होती है। इस दु:खांत परिणति से बचने के लिए उन्होंने सुरक्षा-कवच के रूप में आनन्द का सिद्धान्त अपनाया।

स्वभावत: आनन्द के लिए सामंजस्य को स्वीकार करना पड़ता है। किन्तु प्रश्न असामंजस्य को अस्वीकार करने के लिए तर्क जुटाने का है; और अपने युग की व्यापक धारणा के अनुसार प्रसाद जी ने भी असामंजस्य को पश्चिम की विशेष स्थिति की उपज मानकर छुट्टी पा ली। इस तर्क-शृंखला के अनुसार भारतीय साहित्य में असामंजस्य, द्वंद्व, विद्रोह और दु:ख की जो परम्परा दिखाई पड़ी, उसे भी उन्होंने पाश्चात्य आर्यों की ही चिन्ताधारा का प्रसार मानकर अपने मन को समझा लिया। यद्यपि इस तर्क-शृंखला के कारण उन्हें कबीर और तुलसी को भी आनन्द की मुख्य धारा से अलग कर देना पड़ा, फिर भी उन्होंने अपने सिद्धान्त को ढीला नहीं किया। निश्चय ही आत्मतोष के लिए निर्मित आनन्द का सुरक्षा कवच काफी कठोर होता होगा।

प्रसाद जी के समाधान से स्पष्ट है कि डॉ. नगेंद्र का प्रयास मौलिक नहीं है। किन्तु तीस वर्ष के बाद एक बदली हुई स्थिति में भी डॉ. नगेंद्र द्वारा प्रसाद जी की मान्यता की पुनरावृत्ति से एक और बात उभरकर सामने आती है और वह है 'नई कविता' एवं छायावादी कविता का अन्तर; और इस अन्तर का मुख्य आधार द्वंद्व है।

इसका यह अर्थ नहीं कि छायावादी कविता में द्वंद्व था ही नहीं। स्वयं प्रसाद जी के कथन से ही स्पष्ट है कि वे द्वंद्व को सर्वथा अस्वीकार नहीं करते। महत्त्वपूर्ण द्वंद्व का स्वीकार या अस्वीकार नहीं; बल्कि देखने की बात यह है कि यह द्वंद्व चेतना के किस स्तर पर और किन चौहद्दियों के भीतर घटित होता है।

निर्विवाद है कि छायावादी कवि भी अपने युग के विद्रोही थे। निराला जैसा विद्रोही कवि छायावाद की ही उपज है और प्रसाद, पंत एवं महादेवी की रचनाओं पर उस युग में जिस प्रकार संगठित प्रहार हुए, वह छायावादी कवियों के संघर्ष का ठोस प्रमाण है। कवि और परिवेश का यह असामंजस्य छायावादी कविताओं में भी द्वंद्व के रूप में व्यक्त हुआ है। *कामायनी* के मनु संकल्प-विकल्प के पुंज हैं; *प्रलय की छाया* की कमला के अन्तर्द्वंद्व की परिणति दु:खान्त में हुई। द्वंद्व निराला के *तुलसीदास* के मन में भी है और *राम की शक्ति-पूजा* के राम को भी 'संशय' रह-रहकर हिला जाता है। किन्तु इन सभी कविताओं की परिणति जिस प्रकार होती है, उसे देखते हुए श्री विजयदेव नारायण साही का यह कथन युक्तिसंगत प्रतीत होता है कि उस युगभूमि को संघर्ष या द्वंद्व न कहकर 'सन्तुलन का नाटक' कहना अधिक उपयुक्त है क्योंकि वस्तुत: वह चरम द्वंद्व था भी नहीं। वह द्वंद्व भीतरी हो या बाहरी—एक सीमा तक उसका सामना करने के बाद छायावादी कवि सन्तुलन अथवा सामंजस्य के लिए चिन्तित हो उठते थे। सामंजस्य की यह अधीरता इतनी प्रबल थी कि अदबदाकर हर कविता के अन्त में जाते-जाते वह सन्तुलन किसी-न किसी तरह प्राप्त कर लिया जाता है। छायावादी कवियों में द्वंद्व को सबसे अधिक दूर तक ले जानेवाले निराला भी इस आकांक्षा से न बच सके : *राम की शक्ति-पूजा* का अन्त प्रमाण है।

सामंजस्य की यह दुर्दम आकांक्षा वस्तुत: उस युग के पूरे वातावरण में भी थी। सारा स्वाधीनता-संग्राम इसी सामंजस्य के नारे पर खड़ा था। उस लड़ाई में सारे आपसी मतभेद थोड़ी-सी बहस के बाद मुल्तवी कर दिये जाते थे। फूट के दुष्परिणामों से समूचा देश इतना आतंकित था कि द्वंद्व की दिमागी ऐयाशी गवारा नहीं कर सकता था। 'भिन्नता में अभिन्नता' अथवा 'अनेकता में एकता' उस युग का तकियाकलाम था। इसलिए द्वंद्व को न तो राजनीतिक स्तर पर प्रश्रय मिला, न नैतिक स्तर पर। एक लक्ष्य, एक देश, एक नेता और एक संगठन का ऐसा उदात्त आदर्श था कि उसके विराट् प्रभामंडल के सामने सभी प्रश्न गौण हो जाते थे और समस्त शंकाएँ चुप कर दी जाती थीं। यहाँ तक कि परिवेश के साथ भी व्यक्ति के मन में कोई तात्त्विक असामंजस्य न था। इस बात की पुष्टि छायावादी कवियों की

इस बद्धमूल धारणा से होती है : "अन्तर्जगत् का सत्य और बहिर्जगत् का सत्य एक ही है, और दोनों में कभी भी व्यवधान पैदा नहीं हो सकता।"

यदि उस समय अन्तर्जगत् में कोई दुविधा पैदा होती थी तो उसे काल्पनिक स्वप्नों की स्वर्णाभा से आच्छादित कर दिया जाता था; और यदि बहिर्जगत् के यथार्थ से मन का मेल नहीं बैठता था तो उस यथार्थ को भी आदर्शोन्मुख दिशा में मोड़कर संतोष प्राप्त कर लिया जाता था। यदि प्रसाद के समान उस युग में किसी के मन में हृदय और बुद्धि के बीच द्वंद्व पैदा हुआ तो अन्ततः बुद्धि को दबाकर हृदय के स्तर पर एक सामरस्य ढूँढ़ लिया जाता था।

कविता में इस प्रवृत्ति का परिणाम हुआ अनुभूति का सरलीकरण। छायावादी शिशु आस्था ने द्वंद्वों का शमन तो किया, किन्तु उसके साथ ही अनुभूतियों की जटिलता भी लुप्त हो गई; और जटिल अनुभूतियों के स्थान पर अतिसरलीकृत भावावेश व्यक्त हुए। कुछ दिनों के आरम्भिक प्रतिरोध के बाद छायावादी कविता जितनी तेजी से स्वीकृत, प्रतिष्ठित और लोकप्रिय हो गई, उससे इस सरलता की सफलता प्रमाणित होती है। जाहिर है कि इस वातावरण में कविता का अद्वंद्वमूलक मानदंड ही निर्मित हो सकता था।

किन्तु हिन्दी कविता के इतिहास में एक और अद्वंद्वमूलक मानदंड निर्मित हुआ और वह हुआ छायावाद के बाद के काव्ययुग में जिसे कुछ लोग 'उत्तर-छायावाद' कहते हैं और कुछ 'छायावाद का अवशेष'। यह अद्वंद्व छायावाद से भी अधिक द्वंद्वहीन और सरल साबित हुआ।

वस्तुतः छायावाद युग में जिस प्रकार बाहरी और भीतरी द्वंद्वों को दबाने या उनसे बच निकलने की कोशिश की गई, उसकी कीमत इतिहास ने आगे चलकर अच्छी तरह सूद-दर-सूद उगाही। दबाए हुए द्वंद्वों के दबाव को चेतना अधिक देर तक न झेल सकी, फलस्वरूप सन् '36 के आसपास भारतीय मानस में एक दरार—एक फाँक पैदा हो गई, जिसे टी. एस. इलियट ने अपनी परम्परा के सन्दर्भ में 'संवेदना का पृथक्करण' (Dissociation of sensibility) की संज्ञा दी है। दूसरे शब्दों में, इस समय के आसपास भारतीय मानस खंडित हो गया।

राजनीतिक स्तर पर इस खंडित मानस का ऐतिहासिक दस्तावेज पंडित जवाहरलाल नेहरू की 'आत्मकथा' है और साहित्य में दिनकर, बच्चन, भगवतीचरण वर्मा आदि की पीढ़ी का कृतित्व इस दुर्घटना का साक्षी है। वर्षों के संघर्ष-समझौते की द्वंद्वमयी स्थिति से गुजरते हुए इस बिन्दु पर आकर पंडित नेहरू ने सहसा अपने भीतर एक रिक्तता का अनुभव किया। गांधी इर्विन समझौते के साथ कांग्रेस के अन्दर जो प्रवृत्ति बढ़ी, उससे असंतोष व्यक्त करते हुए पंडित नेहरू ने अपनी 'आत्मकथा' में लिखा : "हम उनके (गांधी जी के) साथ थे, यद्यपि हम उनके जीवन-दर्शन को नहीं स्वीकार करते थे। कर्म को उसके आधारभूत चिन्तन

से अलग कर देना एक वांछित प्रक्रिया नहीं थी और लाजिमी था कि बाद में उससे एक अन्तर्द्वंद्व और संकट की स्थिति आ जाए।"

आकस्मिक नहीं है कि पंडित नेहरू ने इस सन्दर्भ में टी. एस. इलियट की 'खोखले आदमी' शीर्षक कविता की दो पंक्तियाँ उद्धृत करके अपनी मानसिक अवस्था को व्यक्त करना आवश्यक समझा। निश्चय ही, इस अन्तर्द्वंद्व के कारण पंडित नेहरू गांधी या कांग्रेस से अलग नहीं हुए, किन्तु 'कांग्रेस सोशलिस्ट पार्टी' के नाम से एक अलग दल बन गया और सुभाष बोस को कांग्रेस छोड़कर अलग हट जाना पड़ा।

कविता के क्षेत्र में मन के इस विभाजन का अर्थ था छायावादयुगीन तन्मय एकाग्रता का खंडन और बाहर तथा भीतर के बीच गहरे व्यवधान का बोध; किन्तु इस युग के व्यक्तियों ने इस संकट का साहसपूर्वक सामना करने के स्थान पर जो सरल समाधान ढूँढ़ा, उसने कविता को एक दूसरे अतिसरलीकरण में डाल दिया। हृदय और बुद्धि के द्वंद्व को छायावादी कवियों ने तो कुछ दूर तक झेला और एक हद तक उस द्वंद्व का अनुगमन भी किया; किन्तु छायावादोत्तर गीतकारों ने बुद्धि को सारे खुराफात की जड़ मानकर उसे एकबारगी निकाल फेंका। यही वह युग है जब जैनेंद्र ने निरे अबुद्धिवाद का नारा बुलंद किया; और अबुद्धिवाद शब्द का प्रयोग न करते हुए भी बच्चन, दिनकर, भगवतीचरण वर्मा आदि भी बुद्धि का विरोध करने में किसी तरह पीछे न थे। इस प्रकार हिन्दी में 'हृदयवाद' का दौर चल पड़ा। जैसाकि श्री विजयदेव नारायण साही ने लिखा है : "तीसरे दशक की कविता 'अरमान' द्वारा खंडित चेतना की इस गहन विडंबना को पी जाने का मादक प्रयास है।" प्रसाद की 'समरसता' का सोमरस बच्चन के हाथों 'हाला' हो गया और 'हाला' के रूप में उसने सोम की सांस्कृतिक गरिमा ही नहीं खोई, चेतना का सन्तुलन और उदात्तता भी खो दी। निस्सन्देह इस कविता में यथार्थ का आकर्षण था; साधारणता का अपनापन था; किन्तु इसके बाद एक बेहोशी भी थी जो द्वंद्व का साक्षात्कार करने की जगह उसे एकदम भुला देने को उकसाती थी। इस प्रवृत्ति के कारण कविता की अनुभूति और उसकी बनावट में अतिसरलीकरण आया। फलस्वरूप कविता की एक नई परिभाषा सामने आई और कविता के मूल्यांकन के लिए एक नया अद्वंद्वमूलक मानदंड तैयार हुआ।

आरम्भ में प्रयोगवाद का मूल्यांकन करते हुए डॉ. नगेंद्र ने जिस प्रकार बौद्धिकता का विरोध किया है, उससे स्पष्ट है कि उनके रसवाद के मूल में उनकी पीढ़ी का 'हृदयवाद' ही संस्कार रूप में विराजमान है। कहना न होगा कि पुराना 'हृदयवाद' ही नाम बदलकर 'रसवाद' के रूप में अवतरित हो गया है। वैसे, उन्होंने इस हृदयवादी संसर्ग को छिपाने की बहुत कोशिश की है। पंत जी की *युगवाणी* को सराहने के लिए उन्होंने 'बौद्धिक रस' जैसे एक नए रस तक की कल्पना कर डाली; और आगे

चलकर 'नई कविता' के बढ़ते हुए प्रभाव को देखकर उन्होंने यह भी स्वीकार कर लिया कि "रस-सिद्धान्त का बुद्धि तत्त्व के साथ उतना विरोध नहीं है जितना कि 'नई कविता' के समर्थक समझते हैं।" किन्तु यह अर्द्ध-स्वीकृति रस-सिद्धान्त के पुराने 'हृदयवादी' आधार को छिपाने में सर्वथा असमर्थ है। प्रश्न वस्तुत: बौद्धिकता की स्वीकृति और अस्वीकृति का नहीं, बल्कि हृदय और बुद्धि के द्वंद्व के रूप में व्यक्त होनेवाले मूलभूत आन्तरिक और बाह्य द्वंद्व का साक्षात्कार करने का है। हृदय और बुद्धि तो उस द्वंद्व के उपलक्षण मात्र हैं।

कविता के सन्दर्भ में सामान्य रूप से बौद्धिकता का प्रश्न उठाना मूल प्रश्न से कतराना ही नहीं, बल्कि उसे कतई न समझना है। इस बात की सच्चाई जाँचने के लिए सिर्फ यह प्रश्न पूछना काफी है कि कौन-सी बौद्धिकता? डॉ. नगेंद्र ने 'युगवाणी' की बौद्धिक कविताओं में 'अभिज्ञान का आनन्द' और 'बौद्धिक रस' मिलता है तथा प्रसाद और महादेवी की कविताओं में यही बौद्धिकता 'दार्शनिक' मालूम होती है; किन्तु प्रयोगवाद में उन्हें 'बौद्धिक धाराएँ' दिखाई पड़ती हैं तथा "एक गहन बौद्धिकता इन कविताओं पर सीसे की परत की तरह जमती जाती है।" निस्सन्देह इस पार्थक्य के लिए युक्तियाँ भी विद्यमान हैं; किन्तु ध्यान देने की बात है कि जो तत्त्व एक स्थान पर 'दार्शनिकता' की गौरवपूर्ण संज्ञा प्राप्त करता है, वही दूसरे स्थान पर सीसे की परत की-सी 'बौद्धिकता' बन जाता है।

अन्यत्र भी 'नई कविता' के विरुद्ध पिछली पीढ़ी के आचार्यों ने जब 'रसवाद' को खड़ा किया है तो उसका आधार यही बौद्धिकता-विरोध है। पंडित नन्ददुलारे वाजपेयी की दृष्टि में भी : " 'नई कविता' प्रकृत धारा से टूटकर अलग हो गई है, सहज भावगम्यता का आदर्श खो बैठी है और अपनी भाव-सम्पत्ति को 'बौद्धिक आवरणों' से आच्छादित कर दुरूह बन गई है।" ('नई कविता और अज्ञेय'; *हिन्दी-साहित्य : बीसवीं शताब्दी,* संशोधित एवं परिवर्द्धित संस्करण, 1966, पृ. 210)

हिन्दी-साहित्य : बीसवीं शताब्दी के नए संस्करण में 'नई कविता' सम्बन्धी इस निबन्ध को जोड़ते समय वाजपेयी को एक बार अपना ही लिखा निराला-सम्बन्धी तीस साल पुराना लेख देख लेना चाहिए था। एक समय था जब उन्होंने इसी बौद्धिकता के बल पर निराला को प्रतिष्ठित करने का प्रयास किया था। ये शब्द उन्हीं के हैं : "कविता में भावना की प्रमुखता हो चली, पर निराला जी की बौद्धिक प्रक्रिया भी उनके साथ-साथ रही। पंत जी की रचनाओं में उन्हें इसी के अभाव की सबसे अधिक शिकायत रही है। यह बुद्धितत्त्व आधुनिक भावना-विजड़ित कविता में निस्संगता लाने में और कोरी भावुकता या कल्पना-प्रवणता को संग्रथित कला-सृष्टि का स्वरूप देने में समर्थ हुआ। इससे कला का बड़ा हित-साधन हुआ। कविता के कला-पक्ष की उपेक्षा सीमा पार कर रही थी और कोरे भावात्मक उद्गार काव्य के नाम पर खप रहे थे। निराला जी ने इस विषय में नया दिग्दर्शन कराया।" (वही, पृ. 138-39)।

अन्य आलोचक जिस समय निराला की कविताओं को 'बौद्धिक' कहकर काव्य के अन्दर स्थान देने से इनकार कर रहे थे, वाजपेयी जी ने उस बौद्धिकता को ही आगे करके काव्य की परिभाषा बदलने का प्रस्ताव रखा था। विचित्र संयोग है कि हर ऐसे अवसर पर रसवादी प्रकट हो जाते हैं। वाजपेयी जी के कथन से पता चलता है कि निराला का विरोध करने के लिए उस समय भी रस-सिद्धान्त को अस्त्र के रूप में इस्तेमाल किया गया था। वाजपेयी जी ने निराला के पक्ष से ललकारते हुए कहा था : "निराला की रचनाएँ साहित्य की परिभाषा में ही नहीं आतीं, इसका निर्णय कौन करेगा? यदि रस-सिद्धान्त के व्याख्याताओं में आज इतनी व्यापकता नहीं है तो उन्हें व्यापक बनना होगा। आधुनिक युग प्रत्येक दिशा में नई काव्य-सामग्री का संग्रह करने के लिए कटिबद्ध है।" (वही, पृ. 133-34)।

इस ललकार के बावजूद 'रस-सिद्धान्त' कितना व्यापक बना, वह आगे के इतिहास से स्पष्ट है। उल्लेखनीय है कि वाजपेयी जी का आग्रह 'संग्रह' पर था और कदाचित् 'व्यापकता' से उनका अभिप्राय संग्रह-वृत्ति से ही था। इसलिए यदि परवर्ती रस-सिद्धान्त ने इस संग्रह-वृत्ति को अपनाकर अपनी 'व्यापकता' का परिचय दिया तो किसी को आश्चर्य नहीं होना चाहिए। क्योंकि उस समय न तो रस-सिद्धान्त की समूची मूल्य-व्यवस्था को चुनौती दी गई थी और न उसकी चिन्तन-प्रणाली को आमूल परिवर्तित करने की ही आवाज उठाई गई थी। कहना न होगा कि संग्रह-कुशल व्यापकता का कोई अर्थ नहीं है; क्योंकि उसके मूल में एक अवसर के तकाजे से निर्मित कामचलाऊ समाधान है। ऐसे कामचलाऊ प्रतिमान में यादृच्छिकता के लिए पूरी छूट है। इसी 'व्यापकता' के चलते स्वयं वाजपेयी जी के रस-सिद्धान्त में भी किसी समय के 'बौद्धिक' कवि निराला के लिए जगह निकल आई, लेकिन आगे के 'बौद्धिक' कवि मुक्तिबोध ग्राह्य नहीं हो सके। नए कवियों में आंशिक रूप से अज्ञेय, भारती आदि ग्राह्य हुए तो अपने सबसे कमजोर पक्ष के लिए। 'रस-सिद्धान्त' क्या, किसी भी संग्रही काव्य-सिद्धान्त का सर्वत्र यही हाल है—सर्वत्र और सर्वदा!

इस ऐतिहासिक पृष्ठभूमि में यदि द्वंद्व और समाहिति के साधन-साध्य सम्बन्ध पर विचार करें तो स्पष्ट हो जाएगा कि यह द्वैतवाद कविता में अनुभूति और अभिव्यक्ति के भ्रांत द्वैत पर आधारित है। भावाभिव्यक्तिवादी काव्य-सिद्धान्त का यह अन्तर्विरोध बुनियादी है जिसका कोई समाधान स्वयं उस सिद्धान्त की सीमा में सम्भव नहीं है। किसी भावाभिव्यक्तिवादी को यह समझाना खासा मुश्किल है कि किसी काव्यकृति में साधन-साध्य जैसी दो अलग-अलग चीजें नहीं होतीं—यहाँ तक कि कविता का कोई एक अंश किसी दूसरे अंश अथवा सम्पूर्ण का भी साधन नहीं होता।[1] एक सफल काव्य-कृति अखंड और अविभाज्य होती है। ऐसा नहीं है कि उसके एक भाग में प्रक्रिया होती है और दूसरे में परिणति। निःसन्देह छायावादी युग में कुछ कविताएँ

1. W. K. Wiansatt : 'The Domain of Criticism', *The Verbal Icon,* 1953

ऐसी अवश्य मिल जाएँगी जिनमें आरम्भ में प्रक्रिया का विस्तार रहता है और अन्त में परिणति-स्वरूप निष्कर्ष दिया जाता है। इन कविताओं में प्रक्रिया और परिणति का अलगाव इतना साफ रहता है कि उन्हें अलग-अलग पहचाना जा सकता है। उदाहरण के लिए सुमित्रानन्दन पंत की दो प्रसिद्ध कविताएँ : 'नौका-विहार' और 'संध्या-तारा'। किन्तु यह तथ्य है कि इन कविताओं में प्रक्रिया और परिणति के इस अलगाव की प्रायः सभी ने कड़ी आलोचना की है और इसे दोष माना है। यदि डॉ. नगेंद्र कविता में द्वंद्व और समाहिति का यही रूप देखना चाहते हैं तो साफ है कि उनकी दृष्टि में दोष ही गुण है और खेद है कि कोई भी कवि ऐसे दृष्टि-दोष को अनुगृहीत करने के लिए प्रस्तुत न होगा। द्वंद्व यदि काव्य की अनुभूति में है तो जबर्दस्ती समाहिति में बदल देना कवि-कर्म की ईमानदारी या सच्चाई नहीं बल्कि बेईमानी है। जबर्दस्ती समाहिति के सम्पादन से अभिव्यक्ति कितनी 'सफल' होती है, इसका उदाहरण पंत की *नौका-विहार* है।

और यदि सहृदय-पक्ष से चित्त की समाहिति और द्वंद्व के परिणति-प्रक्रिया सम्बन्ध का निरूपण किया जा रहा है तो स्पष्ट है कि डॉ. नगेंद्र ऐसी कविताओं की माँग कर रहे हैं, जिनसे उनके हृदय पर तनिक भी खरोंच न लगे और क्वचित्-कदाचित् यदि खरोंच भी लगे तो अन्त में उसकी मरहम-पट्टी कर दी जाए। जाहिर है कि यह कार्य सस्ते रोमानी गीत बड़े मजे में सम्पन्न कर सकते हैं। यदि कोई आत्मतुष्ट व्यक्ति केवल इसलिए कविता पढ़ना चाहता है कि उसकी आत्मतुष्ट मनोदशा को कहीं से भी धक्का न लगे, बल्कि आत्मतुष्टि और प्रगाढ़ हो, उसे रीतिकाल के दरबारों में होना चाहिए था, या फिर राजकीय समारोहों में मनोरंजन के लिए आयोजित कवि-सम्मेलनों का सेवन करना चाहिए। मुक्तिबोध की कविताएँ निश्चय ही चित्त की इस समाहिति के लिए घातक हैं क्योंकि उनमें आज के परिवेश की जो दहशत भरी तस्वीर उभरती है, उससे स्नायु-तंतुओं के टूटने या रक्तचाप बढ़ने का खतरा पैदा हो सकता है।

सवाल यह है कि इनमें से कौन-सी कविता श्रेष्ठ है। और इस सन्दर्भ में नए कवियों के विचारों से परिचित होने से पहले आचार्य शुक्ल का मत उद्धृत करना प्रासंगिक है। आचार्य शुक्ल ने कोटि-क्रम से दो प्रकार के काव्य माने हैं : एक तो वह काव्य है, जिसमें लोकमंगल की साधनावस्था की अभिव्यक्ति होती है और दूसरा वह, जिसमें लोकमंगल की सिद्धावस्था का विधान होता है। पहले प्रकार के काव्य के मूल में संघर्ष होता है और दूसरे प्रकार के काव्य के मूल में आनन्द। आचार्य शुक्ल की मूल्य-व्यवस्था में संघर्षमूलक काव्य का स्थान प्रथम है और आनन्दमूलक काव्य का स्थान द्वितीय। उल्लेखनीय है कि आचार्य शुक्ल ने संघर्षमूलक काव्य की विशेषता बतलाते हुए 'विरुद्धों के सामंजस्य' की चर्चा की है। 'विरुद्धों के सामंजस्य' की व्याख्या करते हुए वे कहते हैं : "लोक में फैली दुःख की छाया

को हटाने में ब्रह्म की आनन्द कला जो शक्तिमय रूप धारण करती है, उसकी भीषणता में भी अद्‍भुत मनोहरता, कटुता में भी अपूर्व मधुरता, प्रचंडता में भी गहरी आर्द्रता साथ लगी रहती है। विरुद्धों का यही सामंजस्य कर्मक्षेत्र का सौन्दर्य है।" (*रस-मीमांसा*, पृ. 58-59)

'नई कविता' यदि आज द्वंद्व और तनाव को काव्य के प्रतिमान के रूप में प्रतिष्ठित करना चाहती है तो वह हिन्दी आलोचना की गौरवशाली परम्परा को ही आगे बढ़ा रही है। ऐतिहासिक सन्दर्भ को देखते हुए भी कविता में आज द्वंद्व और संघर्ष के मूल्य पर जोर देना अप्रासंगिक नहीं है। आज संघर्ष से घबड़ानेवाले वही होंगे, जो सत्ताधारी वर्ग के साथ यह सोचते हैं कि स्वाधीनता-प्राप्ति के बाद जीवन में सारे संघर्षों का अन्त हो गया। ऐसे लोग पदोन्नति के लिए अथवा सत्ता की रक्षा के लिए स्वयं चाहे जितना संघर्ष करें, किन्तु दूसरों के लिए संघर्ष को वर्जित मानते हैं—चाहे वह जीवन में हो या कविता में।

इसी ऐतिहासिक सन्दर्भ में मुक्तिबोध का यह कथन अर्थपूर्ण हो जाता है : "काव्य या तो बाह्य जीवन-जगत् के साथ सामंजस्य में या उसके अनुकूल उपस्थित होता अथवा उसके साथ द्वंद्व रूप में प्रस्तुत होता है अथवा काव्य-प्रवृत्ति एक स्तर या क्षेत्र में सामंजस्य और दूसरे स्तर या क्षेत्र में द्वंद्व को लेकर प्रस्तुत होती है। संक्षेप में, आभ्यंतर या बाह्यीकरण; विश्वव्यापी सामंजस्य या द्वंद्व अथवा दोनों के भिन्न रूप में उपस्थित होता है। 'आज की कविता में उक्त सामंजस्य से अधिक द्वंद्व ही है। इसलिए उसके भीतर तनाव या घिराव का वातावरण है'।" (*नई कविता का आत्म-संघर्ष*, पृ. 8)

मुक्तिबोध ने संघर्ष और द्वंद्व को एक कदम और आगे बढ़कर 'तनाव' तक पहुँचा दिया जो आज की आलोचना में एक अर्थपूर्ण पारिभाषिक शब्द बन गया है। कविता में 'तनाव' के महत्त्व को स्वीकार अज्ञेय ने भी किया है। उदाहरण के लिए : "मानसिक तनाव से धनुष की प्रत्यंचा-सी तनी हुई, अन्तर्जीवन की तीखी चेतना से स्वर-सी संयत, लेकिन जीवन की विविधता के बोध से विशृंखल होती हुई भी—आज की कविता का सौन्दर्य इसी कोटि का है।" (*आत्मनेपद*, पृ. 28-29)

निस्सन्देह मुक्तिबोध के 'तनाव' और अज्ञेय के 'तनाव' की प्रकृति में अन्तर है। अज्ञेय की दृष्टि में 'मानसिक तनाव' प्रमुख है, जिसे जीवन की विविधता का बोध 'विशृंखल' करता है। इसके विपरीत मुक्तिबोध का तनाव दुहरा है : एक ओर अपने परिवेश के साथ, दूसरी ओर स्वयं अपने अन्दर। किन्तु अन्ततः ये दोनों तनाव परस्पर सम्बद्ध हैं। तनाव-सम्बन्धी इन दोनों दृष्टियों की परिणति दो रूपों में हुई है।

'भारतीय साहित्य परम्परा : संघर्ष का उपयोग' शीर्षक निबन्ध में अज्ञेय संघर्ष को नए रूप में परिभाषित करते हुए कहते हैं : "जहाँ संघर्ष मौजूद है, वहाँ महत्त्व

यह पहचानने का नहीं है कि परिवेश में परिवर्तन लाया जा सकता है; महत्त्व की बात यह है कि अपने भीतर एक नई क्षमता पहचानी जा सकती है, यह और यही मात्र संघर्ष का रचनात्मक उपयोग है : जब संघर्ष एक उच्चतर आत्म-चेतना और ज्ञान की खिड़की का काम दे।" इस युक्ति के अनुसार अनिवार्य है कि 'संघर्ष व्यथा का तुल्यार्थी' है। और यह व्यथा भी अन्ततः एक स्थिर सामंजस्य ढूँढ़ने की ओर उन्मुख हो जाती है। अज्ञेय ने उसी क्रम में आगे कहा है : "संघर्ष भी व्यक्ति और परिवेश के बीच सामंजस्य के प्रयत्न का लक्षण है।" (*हिन्दी साहित्य : एक आधुनिक परिदृश्य*, पृ. 126)

यदि परिवेश में परिवर्तन लाने की बात छोड़ दी जाती है तो फिर अपरिवर्तित परिवेश के साथ जो सामंजस्य होगा, वह एक तरह का तालमेल ही होगा। न परिवेश बदले, न व्यक्ति, तो सामंजस्य असम्भव है। इसलिए परिवेश को बदले बिना यदि उसके साथ सामंजस्य करना है तो व्यक्ति को ही बदलना पड़ेगा। क्या अपने भीतर ही नई क्षमता की पहचान का रचनात्मक उपयोग यही है? स्पष्ट है कि इस क्षमता में अन्ततः वह व्यथा भी नहीं रह सकती, जिसे अज्ञेय ने संघर्ष का तुल्यार्थी कहा है। परिवेश को बदलने की आकांक्षा यदि विजिगीषा से पैदा होनेवाला अहंकार है तो विजिगीषा से अनासक्त व्यथा में भी कम अहंभाव नहीं है। इस अहं से मुक्ति का एक ही मार्ग शेष रहता है : 'किसी ममेतर' को आत्म-समर्पण। कहना न होगा कि जहाँ समर्पण है, वहाँ तनाव नहीं है। आकस्मिक नहीं है कि अज्ञेय की इधर की रचनाओं में भाषा-भाव से लेकर लय, स्वर और संरचना—सभी स्तरों से उस तनाव का लोप हो गया है। तनाव का स्थान ले लिया है एक थकान भरी शान्त मुद्रा ने। लोकमंगल की सिद्धावस्था की मंजिल यहाँ से थोड़ी ही दूर रह जाती है। निश्चय ही यह आनन्द की साधना है, जिसे सम्भवतः समाहिति-प्रिय डॉ. नगेंद्र भी एक दिन अपने *रस-सिद्धान्त* में स्थान देकर आनन्द-लाभ करेंगे। 'सोन-मछली' तो दृष्टि के काँच में आ भी चुकी है, शिक्षा की वेदी पर 'असाध्य वीणा' के विराजने में केवल समय की ही दीवार है। यह केवल संयोग की बात नहीं है कि *रस-सिद्धान्त* के अन्तर्गत तमाम 'नई कविता' में से केवल अज्ञेय की कविता स्वीकार्य हुई और वह भी 'सोन-मछली'!

अज्ञेय की इस तनावहीनता से तो कहीं अधिक तनाव नितान्त सौन्दर्यवादी कहे जानेवाले शमशेर बहादुर सिंह के काव्य में है, जिसको विजयदेव नारायण साही ने अत्यंत सूक्ष्मता से उभारकर सामने रखा है। बाहर के शून्य और भीतर के न-कुछ के बीच 'एक अटका हुआ आँसू' और 'पतझर का जरा अटका हुआ पत्ता' शमशेर की काव्यानुभूति के तनाव के प्रतीक हैं। यह तनाव इतना तीखा है कि उस अटके हुए पत्ते के समान ही काव्यानुभूति एकदम 'शान्त' दिखाई पड़ती है। शमशेर के मित कथन, सादे शब्द, क्रियाहीन वाक्य, निरुद्वेग लय आदि उस तनाव के तीखेपन

का एहसास कराते हैं। 'मौन' और 'महामौन' जैसे उस तीखेपन के चरमबिन्दु के सूचक हैं। इस प्रकार शमशेर का 'मौन' अज्ञेय के 'मौन' से प्रकृत्या भिन्न है।

तनाव की दृष्टि से, इधर के कवियों में *माया-दर्पण* के कवि श्रीकांत वर्मा और *आत्महत्या के विरुद्ध* के कवि रघुवीर सहाय की कविताओं की तुलना काफी रोचक हो सकती है। *माया-दर्पण* की अन्तिम कविता 'अन्तिम वक्तव्य' की अन्तिम दो पंक्तियाँ हैं :

तुम जाओ अपने बहिश्त में
मैं जाता हूँ
अपने जहन्नुम में।

बहिश्त के मुकाबले 'अपने जहन्नुम' में जाने की घोषणा न निर्वेद की मनःस्थिति है, न उपराम की। निस्सन्देह कुछ कविताएँ निराशा के चरमबिन्दु का अहसास कराती हैं, यही नहीं बल्कि ज्यादातर कविताओं में कहीं-न-कहीं वह चरम स्थिति झटके के साथ प्रकट हो जाती है, फिर भी समूची काव्यानुभूति के नाटक में यह स्थिति केवल एक अंग के रूप में आती है। जो कवि यह कहता हो कि :

न मैं आत्महत्या
कर सकता हूँ
न औरों का
खून,

उसकी काव्यानुभूति के गहरे तनाव के बारे में कोई सन्देह नहीं रह जाता।

आत्महत्या के विरुद्ध की अन्तिम कविता 'एक अधेड़ भारतीय आत्मा' को ही लें। कविता का मुख्य स्वर है :

कल फिर मैं
एक बात कहकर बैठ जाऊँगा।

कविता से स्थिति के बारे में स्पष्ट है कि 'टूटते-टूटते/जिस जगह आकर विश्वास हो जाएगा कि/बीस साल/धोखा दिया गया/वहीं मुझे फिर कहा जाएगा विश्वास करने को'। इसलिए असलियत के बारे में कोई धोखा नहीं है। कोई सुने या न सुने लेकिन 'एक बात कहने' का हौसला मरा नहीं है; भले ही कहकर बैठ जाना पड़े। कदाचित् यह स्थिति परिवेश के प्रति कुछ अधिक गहरे और तीखे तनाव को सूचित करती है। इसकी पुष्टि कविता-संग्रह के आरम्भिक 'वक्तव्य' के इस कथन से भी होती है : "उस दुनिया को देखें जिसमें हमें पहले से ज्यादा रहना पड़ रहा है, लेकिन जिससे हम न लगाव साध पा रहे हैं, न अलगाव।"

इस प्रकार अपने परिवेश से इन कविताओं का सम्बन्ध 'नकली उदासीनता' और 'सतही दिलचस्पी' से कहीं ज्यादा गहरा है। लगाव और अलगाव के तनाव में ही कवि कविता के रूप में 'अपनी एक मूर्ति बनाता है और ढहाता है', जो उसके सर्जनात्मक तनाव का प्रतीक है।

इस पृष्ठभूमि में यदि आज के तथाकथित अ-कवितावादी कवियों की आक्रोशपूर्ण कविताओं का विश्लेषण करें तो स्पष्ट हो जाता है कि मानसिक तनाव उनकी कविता का विषय भले ही हो, स्वयं कविताएँ तनावहीन आविष्ट प्रलाप हैं। इसलिए उनमें अनुभूतिगत जटिलता के स्थान पर एक प्रकार की सपाटता और सरलता मिलती है। निस्सन्देह कुछ-एक अपवाद यहाँ भी हैं, जैसे धूमिल, कुमारेंद्र पारसनाथ सिंह, कमलेश आदि, जिनकी कविताओं में अन्दर की दृढ़ता से उत्पन्न होनेवाली व्यंग्य-विडंबना के साथ स्वर में निर्णयात्मकता है। वस्तुतः इन कविताओं का स्वर आन्तरिक तनाव से रहित है, किन्तु परिवेश से लगाव साधने की जोर-आजमाइश कहीं अधिक है और यही बोध इन युवा कवियों की कविताओं को इस्पाती सघनता प्रदान करता है। उदाहरण के लिए धूमिल की 'पटकथा' शीर्षक लम्बी कविता, जो अपने ही शब्दों में 'एक प्यार भरी गुर्राहट' है। ममतामयी निर्ममता का यह विरोधाभास कविता की भाषा में भी देखा जा सकता है जो सपाटबयानी का आभास देते हुए भी जीवंत बिम्बों में व्यक्त होती है; जैसे :

एक अजीब-सी प्यार-भरी गुर्राहट :
जैसे कोई मादा भेड़िया
अपने छौने को दूध पिला रही है और
साथ ही किसी मेमने का सिर चबा रही है!

ईमानदारी और प्रामाणिक अनुभूति

छठे दशक की प्रमुख कृतियों के समीक्षा-संकलन *विवेक के रंग* की भूमिका में डॉ. देवीशंकर अवस्थी ने लिखा है : "*हरी घास पर क्षण भर* 'नई कविता' का प्रथम संग्रह है और यह आकस्मिक संयोग नहीं कि इसी संग्रह की समीक्षा में डॉ. प्रभाकर माचवे ने इसे 'प्रामाणिक अनुभूति' का काव्य बताते हुए कहा है कि 'कवि भावुकता का प्रदर्शन नहीं करता।' मैं कहना चाहूँगा कि आलोचना के क्षेत्र में यह नई माँग थी और सीधे उसी काव्य से उपजी थी जो एक ओर छायावाद की भावुक प्रतिक्रियाओं का प्रत्याख्यान करता है और दूसरी ओर प्रगतिवाद की नारा-कविताओं का विरोध करके कवि के अपने आन्तरिक अनुभव की माँग करता है। कवि की ओर से 'आत्मान्वेषण' की घोषणा और आलोचक की ओर से 'प्रामाणिक अनुभूति' की माँग एक ही सिक्के के दो पहलू हैं। यह माँग उस खरेपन की माँग है जो कवि के ईमानदार व्यक्तित्व (ऐसा व्यक्तित्व जो न छायावादी की तरह स्फीत किया गया हो और न प्रगतिवादी की तरह अनुकूलित) के जटिलतम स्तरों का अनुभव होता है। *दूसरा सप्तक* की समीक्षा करते हुए डॉ. प्रभाकर माचवे ने ही रघुवीर सहाय की कविताओं की चर्चा करते हुए 'कवि-कर्म की ईमानदारी' की बात उठाई थी। यह आश्चर्य की बात नहीं है कि 'ईमानदारी' शब्द इस लेखन में आलोचना का मूल्यसत्तात्मक शब्द बन गया।"

'ईमानदारी' कविता के मूल्यांकन का एक प्रतिमान हो सकती है या नहीं, इस पर विचार करने से पहले हिन्दी कविता के इतिहास में 'ईमानदारी' के विभिन्न प्रयोगों का आकलन कर लेना आवश्यक है, क्योंकि ईमानदारी का दावा करनेवाले कवि 'नई कविता' से पहले भी मिलते हैं और 'नई कविता' के बाद भी जो स्वयं 'नई कविता' के ईमानदारी के दावे के सामने प्रश्नचिह्न लगा रहे हैं।

छायावादी कहे जानेवाले हिन्दी के पहले रोमांटिक कवियों ने भी अपनी अनुभूति की ईमानदारी का दावा किया था। छायावादी 'अनुभूति' ईमानदारी नहीं तो क्या थी? छायावादी कवि अपनी समझ से आत्माभिव्यक्ति ही कर रहे थे। यदि आत्मकथा को ईमानदारी की अभिव्यक्ति का एक प्रमाण माना जाए तो *हंस* के आत्मकथांक

के लिए प्रसाद ने कविता लिखकर अपनी आत्मकथा का संकेत दिया और निराला ने अपनी कन्या सरोज की मृत्यु पर *सरोज-स्मृति* शीर्षक शोकगीत में आत्मचरित का काफी उद्घाटन किया। इसके बावजूद छायावादी कवियों की ईमानदारी में शक किया गया। शक करनेवालों में बाद के नए कवि ही नहीं, बल्कि समकालीन आचार्य भी थे। आचार्य महावीरप्रसाद द्विवेदी की दृष्टि में 'इनके भाव झूठे, इनकी भाषा झूठी...'; और आचार्य रामचन्द्र शुक्ल ने भी छायावाद की रहस्य भावना की ओर संकेत करते हुए साफ कहा : "भावानुभूति तक कल्पित होने की है।" उन्हें खेद था : "भावानुभूति भी यदि ऐसी होगी, जैसी नहीं हुआ करती तो सच्चाई (Sincerity) कहाँ रहेगी?"

तथाकथित उत्तर-छायावादी कहे जानेवाले कवि ईमानदारी का इजहार करने में छायावादियों से भी दो कदम आगे निकल गए। अपनी ईमानदारी प्रमाणित करने के लिए उन्होंने दिल खोलकर अपनी कमजोरियों का बखान किया। बच्चन ने लिखा : "यदि छिपाना जानता तो जग मुझे साधू समझता।" जैसाकि विजयदेव नारायण साही ने 'लघुमानव के बहाने हिन्दी कविता पर एक बहस' शीर्षक निबन्ध में विस्तार से दिखलाया है। बच्चन तथा उनके समानधर्मा कवियों ने अपनी कविताओं में एक ऐसे 'सहज' मानव की तस्वीर उभारने की कोशिश की जिसकी 'नीयत' साफ है। इस दौर की कविता का मूल स्वर यही है कि "दुनिया मुझे गलत समझ रही है, मैं वह नहीं हूँ जो ऊपर से दिखता हूँ।" निश्छलता, निष्कपटता, बिन-बनावट पर जितना जोर इस दौर के कवियों ने दिया, इससे पहले आधुनिक युग में शायद ही किसी ने दिया हो। 'नीयत' को कविता के केन्द्र में प्रतिष्ठित करके बच्चन आदि ने ईमानदारी पर अपनी मुहर लगा दी। इस प्रयास में उन्होंने अपनी कमजोरियाँ इतनी बढ़ा-चढ़ाकर बताईं कि लोगों को उन कमजोरियों के वजूद में शक होने लगा। *मधुशाला, मधुबाला, मधुकलश* आदि में जितनी 'हाला' है, उतनी यदि जिन्दगी में होती तो जाने क्या होता! लोग यह विश्वास करने के लिए बाध्य हो गए कि पी कम, नशा ज्यादा है। अतिशयोक्ति ने ईमानदारी को और पुष्ट कर दिया।

इसके बाद प्रगतिवाद का दौर, जिसने अपनी ईमानदारी का दावा तो नहीं किया, लेकिन दूसरों की ईमानदारी में शक जरूर किया; प्रगति के पथ पर कदम रखनेवाले कवि को अपनी ईमानदारी का भी पूरा विश्वास न था। इस समय समस्या वर्गगत—विशेषत: मध्यवर्गीय संस्कारों से मुक्त होने की थी। एक ओर मार्क्सवाद से प्राप्त वर्गचेतना और दूसरी ओर फ्रायड के मनोविश्लेषण से प्राप्त अवचेतन की वर्जनाओं का बोध, दोनों ईमानदारी की तड़प जगाने के लिए काफी थे। वास्तविक काव्य-सृजन में इस अपराध-बोध के कारण कहाँ-कहाँ क्या-क्या मोड़ आए, इस ब्योरे में फिलहाल जाना न सम्भव है और न प्रासंगिक; तथ्य यही है कि एक नैतिक अथवा राजनीतिक दायित्व के स्तर पर ईमानदारी का सवाल इस दौर में भी

उठाया गया, जिसकी शक्ल कुछ-कुछ यह थी कि कवि किसकी तरफ है। युग साफ शब्दों में यह घोषित करने का था कि 'कस्मै देवाय हविषा विधेम?'—आप किसके लिए लिखते हैं?

प्रयोगशीलता के बीच से उत्पन्न होनेवाली 'नई कविता' के कवि प्रगतिवाद की इसी पृष्ठभूमि में आए और उन्हें एकबारगी यह महसूस हुआ कि प्रगतिवाद के दबाव के कारण कविता से ईमानदारी गायब हो गई है। यह पृष्ठभूमि नए सिरे से ईमानदारी के आग्रह का कारण बनी। मासिक *प्रतीक* के आरम्भिक अंकों में ही लगातार दो सम्पादकीय आए : 'ईमानदारी' और 'ईमानदारी के बाद', रघुवीर सहाय की कलम से। सम्पादकीय में ईमानदारी को 'मौलिक' और 'निरपेक्ष' गुण घोषित करते हुए 'अविभाजित बुद्धि' के एक ऐसे स्तर के रूप में परिभाषित किया गया जो वास्तविकता के सन्दर्भ में सार्थकता प्राप्त करता है। रघुवीर सहाय के अपने शब्दों में : "ईमानदारी वास्तव में एक मौलिक गुण है और उस बौद्धिक स्तर का पर्याय है जिस पर आकर हमारा तर्क पूर्वग्रह और व्यक्तिगत रुचि के ऊपर उठ जाता है और जिस पर आकर हममें 'वस्तुओं की वास्तविकता का सही' अनुभव होता है। वह उस चेतना के पहले की चीज है जो ज्ञान को क्षेत्रों में विभाजित करती है। जैसे ज्ञान समस्त एक है, वैसे ही ईमानदारी भी समस्त एक है।"

स्पष्टत: बच्चन-जैसे उत्तर-छायावादी कवि की 'नीयत' की ईमानदारी से यह ईमानदारी भिन्न है क्योंकि इसमें बुद्धि और हृदय के विभाजन को अस्वीकार करके एक अखंड अविभाज्य चेतना के स्तर पर ईमानदारी को प्रतिष्ठित किया गया है। "प्रतिभा का एक काम यह भी है कि वह इस (पूँजीवादी) समाज के तात्कालिक प्रलोभन के बीच भी 'बुद्धि के संगठन' को बनाए रखे।" यह बौद्धिक संगठन अनुभूति का विरोधी नहीं बल्कि "अनुभूति को सुधारने का एक तरीका है।" बुद्धि अनुभूति को इसलिए सुधारती है कि उसके कारण 'खोज की विकलता' आती है। इस खोज की विकलता का स्पष्ट अर्थ है कि "वस्तुओं की वास्तविकता और उनके अन्तर्विरोध को समझने का, उसकी व्यंजना को आत्मसात् करने का अनवरत प्रयत्न किया जाए।" यह प्रयत्न 'कोने में दीवाल की ओर मुँह करके नहीं, बल्कि 'लड़ाई के मैदान' में आ करके' किया जा सकता है। किन्तु "बहुत-से लेखकों के लिए अनुभूति बराबर है पर्यवेक्षण के; उनके प्रति एक विस्मित भाव से वे उनके रंगों-रूपाकारों को अपनी भाषा और शैली में जगह देते हैं; उनके अर्थ से उनके मन तादात्म्य स्थापित नहीं करते।" इसलिए वास्तविकता के अर्थ को आत्मसात् करने के लिए अनुभूति को इस हद तक सुधारने की आवश्यकता है कि "कविता भी वैसी ही जानदार हो सके, जैसी कि वे वास्तविकताएँ हैं।" यह तभी सम्भव है, "जब कविता वस्तुओं के अन्दर से निकले, वस्तुओं को छूकर न निकल जाए।"

इस प्रकार रघुवीर सहाय यह स्वीकार करते हैं कि ईमानदारी में भी वास्तविकता के समानान्तर एक 'द्वंद्वात्मकता' और कशमकश होती है। इसलिए कवि की ईमानदारी "यह माँगती है कि समालोचक सामाजिक चेतना के सभी स्तरों की द्वंद्वात्मक उपादेयता को स्वीकार करे, बौद्धिक विकास की प्रणाली में विचार और आचरण के बीच जो कशमकश होती है, उसकी ओर से सजग रहे।" ईमानदारी के इस स्तर पर नए कवि का एक विश्वास था कि "जैसे-जैसे हमारी बौद्धिक सहानुभूति गहरी होगी, अभिव्यक्ति में व्यंजना आती जाएगी। वह 'सीधा संवेदन' कम होता जाएगा जो 'किशोर-कविता' में होता है, मगर अभिव्यक्ति, जिसमें लेखक की रचना और पाठक की संवेदना, दोनों सम्मिलित हैं, उतनी ही 'कुशल' भी होती जाएगी।"

रघुवीर सहाय के इस विवेचन से स्पष्ट है कि एक ईमानदारी वह भी होती है जिसमें किशोर-कविता का सीधा संवेदन होता है; किन्तु वह पर्याप्त नहीं है। इस दृष्टि से ईमानदारी कोई स्वत:सिद्ध और प्रदत्त गुण नहीं बल्कि प्रयत्नसाध्य अर्जित क्षमता है, जिसके संवर्धन के लिए अनवरत प्रयत्न की आवश्यकता पड़ती है। अखंड और अविभाज्य होते हुए भी ईमानदारी की प्रकृति द्वंद्वात्मक होती है। इस द्वंद्वात्मकता का सम्बन्ध वास्तविकता से है। सामाजिक द्वंद्व कवि के मन में भी कशमकश पैदा करता है, यदि कवि वास्तविकता के द्वंद्व से जुड़ा हुआ है। इस द्वंद्व में तात्कालिक प्रलोभन भी होते हैं, जिनके सामने बुद्धि के संगठन को बनाए रखना पड़ता है। इस प्रकार ईमानदारी एक बौद्धिक संगठन है। गरज कि ईमानदारी समझदारी का दूसरा नाम है।

रघुवीर सहाय की 'ईमानदारी' और 'ईमानदारी के बाद' की टिप्पणियों में 'अनुभूति' पर पूरा बल है, किन्तु उसमें 'प्रामाणिकता' का उल्लेख कहीं नहीं है। अनुभूति के बाद यदि किसी चीज पर बल है तो 'वास्तविकता' पर, बल्कि वास्तविकता पर बल कहीं अधिक है। इसलिए 'प्रामाणिक अनुभूति और अनुभूति की प्रामाणिकता' जैसे बड़े पारिभाषिक शब्दों के बीज इन वक्तव्यों में ढूँढ़ भले ही लिये जाएँ, किन्तु तथ्य यही है कि इन शब्दों का निर्माण बाद में हुआ, जब 'नई कविता' का शास्त्र बना, जिसका पहला दुर्भाग्यपूर्ण प्रयास लक्ष्मीकांत वर्मा का ग्रंथ है : *नई कविता के प्रतिमान*।

'नई कविता' के शास्त्र के साथ ही 'नई कविता' की नवीनता पर बल देना अनिवार्य हो गया और सद्य:सुलभ 'अनुभूति की प्रामाणिकता' उस नवीनता की प्रतिष्ठा का अस्त्र बनी। आग्रह में कोई गड़बड़ी न थी, सिवा इस बात के कि प्रामाणिकता के लिए किसी वस्तुनिष्ठ प्रमाण की न तो आवश्यकता समझी गई और न उसकी ओर कोई संकेत ही किया गया। प्रमाण स्पष्टत: स्वयं कविताएँ ही हो सकती हैं, किन्तु सैद्धान्तिक स्तर पर प्रामाणिकता के प्रतिमान का निर्णय कैसे हो, यह प्रश्न सामने था। ऐसे ही समय मुक्तिबोध अपने बौद्धिक औजारों के साथ सामने आए

और उन्होंने 'ईमानदारी' से जुड़े हुए प्रश्नों की जटिलता की ओर कवियों और आलोचकों का ध्यान आकृष्ट किया। *वसुधा* में धारावाहिक रूप से प्रकाशित होनेवाली *एक साहित्यिक की डायरी* में 'कलाकार की व्यक्तिगत ईमानदारी' पर दो किस्तें हैं, जो एक तरह से रघुवीर सहाय के ईमानदारी सम्बन्धी विचार-सूत्रों को ही एक कदम और आगे ले जाती हैं। उल्लेखनीय है कि यहाँ ईमानदारी पर डायरी-शैली में विचार किया गया है, जो वस्तुतः स्वगत-संलाप का ही एक रूप है; यही नहीं, बल्कि बहस का आधार भी स्वयं एक डायरी है, जिसे सामान्यतः लेखक का निहायत ईमानदार दस्तावेज माना जाता है। शुरुआत इस वाक्य से होती है : "यह डायरी एकदम 'फ्रॉड' है।" यहाँ से ईमानदारी की एक-एक परत को उकेला जाता है :

"व्यक्तिगत ईमानदारी का (एक) अर्थ है—जिस अनुपात में, जिस मात्रा में, जो भावना या विचार उठा है, उसको उसी मात्रा में प्रस्तुत करना।" किन्तु : "वह व्यक्तिगत ईमानदारी भी नहीं है, अभिव्यक्ति की ईमानदारी भी नहीं।" दूसरे शब्दों में, यह सामान्य भावोच्छ्वास है जो अनेक बचकाने उद्गारों में प्रकट होता है। मुक्तिबोध इसे 'एकदम नाकाफी' मानते हैं। उनके अनुसार : "महत्त्व की बात यह है कि वे भाव या वह विचार किसी वस्तु-तथ्य से सुसंगत है या नहीं।" इसलिए : "व्यक्तिगत ईमानदारी वहाँ लक्षित होगी जहाँ वस्तु का वस्तुमूलक आकलन करते हुए लेखक उस आकलन के आधार पर वस्तु-तत्त्व के प्रति सही-सही मानसिक प्रतिक्रिया करे। यदि वह ऐसा नहीं करता तो उसकी प्रतिक्रिया में सत्यत्व का आविर्भाव नहीं होगा।"

इस प्रकार मुक्तिबोध ने ईमानदारी को आत्मनिष्ठता के दलदल से निकालकर वस्तुनिष्ठता की ठोस भूमि पर प्रतिष्ठित किया और ईमानदारी में 'सत्यता' के प्रश्न को जोड़कर मूल्यांकन के लिए एक वस्तुनिष्ठ वैज्ञानिक औजार प्रदान किया। इस वस्तुनिष्ठ प्रतिमान के आधार पर ही मुक्तिबोध 'नई कविता' के अन्दर चलनेवाली आत्म-प्रवंचना का उद्घाटन कर सकने में समर्थ हुए। उन्हें इस बात का पता था कि लेखक अपनी निष्ठा के बावजूद अनजाने भी 'फ्रॉड' को जन्म देता है क्योंकि रचना-प्रक्रिया में बहुत-से अन्तर्निषेध चुपचाप काम करते रहते हैं। इसलिए : "भावना का ज्ञानात्मक आधार जब तक वस्तुतः शुद्ध है, तभी तक वह भावना 'फ्रॉड' नहीं है। इसलिए ज्ञान को अधिकाधिक मार्मिक यथार्थमूलक और विकसित करने का जो संघर्ष है, वह वस्तुतः कलाकार का सच्चा धर्म है। यदि कवि या कलाकार वह संघर्ष त्याग देता है, तो वह सचमुच ईमानदार नहीं है। सच तो यह है कि व्यक्तिगत ईमानदारी के भीतर ही एक बहुत बड़ा संघर्ष होता है। दूसरे शब्दों में, कला के क्षेत्र में व्यक्तिगत ईमानदारी स्वयंसिद्ध नहीं वरन् प्रयत्न-साध्य होती है।"

भावना के ज्ञानात्मक आधार की कमजोरी के कारण जिस प्रकार छायावादियों ने छद्म भावनाओं की अभिव्यक्ति की, मुक्तिबोध को इसका पता था; इस अनुभव

के आधार पर उन्होंने नए कवियों को भी ईमानदारी की रोमांटिक-छायावादी सीमाओं के प्रति आगाह किया।

किन्तु इस चेतावनी के बावजूद 'नई कविता' ईमानदारी की रोमांटिक सीमाओं से उबरने में समर्थ न हो सकी। नतीजा यह हुआ कि सातवें दशक के आरम्भ में जब इतिहास के थपेड़ों ने 'नई कविता' का मायालोक छिन्न-भिन्न कर दिया तो 'अनुभूति की प्रामाणिकता' सन्दिग्ध हो उठी। यह इस नए दौर का ही असर है कि मलयज को भी लक्ष्मीकांत वर्मा की पुस्तक *नए प्रतिमान : पुराने निकष* की समीक्षा (*आलोचना*: जुलाई-सितम्बर, '67) करते समय 'अनुभूति की प्रामाणिकता' और 'क्षण की अनुभूति' जैसे शब्दों में रूमानी आत्मनिष्ठता की बू आने लगी। अनुभूति पर अतिरिक्त आग्रह देखकर वे कहते हैं : "इस तरह अनुभूति को ही सही-गलत का अन्तिम प्रमाण मानकर वह निश्चिन्त हो जाते हैं। यहाँ सवाल यह नहीं है कि अनुभूति के सिवा भी किसी को प्रमाण बनाया जा सकता है या नहीं, बात सिर्फ इतनी है कि अनुभूति से पूर्ण अराजकता का रास्ता जितना सीधा है, अनुभूति से मूल्य-सृजन और मूल्य-दृष्टि का उतना नहीं। अनुभूति की प्रक्रिया अपने-आप कल्याणकारी है और वह बिना किसी व्यक्ति-निरपेक्ष सत्ता या अनुशासन के मनुष्य को अन्ततः शुभ की ओर ले जाती है, इसे प्रतिपादित करने के लिए लक्ष्मीकांत के पास या तो सौन्दर्यवादी अमूर्त विश्लेषण-पद्धति है, जिसमें वे अनुभूति के सारे दोष भावुकता के मत्थे मढ़कर अनुभूति को विशिष्ट और अद्वितीय अनुभूति में बदल देते हैं या फिर 'संकल्प-शक्ति', 'आत्मबल', 'वैयक्तिक क्रियाशीलता' आदि हथियार हैं जिनसे वे अतीत रूढ़ि, क्लासिकी, नैतिकतावादियों और व्यक्ति-निरपेक्ष बाह्य व्यवस्थावादियों से लड़ाई लड़ते हैं।"

इस प्रकार विश्लेषण-क्रम में मलयज को भी अब यह दृष्टिगत हो गया कि 'नई कविता' के दौरान निरपेक्ष मूल्य के रूप में प्रचारित 'अनुभूति की प्रामाणिकता' जैसे शब्द वस्तुतः शीतयुद्ध की उपज थे, जिनके मूल में कम्यूनिज्म का अन्ध-विरोध भाव था। उन्होंने स्पष्ट लिखा है : "कम्यूनिज्म के समूहवाद और सम्प्रदायवाद का इतना बड़ा हौवा खड़ा किया गया कि मानव-संवेदना को 'भीड़' की संवेदना और 'व्यक्ति' की संवेदना में बाँट दिया गया और इस वर्गीकरण के आधार पर एक पूरा सौन्दर्यशास्त्र रच दिया गया। उस वक्त यह पता नहीं था कि आगे चलकर इस सौन्दर्यशास्त्र के जाल में खुद ही फँस जाना पड़ेगा।"

छठे दशक के कवियों ने पूर्ववर्ती पीढ़ी के कवियों की अपनी सदिच्छा के बावजूद 'ईमानदारी' की सीमाएँ जिस प्रकार उद्‌घाटित की हैं, वह काव्य-मूल्य के रूप में ईमानदारी के प्रयोग को सन्देहास्पद बना देने के लिए पर्याप्त हैं। वस्तुतः ईमानदारी का आग्रह आत्म-साक्षात्कार और आत्मान्वेषण के लिए किया गया था, किन्तु उसकी परिणति आत्मरति में हुई। ईमानदारी के द्वारा कायदे से उस आत्म-सजगता

का प्रादुर्भाव होना चाहिए था जो काव्य की संरचना में आत्म-विडंबना से युक्त नाटकीयता का विधान करती है, किन्तु व्यवहार में आत्म-सजगता ने 'नई कविता' में सामान्यत: 'आत्म-विडंबना' को क्रमश: समाप्त करके नहूसत-भरी 'आस्था' की चिन्ता को बढ़ावा दिया, जिसकी परिणति कुछ कवियों में रहस्यपरक आत्मोपलब्धि और मौन की आराधना में हुई। इस प्रकार 'ईमानदारी' और 'प्रामाणिकता' के साथ विशेष प्रकार के भाववादी अर्थ-अनुषंग जुड़ गए और इस प्रक्रिया में ये शब्द अपना आरम्भिक जादू खो बैठे।

इस स्थिति के विरुद्ध प्रतिक्रिया अनिवार्य थी और वह हुई। सातवें दशक के कवियों में से कुछ ने तो 'ईमानदारी' और 'प्रामाणिकता' जैसे शब्दों को निरर्थक मानकर एकदम छोड़ देना ही उचित समझा; किन्तु कुछ को अब भी पुराने शब्दों में नया अर्थ भरने की क्षमता में विश्वास है, इसलिए उन्होंने एक नए अर्थ के साथ ईमानदारी की आवाज फिर उठाई। इस बार ईमानदारी 'विद्रोह' का पर्याय बनकर प्रकट हुई, जिसमें ईमानदारी का मतलब था : 'साहस'। साहस आत्मान्वेषण का नहीं और न आत्म-साक्षात्कार का; बल्कि साहस अप्रिय-से-अप्रिय वास्तविकता के साक्षात्कार का। इस दौर के कवियों का खयाल है कि सत्य कहीं सात पर्दे के अन्दर छिपा हुआ कोई रहस्य नहीं है, जिसे खोजने के लिए 'प्रामाणिक अनुभूति' की आवश्यकता हो। उनके अनुसार सम्राट स्वयं नंगा है और यदि कोई आवश्यकता है तो सिर्फ उसे नंगा कहने की, जिसके लिए साहस—केवल साहस जरूरी है और इसी साहस का नाम आज ईमानदारी है। पिछले दौर के कवियों ने 'तथ्य' और 'सत्य' के अन्तर को लेकर काफी मगजपच्ची की थी। वे 'सत्य' के लिए चिन्तित थे। उन्होंने 'तथ्य' को रागात्मकता से रंजित करके 'सत्य' का रूप दिया। आकस्मिक नहीं कि इस क्रम में ईमानदारी भी राग-रंजित हुई और पिछले दौर की रागात्मकता से रंजित होकर ईमानदारी 'प्रामाणिक अनुभूति' हो गई। सातवें दशक के कवियों की दृष्टि नग्न तथ्य पर है। वे रागात्मक आवरण को हटाने में विश्वास करते हैं। कदाचित् इसी क्रम में उन्होंने 'प्रामाणिक अनुभूति' का रंगीन आवरण हटाकर ईमानदारी को फिर से सामने ला दिया।

इस सिलसिले में एक और शब्द सामने आया—'विसंगति'। वास्तविकता में विसंगति है, बल्कि विसंगति ही आज की वास्तविकता है। इसलिए विसंगति का बोध ही वास्तविक बोध है और कोई चाहे तो इसे ईमानदारी भी कह सकता है। इस प्रकार 'नई कविता' की अन्तर्निहित विसंगति के बोध ने सातवें दशक की कविता में व्यापक स्तर पर एक 'विसंगति-बोध' को जन्म दिया जो साहस के समानान्तर ही ईमानदारी का पर्याय बनकर सामने आया।

कविता के पिछले पचास वर्षों के इतिहास से स्पष्ट है कि हर नए उन्मेष के मूल में ईमानदारी की आवाज है, किन्तु हर दौर की ईमानदारी की अपनी भाषा है।

छायावाद की ईमानदारी 'आत्मानुभूति' है तो उत्तर-छायावादी ईमानदारी 'नीयत'; प्रगतिवाद की ईमानदारी का आधार 'वर्ग-चेतना' है तो प्रयोगशील 'नई कविता' की ईमानदारी 'प्रामाणिक अनुभूति'; और अब सातवें दशक में 'विसंगति-बोध' ही ईमानदारी का पर्याय है। साहस और विद्रोह किसी-न-किसी रूप में हर दौर की ईमानदारी के साथ हैं, चाहे उस साहस का रूप जो भी हो। यह भी तथ्य है कि हर दौर के कवियों ने पिछले दौर के कवियों की ईमानदारी में शक किया, बिना यह चिन्ता किये कि आनेवाले कवि स्वयं उनकी ईमानदारी में भी उसी प्रकार सन्देह कर सकते हैं। सवाल यह है कि क्या इस क्रम में ईमानदारी की कोई ऐसी वस्तुनिष्ठ रूपरेखा उभरती है जिसे कविता के मूल्यांकन का आधार बनाया जा सके? इसके साथ यह भी प्रश्न है कि क्या ईमानदारी को काव्य के मूल्यांकन का एक मूल्य माना जा सकता है?

पहले दूसरा प्रश्न। ईमानदारी मूलतः एक 'नैतिक' मूल्य है। सामान्यतः किसी 'व्यक्ति' की ईमानदारी की बात की जाती है। इसलिए किसी कविता के सन्दर्भ में ईमानदारी का सवाल उठाते समय तुरन्त यह सवाल उठता है कि क्या किसी साहित्येतर मूल्य का उपयोग उचित है? उल्लेखनीय है कि ईमानदारी के आधार पर किसी कविता की श्रेष्ठता ही नहीं, बल्कि प्रायः उसके कविता होने का भी निर्णय किया जाता है।

26 जुलाई, 1963 के *टाइम्स लिटररी सप्लिमेंट* के *द क्रिटिकल मोमेंट* विशेषांक में प्रो. डब्ल्यू. डब्ल्यू. रॉब्सन ने भी 'शुद्ध साहित्यिक मूल्यों' पर विचार करते हुए यही प्रश्न उठाया है। कविता के मूल्यांकन में 'ईमानदारी' के दुरुपयोग के उदाहरणों को देखते हुए रॉब्सन लिखते हैं : "एक समय मैंने इस शब्द को काव्य के मूल्यांकन के लिए सर्वथा त्याज्य मान लिया था और सोचा था कि इसकी जगह 'प्रामाणिकता' (Authenticity) या 'सच्चाई' (Genuineness) जैसे किसी शब्द का उपयोग करना चाहिए, क्योंकि उसमें कम-से-कम रचनाकार-व्यक्ति के बदले स्वयं रचना पर ध्यान केन्द्रित रहता है।"

किन्तु काफी सोच-विचार के बाद उन्हें लगा कि 'ईमानदारी' शब्द को छोड़ना ठीक नहीं; क्योंकि उसमें लेखक की अपनी गहरी प्रतिबद्धता (Profound Personal Self-Commitment) निहित है, अथवा कम-से-कम यह अर्थ निहित होना चाहिए। इस सन्दर्भ में प्रतिबद्धता के अर्थ का स्पष्टीकरण करते हुए रॉब्सन कहते हैं : "यह प्रतिबद्धता सार्त्र की 'प्रतिबद्धता' (कमिटमेंट) से एकदम भिन्न है। यह किसी प्रचारवादी साहित्य की प्रतिबद्धता नहीं, बल्कि ऐसी प्रतिबद्धता है जो मानव संकल्प के आन्तरिक और अन्तरंग आन्दोलनों को प्रतिबिम्बित करती है। प्रासंगिक ढंग की ईमानदारी एक ऐसा गुण है जिसे आन्तरिक अनुशासन से 'उपलब्ध' किया जाता है। इसके बारे में हमारे एहसास का अर्थ है : यह एहसास कि कृति जिसे

स्वीकार अथवा अस्वीकार करती है, अभिव्यक्त करने में सफल होती है या असफल, अव्यक्त छोड़ देती है अथवा व्यक्त करती है; उसके सन्देह, उसके तनाव, उसके अन्तिम नैतिक सन्तुलन—उन सबसे स्वयं लेखक अपनी कल्पना में होकर गुजरा है। मेरा अभिप्राय यह बिलकुल नहीं है कि किसी कृति-सम्बन्धी हमारा वास्तविक अनुभव ऐसा हो जिसमें वह कृति स्पष्टत: 'कृतिकार की अपनी समस्याओं' के बीच से काल्पनिक रूप में गुजरने का अनिवार्य रूप हो।"

रॉब्सन का आग्रह है कि इस प्रकार का एहसास किसी कृति में निहित कृतिकार की मानवीयता में आस्था पैदा होने के लिए आवश्यक है। इस प्रकार काव्य के मूल्यांकन के लिए 'ईमानदारी' जैसे साहित्येतर शब्द का प्रयोग सर्वथा प्रासंगिक है।

अब तक की परम्परा से भी यही प्रतीत होता है कि काव्य-चर्चा के प्रसंग में ईमानदारी के प्रयोग से बचना सम्भव नहीं है। कोई अपरिहार्यता ही थी जिसके कारण बार-बार रचनाकारों ने ईमानदारी का सहारा लिया—जान में, चाहे अनजान में। इसके अतिरिक्त ईमानदारी केवल नैतिक मूल्य होने मात्र से काव्य के मूल्यांकन के लिए अप्रासंगिक नहीं हो जाती। काव्यकृति आखिर मानव-कृति है, शुद्ध प्रकृति नहीं। मानव-कृति होने के नाते काव्य-कृति किसी-न-किसी मानव-मूल्य को व्यक्त करती है, इसलिए उसके मूल्यांकन के लिए अपनाई गई कोई भी मूल्य-प्रणाली मानव-मूल्यों के दायरे से बाहर नहीं रह सकती। मूल्य-बोधक कोई भी शब्द मानव-कृतित्व अथवा मानवीयता से रिक्त नहीं हो सकता; चाहे वह ऊपर से देखने पर नितान्त काव्य-क्षेत्रीय मूल्य ही क्यों न प्रतीत हो। उदाहरण के लिए संस्कृत काव्यशास्त्र का 'औचित्य'। निस्सन्देह इससे मूल्यांकन में अक्सर घपला भी होता है और इस कारण कविता के मूल्यांकन में ईमानदारी का दुरुपयोग भी हुआ है। किन्तु इस घपले से बचने का एक तरीका है और वह यह कि काव्य के सन्दर्भ में ईमानदारी का उपयोग करते समय इसके नैतिक रंग का बोध बराबर बना रहे।

अंग्रेजी में नैतिक मूल्यों के प्रबल आग्रही अन्यतम साहित्य-समीक्षक डॉ. एफ. आर. लीविस इसी स्वचेतनता के साथ काव्य के मूल्यांकन में 'ईमानदारी' जैसे खतरनाक औजार का बहुत सफल उपयोग कर सके हैं। 'सच्चाई और ईमानदारी' (Reality and Sincerity)[1] शीर्षक निबन्ध में लगभग एक-से विषय की तीन कविताओं का विश्लेषण करते हुए डॉ. लीविस ने ईमानदारी और सच्चाई के अन्तरावलम्बन के तारतमिक रूपों का उद्घाटन किया है। विश्लेषण से स्पष्ट हो जाता है कि जिस कविता में भावोच्छ्वास है, उसमें वास्तविकता के मूर्त चित्र कम हैं और कवि की समझदारी भी उसी मात्रा में घट जाती है; जो अन्तत: कवि की ईमानदारी की कमी सूचित करती है। इसके विपरीत भावोच्छ्वास का अभाव, वास्तविकता की ठोस पहचान, गहरी मानवीय समझदारी और भाषा का सधा हुआ

1. *Scrutiny,* Vol. XIX, No. 2, Winter, 1952-53

प्रयोग आदि गुण—तीनों में से श्रेष्ठ कविता की ईमानदारी के लक्षण साबित होते हैं। नि:सन्देह यह प्रक्रिया एक तरह से चक्राकार है और यही इसका सबसे बड़ा दोष भी है, किन्तु एक बार ईमानदारी को काव्य-मूल्यों की प्रणाली में स्वीकार कर लेने के बाद उसे वस्तुनिष्ठ रूप देने का कोई दूसरा बेहतर ढंग भी अभी तक सामने नहीं आया है। किसी कविता के मूल्यांकन में ईमानदारी का ऐसा उपयोग, जिसमें कविता के बाहर जाकर कवि के व्यक्तिगत जीवन और मनोगत अभिप्रायों में जाने का जोखिम उठाने की बजाय स्वयं काव्य-कृति पर ही सारा निर्णय आधारित हो, 'काव्यगत वास्तविकता' पर निर्भर होने के लिए बाध्य है, जिसे अपनी भाषा में डॉ. लीविस 'मूर्तिमत्ता' (Concreteness) कहते हैं। विम्साट-बियर्ड्स्ले द्वारा निरूपित 'अभिप्रायपरक हेत्वाभास' (Intentional Fallacy) से बचने का कोई दूसरा रास्ता नहीं है।

कवि के अभिप्राय को जानने का साधन कविता के बाहर यदि सुलभ भी हो तो कायदे से उस साधन के उपयोग के लिए आलोचक बाध्य नहीं है। वस्तुत: कविता के मूल्यांकन के लिए कवि का निजी अभिप्राय अप्रासंगिक है। प्रासंगिक अभिप्राय वही है जो कविता में व्यक्त हुआ है; जो व्यक्त नहीं हो सका है, उसमें स्वयं कवि की दिलचस्पी हो तो हो, आलोचक को उससे कोई प्रयोजन नहीं। कविता से कवि को अलग करके भी यदि काव्य-कृति को ध्यान से देखा जाए तो कवि की ईमानदारी का पता चल जाता है। जागरूक पाठकों और आलोचकों का अनुभव है कि कविता में जहाँ 'कृत्रिमता' दिखाई पड़ती है, कवि में ईमानदारी की कमी का एहसास होता है। उदाहरण के लिए जून, 1968 की *कल्पना* में विपिनकुमार अग्रवाल ने कविता में बनावटीपन को स्पष्ट करने के लिए अज्ञेय की निम्नलिखित पंक्तियाँ उद्धृत की हैं :

चौंक कहीं पर
छिपा
मुदित
बनपाखी
बोला
दिन
जय है
यह बहुजन की :
प्रणति
लाल रवि
ओ जन-जीवन
लो यह

मेरी
सफल साधना
तन की
मन की।

"इस कविता में जो 'घपलापन' है, उसका कारण अन्दर और बाहर, दोनों जगतों में थोड़ा-थोड़ा एकान्तरमय संघटन बनाए रखने का लालच है। कविता इसीलिए न तो कवि के अन्तर्जगत् को उजागर करती है और न ही बाह्यजगत् की समझ पैदा करने में सक्षम हो पाती है। एक संघटन पर दूसरे का संघटन आरोपित हो जाने से दोनों में से कोई भी प्रेषित नहीं हो पाता। ऊपर से, गम्भीर लगती और आभिजात्य शब्दावली के चुनाव के कारणवश इनका प्रयास एक 'बनावटीपन' को ही जन्म दे पाया है। परिपक्वता के बहाने ज्यों-ज्यों अधिक दार्शनिक बनने की कोशिश और अधिक विविध रूप में संसार को देखने का प्रयत्न इन्होंने किया, त्यों-त्यों घपला बढ़ता गया और उसे ढकने के लिए शालीन और अतिसाहित्यिक लगती भाषा का प्रयोग 'कृत्रिमता' को बढ़ाता गया। इसका ज्वलंत उदाहरण लम्बी कविता 'असाध्य वीणा' है। एक कलछी दार्शनिकता और एक कलछी जगत के ब्योरे के एकान्तरण से बनी यह 'आडम्बरी' कविता किसी प्रथम श्रेणी के हिन्दी भाषा के विद्यार्थी द्वारा इस सूत्रानुसार कविता गढ़ने की दयनीय कोशिश है। थोड़ा ही विचार करने पर कोई भी यह साबित कर सकता है कि इस प्रकार के अध्यारोपण से उपजी अभिव्यक्ति में 'कलात्मक जटिलता' नहीं पैदा की जा सकती, केवल उसका भ्रम पैदा किया जा सकता है।"

विपिनकुमार अग्रवाल ने अज्ञेय की कविता का जो वस्तुनिष्ठ विश्लेषण प्रस्तुत किया है, उसमें कवि के काव्य-बाह्य अभिप्राय की ओर न तो कोई संकेत है और न कवि की निजी ईमानदारी में ही सन्देह व्यक्त किया गया है। विश्लेषण का आधार काव्य-भाषा है और कविता की संरचना। भाषा और संरचना में एक बनावटीपन है। इसके अतिरिक्त यह कविता न तो कवि के अन्तर्जगत् को उजागर करती है और न बाह्यजगत् के बारे में कोई नई 'समझ' पैदा करती है। स्पष्टतः कथ्य की इस दरिद्रता का सम्बन्ध भाषा और संरचना की कृत्रिमता से है। इस असफलता का कारण है : कवि में एक 'लालच' का उदय, जो जबर्दस्ती अन्तर्जगत् और बाह्यजगत् को एकत्र समेटने के लिए बाध्य करता है। यह 'लालच' कवि की काव्यगत ईमानदारी में सन्देह जगाने के लिए पर्याप्त है। निःसन्देह विपिनकुमार अग्रवाल ने इस सन्दर्भ में 'ईमानदारी' की अवधारणा का उल्लेख नहीं किया है किन्तु कविता की कृत्रिमता जिस सच्चाई के अभाव की ओर संकेत करती है, वह अन्ततः ईमानदारी के अभाव का ही सूचक है।

किन्तु जैसाकि मुक्तिबोध ने अप्रैल-जून, '68 की *आलोचना* में प्रकाशित 'काव्य की रचना-प्रक्रिया' शीर्षक निबन्ध में कहा है : "कृत्रिमता केवल 'इनसिंसियरिटी' (गैर-ईमानदारी) की ही उपज नहीं होती, वह अकवित्व की उपज (भी) होती है अर्थात् अन्तर्जगत् की निर्जीवता और जड़ता का प्रमाण हो सकती है।" छायावादी कवियों की बाद में लिखी हुई तथाकथित 'सामाजिक' कविताओं में जो कृत्रिमता दिखाई पड़ती है, उसका कारण सम्भवतः यह अकवित्व ही है।

प्रश्न यह है कि क्या इस अकवित्व का कारण उन कवियों के अन्तर्जगत् की 'निर्जीविता' या 'जड़ता' ही है अथवा और कुछ? विपिनकुमार अग्रवाल का मत इससे भिन्न है। उन्होंने साफ लिखा है : "जब-जब इनमें से किसी ने चरित्रहीन होकर बदलते हुए और तहमय सामाजिक जीवन को छूने का प्रयत्न किया, तब-तब उसके द्वारा फूहड़ कविता रची गई। इसका कारण यह नहीं है कि ये रद्दी कवि थे, बल्कि यह है कि इनकी गठन इस प्रकार के विषय को कविता में बदलने के लिए हुई ही नहीं थी। इनकी आन्तरिक बनावट ने तो एक प्रकार से इन्हें ऐसी कविता रच पाने के अयोग्य ही कर दिया।"

इस कथन से स्पष्ट है कि बदलते हुए सामाजिक जीवन को कविताओं का विषय बनाने की प्रवृत्ति दिखलाकर इन कवियों ने एक तरह से अपनी ईमानदारी का ही परिचय दिया। कमी कवि की ईमानदारी में नहीं, बल्कि उनकी 'आन्तरिक बनावट' में है जिसे 'चरित्र' भी कहा जा सकता है। एक प्रकार के विषय को काव्य-रूप देने के लिए जिस 'आन्तरिक बनावट' का निर्माण हुआ था, वह यदि दूसरे प्रकार के विषय को आत्मसात् नहीं कर पाती और अन्ततः काव्य-रूप देने में चूक जाती है तो त्रुटि उस 'आन्तरिक बनावट' में है। किन्तु 'काव्यानुभूति की बनावट' के अतिरिक्त यह 'आन्तरिक बनावट' और क्या है? किसी कविता में फूहड़पन तभी दिखता है जब काव्यानुभूति की बनावट में असंगतियाँ दिखाई पड़ती हैं। जब विषय और भाषा के बीच कोई काव्य-सुलभ संगीत नहीं मिलता तो प्रायः वही कविता फूहड़ कही जाती है। किन्तु प्रश्न यह उठता है कि विषय के अनुरूप वह कवि भाषा का निर्माण क्यों नहीं कर सका—खास तौर से वह कवि, जो दूसरे सन्दर्भ में समर्थ काव्य-भाषा का परिचय दे चुका हो। क्या यह कवि की भाषा-संवेदना के कुंठित होने का लक्षण नहीं? और संवेदना यदि एक ओर अखंड है तो यह भाषा-संवेदना कवि की मूलभूत संवेदना की जड़ता का सूचक है। इस प्रकार मुक्तिबोध और विपिनकुमार अग्रवाल में जो अन्तर दिखाई पड़ता है, वह एक ही विवेचनक्रम की पूर्वापर दो स्थितियों का अन्तर है। विपिनकुमार कविता की बनावट के विश्लेषण से जिस निष्कर्ष पर पहुँचते हैं, मुक्तिबोध उसी विश्लेषण को काव्य की रचना-प्रक्रिया में एक कदम और आगे ले जाकर संवेदना के मूल स्रोत तक पहुँचने का प्रयास करते हैं। मुक्तिबोध जब

इस विषय में ईमानदारी को नहीं घसीटते तो मतलब माफ है कि कविता की यह कृत्रिमता कवि की 'सामाजिक' ईमानदारी के बावजूद घटित होती है। किन्तु प्रश्न कवि की 'सामाजिक' ईमानदारी का नहीं बल्कि उसकी 'साहित्यिक' ईमानदारी का है और कहना न होगा कि कविता के मूल्यांकन में यदि प्रासंगिक है तो यह 'साहित्यिक' ईमानदारी ही।

इस सन्दर्भ में विपिनकुमार ने अज्ञेय के समवर्ती कवि शमशेर बहादुर सिंह का उल्लेख करते हुए कहा है : "शमशेर अपने को इस घपले से बचा सके। उनमें अपने अन्तर्जगत् को समेट लेने के लक्षण सबसे पहले दिखलाई देते हैं। यद्यपि उनका बाह्यजगत् सरल रंगीन सीढ़ियों का बना है पर अन्दर की उलझन के (जानबूझकर प्राप्त किये गए) अभाव में स्पष्ट रूप से कविता में आकार ग्रहण करता है।"

इस कथन की युक्तता विजयदेव नारायण साही के उस विवेचन से भी होती है जिसमें 'शमशेर की काव्यानुभूति की बनावट' की विशेषताएँ बतलाते हुए विस्तार से दिखलाया गया है कि किस प्रकार वे 'वस्तुपरकता की आत्मपरकता' और 'आत्मपरकता की वस्तुपरकता' के द्वारा सफलतापूर्वक 'बिम्बलोक' का निर्माण कर ले जाते हैं। इसी कारण शमशेर की तथाकथित राजनीतिक कविताएँ भी अपनी स्थूल वस्तुपरकता खोकर एक अमूर्त चित्र के समान नितान्त आत्मपरक काव्य बन जाती हैं। दूसरे शब्दों में, यह कवि की काव्योचित ईमानदारी का प्रमाण है।

जहाँ तक विषय के अनुरूप भाषा को बदलने की काव्यात्मक ईमानदारी का सम्बन्ध है, *सीढ़ियों पर धूप में* के कवि रघुवीर सहाय की नई काव्य-कृति *आत्महत्या के विरुद्ध* का उदाहरण लिया जा सकता है। स्वयं *आत्महत्या के विरुद्ध* संग्रह में एक भाषा 'रचता वृक्ष' कविता की है और दूसरी, 'भीड़ में मैकू और मैं' की, किन्तु इन दोनों भाषाओं में ऐसा अन्तर भी नहीं, जो नितान्त भिन्न दो कवियों की भाषा लगे। संग्रह में भाषागत संक्रमण के सोपान ध्यान से देखने पर कुछ तो देखे भी जा सकते हैं; किन्तु इस प्रसंग में उल्लेखनीय है कवि की सर्जनात्मक ईमानदारी, जिससे कविता की आन्तरिक बनावट में विषयानुसारी परिवर्तन सम्भव हो सका।

किन्तु काव्य-समीक्षा में 'ईमानदारी' के उपयोग की आवश्यकता सबसे ज्यादा आत्मपरक कविताओं में पड़ती है—इनमें भी आत्म-स्वीकृतियों में। आत्म-स्वीकृति की कविताएँ सामान्यतः ईमानदारी का असन्दिग्ध दस्तावेज मानी जाती हैं। किन्तु काव्यगत 'मैं' के स्वर और भाषा-प्रयोग की प्राथमिक पड़ताल आत्म-स्वीकृति और आत्म-स्वीकृति का अन्तर स्पष्ट कर देती है। उदाहरण के लिए रमेश गौड़ की कविता 'मेरी पीढ़ी : एक आत्म-स्वीकृति' और राजकमल चौधरी का 'मुक्ति-प्रसंग' तुलनीय हो सकते हैं। 'मेरी पीढ़ी : एक आत्म-स्वीकृति' के कथ्य में आत्म-भर्त्सना है, किन्तु 'स्वर' में गर्वोक्ति है। कविता की लय ललकारभरी है, अनुताप-सूचक

नहीं। वाक्य-विन्यास में वक्तृत्व-सुलभ आवृत्तियाँ हैं : 'कोई दर्द/कोई दर्प/कोई दुआ' अथवा 'और फिर/और फिर/और फिर'। आभास अपनी कमजोरी स्वीकार करने का दिया जाता है, किन्तु व्यंजित होता है स्वीकार करने का साहस। स्वीकार किया गया है कि 'पूरी-की-पूरी ही पीढ़ी आत्मरति में रीत गई' किन्तु यह स्वीकृति अब आत्मरति से मुक्त होने का एहसास नहीं कराती। 'हमने स्वयं को वाल्मीकि बतलाकर गौरवान्वित कर लिया'—यह कथन गौरव का आरोप है, तथ्य की स्वीकृति नहीं। इसीलिए अपने-आपको केवल 'अन्धों' की पीढ़ी न कहकर 'धृतराष्ट्रों' की पीढ़ी कहा गया है। अपने ऐतिहासिक महत्त्व का बोध भी इतना गहरा है कि हमारे नाम पर इतिहास के कोरे पन्ने छोड़ दिये गए होंगे। कोरे हुए तो क्या हुआ, पन्ने हैं तो इतिहास के! कुल मिलाकर कविता में बड़बोलापन साफ है जो आत्मस्वीकृति की काव्यात्मक ईमानदारी के खिलाफ जाता है।

बड़बोलापन एक हद तक राजकमल चौधरी के 'मुक्ति-प्रसंग' में भी है—आत्म-प्रदर्शन का आभास देता हुआ। किन्तु कविता के स्वर में ऐसा तनाव है कि बड़बोलापन डूब जाता है; और गहरे स्तर पर अन्तरावलोकन का एहसास होता है। इसलिए कविता में जब यह पंक्ति आती है कि 'सबके लिए सबके हित में अस्पताल चला गया है राजकमल चौधरी', तो निर्वैयक्तिकता व्यंजित होती है, आत्म-प्रदर्शन नहीं। 'नहीं होने की विडंबना' और आत्म-विडंबना 'मुक्ति-प्रसंग' के भावाविष्ट प्रलाप को सन्तुलित करती है। स्थानों, स्थितियों, प्रसंगों, घटनाओं और व्यक्तियों के मूर्त बिम्ब भावनाओं के वस्तुनिष्ठ सहसम्बन्धों का कार्य सम्पन्न करके विभाजन-व्यापार की सफलता प्रमाणित करते हैं। इस प्रकार एक आत्म-स्वीकृति होते हुए भी 'मुक्ति-प्रसंग' अनात्म होने की उस मुक्त-दशा का एहसास कराती है, जिसमें ईमानदारी रचनात्मक गल्प का रूप ग्रहण करके भी विश्वसनीय लगती है। वैसे भी कविता आखिर कविता है, हलफनामा नहीं।

आजकल अपनी पीढ़ी की ओर से जिस प्रकार की आत्म-स्वीकृतियाँ की जा रही हैं, उनकी तुलना में मुक्तिबोध की 'एक भूतपूर्व विद्रोही का आत्म-कथन' शीर्षक कविता मजे में रखी जा सकती है। अपनी कमजोरियों का स्वीकार यहाँ भी है किन्तु उसमें किसी प्रकार की आत्मदया का भाव नहीं है। 'दुःख तुम्हें भी है, दुःख मुझे भी, हम एक ढहे हुए मकान के नीचे दबे हैं।' अनुताप है किन्तु इस अनुताप का रूप यह है :

लेकिन, हम इसलिए
मरे कि जरूरत से
ज्यादा नहीं, बहुत-बहुत कम
हम बागी थे।

गरज कि 'नाकरदा गुनाहों के भी हसरत की मिले दाद'! पूरी कविता में आत्म-विडंबना के साथ ही परिस्थिति की विडंबना पर भी तीखी चोट है :

अब तो रास्ते-ही-रास्ते हैं,
मुक्ति के राजदूत सस्ते हैं।

कुल मिलाकर आत्मपरकता का आभास देते हुए भी यह कविता मुक्तिबोध की अन्य कविताओं की तरह नाटकीय विन्यास के द्वारा एक स्वप्न-लोक की सष्टि करती है, जिसमें अपनी कम, परायी ज्यादा है—मुक्तिबोध के अपने शब्दों में : "आत्म-विस्तार यह बेकार नहीं जाएगा।"

ऐसी ही कविताओं में ईमानदारी का रूप देखकर सीमोन वील का यह कथन याद आता है कि नैतिकता 'संकल्प' का नहीं, 'अवधान' का विषय है। अंग्रेजी की उपन्यास-लेखिका और दर्शनशास्त्र की अध्यापिका ईरिस मर्डोक ने कुछ दिन पहले जनवरी, 1961 के *एनकाउंटर* में कुछ ऐसी ही स्थिति को ध्यान में रखकर लिखा था : "हम लोगों ने 'सत्य' की कठोर साधना के स्थान पर ईमानदारी की सरल धारणा अपना ली है; जबकि दरअसल ईमानदारी की 'आत्म-केन्द्रित' धारणा के स्थान पर सत्य की 'वस्तु-केन्द्रित' धारणा की ओर अग्रसर होने की आवश्यकता है।" फिर सत्य चाहे आत्म-स्वीकृति के ही रूप में क्यों न प्रकट हो।

जिस समय बहुत-से लोग जन-प्रेम की दुहाई देने में होड़ मचा रहे हों, रघुवीर सहाय का यह कथन अधिक ईमानदारी भरा लगता है :

एक मेरी मुश्किल है जनता
जिससे मुझे नफरत है सच्ची और निस्संग
जिस पर कि मेरा क्रोध बार-बार न्योछावर होता है।

कुछ ऐसी ही निरस्त्र कर देनेवाली बेबाक ईमानदारी श्रीकांत वर्मा की इन पंक्तियों में है :

मैं गौर से सुन सकता हूँ
औरों के रोने को
मगर दूसरे के दुःख को
अपना मानने की बहुत
कोशिश की; नहीं हुआ।

इसे चाहे मानव-द्रोह कहें, चाहे अहं का विस्फोट, लेकिन इस आत्म-स्वीकृति की ईमानदारी में सन्देह नहीं किया जा सकता। वैसे, यह अनिवार्यत: कवि की आत्म-स्वीकृति है भी नहीं, है तो काव्य-नायक की जो अपने इस कथन के द्वारा आज की

दुनिया में फैलते हुए व्यक्ति-व्यक्ति के बीच के अलगाव (एलिएनेशन) और इस अलगाव से पैदा होनेवाली संवेदनहीनता का सत्य व्यक्त कर रहा है। मानव-सौहार्द के मिथ्या प्रचार के स्थान पर आज ऐसे कड़वे सत्य की सख्त जरूरत है। आत्म-छल के बढ़ते हुए रोग के जमाने में यह ईमानदारी भी नेमत है।

आज की कविता में ईमानदारी का ही एक रूप है, 'अस्मिता' (आइडेंटिटी) की खोज, जिसे आज की भाषा में 'अस्मिता का संकट' (क्राइसिस ऑफ़ आइडेंटिटी) कहा जा रहा है। वह सम्भवत: काफी पुराना संकट है, किन्तु इसकी पहचान तीव्रता के साथ इसी बीच की गई। उदाहरण के लिए श्रीकांत वर्मा की 'बुखार में कविता' की ये पंक्तियाँ :

मुझे दुख नहीं मैं किसी का नहीं हुआ। दुख है
कि मैंने सारा समय
हरेक का होने की
कोशिश की।

और इस तरह 'मेरे साथ/मैंने दगा किया'। इस क्रम में एक स्थिति वह भी आती है जब व्यक्ति को लगता है कि 'जैसे/मेरा कोई नाम/नहीं'।

'क्राइसिस ऑफ़ आइडेंटिटी' पद को लोकप्रिय बनानेवाले अमरीकी मनोवैज्ञानिक एरिक एरिक्सन ने इस मानसिक रोग की खोज का विवरण देते हुए लिखा है कि इसके लक्षण सबसे पहले युद्धग्रस्त मरीजों में दिखाई पड़े जो किसी आन्तरिक मानसिक आघात के कारण अपनी अस्मिता खो बैठे थे। किन्तु इधर की कविता से स्पष्ट है कि अस्मिता का संकट युद्धग्रस्तता के बिना भी सम्भव है; रोजमर्रा की जिन्दगी में हरएक का होने की कोशिश में आदमी अपना भी नहीं रहता। ऐसी स्थिति में अस्मिता की खोज ईमानदारी का पर्याय हो जाती है।

किन्तु ईमानदारी का अतिरेक कभी-कभी कवि को कविता छोड़कर कविता से बाहर चले जाने के लिए विवश कर देता है, जैसाकि फ्रांसीसी कवि रैंबो के साथ हुआ। पहले महायुद्ध के बाद फ्रांस में यही प्रवृत्ति बहुत बड़े पैमाने पर फिर उदित हुई, जिसकी पृष्ठभूमि में 'सुर्रियलिस्ट' आन्दोलन था। इस कविता-विरोधी ईमानदारी को सैद्धान्तिक रूप में प्रस्तुत करते हुए फरवरी, 1924 के *एन. आर. एफ.* में मार्सेल आर्ला नामक एक युवक लेखक ने लिखा : "मुद्रा, भंगिमा और दिवास्वप्न के तिहरे झूठ को त्यागकर ही साहित्य अपनी अस्मिता प्राप्त कर सकता है। चरम ईमानदारी हमारा लक्ष्य है। कला में, शब्दों में इतना अविश्वास पहले कभी नहीं हुआ। तमाम साहित्य से परे यदि मेरी दिलचस्पी सबसे पहले किसी चीज में है तो अपने-आप में। और इसके नजदीक पहुँचने के लिए जो साधन सबसे 'सीधा' है, उसे ही मैं अपनाना चाहूँगा। साहित्य, निस्सन्देह इन

साधनों में सर्वोत्तम है, किन्तु उसमें हमारी दिलचस्पी उसी हद तक है, जिस हद तक उसका हमसे सम्बन्ध है।"

इस कथन में जो साहित्य के निषेध की भावना छिपी हुई है, वह *एन. आर. एफ.* के तत्कालीन सम्पादक और सूक्ष्मदर्शी विचारक ज्याक रिविएर से न छिप सकी। उन्होंने अगले ही अंक में साहित्य के लिए आत्मघाती इस प्रवृत्ति का विश्लेषण करते हुए लिखा : "ईमानदारी का यह अतिरेक अन्ततः साहित्य के बाहर ले जानेवाला है। जब किसी के दिमाग में यह सवाल उठे कि हम क्यों जीते हैं तो समझना चाहिए कि इसका अन्त या तो आत्महत्या में होगा या फिर धार्मिक आस्था में। उसी प्रकार जब किसी लेखक के मन में यह सवाल उठता है कि वह क्यों लिखे तो लेखन छोड़ देने का खतरा पैदा हो जाता है।"

ईमानदारी के विषय में रिविएर का यह निदान कितना सही है, इसे हिन्दी के युयुत्सावादी और अकवितावादी लेखन में आसानी से देखा जा सकता है। यदि उसकी चरम परिणति अभी नहीं दिखाई पड़ रही है तो इसीलिए कि ईमानदारी के उद्घोष के बावजूद ईमानदारी के चरम रूप तक ये कवि अभी नहीं पहुँचे हैं। वैसे, शब्दों की शक्ति में अनास्था और साहित्य में अविश्वास के लक्षण तो स्पष्ट हैं। इसे यदि तर्कसंगत परिणति तक ले जाया जाए तो सीधे 'कर्म' का ही रास्ता निकलता है। जून-जुलाई, '68 के *अकथ* से 'परिवेश की बात' शीर्षक निबन्ध में अज्ञेय ने इसी प्रवृत्ति को ध्यान में रखकर लिखा है : "एक रास्ता तो सीधा रास्ता है। यह कर्म का—एक्शन का—रास्ता है। लेकिन यह जरूरत से ज्यादा सीधा रास्ता है। कर्म के द्वारा अस्मिता की उपलब्धि, कर्म में से अस्ति की पहचान रास्ता तो है, पर यह साहित्य-कर्म से अलग ले जानेवाला रास्ता है—यानी इस अर्थ में साहित्य-लेखन कर्म नहीं है।"

यदि कोई कवि-कर्म छोड़कर सचमुच ही 'कर्म' का रास्ता अपना ले तो वह कविता से ही नहीं, कविता के मूल्यांकन के दायरे से भी बाहर चला जाता है, इसलिए काव्य-समीक्षा के अन्तर्गत उस ईमानदारी पर विचार करना अप्रासंगिक है। प्रासंगिक है तो उस ईमानदारी का पूर्वरूप जो कर्मक्षेत्र में प्रवेश करने की भूमिका-स्वरूप कविता के अन्तर्गत कविता का निषेध करता है। इस प्रवृत्ति को रेखांकित करना तब और भी आवश्यक हो जाता है जब श्रीकांत वर्मा-जैसे कविकर्म के प्रति प्रतिबद्ध कवि *माया-दर्पण* जैसी सफल कविता के अन्तर्गत इस प्रकार की पंक्तियाँ लिखने का लोभ संवरण नहीं पर पाते :

मगर खबरदार, मुझे कवि मत कहो।
मैं बकता नहीं हूँ कविताएँ
ईजाद करता हूँ

गाली
फिर उसे बुदबुदाता हूँ
मैं कविताएँ बकता नहीं हूँ।

इसे स्वयं कवि का वक्तव्य न मानकर कविता के नायक 'मैं' का ही वक्तव्य मान लिया जाए तब भी इसकी अति नाटकीयता निश्चित रूप से कविता पर एक धब्बा है। निस्सन्देह इस हद की स्वचेतनता और आत्म-छल को तार-तार करने की ईमानदारी के कारण कविता में अनूठी पारदर्शिता आई है जो सरल शब्दों के चयन, संक्षिप्त वाक्य-गठन और विरल संरचना में स्पष्ट प्रतिबिम्बित होती है, किन्तु यह विरलता दूसरी ओर कविता के निषेध का भी सूचक है। ईमानदारी आत्मघाती भी हो सकती है, इसका एक प्रमाण यही है कि जिस कवि ने 1951 में ईमानदारी का सवाल उठाया, उसी को 1968 में *आत्महत्या के विरुद्ध* आवाज उठाने की जरूरत महसूस हुई। इस सन्दर्भ में रघुवीर सहाय का यह कथन विशेष अर्थ रखता है : "सबसे मुश्किल और सही रास्ता एक ही है कि मैं सब सेनाओं में लड़ूँ...मगर अपने को अन्त में मरने के लिए सिर्फ अपने मोर्चे पर दूँ—अपने भाषा के, शिल्प के और उस दोतरफा जिम्मेदारी के मोर्चे पर, जिसे साहित्य कहते हैं।"

तात्पर्य यह कि ईमानदारी जरूरी है, लेकिन कवि के लिए कविता भी जरूरी है और इस जरूरत के लिए ईमानदारी काफी नहीं है—न रचना के क्षेत्र में और न आलोचना के। जैसाकि स्त्राविंस्की ने एक सूत्र में कहा है : "ईमानदारी एक अनिवार्य (शर्त) है, जो कोई गारंटी नहीं देती।" (Sincerity is a *sine quo non* that at the same time guarantees noting.)

परिवेश और मूल्य

कविता के मूल्यांकन के लिए यदि ईमानदारी का प्रतिमान काफी नहीं और वास्तविकता का आधार लेना जरूरी है तो तुरन्त यह सवाल उठता है कि उस वास्तविकता की परख का आधार क्या होगा? यदि काव्यगत वास्तविकता को ही वास्तविकता की माप का आधार बनाएँ तो यह मूल्यांकन नहीं बल्कि अधिक-से-अधिक व्याख्या होगी; और यदि काव्येतर वास्तविकता को अपनाएँ तो उसकी प्रामाणिकता को भी चुनौती दी जा सकती है। समकालीन काव्य का मूल्यांकन इस दृष्टि से और भी जोखिम भरा है क्योंकि जिस परिवेश से यह काव्य सम्बद्ध है, वह कवि और आलोचक, दोनों का ही साझा परिवेश है। यह परिवेशबद्धता किसी कविता को कितना विवादास्पद बना सकती है, इसका ताजा उदाहरण है रघुवीर सहाय का नया कविता-संग्रह *आत्महत्या के विरुद्ध*, जिसे एक ओर नेमिचन्द्र जैन 'हिन्दी कविता की नई उपलब्धि' मानते हैं[1] और दूसरी ओर श्रीराम वर्मा 'अखबारी कविता'[2] तथा सुरेन्द्र चौधरी 'काव्यरिपोर्ताज'[3]।

श्रीराम वर्मा के अनुसार : "इन कविताओं में नंगी और बेलौस आवाज के आग्रह (या पूर्वग्रह) के कारण (आसानी के लिए शायद) अखबार का सीधा उपयोग हुआ है। यह कविता के बाहर नहीं, अन्दर जाता हुआ कविता को तहस-नहस करता है, खंडित करता है, गद्यमय करता है। छंद के बावजूद लयात्मक नहीं बनाता, मुक्त छंद के बावजूद अखबार से मुक्ति नहीं देता।...स्पष्ट है कि अखबार का सही उपयोग नहीं हो पाया है। व्यापक संसार के लिए जिस जटिलता की जरूरत थी, उसे अखबार से सरल कर लिया गया है। अन्दर-बाहर के सपाट को जहाँ एक कर दिया गया था, वहाँ प्रायः इसके जोड़ खुल गए हैं और कवि खुद के परिवेश से बँधता भी गया है। उसके बावजूद उसकी कविता, इसमें सन्देह नहीं कि वर्तमान की सही पहचान के कारण, सूक्ष्म पर्यवेक्षण और अप्रतीकी अभिव्यक्ति के कारण

1. *आलोचना,* अप्रैल-जून, 1968
2. *क ख ग*-15, 1968
3. *आरम्भ,* जुलाई, 1968

सार्थक है और इसीलिए *आत्महत्या के विरुद्ध* और उसका कवि 'वर्तमान में ही इतने ज्यादा पहचाने जाने योग्य' हैं कि उनका मूल्यांकन करना बेहद जरूरी लगे।"

इस कथन में यह स्वीकार किया गया है कि *आत्महत्या के विरुद्ध* में 'वर्तमान की सही पहचान' है। आपत्ति है तो इस बात पर कि व्यापक संसार को अखबार से सरल कर लिया गया है। इसके बावजूद इस काव्य को 'सार्थक' कहा गया है। सार्थकता का कारण है, वर्तमान की सही पहचान, सूक्ष्म-पर्यवेक्षण और अप्रतीकी अभिव्यक्ति। क्या इन बातों में परस्पर विरोध नहीं है? यदि पर्यवेक्षण 'सूक्ष्म' है तो फिर व्यापक संसार 'सरल' कैसे हुआ? यदि कविता में वर्तमान की पहचान है तो फिर वह अखबारी कैसे हुई? फिर इस पहचान को 'सही' कहने का क्या अर्थ है? क्या अप्रतीकी अभिव्यक्ति और संसार की सरलता के बीच कोई सम्बन्ध नहीं? यदि अप्रतीकी अभिव्यक्ति सायास है तो उस सरलता को सायास क्यों न माना जाए? और यदि काव्य-संसार की यह सरलता सायास है तो स्पष्ट है कि कवि ने एक सतही संसार को सुविधा के लिए चुपचाप उठा नहीं लिया है, बल्कि उसके जटिल ताने-बाने को सूझ-बूझ के साथ सुलझाकर सरल बनाया है। किसी कविता को सार्थक कहने के मूल में अनिवार्यतः ये रचनात्मक प्रयास निहित हैं; यदि नहीं तो फिर 'सार्थक' शब्द का प्रयोग असंगत है। जहाँ तक अखबार के जरिये कविता के 'खंडित' होने का सवाल है, उसके बारे में मलयज का यह कथन उल्लेखनीय है : "आज की कविता में समग्रता और निरन्तरता की माँग एक तरह से यथास्थिति की माँग है और सब कुछ को 'खंड-खंड कर रखने' के पीछे इस यथास्थिति को तोड़ने की 'सर्जनात्मक' चेष्टा ही मौजूद है। यह बहुत सम्भव है कि इस खंड-खंड में बहुत-कुछ पाखंड भी शामिल हो जाए और एक स्तर पर सच्ची सर्जनात्मक चेष्टा एक चालाकीपूर्ण कलाबाजी में बदल जाए, पर इस खतरे के बावजूद यथास्थिति को तोड़ने का यह प्रयोग महत्त्वपूर्ण रहेगा।"[1] किन्तु सबसे दिलचस्प वाक्य है *आत्महत्या के विरुद्ध* और उसके कवि को 'वर्तमान में ही इतने ज्यादा पहचाने जाने योग्य' कहना। क्या इसका आशय यह है कि *आत्महत्या के विरुद्ध* का महत्त्व वर्तमान परिवेश के कारण है, इसलिए यह महत्त्व तात्कालिक है?

सुरेन्द्र चौधरी का कथन एक तरह से इसी आशय की अगली व्याख्या है। वे *आत्महत्या के विरुद्ध* को "एक पीले पत्रकार की रक्तचापहीन कविता को मुहावरों में ढकने का एक बेहद खतरनाक प्रयत्न" मानते हैं क्योंकि "संवेदना से (युगीन) सम्पृक्त होना केवल मुहावरे बदलने का नाम नहीं है।" इस सन्दर्भ में सुरेन्द्र चौधरी ने इस सामान्य सिद्धान्त की स्थापना की है : "कवि जब अपने असंतोष को 'रचनात्मक माध्यम' से बदल लेता है, तभी उसकी कविता 'केवल परिस्थितिवेष्टित' नहीं होती, हलचल बन जाती है। आज के उत्तेजित वातावरण में कवि की आत्मीयता की रक्षा

1. *आरम्भ*, जुलाई, 1968

सबसे जटिल प्रश्न बन गई है। असफल कवि इस 'आत्मीयता' को उत्तेजना की कीमत पर बेच रहा है और नाम 'युग-संवेदना' का दे रहा है। अपना असंतोष उसके लिए रचनात्मक माध्यम उतना नहीं है जितना प्रचारात्मक माध्यम है। वह अपने 'नैतिक भोथरेपन' को उपचारों से ढाँकने में अपना अपव्यय कर रहा है, इसे कितने शब्दों में कहने की जरूरत है।"

स्पष्ट है कि सुरेन्द्र चौधरी की दृष्टि में *आत्महत्या के विरुद्ध* 'रचनात्मक माध्यम' नहीं है। रचनात्मक माध्यम की एक शर्त है 'आत्मीयता', जो इस संग्रह में दुर्लभ है। किन्तु 'आत्मीयता' को स्पष्ट करने के लिए उन्होंने *मछलीघर* के कवि विजयदेव नारायण साही का जो उदाहरण दिया है, वह निश्चय ही 'आत्मीयता' की नितान्त आत्मीय व्याख्या है। अपनी कविताओं में स्वयं साही की कोशिश यह रही है : "यह एकालाप कविताओं का ही निर्माण करे, कवि के व्यक्तित्व का नहीं।" स्पष्टत: यह निर्वैयक्तिकता का आदर्श है। कवि की निर्वैयक्तिकता के बावजूद *मछलीघर* में एक काव्य-नायक है जिसका व्यक्तित्व एक प्रगीत-नायक (लीरिक हीरो) की प्रकृति के अनुकूल ही बहुत मुखर न होते हुए भी निश्चित है; और यही प्रगीत-नायक *मछलीघर* की कविताओं में आत्मीयता की सृष्टि करता है।

आत्महत्या के विरुद्ध में भी एक 'मैं' है जो प्रगीत-नायक से अधिक नाटकीय नायक है जो सार्वजनिक भूमिकाएँ अदा करने के साथ ही एक अन्य स्तर पर अपनी वैयक्तिकता भी प्रक्षेपित करता चलता है। यदि एक स्तर पर वह लोहिया और मोरारजी देसाई का साक्षात्कार करता है तो दूसरे स्तर पर अपनी बिटिया, पत्नी, माँ, बूढ़े बाप, सहपाठी नरेश बरनवाल और अनेक पड़ोसियों के बीच भी दिखाई पड़ता है। कोई आवश्यक नहीं कि इस नाटकीय नायक के साथ किसी का पूरा तादात्म्य हो ही, किन्तु अपनी सभी भूमिकाओं में इतना दिलचस्प तो यह है ही कि इसके साथ एक नाटकीय आत्मीयता कायम की जा सके। आत्मीयता का एक रूप यह भी है जो निस्सन्देह *मछलीघर* के कवि से भिन्न है, किन्तु इसे अस्वीकार करना काव्यगत संवेदनहीनता है। इस दृष्टि से नेमिचन्द्र जैन का यह कथन सही है : "*आत्महत्या के विरुद्ध* में वैयक्तिकता इतनी खानगी या 'प्राइवेट' नहीं, बल्कि सामान्य यथार्थ के साथ 'निजी साक्षात्कार' से उत्पन्न होती है।" सुरेंद्र चौधरी ने जिसे 'नैतिक संकल्प के एक चेहरे' का अभाव अथवा 'नैतिक भोथरापन' कहा है, वह भी *आत्महत्या के विरुद्ध* की कविताओं से खंडित होता है। कविताओं के नाटकीय नायक का एक निश्चित राजनीतिक व्यक्तित्व है जो नेमिचन्द्र जैन के शब्दों में : "मोटे तौर पर वामपंथी या स्थापित व्यवस्था-विरोध और जनसाधारण की ओर उन्मुख है।"

हर संकट भारत में एक गाय
होता है

ठीक समय ठीक बहस कर नहीं सकती
राजनीति
बाद में जहाँ कहीं से भी शुरू करो।
बीच सड़क पर गोबर कर देता है विचार
हाय-हाय करते हुए हाँ-हाँ करते हुए हें-हें करते हुए
समुदाय।

इन पंक्तियों की राजनीति स्पष्ट है या नहीं, इसे जानने के लिए भारतीय जनसंघ के किसी सदस्य की प्रतिक्रिया देखना पर्याप्त है। निस्सन्देह उस दिशा से आत्मीयता के अभाव की शिकायत भी हो तो ताज्जुब नहीं, किन्तु वहाँ भी काव्य-नायक की नाटकीयता आत्मीयता न सही, दिलचस्पी का हक तो रखती ही है।

परिवेश को रचनात्मक रूप देने का रहस्य भी इसी नाटकीयता में है। *आत्महत्या के विरुद्ध* की कविताएँ यदि 'परिस्थितिवेष्टित' लगती हैं तो इसलिए कि उनमें परिस्थितियों को बिम्बों और प्रतीकों में न बदलकर उन्हें नाटकीय परिवेश के रूप में इस्तेमाल किया गया है। और कहना न होगा कि बिम्ब और प्रतीक ही एकमात्र रचनात्मक माध्यम नहीं हैं बल्कि नंगे तथ्यों का नाटकीय उपयोग भी उतना ही रचनात्मक है। इस सन्दर्भ में श्रीराम वर्मा का यह कथन विचारणीय है : "अखबार कविता जब बनता है तब उसके दो तरीके होते हैं : एक तो यह कि अखबार की गंध भी नहीं आती और कविता इतनी ऊँची हो जाती है कि उसमें विधान्तर हो जाता है, वह नाटक या भाषा का महारास हो जाती है, जिसमें सारा इतिहास व्यक्तित्व की दीप्ति से उजागर एक नया आरम्भ हो जाता है। दूसरा तरीका यह है कि अखबार की गंध तो आ जाती है, लेकिन परिचय मात्र के कारण, अन्यथा नहीं, और वह कविता होती है, केवल कविता, अखबार उसके पार्श्व में होता है।"

अखबार की गंध आए बिना भी कविता में 'अखबार' कैसे नाटक या भाषा का महारास हो जाता है, इसे किसी ठोस उदाहरण के बिना समझना मुश्किल है। यदि मुक्तिबोध की लम्बी कविता 'चम्बल की घाटी में' को भी लें तो उसमें 'अखबार' नाटक या भाषा का महारास नहीं बनता; फिर भी यदि कोई डाकुओं भरी चम्बल की घाटी को अखबार की एक घटना मानकर लाक्षणिक अर्थ में अखबार कहना चाहें तो निश्चय ही 'चम्बल की घाटी में' ऐसी कविता है जिसमें अखबार की गंध नहीं, बल्कि एक 'इतिहास' है जो नाटक या भाषा के महारास के रूप में रूपान्तरित हो गया है। दूसरा तरीका जिसमें अखबार कविता के पार्श्व में होता है, ठोस उदाहरण के अभाव में अस्पष्ट ही माना जाएगा। किसी कविता की संरचना में 'पार्श्व' किसे कहेंगे, यह नक्शे पर निर्भर है। वैसे, 'कोई एक और मतदाता' शीर्षक कविता (*आत्महत्या के विरुद्ध*) में अखबार 'पार्श्व' में नहीं तो कहाँ है? खुशीराम की हत्या अखबार की खबर न बन

सकी, इस बात को लेकर लिखी हुई कविता के केन्द्र में मानवीयता है या अखबार, इसे देखने के लिए खुर्दबीन जरूरी नहीं है। इसी प्रकार श्रीकांत वर्मा की कविता 'आध घंटे की बहस' (*आरम्भ*, जुलाई, '68) में भी अखबार की जगह कहाँ निर्धारित की जाएगी, जिसमें एक जगह अखबार का साफ हवाला है :

अट्ठारह दिनों तक जीने के बाद महाभारत को, कैसे बिताए, वह रद्द किये गए
हाल-हाल के दो हजार वर्षों को; सोचने की बात है।
भारत के लिए बज्रपात है...रश...लीड...जवाहरलाल
नेहरू नहीं रहे...रिपीट...प्रधानमंत्री
नेहरू
नहीं रहे...जब तक रहे, प्रधानमंत्री, रहे,
(मोर टु फॉलो)

कविता में अखबार के इस उद्योग को क्या कहा जाएगा? क्या यह खबर इस कविता में केवल एक सपाट खबर है या इसमें कोई गहरी विडंबना का अर्थ उभारा गया है? यह वह कविता है जिसके अन्त में श्रीकांत वर्मा कहते हैं :

गूँगों के अभिनय को जिसने बदलने की कोशिश की कविता में।

घटनाओं की यथातथ्यता की रक्षा करते हुए उनके द्वारा किस प्रकार नाटकीय रचना की जाती है, इसे बर्टोल्ट ब्रेख्त के उदाहरण से समझाते हुए एक अन्य सन्दर्भ में निर्मल वर्मा ने लिखा है : "उस रात 'टेरर एंड मिज़री' देखते हुए मैं पहली बार 'समकालीन' शब्द से परिचित हो पाया। यदि उसका कोई अर्थ है तो सिर्फ एक प्रयोग, जब आदमी के अस्तित्व की हर तह एक नए स्तर पर अप्रत्याशित अर्थ ग्रहण कर लेती है...जब बाह्य परिस्थिति एक बेडौल, विकृत छाया है (एक गूँगे दैत्य के मानिंद) जो न कुछ कहती है, न हमारे सामने से हटती है, एक असह्य-सा दबाव, जिसे हर मनुष्य सोते-जागते अपने पर महसूस करता है। कुछ लेखक हैं जो इस 'दैत्य' से मुक्ति पाने के लिए उसे अपने एक 'आत्मपरक प्रतीक' में ढाल लेते हैं— तब 'बाह्य' इतना पराया, इतना डरावना नहीं रहता। काफ्का, और एक दूसरे अर्थ में सार्त्र ऐसे ही लेखक हैं। यह एक रास्ता है, इस भयावह सुरंग से बाहर आने का। एक अमानवीय 'दैत्य' को निजी प्रतीक द्वारा साधारण, औसत वास्तविकता में ढालने की प्रक्रिया। बेख़्त भी यही करते हैं—किन्तु बिलकुल दूसरे ढंग से। 'बाह्य परिस्थिति' उनके लिए 'ऐतिहासिक' है—सूक्ष्म अर्थ में नहीं—'समय के हाड़-मांस ठोस पिंजर में आबद्ध'; जिस सदी में हम जीते हैं, उसके सन्दर्भ में बेहद, इंटेंस राजनीतिक। फासिज्म, बन्दी शिविर, नर-संहार—ये महज दीवार की छायाएँ

नहीं, जिन्हें एक आत्मपरक प्रतीक दिया जा सके, क्योंकि वे स्वयं प्रतीक हैं, एक विघटन-प्रक्रिया के जिसमें हम सब अलग-अलग व्यक्ति की हैसियत से शामिल हैं। यह आकस्मिक नहीं कि ब्रेख़्त का नाटक देखते हुए अचानक एक ऐसा क्षण आता है जब लगता है, जैसे थिएटर की दीवारों के परे बरबस कुछ आवाजें भटक रही हैं, दरवाजा खटखटा रही हैं और हम—दर्शक और अभिनेता—समूचा मंच और 'आडिटोरियम' एक अजीब दबाव-तले धँसने लगते हैं—सिर्फ एक उपाय है मुक्ति पाने का—हम बाहर निकल आएँ और इन 'आवाजों' के साक्षी हो सकें।'[1]

ब्रेख़्त के उदाहरण से स्पष्ट है कि बाहरी 'दैत्य' को आत्मपरक प्रतीक में ढालने के अलावा भी एक रास्ता है जिसमें 'समय के हाड़-मांस ठोस पिंजर में आबद्ध' इतिहास को ज्यों-का-त्यों ग्रहण करके भी नाटकीय रचना की जाती है। ऐसी कविताओं की रचनाशीलता यदि नहीं दिखाई पड़ती तो इसलिए कि परिवेश अति परिचित है और हम समझते हैं कि कवि ने अपनी ओर से कुछ नहीं किया है, बल्कि परिवेश को ज्यों-का-त्यों उठा लिया है। इस प्रकार परिवेश यदि बाधक है तो कविता के लिए नहीं बल्कि पाठक के आस्वाद के लिए, चाहे वह श्रीराम वर्मा और सुरेन्द्र चौधरी की तरह उसे अखबारनवीसी मानकर ठुकरा दे अथवा 'इसी वजह से' उसे तात्कालिक उपयोग की 'राजनीतिक कविता' मानकर तुरन्त लट्टू हो जाए। जो इस परिवेश से परिचित नहीं हैं, उनके लिए यही वास्तविक परिवेश नाटकीयता के लिए निर्मित एक कल्पित वातावरण भी हो सकता है, जिसमें 'कल फिर मैं/एक बात कहकर बैठ जाऊँगा' जैसी सामान्य उक्ति पूरी अर्थवत्ता ग्रहण करती है। ये कविताएँ केवल तात्कालिक महत्त्व की हैं या उससे अधिक, इसकी एक पहचान है—ऐसी सामान्य उक्तियों की अर्थ-क्षमता का सन्धान। अपने तात्कालिक सन्दर्भ से जुड़ी हुई होने पर भी ये उक्तियाँ अपने सन्दर्भ में बँधी हुई नहीं हैं—यहाँ तक कि किसी अन्य सन्दर्भ में भी ये एक नई अर्थ-सम्भावना को प्रकट कर सकती हैं। जैसे 'टु बी ऑर नॉट टु बी' जैसा अर्थगर्भी वाक्य अपने सन्दर्भ से सम्बद्ध होने पर भी अपनी नानार्थ-सम्भावना के लिए सन्दर्भ-मुक्त है, इसी प्रकार इन कविताओं में भी ऐसे अनेक वाक्य हैं—सीधे-सादे सपाट, किन्तु नाटकीय सन्दर्भ में गहरे अर्थ ध्वनित करने की क्षमता से युक्त। इसी दृष्टि से नेमिचन्द्र जैन का यह कहना मानी रखता है : "ये कविताएँ किसी संकुचित अर्थ में 'राजनीतिक कविताएँ' नहीं हैं। यदि कहीं तीव्रता, सघनता और गहराई की कमी है तो इसलिए नहीं कि तात्कालिक परिवेश दोषी है, बल्कि इसलिए कि गृहीत परिवेश की पूरी अर्थवत्ता के सन्धान का यथोचित प्रयास नहीं किया गया।"

यदि कविता में तात्कालिक परिवेश को सिर्फ उसकी तात्कालिकता के कारण तिरस्कृत किया गया तो कुँवरनारायण के शब्दों में :

1. 'एक संजीदा, उदास शहर और ब्रेख़्त' : *कल्पना*, अप्रैल, 1962

ये सब बार-बार
उसी एक पहुँचे हुए नतीजे पर पहुँच कर
रह जाएँगे कि झूठ एक कला है, और
हर आदमी कलाकार है जो यथार्थ को नहीं
अपने यथार्थ को
कोई-न-कोई अर्थ देने की कोशिश में पागल है।

वस्तुतः कविता के अन्तर्गत चिर-परिचित तात्कालिक परिवेश का उपयोग एक तरह से वैसा ही है, जैसे इतिहास-प्रसिद्ध कथानक अथवा पौराणिक आख्यान का उपयोग। ऊपर से देखने पर यह निहायत आसान तरीका है, किन्तु एक रचनाशील कवि को दूसरे स्तर पर प्रतिभा के खेल के लिए बहुत बड़ी सुविधा मिल जाती है और नाटकीय परिवेश गढ़ने से जो शक्ति बचती है, उसका उपयोग वह दूसरे स्तर पर करता है।

'सृजन' की मिथ्या आकांक्षा से प्रेरित होकर पिछले दौर के कुछ कवियों ने जिस प्रकार तात्कालिक परिवेश का तिरस्कार किया, उससे कितनी अप्रासंगिक कविताएँ सामने आईं, इसे विस्तार से बतलाने की आवश्यकता नहीं है। सिद्धान्त के स्तर पर इस कथन में कोई असंगति न थी कि कविता एक स्वतंत्र संसार है और कवि के सिरजे हुए उस स्वतंत्र काव्य-संसार के आस्वाद के लिए कविता से बाहर किसी परिवेश की सहायता अपेक्षित नहीं है। किन्तु व्यवहार में जो 'शुद्ध कविता' सामने आई, वह प्रसंगच्युत ही नहीं बल्कि स्वयं उसका काव्य-संसार भी कथन से लेकर कथ्य के स्तर तक निर्जीव और विरल है। अज्ञेय की 'चक्रान्त शिला' के बारे में कुँवरनारायण ने जिस विरलता की ओर संकेत किया है, वह ऐसी सभी 'शुद्ध कविताओं' के बारे में सच है : " 'चक्रान्त शिला' में, लगता है, कवि केवल एक गझिन माध्यम से एक अधिक विरल माध्यम में पहुँच रहा है। उसकी स्वाभाविक एकान्तपरायणता धीरे-धीरे उन प्रतीकों तक से अलग होती जा रही है जो कवि के अन्तर्जगत् को वस्तुजगत् से जोड़ते हैं। 'तुम पर्वत हो अभ्रभेदी शिलाखंडों के गरिष्ठ पुंज...' जैसे अंशों के आगे 'चक्रान्त शिला' का 'मौन' जिस फीकी अनुभूति तक पहुँच पाता है, वह अक्सर छायावादियों की याद दिलाता है।"

इस प्रकार की 'शुद्ध कविता' की अप्रासंगिकता इस बात में नहीं है कि इसमें समकालीन परिवेश के यथातथ्य चित्रण का अभाव है। कविता से ऐसी स्थूल वास्तविकता की माँग आज शायद ही कोई प्रबुद्ध पाठक करे। वास्तविकता की कमी उसकी भाषा में, शब्दों के चयन में, लय में, यहाँ तक कि पूरे रचाव में दिखाई पड़ती है। इसीलिए उसकी अनुभूति भी 'फीकी' लगती है। भाषा की विरलता और अनुभूति का फीकापन एक ही सिक्के के दो पहलू हैं। इस कमी के कारण यदि वह कविता प्रसंगच्युत लगती है तो इसका यह अर्थ नहीं कि केवल आज के सन्दर्भ

में प्रसंगच्युत है, बल्कि किसी भी सन्दर्भ में इतनी ही प्रसंगच्युत रहेगी। सम्भव है, इन कमियों के बावजूद कुछ लोगों को यह कविता 'अनुचिन्तन' अथवा 'शुद्ध अनुचिन्तन' (Pure contemplation) का विषय प्रतीत हो, जैसाकि पिछली सदी के यूरोपीय कलावादियों का विश्वास रहा है। किन्तु अब तो सौन्दर्यशास्त्र ने भी स्वीकार कर लिया है कि कला 'केवल' अनुचिन्तन का विषय नहीं। कला के ग्रहण में अनुचिन्तन का तत्त्व कुछ-न-कुछ अवश्य रहता है क्योंकि कला के सम्पर्क में हम बराबर यह अनुभव करते रहते हैं कि यह जीवन नहीं बल्कि 'कला' है; किन्तु कला का अनुभव अनुचिन्तन से अधिक हाड़-मांस-रक्तयुक्त (More full-blooded and full-bodied) अनुभव होता है।

आज काव्य-चर्चा में फिर कविता के एक स्वतंत्र 'संसार' का जिक्र आने लगा है, इसलिए 'काव्य-संसार' शब्द में निहित कलावादी भटकाव की दिशा से 'परिचित' होना आवश्यक है। यह भी एक विडंबना ही है कि कविता में जिस समय से परिवेश-बोध की माँग बढ़ी है, उसी समय से 'काव्य-संसार' की आवाज भी जोर पकड़ रही है। *शमशेर की काव्यानुभूति की बनावट* पर विचार करते हुए विजयदेव नारायण साही ने इस प्रतिज्ञा के साथ आरम्भ किया कि कवि का एक 'अपना निजी, स्वतः सम्पूर्ण काव्य-जगत्' है।" अप्रैल-जून, '67 की *आलोचना* में विजयदेव नारायण साही के काव्य-संग्रह *मछलीघर* की समीक्षा करते हुए कमलेश ने भी कवि की एक ऐसी 'दुनिया' का जिक्र किया है जिसमें तिलिस्म, इन्द्रजाल और अँधेरे गोलार्द्ध मिलते हैं। अभी जुलाई, '68 के *आरम्भ* में मलयज ने श्रीकांत वर्मा के 'काव्य-लोक' का विवरण देते हुए लिखा है : "इस काव्य-लोक में मानव-सम्बन्धों का बोध करानेवाली इकाइयाँ प्रेम, विश्वास और करुणा नहीं हैं, घृणा, अविश्वास और डर हैं और इन मानव-सम्बन्धों की भाषा व्यंग्य, रोष और चिढ़ की भाषा है।"

आज की काव्य-समीक्षा में अन्य कवियों के भी काव्य-संसार की ऐसी चर्चा अक्सर मिलेगी—उन कवियों की भी जिनका अपना कोई काव्य-संसार नहीं है। निःसन्देह काव्यकृति के लिए 'काव्य-संसार' शब्द का प्रयोग हिन्दी में नया है। इससे आलोचना में एक नए रुझान का आभास होता है। इसके पीछे यह आदर्श है कि कवि इस दुनिया के अन्दर एक दूसरी दुनिया का निर्माण करता है। इसके साथ सम्भवतः यह धारणा भी है कि जो कवि ऐसा नहीं कर पाता, वह सृजनशील नहीं है। स्वयं उस काव्य-संसार की पड़ताल का सवाल इसके बाद उठता है लेकिन यह सवाल अन्ततः उठता है अवश्य।

सवाल यह है कि क्या यह काव्य-संसार 'स्वतः सम्पूर्ण' है? संस्कृत के प्राचीन आचार्य इसे अपनी विशिष्ट भाषा में 'अलौकिक' कहते थे। अलौकिक अर्थात् जो लौकिक होते हुए भी लौकिक न हो, 'अ' उपसर्ग समानता और असमानता, दोनों का युगपद अर्थ देता है। इसलिए इसका केवल निषेधात्मक अर्थ लेना गलत है; अर्थात्

जो लौकिक न हो वह अलौकिक, यह अर्थ गलत है। 'काव्य-संसार' शब्द का प्रयोग आनन्दवर्धन ने भी किया है। उसका विश्वास था कि काव्य-संसार अपार है, कवि उसका प्रजापति है, उसे विश्व जैसा रुचता है, वैसा ही उसे परिवर्तित कर देता है।[1]

आनन्दवर्धन के इस कथन से स्पष्ट है कि काव्य-संसार कवि की अपनी रुचि से रची हुई सृष्टि है; निस्सन्देह इसके मूल में प्रजापति का रचा हुआ विश्व है लेकिन कवि की सर्जनात्मक प्रतिभा प्रदत्त विश्व को परिवर्तित कर देती है। इस धारणा को ध्यान में रखकर मम्मट ने भी कविता को कवि की 'निर्मिति' कहा, साथ ही अन्य विशेषणों के अतिरिक्त 'अनन्य-परतंत्र' विशेषण से उसे विशिष्ट किया। कवि की निर्मिति अनन्य-परतंत्र इस अर्थ में है कि वह अपनी सत्ता के लिए किसी अन्य के अधीन नहीं है और उसमें वास्तविक संसार के नियम लागू नहीं होते। इस प्रकार कवि की सृष्टि में वे वस्तुएँ भी हो सकती हैं जो वास्तविक संसार में नहीं होतीं।

काव्य-संसार की इस धारणा का बीज भरत के *नाट्य सिद्धान्त* में है, जिसके अनुसार नाट्य त्रैलोक्य का 'अनुकीर्तन' है। अभिनवगुप्त की *अभिनव-भारती* टीका के अनुसार अनुकीर्तन कोरा अनुकरण नहीं, बल्कि 'अनुव्यवसाय' नामक एक विशिष्ट ज्ञान है।

अभिनवगुप्त के शब्दों में : "नाट्य लौकिक पदार्थ से भिन्न है। वह अनुकरण, प्रतिबिम्ब, चित्र, सादृश्य, आरोप, अध्यवसाय, उत्प्रेक्षा, स्वप्न, माया और इन्द्रजाल आदि दस प्रकार की लौकिक प्रतीतियों से विलक्षण है।"[2]

संस्कृत काव्यशास्त्र में 'काव्य-संसार' की विलक्षणता की परम्परा इतनी बद्धमूल थी कि नाट्य से काव्य-परम्परा के आलंकारिकों ने भी किसी-न-किसी रूप में इस धारणा का समर्थन किया है। उदाहरण के लिए भामह ने *काव्यालंकार* के पाँचवें परिच्छेद में 35-60 तक की कारिकाओं में शास्त्र तथा न्याय से भिन्न 'काव्य-प्रत्यक्ष' एवं 'काव्यगत अनुमान' की सत्यता का समर्थन करते हुए इस पर विचार किया है। इसी आधार पर आगे चलकर उन्होंने 'वक्रोक्ति' की प्रतिष्ठा की है :

असिसंकाशमाकाशं, शब्दो दूरानुपात्ययम्।
तदेव वारि सिंधूनाम्, अहो स्थेमा महार्चिषः॥

आकाश खड्ग के समान नीलवर्ण है; शब्द दूर से सुनाई दे रहा है; नदियों का जल भी वही जल है; आकाश में महाज्योतियाँ भी स्थिर हैं। इस प्रकार के वर्णन काव्य

1. अपारे काव्यसंसारे कविरेकः प्रजापतिः।
यथास्मै रोचते विश्वं तथा विपरिवर्तते॥ [*ध्वन्यालोक*, पृ. 482]
2. तत्र नाट्यं नाम लौकिकपदार्थव्यति रिक्तं तदनुकार-प्रतिबिम्ब-आलेख्य-सादृश्य-आरोप-अध्यवसाय-उत्प्रेक्षा-स्वप्न-माया-इन्द्रजालादि विलक्षणं।
[*हिन्दी अभिनव भारती,* पृ. 26]

में पाए जाते हैं। ये वर्णन शास्त्रत: सत्य नहीं हैं। शास्त्र का कथन है कि आकाश का कोई रंग-रूप नहीं है; शब्द भी दूर से सुनाई नहीं देता; नदियों का जल भी प्रतिक्षण बदलता रहता है; और आकाश में ग्रहगोल तो क्षण भर के लिए भी स्थिर नहीं होते।[1]

इसी प्रकार शास्त्र और वर्णन का अन्तर बतलाते हुए राजशेखर कहते हैं : "काव्य में आकाश के रूप अथवा सरिताओं के सलिल आदि के 'स्वरूप' का निबन्धन नहीं होता, बल्कि उनके 'प्रतिभास' का निबन्धन होता है और प्रतिभास वस्तुओं में तादात्म्य-भाव से स्थित नहीं होता। यदि ऐसा होता तो शायद सूर्य और चन्द्रमंडल, जो देखने में बारह अंगुल के प्रतीत होते हैं, वे पृथ्वी के वलय के बराबर या उससे भी बड़े माने जा सकते, जैसाकि पुराणों और आगमों में वर्णन किया गया है।...इसलिए शास्त्र में वस्तुओं के 'स्वरूप' का और काव्य में वस्तुओं के 'प्रतिभास' का वर्णन उपयोगी होता है।...इस प्रकार काव्य प्रतिभासमय होते हैं।"[2] राजेशखर जब काव्य को 'प्रतिभास' कहते हैं तो उसका अर्थ अध्यास या अन्यत्र अन्यधर्मारोप है। यह अध्यास शब्द की लक्षणा शक्ति के द्वारा सम्पन्न होता है।

काव्य के विषय में जिस शास्त्र-भिन्न 'प्रतिमान' की स्थापना भामह और राजशेखर ने की है, वह एक तरह से आधुनिक युग में आई.ए. रिचड्र्स द्वारा निरूपित वस्तु-निदर्शक अर्थ (Referential Meaning) से भिन्न भावात्मक अर्थ (Emotive Meaning) ही है। रिचड्र्स का 'भावात्मक अर्थ' वस्तुत: छद्म-वक्तव्य है जो काव्य में पाया जाता है। विज्ञान की दृष्टि से काव्यगत छद्म-वक्तव्य सत्य नहीं है, किन्तु भाव के स्तर पर इसकी सत्यता सम्भव है। इस प्रकार रिचड्र्स ने 'द्वितीय वास्तविकता' (Second Reality) के रूप में काव्य की सत्ता स्थापित की है।[3] काव्य-जगत् की वास्तविकता के बारे में जिस प्रकार रिचड्र्स सत्य-असत्य का विचार अप्रासंगिक मानते हैं, उसी प्रकार आनन्दवर्धन का भी कहना था कि काव्य के विषय में व्यंग्य की प्रतीतियों का सत्य-असत्य-निरूपण अप्रयोजक ही है, इसलिए वहाँ प्रमाणान्तर व्यापार की परीक्षा उपहासास्पद ही होगी।[4] यही नहीं बल्कि

---

1. ग. व्यं. देशपांडे : *भारतीय साहित्य शास्त्र,* पृ. 92
2. न स्वरूपनिबंधनमिदं रूपमाकाशस्य सरित्सलिलादेवां, किन्तु प्रतिभासनिबंधनम्। न च प्रतिभासस्तादात्म्येनवस्तुन्यवतिष्ठते यदि तथा स्यात् सूर्याचंद्रमसौर्मंडले दृष्ट्या परिच्छिद्यमानद्वादशांगुलप्रमाणे पुराणाद्यागनिवेदितधरावलयमात्रे न स्तः इति यायावरीयः। यथाप्रतिभासं च वस्तुनः स्वरूपं शास्त्रकाव्ययोर्निबंधोपयोग काव्यानि पुनरेतंमयांयेव।
[*काव्य-मीमांसा,* पृ. 44]
3. Richards was trying to take account of the kind of 'second reality' that is far removed from a referential relationship to the actual.
Gaylord C. Leroy : *Marxism and Modern Literature*, L. P. 13.
4. काव्यविषये च व्यंग्यप्रतीतीनां सत्यासत्यनिरूपणस्याप्रयोजकत्वमेति तत्र प्रमाणांतर व्यापारपरीक्षोपहासायैव संपद्यते!
[*ध्वन्यालोक,* पृ. 489]

न्याय के पक्षधर महिमभट्ट भी *व्यक्तिविवेक* में एकाध शब्द के हेर-फेर के साथ यही बात दुहराते पाए जाते हैं।[1] इस प्रसंग में महिमभट्ट ने किसी प्राचीन आचार्य का यह कथन उद्धृत किया है कि 'भ्रान्तिरपि संबंधतः प्रमा'; अर्थात् भ्रमात्मक ज्ञान भी सम्बन्ध-विशेष से प्रमा अथवा यथार्थ ज्ञान हो सकता। इस मत के अनुसार यदि काव्य-जगत् को भ्रम भी मानें तो सम्बन्ध-विशेष के कारण वह यथार्थ ज्ञान का आधार हो सकता है। काव्य-जगत् की इस विलक्षणता के मूल में यह बद्धमूल धारणा थी : "प्रत्यक्ष वस्तु साक्षात् संवेद्यमान होकर भी सहृदयों के मन में वैसा चमत्कार नहीं पैदा कर पाती, जैसा वही किसी उत्तम कवि की वाणी से उद्भूत होकर चमत्कार का आधान करती है।"[2]

स्पष्ट है कि संस्कृत आचार्यों के अनुसार काव्य-जगत् प्रत्यक्ष जगत् से भिन्न एक अपर वास्तविकता है, जिसके विषय प्रत्यक्ष वस्तुएँ नहीं बल्कि कृत्रिम या काल्पनिक वस्तुएँ हैं। संस्कृत काव्यशास्त्र में काव्यगत वस्तओं के इस 'काल्पनिक' रूप को विभाव की संज्ञा दी गई है। इसी प्रकार काव्यगत भाव भी काल्पनिक माने गए। कहना न होगा कि यहाँ काल्पनिक का अर्थ है कवि द्वारा सिरजा हुआ। प्रत्यक्ष जगत् की वस्तुओं के साथ इनकी तुलना करके सत्यासत्य निर्णय को अप्रासंगिक कहा गया है। एक प्रकार से ये भाव-सत्य हैं और सहृदय-संवेद्य हैं। यह आकस्मिक नहीं कि संस्कृत काव्यशास्त्र में काव्य को अपने-आपमें पूर्ण मानकर केवल 'चर्वण' और 'आस्वाद' का विषय माना गया। काव्य की दुनिया से बाहर निकलकर वास्तविक जगत् के साथ उस दुनिया की तुलना का प्रयास किसी भी आचार्य ने नहीं किया। इस प्रकार चाहें तो संस्कृत काव्यशास्त्र को 'शुद्ध कविता' का शास्त्र कह सकते हैं।

रिचर्ड्स और इलियट द्वारा प्रवर्तित काव्य-समीक्षा भी एक तरह से मुख्यतः 'शुद्ध कविता' का ही काव्यशास्त्र है; यदि संस्कृत काव्यशास्त्र की तरह यह पूर्णतः सुसंगत नहीं है तो इसलिए कि विचारों के इस विवाद-संकुल युग में 'आस्था' की समस्या से बच निकलना असम्भव है। रिचर्ड्स ने तो तार्किक संगति का निर्वाह करते हुए एकबारगी कविता के मूल्यांकन से आस्था के प्रश्न को अप्रासंगिक मानकर अलग ही कर दिया, किन्तु अनुभववादी इलियट ने तार्किक असंगति का खतरा उठाते हुए भी दुहरे मानदंड का सहारा लिया : किसी कृति की 'साहित्यिकता' का निर्णय करने के लिए साहित्यिक मानदंड और उसकी 'महानता' का निर्णय करने के लिए साहित्येतर मानदंड, जिसमें धर्म, दर्शन, संस्कृति आदि की मान्यताएँ आती हैं। इलियट के इस

---

1. तेनात्र गम्यगमकयोः सचेतसां सत्यासत्यविचारो निरुपयोग एव। काव्यविविषये च वाच्य-व्यंग्य-प्रतीतीनां सत्यासत्यविचारो निरुपयोग एवेति अत्र प्रमाणांतरपरीक्षोप-हास्सायैव संपद्यत। [*व्यक्तिविवेक*, पृ. 75]
2. प्रत्यक्षोऽपिह्यर्थः साक्षात् संवेद्यमानः सचेतसां न तथा चमत्कारमातनोति यथा स एव सत्कविना वचनगोचरतां गमितः। [*व्यक्तिविवेक*, पृ. 73]

अन्तर्विरोध की काफी आलोचना की गई है। परवर्ती नव्य-समीक्षा ने सैद्धान्तिक स्तर पर इस असंगति को दूर करने की भरसक कोशिश की। इस कोशिश की दिशा यह रही है कि किसी प्रकार तथाकथित साहित्येतर मूल्यों को भी साहित्य-मूल्यों के दायरे में ही समेट लिया जाए। क्लींथ ब्रुकस ने 'विडंबना' (आइरनी) पर आधारित 'आवयविक काव्य-सिद्धान्त' के द्वारा आस्था की समस्या का समाधान ढूँढ़ने की कोशिश की।[1] और डॉ. एफ. आर. लीविस ने अपने 'नैतिक-बोध' के अन्तर्गत तथाकथित साहित्यिक और साहित्येतर, दोनों प्रकार के मूल्यों को समाविष्ट कर लिया। उन्होंने इलियट द्वारा प्रस्तावित तथाकथित 'शुद्ध साहित्यिक मूल्यों' की स्थिति को स्पष्टत: अस्वीकार करते हुए कहा : "शुद्ध साहित्यिक मूल्य क्या है? मेरा दृढ़ विश्वास है कि 'साहित्य का मूल्यांकन' साहित्य के रूप में होना चाहिए, किसी और चीज के रूप में नहीं।" साहित्य का ऐसा मूल्यांकन होने पर ही समाजविज्ञान और मनोविज्ञान उससे जो चाहते हैं, सीख सकते हैं। लेकिन इस विश्वास का अर्थ जहाँ तक मैं समझता हूँ, 'शुद्ध साहित्यिक मूल्यों' में विश्वास करना नहीं है। जिसमें जीवन के प्रति दायित्व-बोध, सार्थकता और मूल्यों की चिन्ता होगी, वह 'शुद्ध साहित्यिक मूल्यों' की बात न करेगा। इसी प्रकार 'अच्छे लेखन को अपने-आपमें पसन्द करना' भी, अपनी सारी सम्भावनाओं के बावजूद, चिन्तन की विफलता का सूचक है।[2]

'शुद्ध साहित्यिक मूल्यों' की स्थिति जितनी भ्रामक है, उतनी ही भ्रामक है 'कविता के स्वत: सम्पूर्ण संसार' की सत्ता! जैसाकि मुक्तिबोध ने कहा है : "कला का अपना स्वायत्त स्वतंत्र राज्य है, किन्तु उसकी यह स्वायत्तता और स्वतंत्रता सापेक्ष्य है। वह अपने अस्तिव के ही लिए, अपने जीवनतत्त्वों के लिए, प्राण-वैभव के लिए, कलाबाह्य यह जो अपार विस्तृत जीवन है, उस पर निर्भर है।"[3]

यदि कविता की स्वायत्तता अथवा स्वतंत्रता सापेक्ष्य न मानी गई तो फिर कविता के बारे में ही कविताएँ लिखी जाएँगी, जैसाकि अज्ञेय के परवर्ती काव्य से स्पष्ट है। कविता की दुनिया इसी दुनिया के अन्दर है। इस दुनिया से बाहर या परे नहीं। कविता की दुनिया की सार्थकता इसी में है कि वह अपने जादू में ग्रस्त करने के बावजूद पाठक को इस दुनिया की ओर उन्मुख करती चलती है। सन्दर्भ यदि अर्थ है तो कविता की सार्थकता भी परिवेश से जुड़ी हुई है। 'कविता में कोई क्या पाता है, यह अनिवार्यतया इस पर निर्भर है कि वह क्या लेकर चलता है', यदि यह सच है तो यह भी सच है कि कविता में जो कुछ वह पाता है, उसका मूल्य भी परिवेश में वापस आने पर ही मालूम होता है। जो दोनों संसारों

1. 'Implications of an Organic Theory of Poetry' *Literature and Belief;* edited by M. H. Abrams, 1957
2. 'T. S. Eliot as critic', *Commentary*, November, 1958
3. *नई कविता का आत्मसंघर्ष तथा अन्य निबन्ध,* पृ. 151

से परिचित हैं, उन्हें यदि एक स्तर पर वास्तविक संसार की सीमाओं का बोध है तो दूसरे स्तर पर काव्य-संसार की सीमाएँ भी मालूम हैं। इसी अनुभव के आधार पर *एक साहित्यिक की डायरी* में मुक्तिबोध यह कह सके : "साहित्य मनुष्य के आंशिक साक्षात्कारों के बिम्बों की एक मालिका तैयार करता है, ध्यान रहे कि वह सिर्फ बिम्ब-मालिका हैं और उसका सारा सत्यत्व और औचित्य मनुष्य के जीवन या अन्तर्जगत् में स्थित है; चूँकि सभी मनुष्यों के अन्तर्जगत् होते हैं, इसलिए उनके औचित्य और सत्यत्व की अनुभूति सार्वजनीन होती है। लेकिन ध्यान रहे कि अनुभूति का होना सत्यत्व की कसौटी नहीं है। और हम साहित्य में रम भले ही जाएँ, उससे हमें सत्य नहीं, सत्य का एक 'पर्सपेक्टिव', एक दिशा, दृश्य, एक 'डायमेंशन', एक आभास ही मिलेगा, एक रोशनी ही मिलेगी—सिर्फ एक रोशनी। सत्य का प्रकाश सत्य से भिन्न है? साहित्य में प्रकाश ही प्रकाश है। किन्तु हमें प्रकाश में सत्यों को ढूँढ़ना है। हम केवल साहित्यिक दुनिया में नहीं, वास्तविक जीवन में रहते हैं इस जगत् में रहते हैं। साहित्य पर आवश्यकता से अधिक भरोसा रखना मूर्खता है।"

सैद्धान्तिक स्तर पर इन मान्यताओं से शायद ही कोई असहमति प्रकट करे; असहमति प्रकट होती है मूल्यांकन के व्यावहारिक स्तर पर जब 'प्रकाश में सत्यों को ढूँढ़ने' की प्रक्रिया शुरू होती है। उदाहरण के लिए जुलाई, '68 के *आरम्भ* में श्रीकांत वर्मा के 'काव्य-संसार' का मलयज द्वारा किया हुआ विश्लेषण। मलयज के अनुसार : श्रीकांत वर्मा के काव्य-संसार में मानव-सम्बन्धों का आधार घृणा; अविश्वास और डर है। सम्बन्धों की भाषा व्यंग्य, रोष और चिढ़ है। बाहर और भीतर बेबाक विडंबना है। इस दुनिया के भीतर दो दुनिया हैं—एक नगर की, दूसरी प्रकृति की। दोनों के बीच कोई सम्बन्ध नहीं है, बल्कि गहरी असंगति है। समग्र प्रभाव में सरलीकरण और सतहीपन है। खंड-खंड करके सृजन करने की कोशिश के बावजूद 'इंटिग्रिटी' की कमी अक्सर दिखाई पड़ती है। मलयज का यह ब्योरा खंडों में काफी सही है किन्तु खंडों के आपसी सम्बन्धों की पूरी जानकारी न होने के कारण उनका निष्कर्ष अतार्किक और अविश्वसनीय लगता है। श्रीकांत वर्मा के संसार में 'इंटिग्रिटी' की कमी का फैसला देने की जल्दी में मलयज स्वयं अपने ब्योरे को अन्तर्ग्रथित करने का धीरज खो बैठे। प्रश्न है कि 'इंटिग्रिटी' क्यों नहीं है? नगर और प्रकृति के चित्रों में अन्तर्विरोध के कारण? क्या इन दोनों में सचमुच ही अन्तर्विरोध है? सरलीकरण की प्रवृत्ति यदि प्रकृति के चित्रों में है तो वे थोड़े हैं। क्या उन्हें अलग करके केवल तथाकथित नगर की कविताओं के आधार पर 'इंटिग्रिटी' का होना माना जा सकता है? आत्म-विडंबना और 'इंटिग्रिटी' में कोई सम्बन्ध है या नहीं, यदि है तो क्या?—ये कुछ प्रश्न हैं जो मलयज के विश्लेषण की खाली जगहों को सूचित करने के लिए काफी हैं। किन्तु इससे भी अधिक महत्त्वपूर्ण

बात यह है कि श्रीकांत वर्मा के काव्य-संसार के अनेक कोने ही नहीं बल्कि पूरी चौहद्दी अनदेखी रह गई।

इस काव्य-संसार पर दृष्टि जाते ही जो बात सबसे पहले दिखाई पड़ती है, वह है इस संसार का भास्वरता (विविडनेस)। गिनी-चुनी विरल रेखाओं के द्वारा ही कवि ने एक जीता-जागता, भरा-पूरा, आर-पार पारदर्शी संसार खड़ा कर दिया है। यह संसार क्या है कि 'एक अदृश्य टाइप राइटर पर साफ-सुथरे/कागज-सा/चढ़ता हुआ दिन/तेजी से छपते मकान, घर मनुष्य...' आदि। *माया-दर्पण* की 'दिनचर्या' कविता जैसे इस काव्य-संसार के निर्माण की प्रक्रिया का काव्यात्मक आलेख है। प्रकृति और नगर इस दुनिया में अलग-अलग नहीं, बल्कि वन्य प्रकृति नगर-जीवन की ऊब के बीच 'अवकाश' (ड्यूरेशन) का विस्फोट है। यह सरल पलायन नहीं, बल्कि 'ऊब का कवित्व' है। इस दुनिया में सब कुछ निहायत साधारण है और यह साधारणता ही उसे अत्यंत असाधारण और भयावह बना देती है। इस दुनिया में अपने सिवा दो ही चीजें सबसे ज्यादा हास्यास्पद हैं : राजनीति और स्त्री; स्त्री अक्सर आती है, राजनीति कभी-कभी। सारे संसार पर प्रेत-छाया की तरह यदि कोई चीज मँडरा रही है तो स्त्री। एक तरह से यह स्त्री-ग्रस्त संसार है। इस संसार को बाँधनेवाला धागा तनाव नहीं, उपराम है। मुट्ठी ढीली है, रेत के कणों की तरह तमाम चीजें अनायास झरती जा रही हैं। एक कण संकल्प का भी है : 'मैं अब घर जाना चाहता हूँ'। 'घर-धाम' का क्षणिक संकल्प ही इस संसार को एक अर्थ देता है। यही इसकी शक्ति है और यही इसकी सीमा भी। एक छोटे-से दायरे में निरर्थकता के बीच अर्थ ढूँढ़ने का प्रयास। रघुवीर सहाय के काव्य-संसार से इस काव्य-संसार की तुलना अप्रासंगिक न होगी। शुद्ध संरचना की दृष्टि से *माया-दर्पण* का संसार कहीं अधिक भास्वर है, रेखाएँ भी ज्यादा स्पष्ट हैं, सबसे बढ़कर यह मायामय है, किन्तु कितना विरल, कितना तनावहीन और कितना ऐकान्तिक! अशोक वाजपेयी ने ठीक लक्ष्य किया है कि श्रीकांत वर्मा ने राजनीति का एकबारगी बहिष्कार करके अपने काव्य-संसार को काफी विपन्न कर लिया है। इसलिए एक 'जहन्नुम' की सृष्टि करके श्रीकांत वर्मा ने जहाँ इतना बड़ा काम किया, वहीं उससे अपने 'शैतान' को देश-निकाला देकर काव्य-संसार को हल्का भी कर दिया है।

इसी प्रसंग में मुक्तिबोध के काव्य-संसार का भी उल्लेख किया जा सकता है, जो फैंटेसी के द्वारा वास्तविकता के अन्यथाकरण के बावजूद कहीं अधिक वास्तविक है। राजनीति के ब्योरे में रघुवीर सहाय से कम, लेकिन श्रीकांत वर्मा से ज्यादा। कल्पना-सृष्टि में रघुवीर सहाय से अधिक और नाटकीय विन्यास में भी विशेष जटिल। जहन्नुम की जुगुप्सा नहीं, बल्कि भयावहता। किन्तु रघुवीर सहाय और श्रीकांत वर्मा, दोनों ही कवियों से मुक्तिबोध में जो विशेष है, वह है भयावह शक्ति से जूझनेवाले आलोक-कण के अस्तित्व की पहचान। इस सन्दर्भ में यह तथ्य

काफी संकेतपूर्ण है कि मुक्तिबोध ने 'आशंका के दीप : अँधेरे में' शीर्षक में से 'आशंका के दीप' को अन्ततः निकाल देने का निर्णय किया। मुक्तिबोध का संसार कुल मिलाकर निषेध का निषेध है। यह उसकी विशिष्ट मूल्यवत्ता है।

विजयदेव नारायण साही का काव्य-संसार अपनी ऐंद्रजालिकता में मुक्तिबोध के समान होते हुए भी वास्तविकता के गर्द-गुबार से काफी दूर तथा अधिक निज़ी और स्वतः सम्पूर्ण है। शुद्धता की दृष्टि से साही का काव्य-संसार शमशेर के 'बिम्बलोक' के अधिक निकट है। किसी निश्चित परिवेश या सन्दर्भ से न बँधे होने के कारण उसमें विविध सन्दर्भों में अर्थ ध्वनित करने की व्यापक क्षमता है, किन्तु इसका दूसरा पहलू अस्पष्टता भी है। इसका काव्य-नायक अर्द्धभस्म देवदारु है जिसे बीच से चीरती हुई बिजली भूमि में समा गई। इसके बावजूद यहाँ तनाव नहीं बल्कि आविष्ट उत्तेजना है। इस संमार पर रहस्यमयता का एक हल्का रूमानी आवरण भी है, जो इसकी प्रासंगिकता को क्षीण करता है। एक तिलिस्मी समानता के सिवा विजयदेव नारायण साही के काव्य-संसार और मुक्तिबोध के काव्य-संसार में विषमताएँ-ही-विषमताएँ हैं।

इस प्रकार काव्यकृति को एक निजी और स्वतः सम्पूर्ण संसार मानकर भी आज के परिवेश में उसकी प्रासंगिकता का निर्णय किया जा सकता है। कहना न होगा कि मूल्यों की सापेक्षिकता इस प्रासंगिकता में ही है। जैसाकि अशोक वाजपेयी ने जुलाई, '68 के *आरम्भ* में कहा है : "जब आपका सामना कवि के मानवीय होने के संश्लिष्ट अनुभव से होता है तो आप अपने अनुभव-संसार की उससे प्रासंगिकता खोजने को, दोनों की तुलना करने को, कई बार विवश हो जाते हैं। ऐसी आलोचना भी उपयोगी हो सकती है, अगर आलोचक अपने और कवि के संसारों के बीच के तनावों का उत्कटता से बखान कर सके। ऐसी आलोचना में रचनात्मक ताप और उत्तेजना हो सकती है जो उसकी सार्थकता की एक विश्वसनीय पहचान है।"

मूल्यांकन के उपयुक्त काव्य-मूल्यों का निर्माण काव्य-कृति और आलोचक के इसी तनावपूर्ण संवाद से ही सम्भव है, जिस पर अन्तिम मुहर लगाने का कार्य परिवेश की वास्तविकता सम्पन्न करती है। निस्सन्देह किसी कविता का सिरजा हुआ संसार ही उसका मूल्य है किन्तु उस मूल्य की प्रासंगिकता इस बात पर निर्भर है कि वह सिरजा हुआ संसार कितना वास्तविक है अथवा वास्तविकता के बारे में हमारी समझ को कितना गहरा और कितना समृद्ध करता है : हमारे आसपास के संसार को अर्थ प्रदान करने में ही किसी कविता के अपने संसार की सार्थकता है। वास्तविकता की इस अर्थ-भूमि पर मूल्यों का सच्चा संघर्ष होता है जो मुक्तिबोध के शब्दों में एक रचनाकार के लिए :

बुरे-अच्छे-बीच के संघर्ष
से भी उग्रतर
अच्छे व उससे अधिक, अच्छे बीच का संगर।

परिशिष्ट

अँधेरे में : परम अभिव्यक्ति की खोज

इसीलिए मैं हर गली में
और हर सड़क पर
झाँक-झाँककर देखता हूँ हर एक चेहरा
प्रत्येक गतिविधि,
प्रत्येक चरित्र,
व हर एक आत्मा का इतिहास,
हर एक देश व राजनीतिक परिस्थिति
प्रत्येक मानवीय स्वानुभूत आदर्श
विवेक-प्रक्रिया, क्रियागत परिणत!!
खोजता हूँ पठार...पहाड़...समुन्दर
जहाँ मिल सके मुझे
मेरी वह खोई हुई
परम अभिव्यक्ति अनिवार
आत्म-सम्भवा!

'अँधेरे में' कविता की ये अन्तिम पंक्तियाँ उस अस्मिता या 'आइडेंटिटी' की खोज की ओर संकेत करती हैं जो आधुनिक मानव की सबसे ज्वलंत समस्या है। निस्सन्देह इस कविता का मूल कथ्य है अस्मिता की खोज; किन्तु कुछ अन्य व्यक्तिवादी कवियों की तरह इस खोज में किसी प्रकार की आध्यात्मिकता या रहस्यवाद नहीं, बल्कि गली-सड़क की गतिविधि, राजनीतिक परिस्थिति और अनेक मानव-चरित्रों की आत्मा के इतिहास का वास्तविक परिवेश है। आज के व्यापक सामाजिक सम्बन्धों के सन्दर्भ में जीनेवाले व्यक्ति के माध्यम से ही मुक्तिबोध ने 'अँधेरे में' कविता में अस्मिता की खोज को नाटकीय रूप दिया है।

नाटकीय कौशल के लिए कविता का 'मैं' दो व्यक्ति-चरित्रों में विभक्त कर दिया गया है : एक है काव्य-नायक 'मैं' और दूसरा है उसका प्रतिरूप 'वह'।

यह विभाजन वस्तुतः एक नाटकीय कौशल मात्र नहीं, बल्कि इसका आधार 'आत्म-निर्वासन' (सेल्फ-एलियनेशन) है। 'अँधेरे में' का काव्य-नायक एक आत्म-निर्वासित व्यक्ति है, जिसके आत्म-निर्वासन का प्रतीक है उसका गहावास। दोस्तोएव्स्की के 'अंडरग्राउंड मैन' के समान ही यह व्यक्ति भी ब्राह्य परिस्थितियों से भय खाकर एक तिलिस्मी खोह में निवास करता है। कविता का आरम्भ इस तिलिस्मी खोह के रहस्यमय दृश्य से होता है, जो अपने प्रभाव में काफी नाटकीय है :

जिन्दगी के...
कमरों में अँधेरे
लगाता है चक्कर
कोई एक लगातार;

किन्तु यह रहस्यमय व्यक्ति दिखाई नहीं देता, केवल उसके चलने की आहट भर सुनाई देती है। अकस्मात् भीत से फूले हुए पलस्तर गिरते हैं और भीत पर खुद-ब-खुद कोई बड़ा चेहरा बन जाता है : नुकीली नाक, भव्य ललाट, दृढ़ हनु! प्रश्न उठता है : कौन मनु? और इस प्रश्न के साथ ही जैसे काव्य-नायक प्रकट होता है। उसे याद आता है कि यह रहस्यमय व्यक्ति वही है, जो कभी शहर के बाहर पहाड़ी के उस पार तालाब के सलिल के तम-श्याम शीशे में कुहरीली श्वेत आकृति के रूप में प्रकट हुआ था; और फिर थोड़ी देर बाद लाल-लाल कुहरे में से एक रक्तालोक-स्नात पुरुष के रूप में निकला हुआ दिखा था। रात के अँधेरे में बन्द दरवाजे की साँकल खटखटाने वाला पुरुष शायद वही है। आत्म-निर्वासित काव्य-नायक को पता है कि 'वह रहस्यमय व्यक्ति अब तक न पाई गई मेरी अभिव्यक्ति है' तथा 'हृदय में रिस रहे ज्ञान का तनाव वह आत्मा की प्रतिमा' है। उस प्रतिरूप से काव्य-नायक डरता है, कतराता रहता है और इसीलिए उसे टालता भी है कि स्वयं उसे अपनी कमजोरियों से लगाव है; उसे डर इसलिए है कि वह 'हृदय को देता है बिजली के झटके' और तुंग-शिखर के खतरनाक कगार पर बिठाकर रस्सी के पुल से पर्वत-सन्धि के गह्वर पार करने के लिए कहता है। इसके साथ ही यह भी तथ्य है कि 'भविष्य का नशा दिया हुआ उसका/सह नहीं सकता'। फिर भी 'नहीं, नहीं, उसको मैं छोड़ नहीं सकता'। भय और प्रीति का यह नाटकीय द्वंद्व ही इस आत्म-निर्वासित मन का मुख्य आकर्षण है। अन्ततः वह दरवाजा खोलने का संकल्प करता है, किन्तु देखता है कि 'बाहर कोई नहीं, कोई नहीं बाहर'। रात का पक्षी कहता है :

वह चला गया है,
वह नहीं आएगा, आएगा ही नहीं

अब तेरे द्वार पर।
वह निकल गया है गाँव में शहर में!
उसको तू खोज अब
उसको तू शोध कर!

रवीन्द्रनाथ ठाकुर की *गीतांजलि* के एक गीत में भी कुछ-कुछ इसी प्रकार की पंक्तियाँ हैं, किन्तु उस रहस्यवादी सन्दर्भ से इन पंक्तियों का सन्दर्भ कितना भिन्न है! रात के पक्षी के कथन के बावजूद आत्म-निर्वासित काव्य-नायक को वह रहस्यमय पुरुष फिर दिखाई पड़ता है, लेकिन स्वप्न में। इस बार उसके दर्शन उस समय होते हैं जब शहर में कर्फ्यू लगा हुआ है और मार्शल-लॉ जारी है। रात के सन्नाटे में सिरफिरा एक जन 'आत्मोद्बोधमय कोई गान' गाता है, जिसे सुनते ही साफ हो जाता है कि 'व्यक्तित्व अपना ही, अपने से खोया हुआ/वही उसे अकस्मात् मिलता था रात में'। गान का प्रभाव यह है कि :

प्रत्यक्ष,
मैं खड़ा हो गया
किसी छाया-मूर्ति-सा समक्ष स्वयं के।

काव्य-नाटक के घटना-क्रम में यह रहस्यमय पुरुष एक बार और मिलता है, अन्तिम बार, जब शहर में जन-क्रान्ति छिड़ जाती है। माहौल ऐसा कि 'कहीं आग लग गई, कहीं गोली चल गई'। आत्म-निर्वासित व्यक्ति प्रसन्न मुद्रा में गैलरी में खड़ा होता है कि दिखाई पड़ता है : 'एकाएक वह व्यक्ति/आँखों के सामने/गलियों में, सड़कों पर, लोगों की भीड़ में/चला जा रहा है।...पुकारने को खुलता है मुँह/कि अकस्मात्—/वह दिखा, वह दिखा/वह फिर खो गया किसी जन-यूथ में.../उठी हुई बाँह यह उठी हुई रह गई'।

खोज और उपलब्धि के बीच की दुविधा या 'सस्पेंस' ही 'अँधेरे में' कविता को अद्भुत नाटकीयता प्रदान करती है; और यह केवल काव्य-शैली का चमत्कार नहीं, बल्कि कथ्य की गहरी अर्थवत्ता का सूचक है। अस्मिता की खोज सम्बन्धी ज्यादातर कविताओं में या तो केवल एक प्रकार की हताश खोज मिलती है या फिर उपलब्धि की बलात् आत्मतुष्टि! आकस्मिक नहीं है कि दोनों ही प्रकार की कविताएँ प्राय: प्रकृत्या प्रगीतधर्मी होती हैं। प्रगीत शैली के अनुरूप ही उनके कथ्य में भी अस्मिता की खोज का अतिसरलीकृत सपाट रूप मिलता है। मुक्तिबोध ने इस सपाटता से बचकर एक तीखे तनाव को सफलता के साथ व्यंजित किया है, जिसका मुख्य आधार 'अँधेरे में' कविता का कौशलपूर्ण घटना-विन्यास है। अरस्तू ने जिस अर्थ में 'मिथोस' को त्रासदी की आत्मा कहा था, उसकी पुष्टि एक

तरह से 'अँधेरे में' के घटना-विन्यास से होती है। इस घटना-विन्यास का महत्त्व इस दृष्टि से भी है कि इसके द्वारा अस्मिता को एक व्यापक सन्दर्भ प्राप्त होता है। आत्मनिर्वासन और अस्मिता के लोप की चर्चा तो प्राय: की जाती है किन्तु उसके वस्तुगत कारणों का उल्लेख बहुत कम किया जाता है। 'अँधेरे में' कविता के अन्तर्गत स्वप्न-कथा के रूप में तीन घटनाएँ वर्णित हैं : किसी मृत-दल की शोभा-यात्रा, सैनिक शासन और जन-क्रान्ति का सूत्रपात। स्पष्टत: पहली दोनों घटनाएँ कवि की दृष्टि में अस्मिता के खोने का वस्तुगत कारण उपस्थित करती हैं। किसी मृत-दल की शोभा-यात्रा और सैनिक शासन के आतंक से अस्मिता के खोने की बात एकदम स्पष्ट हो जाती है। सन्दर्भ की भयावहता अस्मिता के बोध की तीव्रता को और भी उभार देती है। भावबोध की यह तीव्रता सन्दर्भ के जिस प्रभावशाली चित्र से सम्बद्ध है, वह स्वयं मुक्तिबोध के शब्दों में : "भाव का वस्तुमूलक आकलन है।" इसे ही आचार्य शुक्ल ने 'विभावन व्यापार' की संज्ञा दी है और टी. एस. इलियट ने 'ऑब्जेक्टिव को-रिलेटिव' की।

'अँधेरे में' कविता का प्रभाव जिस परिवेश के चित्रण पर निर्भर है, उसकी चित्रण-कला भी विचारणीय है। सबसे पहले कविता में रात के अँधेरे की भूमिका। क्या इस कविता में वातावरण के प्रभाव का बहुत-कुछ श्रेय अँधेरे को नहीं है? अँधेरा काव्यगत वातावरण को भयावह और रहस्यमय बनाने के साथ ही मूर्त भी बनाता है। अँधेरे में वस्तुओं को मूर्तिमान करने की विशेष क्षमता इसलिए होती है कि आसपास की बहुत-सी वस्तुएँ ओझल हो जाती हैं, इसलिए अभीष्ट वस्तुएँ विशेष रूप से उद्भासित होती हैं। अँधेरे में रेखाओं की संख्या कम होती है, किन्तु उनके उभार की मात्रा अधिक होती है। उदाहरण के लिए मृत-दल की शोभा-यात्रा का चित्र इस कविता में इसीलिए इतना स्फुट (विविड) है कि उसकी पीठिका में रात का अन्धकार है। दिन के उजाले में यही जुलूस शहर की भीड़-भाड़ में दब जाता; किन्तु आधी रात के सन्नाटे में वह उभरकर सामने आता है। मशाल की रोशनी में लोगों के चेहरे, उनकी पोशाक, घोड़ों के रंग और संगीन की नोकें और भी चमक उठती हैं, यहाँ तक कि सन्नाटा बैंड की आवाज को भी उभार देता है। दिन के उजाले में कोलतार की जो सड़क मामूली मालूम होती है, वही रात के अँधेरे में 'मरी हुई खिंची हुई कोई काली जिह्वा' मालूम होती है। इसी तरह चौराहे, दरख्त और घंटाघर भी इस अन्धकार के जादुई असर में और के और हो जाते हैं। उल्लेखनीय है कि 'सीमान्तवादी', भावबोध के लेखकों ने अपनी कृतियों में प्राय: अन्धकार का उपयोग किया है। निर्मल वर्मा की 'लंदन की एक रात' कहानी में भी यही अन्धकार है। दोस्तोएव्स्की के उपन्यासों का घटना-काल प्राय: रात से सम्बद्ध है। कोई चाहे तो इसे एक कला-रूढ़ि भी कह सकता है, किन्तु मुक्तिबोध ने अन्धकार को स्वप्न-कथा से सम्बद्ध करके एक और आयाम दे दिया है।

कथन-शैली की दृष्टि से 'अँधेरे में' एक स्वप्न-कथा है। हिन्दी में कविता के अन्तर्गत 'फैंटेसी' के उपयोग के लिए मुक्तिबोध विख्यात हैं, किन्तु इस उपयोग की कलात्मक सार्थकता पर बहुत कम विचार किया गया है। स्वयं मुक्तिबोध 'फैंटेसी' शब्द का प्रयोग काफी व्यापक अर्थ में करते थे। उनके लिए *कामायनी* भी एक तरह की 'फैंटेसी' थी। इस प्रकार स्वप्न-कथा 'फैंटेसी' का एक प्रकार मात्र है। मुक्तिबोध की दृष्टि में कविता के अन्तर्गत 'फैंटेसी' के प्रयोग की सबसे बड़ी सुविधा यह है कि लेखक वास्तविकता के प्रदीर्घ चित्रण से बच जाता है। कहना न होगा कि स्वप्न-शैली में कथा कहने के कारण 'अँधेरे में' कविता में काफी मितव्ययिता और सघनता आ गई है तथा वर्णन के अनावश्यक विस्तार से अपने-आप ही निजात मिल गई। स्वप्न-शैली के कारण एक ओर कथा अनिवार्यत: चित्रात्मक हो गई, तो दूसरी ओर एक से अधिक कथाओं के क्रमबद्ध संयोजन में भी लाघव आ गया, क्योंकि स्वप्न-क्रम प्रकृत्या अतार्किक और विषयाधर्मी होता है। स्वप्न-शैली के साथ एक सुविधा यह भी है कि आवश्यकतानुसार देश और काल की दृष्टि से नितान्त असम्बद्ध तथा दूर की वस्तुओं को भी एकत्र रखा जा सकता है। 'अँधेरे में' के अन्तर्गत तालस्तॉय, तिलक और गांधी इसी जादू की छड़ी से बुला लिये गए हैं। इसी प्रकार सामान्यत: असम्भव प्रतीत होनेवाली घटना भी स्वप्न सम्भव दिखाई जा सकती है और उसके औचित्य के बारे में कोई सन्देह भी नहीं कर सकता। उदाहरण के लिए 'अँधेरे में' के अन्दर गांधी जी काव्य-नायक के कंधे पर एक शिशु रखकर अचानक गायब हो जाते हैं और वही शिशु थोड़ी देर बाद सूरजमुखी-फूल के गुच्छे में बदल जाता है, जिसके स्थान पर अगले क्षण वजनदार रायफल आ जाती है। यदि स्वप्न-कथा की शैली न होती तो इस प्रकार के चमत्कार कैसे सम्भव होते? किन्तु ये चमत्कार अपने-आपमें सार्थक नहीं हैं। सवाल यह है कि कवि इन चमत्कारों के जरिये हासिल क्या करता है? यदि ये चमत्कार वास्तविकता के किसी विशेष पहलू को उजागर करने में समर्थ नहीं होते तो वे केवल कुतूहल के विषय होकर रह जाएँगे।

यहाँ यथार्थवादी दृष्टिकोण के अन्तर्गत अयथार्थवादी शिल्प के औचित्य का प्रश्न उठता है। 'समाजवादी यथार्थवाद' के आग्रही कुछ जड़ लेखकों ने काफ्का के ही नहीं बल्कि बर्टोल्ट ब्रेख्त के अयथार्थवादी शिल्प पर एतराज किया है। किन्तु मुक्तिबोध ने *कामायनी : एक पुनर्विचार* की भूमिका में इस विषय पर निर्भ्रान्त विचार व्यक्त करते हुए कहा है : "यथार्थवादी शिल्प और यथार्थवादी दृष्टिकोण में अन्तर है। यह बहुत ही सम्भव है कि यथार्थवादी शिल्प के विपरीत, जो भाववादी शिल्प है—उस शिल्प के अन्तर्गत, जीवन को समझने की दृष्टि यथार्थवादी रही हो।" इसी सन्दर्भ में मुक्तिबोध ने जैसाकि कुछ पहले कहा है : "साहित्यिक कलाकार अपनी विधायक कल्पना द्वारा जीवन की पुनर्रचना करता है। जीवन की यह पुनर्रचना ही

कलाकृति बनती है। कला में जीवन की जो पुनर्रचना होती है, वह सारतः उस जीवन का प्रतिनिधित्व करती है जो जीवन इस जगत् में वस्तुतः जिया और भोगा जाता है—स्वयं द्वारा तथा अन्यों द्वारा। यह जीवन जब कल्पना द्वारा पुनर्रचित होता है तब उस पुनर्रचित जीवन में तथा वास्तविक जगत्-क्षेत्र में जिए और भोगे जानेवाले जीवन में 'गुणात्मक अन्तर' उत्पन्न हो जाता है। पुनर्रचित जीवन, जिए और भोगे गए जीवन से, 'सारतः', एक होते हुए भी, 'स्वरूपतः' भिन्न होता है। यदि पुनर्रचित जीवन वास्तविक जीवन से निस्सारतः एक हो, सिर्फ ऊपरी तौर पर एक-सापन रखता हो तो वह पुनर्रचित जीवन निष्फल होता है। पुनर्रचित जीवन और वास्तविक जीवन के बीच जो अलगाव है, उनकी जो पृथक्-पृथक् स्थिति है, उस अलगाव और पृथक्-स्थिति के कारण ही, कला के भीतर के सारे मूर्त विधान के बावजूद, उस कला में मूलबद्ध रूप से, एक 'अमूर्तीकरण' और 'सामान्यीकरण' उत्पन्न होता है।" 'अँधेरे में' कविता के अन्तर्गत अपनाए गए स्वप्न-कला के अयथार्थवादी शिल्प में निहित यथार्थवादी दृष्टिकोण की इससे स्पष्ट व्याख्या अनावश्यक है।

निस्सन्देह 'अँधेरे में' सामान्य स्वप्न-कथा नहीं, बल्कि दुःस्वप्न का कथालोक है जिसमें हर चीज प्रायः कुछ विकृत, कुछ अन्यथा रूप में दृष्टिगत होती है। किन्तु काव्य-नायक की असाधारण मनःस्थिति को देखते हुए यह असंगत नहीं लगता। काव्य-नायक के मन पर परिस्थितियों का इतना गहरा दबाव है कि वह अतिरिक्त भयाक्रान्त है। उसने अपने बहुमूल्य भावों और विचारों को उपचेतन के तलघर में छिपा दिया है। एकाकीपन में उसे अपनी ही आकृति भूतों-जैसी दिखाई पड़ती है। उसके मन में हर समय किसी-न-किसी दुर्घटना की आशंका है। हर समय उसके मन में यह खटका लगा हुआ है कि कोई उसका पीछा कर रहा है। वह प्रत्येक दुर्घटना का कारण अपने-आपको मानता है : 'मानो मेरे कारण ही लग गया मार्शल-लॉ वह/मानो मेरी निष्क्रिय संज्ञा ने संकट बुलाया/मानो मेरे कारण ही दुर्घट हुई यह घटना'। ऐसी मनःस्थिति में दुःस्वप्नों का आना अस्वाभाविक नहीं।

किन्तु ये दुःस्वप्न उन्हीं लोगों को अवास्तविक लग सकते हैं जो बड़ी-से-बड़ी दुर्घटना के अभ्यस्त हो चुके हैं और जिनकी खाल मोटी हो चुकी है। क्या वह मशाल-जुलूस अवास्तविक है जिसमें रात को वही पत्रकार, कवि, आलोचक, मंत्री, उद्योगपति आदि शहर के कुख्यात हत्यारों के साथ शामिल होते हैं, जो दिन में विभिन्न दफ्तरों, कार्यालयों, केन्द्रों और घरों में मिलकर षड्यंत्र करते हैं? एक फासिस्ट खतरे का आभास देनेवाला यह जुलूस कैसे अवास्तविक कहा जा सकता है, जबकि दंगों में इससे भी ज्यादा भयावह अनुभव से हम गुजर चुके हैं? इसी प्रकार सैनिक प्रशासन भी यथार्थ से अधिक अतिरंजित नहीं। इस माहौल में 'भागता मैं दम छोड़/घूम गया कई मोड़' की बेचैनी भी काफी जानी-पहचानी अनुभूति है। इस सामान्य वर्णन के प्रसंग में सम्भवतः सबसे मार्मिक है अपने कमरे में मृत पड़े हुए

उस कलाकार का चित्र, जिसका तृषार्त अन्तर्मुक्ति का इच्छुक था और जो निरन्तर मुक्ति के यत्नों के साथ था, किन्तु अचानक झोंक में आकर क्या कर गुजरा कि सन्देहास्पद समझा गया और मारा गया वह वधिकों के हाथों। परन्तु सबसे दहशत भरा दृश्य है 'स्क्रीनिंग' का, जब काव्य-नायक को टूटे-से स्टूल पर बिठाकर उसके शीश की हड्डी तोड़ी जा रही है और अस्थि-कवच को निकालकर मस्तक-यंत्र की जाँच की जा रही है। पढ़ते-पढ़ते जॉर्ज आर्वेल का '1984' याद आ जाता है जो अब फैंटेसी' न होकर एक जीती-जागती सच्चाई बन गया है। यदि 'अँधेरे में' कविता में वास्तविकता का केवल यही निषेधात्मक पक्ष होता तो ऐसी अनेक निषेधात्मक कविताओं की तरह 'अँधेरे में' भी एक सपाट रचना होती। कविता का एक दूसरा पक्ष भी है, जिसका सम्बन्ध अन्धकार के विरुद्ध लड़नेवाली शक्तियों से है। कुछ लोगों के लिए यह एक किंवदंती मात्र है और वे उस पर खामोश रहते हैं, किन्तु काव्य-नायक की दृष्टि में 'यह कथा नहीं है, यह सब सच है।' उल्लेखनीय है कि भयाक्रान्त काव्य-नायक के मस्तिष्क में दुःस्वप्नों के साथ जन-क्रान्ति का भी स्वप्न आता है। यह इच्छापूर्ति भी हो सकती है। इसे कुछ लोग वास्तविकता पर आशावादी कल्पना का आरोप भी कह सकते हैं। किन्तु देखना यह है कि कविता के अन्तर्गत अन्य स्वप्न-चित्रों के समान ही यह स्वप्न-चित्र भी काव्यात्मक मूर्तिमत्ता के साथ चित्रित हुआ है या नहीं? और असन्दिग्ध है कि 'कहीं आग लग गई, कहीं गोली चल गई' की आवृत्तियों के साथ आनेवाला समूचा क्रान्ति-चित्र कहीं अधिक मूर्त और सजीव है। वैसे, वास्तविकता की जाँच की कसौटी इस स्वप्न के लिए भी वही होगी जो अन्य दुःस्वप्नों के लिए है।

'अँधेरे में' की संरचना की सबसे बड़ी विशेषता है परस्पर विरोधी भावचित्रों का धूप-छाँही मेल, जिसे आचार्य शुक्ल 'विरुद्धों का सामंजस्य' कहते थे। अन्धकार की गहरी पटभूमि पर एक आलोक-रेखा खींचकर कालजयी काव्य-कृतित्व का जो प्रतिमान किसी समय निराला की *राम की शक्ति-पूजा* ने उपस्थित किया था, 'अँधेरे में' के द्वारा मुक्तिबोध ने उसी तरह की दूसरी काव्य-कृति प्रस्तुत की। 'अँधेरे में' के अन्तर्गत सर्वत्र अँधेरा ही नहीं है, बल्कि चमकती हुई रंग-बिरंगी मणियाँ भी हैं; बन्दूक और गोली ही नहीं, फूलों के गुच्छे भी हैं; पिशाच-आकृति पुरुष ही नहीं, सकर्मक सत्-चित्-वेदना-भास्कर नए-नए सहचर भी हैं; भय ही नहीं, मानव-करुणा भी है : पीड़ा ही नहीं, आस्था भी है। सम्पूर्ण कविता के अन्धकार के ऊपर अस्तित्व की एक अलौकिक सुगंध परिव्याप्त है :

रात्रि के श्यामल ओस से क्षालित
कोई गुरु-गम्भीर महान् अस्तित्व
महकता है लगातार

अँधेरे में पता नहीं चलता
मात्र सुगंध है सब ओर,
पर, उस महक-लहर में
कोई छिपी वेदना, कोई गुप्त चिन्ता
छटपटा रही है, छटपटा रही है।

अस्तित्व की यह सुगंध वस्तुतः मानवीयता है : कविता के अन्तर्गत मानवीय उपस्थिति ही सुगंध के रूप में व्याप्त है। इस उपस्थिति का कारण है कवि का परिप्रेक्ष्य-बोध। उचित परिप्रेक्ष्य के बिना जो परिवेश अन्य अनेक कवियों के लिए अन्धकारपूर्ण है, मुक्तिबोध ने उसी में यदि प्रकाश की किरण भी देख ली तो इसलिए कि उनकी दृष्टि भविष्य तक विस्तृत है। यह भविष्य ही आज के परिवेश को सही परिप्रेक्ष्य प्रदान करता है। इसे काल्पनिक आशावाद कहकर टाला नहीं जा सकता। अस्तित्वहीन होते हुए भी भविष्य वर्तमान को एक अर्थ प्रदान करता है—इतिहास का यह एक विरोधाभास है।

कवि मुक्तिबोध के लिए अस्मिता की खोज व्यक्ति की खोज नहीं बल्कि अभिव्यक्ति की खोज है। एक कवि के नाते उनके लिए परम अभिव्यक्ति ही अस्मिता है। भाषा स्वभावतः इस अभिव्यक्ति का आधार है। 'अँधेरे में' कविता के अन्तर्गत जगह-जगह इस काव्यगत अभिव्यक्ति की समस्याएँ भी उठाई गई हैं। जैसे कुछ नाटकों में नाटक के भीतर एक और नाटक होता है, 'अँधेरे में' कविता के अन्दर कविता की निजी समस्याओं का निरूपण करती है। इस प्रकार एक स्तर पर यह 'कविता के बारे में कविता' है। दिमागी 'स्क्रीनिंग' के बाद रिहा होने पर काव्य-नायक नए सिरे से जिन्दगी शुरू करने का संकल्प करता है। एक ओर साथियों की खोज और दूसरी ओर नए दायित्व के अनुरूप अभिव्यक्ति को सँजोने का प्रयास। वह जमीन पर पड़े चमकीले पत्थरों को चुनता है; लेकिन तुरन्त ही उसे उन पत्थरों की अपर्याप्तता का अनुभव होता है :

किन्तु, असंतोष मुझको है गहरा,
शब्दाभिव्यक्ति-अभाव का संकेत।
काव्य-चमत्कार उतना ही रंगीन
परन्तु, ठंडा।
मेरे भी फूल हैं तेजस्क्रिय, पर
अतिशय शीतल।

इसके बाद यह असंतोष जिस संकल्प का रूप लेता है, उसकी झलक इन पंक्तियों में मिल सकती है :

अब अभिव्यक्ति के सारे खतरे
उठाने ही होंगे।
तोड़ने होंगे ही मठ और गढ़ सब।
पहुँचना होगा दुर्गम पहाड़ों के उस पार
तब कहीं देखने मिलेंगी बाँहें
जिनमें कि प्रतिपल काँपता रहता
अरुण कमल एक।

स्पष्ट है कि मुक्तिबोध के लिए भाषागत अभिव्यक्ति जीवन की अभिव्यक्ति से अभिन्न रूप में जुड़ी हुई है। अभिव्यक्ति के खतरे उठाने का मतलब है : मठों और गढ़ों को तोड़ना, साथ ही 'अरुण कमल' के लिए दुर्गम पहाड़ों के पार जाने का जोखिम उठाना है। इस प्रक्रिया में मुक्तिबोध ने काव्य-भाषा को एक नया तेवर दिया है, जो 'नई कविता' की सामान्य काव्य-भाषा की तुलना में काफी अनगढ़ और बेडौल लगती है। किन्तु इससे केवल यही सिद्ध होता है कि मुक्तिबोध की भाषा 'काव्यात्मक' नहीं है; इससे उसकी 'व्यंजकता' असिद्ध नहीं होती। अंग्रेजी में कुछ आलोचकों ने कविता की भाषा के लिए 'पोएटिक' और 'पोएटिकल', दो शब्दों का प्रयोग किया है। अनुकरणशील कवि प्रायः उस 'पोएटिकल' भाषा का प्रयोग करते हैं जो परम्परा से काव्यात्मक भाषा के रूप में प्राप्त होती है। इसके विपरीत सृजनशील कवि परम्परागत काव्यात्मक भाषा के दायरे को तोड़कर अपने नए कथ्य के अनुरूप 'काव्य-भाषा' का निर्माण करता है जो आरम्भ में खुरदरी लगते हुए भी अपनी अर्थवत्ता में जानदार होती है। इस दृष्टि से निराला के समान ही मुक्तिबोध की भाषा भी 'तेजस्क्रिय' है। जिस प्रकार *राम की शक्ति-पूजा* में समासबहुला संस्कृतनिष्ठ हिन्दी के साथ ही बोलचाल की भाषा के टुकड़े पिरोए हुए हैं, उसी तरह 'अँधेरे में' भी भाषा के दोनों रूप मिलते हैं। कविता में भाषा कठिन है या सरल, संस्कृतनिष्ठ है या बोलचाल की, आदि प्रश्न अप्रासंगिक हैं। 'अँधेरे में' जैसी नाटकीय कविता में देखना यह है कि भाषा का नाटकीय उपयोग किस रूप में किया गया है और किस हद तक। और कहना न होगा कि 'अँधेरे में' के अन्तर्गत सन्दर्भ-भेद से भाषा की नाटकीय भंगिमाएँ विविध हैं। कहीं सघन बिम्बों की माला है तो कहीं ठेठ सपाटबयानी। कहीं 'साँवली हवाओं में काल टहलता है' तो कहीं इस प्रकार के दोटूक कथन :

कविता में कहने की आदत नहीं, पर कह दूँ
वर्तमान समाज चल नहीं सकता।

मुक्तिबोध की भाषा पर अनगढ़ता का आरोप लगाते समय इस बारे में सोच देखना चाहिए कि जिस तिलिस्मी दुनिया की सृष्टि वे कविता में कर ले जाते हैं, वह क्या

असमर्थ भाषा में कभी सम्भव है? वस्तुतः 'अँधेरे में' का खौफनाक काव्य-संसार समर्थ भाषा की ही सृष्टि है। मुक्तिबोध जब कहते हैं कि 'बिम्ब फेंकती वेदना नदियाँ' तो वे एक तरह से उस कवि-कल्पना की ओर भी संकेत करते हैं जो अपनी अजस्र सृजनशीलता में बिम्ब फेंकती चलती है। वस्तुतः कवि की शक्ति कल्पना के उस वेग और विस्तार से मापी जाती है जिसे अंग्रेजी में 'स्वीप ऑफ इमेजिनेशन' कहते हैं; और कहना न होगा कि 'अँधेरे में' की कल्पना-शक्ति अपने समवर्ती समस्त कवियों में सबसे विकट और विस्तृत है। इसीलिए वे प्रगीतों के युग में भी महाकाव्यात्मक कल्पना के धनी और नाटकीय प्रतिभा के प्रयोगकर्ता हैं।

वस्तुतः मुक्तिबोध की अभिव्यक्ति की अर्थवत्ता फुटकल शब्द-प्रयोगों से नहीं आँकी जा सकती और न दो-चार बिम्बों अथवा भाव-चित्रों से मापी जा सकती है। उनकी अभिव्यक्ति की गरिमा का पता उस विराट् बिम्ब-लोक से चलता है जो 'अँधेरे में' जैसी महाकाव्यात्मक कविता अपनी समग्रता में प्रस्तुत करती है। इस सन्दर्भ के द्वारा ही कविता के अन्तर्गत आए हुए छोटे-छोटे सामान्य सपाट कथन भी अर्थ-गौरव से पूर्ण लगते हैं। उदाहरण के लिए :

क्या करूँ, किससे कहूँ
कहाँ जाऊँ, दिल्ली या उज्जैन?

जैसी सीधी-सादी उक्ति भी कविता के नाटकीय सन्दर्भ में आधुनिक मानव की ऐतिहासिक बेचैनी को ध्वनित करती है। 'अँधेरे में' भाषा की ऐसी नाटकीय सम्भावनाओं के उद्घाटन का अनूठा काव्य-प्रयास है।

'अँधेरे में' मुक्तिबोध के प्रतिनिधि काव्य-संकलन *चाँद का मुँह टेढ़ा है* की ही अन्तिम कविता नहीं, कदाचित् उनकी अन्तिम रचना भी है जिसे कवि-कर्म की चरम परिणति भी कहा जा सकता है। कुल मिलाकर इसे यदि 'नई कविता' की भी चरम उपलब्धि कहा जाए तो अतिशयोक्ति न होगी।

अँधेरे में : पुनश्च

कविता के नए प्रतिमान के अन्तर्गत मुक्तिबोध की 'अँधेरे में' शीर्षक कविता की व्याख्या प्रकाशित होने के बाद से उस कविता की अनेक व्याख्याएँ सामने आई हैं, साथ ही उक्त व्याख्या की समीक्षाएँ भी। इस क्रम में मुक्तिबोध के काव्य पर तरह-तरह की सम्मतियाँ भी दी गई हैं। कोई मुक्तिबोध को एकदम सशस्त्र क्रान्ति का समर्थक घोषित कर रहा है तो किसी की राय में वे रहस्यवाद और अस्तित्ववाद के साथ मार्क्सवाद के समन्वय का असफल प्रयत्न करते हैं। चर्चा चूँकि 'अँधेरे में' से निकलकर मुक्तिबोध के समूचे काव्य—बल्कि साहित्य तक फैल गई है, इसलिए इस फैलाव का पुन: परीक्षण आवश्यक हो उठा है। यह व्यापक सन्दर्भ उक्त कविता पर पुनर्विचार के लिए भी उपयोगी हो सकता है।

मुक्तिबोध के काव्य-संसार की पटभूमि में असन्दिग्ध रूप से ऐसी शासन-व्यवस्था या सत्ता है जो निहायत चालाक होने के साथ ही बेहद आततायी है। कर्फ्यू और मार्शल-लॉ इस सत्ता के आम तरीके हैं। काल-क्रमानुसार कविताओं को देखने से पता चलता है कि इस व्यवस्था का आतंककारी रूप क्रमश: बढ़ता जा रहा है। अन्तिम दिनों यानी छठे दशक के अन्त की कविताओं में हत्या, डाका, आगजनी आदि की घटनाएँ जुड़ जाती हैं। 'इस चौड़े ऊँचे टीले पर' कविता में अहाते के अन्दर के बँगले में हत्या हो जाती है, 'चम्बल की घाटी में' पृथ्वी पर कहीं पर 'उदार चेतनाध्यक्ष की हत्या' होती है; 'अँधेरे में' एक कलाकार गोली का शिकार होता है। यदि इन हत्याओं को प्रतीक भी मान लें तो भी यह सवाल अपनी जगह कायम है कि हत्या के ही इतने प्रतीक क्यों? 'चाँद का मुँह टेढ़ा है' कविता में सन् तिरपन की सत्ता का प्रतीक गंजा सिर चाँद है तो 'चम्बल की घाटी में' तक आते-आते वही सत्ता ऐसा धातुधान मालूम होती है जिसके बारे में यह आशंका है कि 'छलनाएँ असफल होते देखकर/इन्द्रजाल त्याग, वह/खुलकर काम करे/कभी-कभी सामने भी आ जाए/दस्यु ही बन जाए/हथियार कारखाने चुपचाप/कायम करे, गिरोह बनाए और/आतंक फैलाए'। पहले जहाँ इस सत्ता का आतंक केवल उसके अफसरों, गुप्तचरों, सिपाहियों और सैनिकों के बल पर कायम

दिखता है, उसमें क्रमशः उद्योगपति, नेता, विक्रेता, पत्रकार, कलाकार, कवि, समीक्षक आदि भी जुलूस बनाकर शामिल होने लगते हैं? यह जुलूस पहली बार 'एक स्वप्न-कथा' में प्रकट होता है और अन्त में 'अँधेरे में' कविता के अन्तर्गत निस्सन्देह पहले से कहीं अधिक प्रभावशाली रूप में 'चकमक की चिनगारियाँ' से मालूम होता है कि यह सत्ता पर्चे जब्त करती है, किताबों को गैर-कानूनी घोषित करती है और बड़े पैमाने पर पाबन्दी लगाती है। यह सत्ता अपने नंगे दमन के बावजूद कवि की दृष्टि में, काफी पेचीदा और मायाविनी है—विशेषतः इसका सांस्कृतिक पक्ष/मुक्तिबोध को 'शोषण की सभ्यता के नियमों के अनुसार/बनी हुई संस्कृति के तिलिस्मी/सियाह चक्रव्यूह' स्पष्ट दिखाई देते हैं। वैसे, अपनी सारी शालीनता के बावजूद यह संस्कृति अपने नग्न बर्बर रूप को छिपाने में असमर्थ रहती है। कवि के शब्दों में : 'संस्कृति के सुगंधित आधुनिकतम वस्त्रों के/अन्दर का वासी वह/नग्न अति बर्बर देह।' ऊपर से देखने में यह व्यवस्था चाहे जितनी भयानक हो, पर है वस्तुतः 'लकड़ी का रावण' ही। इस व्यवस्था के आन्तरिक खोखलेपन की ओर मुक्तिबोध ने जगह-जगह संकेत किया है। उदाहरण के लिए 'एक स्वप्न-कथा' में 'फुसफुसे पहाड़ों-सी पुरुषों की आकृतियाँ' हैं और उनकी 'रिक्त प्रकृतियाँ' हैं। मुक्तिबोध ने इस सत्ता के खोखलेपन के साथ ही इसकी अमूर्तता का भी उल्लेख किया है। 'मुझे याद आते हैं' शीर्षक कविता में यह सत्ता 'आकार में निराकार', 'अपौरुषेय' तथा 'भयंकर दुःस्वप्न का विश्व रूप' कही गई है। अन्त में इस व्यवस्था को पश्चिमी साम्राज्यवाद से भी सम्बद्ध बतलाया गया है। इस दृष्टि से 'एक स्वप्न-कथा' के ये शब्द उल्लेखनीय हैं : 'इस काले सागर का/सुदूर स्थित पश्चिम किनारे से/जरूर कुछ नाता है/इसीलिए हमारे पास सुख नहीं आता है'।

इस परिवेश में मुक्तिबोध की प्रमुख चिन्ता यही है कि 'डूबता चाँद कब डूबेगा?' आगे चलकर 'अन्तःकरण का आयतन' में उन्होंने साफ शब्दों में कहा है कि 'क्या उत्पीड़कों के वर्ग से होगी न मेरी मुक्ति'? 'चकमक की चिनगारियाँ' में इसी प्रश्न को पूरे देश के पैमाने पर उठाते हुए कवि पुनः कहता है :

मेरे सामने है प्रश्न
क्या होगा कहाँ किस भाँति
मेरे देश भारत में
पुरानी हाय में से
किस तरह से आग भभकेगी।
उड़ेंगी किस तरह भक् से
हमारे वक्ष पर लेटी हुई

विकराल चट्टानें
व इस पूरी क्रिया में से
उभरकर भव्य होंगे, कौन मानव गुण?

कहने की आवश्यकता नहीं कि यह आग क्रान्ति है और ये पंक्तियाँ क्रान्ति का आह्वान हैं। मुक्तिबोध को इस बात का पूरा एहसास है कि यह प्रश्न जितना सीधा है, उसका उत्तर उतना सीधा नहीं है, वरना यह आग कभी भड़क उठी होती। क्रान्ति निश्चय ही जनता करेगी, किन्तु जैसाकि 'मेरे लोग' शीर्षक कविता में मुक्तिबोध ने कहा है : 'किसी की खोज है उनको/किसी नेतृत्व की'।

सवाल यह है कि यह नेतृत्व कौन प्रदान करे? परम्परा से बुद्धिजीवी वर्ग के लोग ही यह नेतृत्व प्रदान करते आए हैं। किन्तु मुक्तिबोध देखते हैं कि बहुत-से बुद्धिजीवी सत्ता के हाथों बिक गए हैं। इस बिके हुए बौद्धिक वर्ग की चर्चा मुक्तिबोध की अनेक कविताओं में है, किन्तु 'अँधेरे में' कविता के अन्तर्गत स्पष्ट शब्दों में कहा गया है कि 'रक्तपायी वर्ग से नाभिनालबद्ध ये लोग' हैं; दूसरे शब्दों में 'बौद्धिक वर्ग है क्रीतदास'। निस्सन्देह कुछ लोग ऐसे हैं जो एकदम क्रीतदास नहीं हैं, लेकिन वे सबसे असंग रहकर अपने निजत्व की रक्षा में तल्लीन रहते हैं। 'चम्बल की घाटी में' ऐसे 'गहन निजत्व' वाले लोगों को 'टूटकर गिरे हुए तारों का बुझा हुआ हिस्सा' कहा है। इनसे कुछ भिन्न बौद्धिकों का एक और वर्ग है जिसका प्रतिनिधि 'अँधेरे में' कविता का एकान्तप्रिय कलाकार है जो स्वयं 'मुक्तिबोध का इच्छुक' ही नहीं, बल्कि मानसिक रूप में 'मुक्ति के यत्नों के साथ निरन्तर' रहा है। उसका दुर्भाग्य यह है कि वह 'कार्य क्षमता से वंचित व्यक्ति' है। अपनी असंगता के बावजूद वह सत्ता के वधिकों के हाथों मारा जाता है।

फिर भी कुछ लोग अभी जिन्दा हैं और ये अपने वर्ग के पूर्वोक्त सभी लोगों से भिन्न हैं। इनकी 'आत्मा की एकता में दुई है'। इनकी आत्मा में गहरी बेचैनी है। ये न तो सत्ता से समझौता करने के लिए तैयार हैं और न असंगता का मार्ग ही अपनाना चाहते हैं, मुक्तिबोध के शब्दों में 'आत्मचेतस्' भी हैं और 'विश्वचेतस्' भी। इसीलिए इनमें भयानक आत्मसंघर्ष चलता रहता है। अपने वर्ग की स्वाभाविक मध्यवर्गीय कमजोरियाँ इनमें भी हैं किन्तु इन्हें अपनी कमजोरियों का पूरा एहसास है। इनमें आत्मसमीक्षा इतनी तीव्र है कि ये वर्तमान व्यवस्था के बने रहने के लिए अपने-आपको जिम्मेदार ठहराते हैं और इस प्रकार एक गहरे अपराध-बोध से पीड़ित रहते हैं। इसलिए ये उस व्यवस्था को तोड़ने के लिए स्वयं भी टूटने को तैयार दिखते हैं। मुक्तिबोध की कविताओं का काव्य-नायक—'मैं'—सामान्यत: इन्हीं लोगों का प्रतिनिधि है, जिसकी वर्गगत स्थिति 'चम्बल की घाटी में' शीर्षक कविता में इस प्रकार स्पष्ट की गई है :

अपने समाज में अकेला हूँ बिलकुल
मुझमें जो भयानक छटपटाहट है
नहीं वह किसी में,
इसलिए, अपना ही श्रेणीगत
साम्य है जिनसे,
उनसे ही गहरा विद्वेष—
विरोध, विरोध, विरोध!!
किन्तु, जो दूर हैं
अलग, पृथक् हैं
जो अति भिन्न हैं
मित्र हैं वे ही;
परन्तु, शत गुण धर्म जो उनके
ले नहीं पाता हूँ चाहने पर भी।

फिर भी इस 'मैं' का निरन्तर यही प्रयास है कि उस भिन्न वर्ग से एकात्म स्थापित कर ले और इस प्रकार मुक्ति की प्राप्ति करे; क्योंकि उसे पूरा विश्वास है कि 'कभी अकेले में मुक्ति, न मिलती/यदि वह है तो सबके ही साथ'। एक तरह से देखें तो मुक्तिबोध की कविताओं में काव्य-नायक के रूप में व्यक्त होनेवाला यह चरित्र उन कविताओं का अभिप्रेत या सम्भाव्य पाठक भी है, जिसे ये सम्बोधित प्रतीत होती हैं। निश्चय ही यह काव्य-नायक मुक्तिबोध का प्रतिरूप नहीं है और न इसे मुक्तिबोध समझने का भ्रम ही होना चाहिए। यह कवि की कल्प-सृष्टि है—बल्कि कल्प-सृष्टियों में से एक, ठीक उसी तरह जैसे *एक साहित्यिक की डायरी* का 'मैं' और 'क्लाड ईथरली', 'पक्षी और दीमक', 'विपात्र' आदि कहानियों का 'मैं'। इस चरित्र को प्रबुद्ध, प्रेरित और सक्रिय करके उसकी आस्था को दृढ़ करने के लिए ही मुक्तिबोध ने यह आत्मपरक ढंग अपनाया है। अभिप्रेत यही है कि 'गुप्त स्वार्थों और चालाक बेईमानियों की इस सभ्य तानाशाही के दबाव' के सम्मुख अपने चरित्र का खरापन और अपना मानवीय गौरव बनाए रखते हुए ऐसा संगठित सामूहिक जन-प्रयास किया जाए कि यह स्थिति बदले—समाप्त हो; कहने की आवश्यकता नहीं कि 'पक्षी और दीमक' तथा 'विपात्र' की सांस्कृतिक संस्था का संसार भी आज की व्यवस्था का ही एक छोटा नमूना है और इस प्रकार मुक्तिबोध के काव्य-संसार की उक्त पटभूमि का ही प्रतिरूप है। इसी प्रकार 'क्लाड ईथरली' का पागलखाना भी मुक्तिबोध की कविताओं की तिलिस्मी गुहा और तहखाने की याद दिलाता है। काव्य-संसार के विभिन्न मध्यवर्गीय चरित्रों की तरह इन कहानियों में ऐसे चरित्र मिलते हैं, जिनमें से कुछ व्यवस्था के क्रीतदास हैं तो कुछ एकदम

असंग-उदासीन और कुछ बेचैन, विक्षुब्ध, आत्मचेतस्। इन कहानियों में भी एक दमघोंटू वातावरण से मुक्ति की छटपटाहट व्यक्त हुई है। संक्षेप में यह है मुक्तिबोध के समूचे साहित्य के सन्दर्भ की मोटी रूपरेखा। उनके केन्द्रीय कृति-कथ्य का निरूपण इसी सन्दर्भ में समीचीन है।

एक साहित्यिक की डायरी के 'डबरे पर सूरज का बिम्ब' शीर्षक आलेख में एक नवोदित लेखक कहता है कि "मैं उस भयानक मशीन का चित्रण करनेवाली कहानी नहीं, बल्कि उपन्यास लिखनेवाला हूँ जिसमें हर आदमी वह नहीं है जो वह वस्तुतः है या होना चाहेगा।" क्या मुक्तिबोध का सारा साहित्य ही वह उपन्यास नहीं है? 'विपात्र' की सांस्कृतिक संस्था, 'चाँद का मुँह टेढ़ा है' का काइयाँ चाँद, 'चम्बल की घाटी में' का डरावना डाकू, 'इस चौड़े ऊँचे टीले पर' का भूतहा बँगला, 'अँधेरे में' की किसी मृत दल की शोभा यात्रा आदि वह भयानक मशीन या उस मशीन के ही पुर्जे नहीं तो क्या हैं? किन्तु विशेष रूप से ध्यान देने योग्य है मशीन का यह घातक प्रमाद कि उसके चलते हर आदमी वह नहीं है जो वह वस्तुतः है या होना चाहेगा। दूसरे शब्दों में यह ऐसा तंत्र है जिसमें आदमी अपना वास्तविक रूप ही नहीं खो बैठता, बल्कि अपनी सारी सम्भावनाओं से भी वंचित रह जाता है। इस प्रकार एक व्यापक अलगाव पैदा होता है : जो 'है' और जो वस्तुतः 'है' के बीच; जो 'वस्तुतः है' और 'जो होना चाहता है' के बीच। यह 'अलगाव' पूरे समाज के स्तर पर वर्ग-भेद है तो व्यक्ति के स्तर पर अस्मिता का लोप। पूँजीवाद का विश्लेषण करते हुए मार्क्स ने 'अलगाव' के वैयक्तिक से लेकर सामाजिक स्तर तक व्याप्त सभी पक्षों का उद्घाटन किया है। मार्क्स के अनुसार पूँजीवादी व्यवस्था में इस अलगाव के शिकार सभी वर्गों के लोग होते हैं किन्तु इसका सबसे घातक प्रभाव मजदूर वर्ग पर पड़ता है—इस हद तक कि वह सर्वहारा हो जाता है।

मुक्तिबोध ने अपनी रचनाओं में खास तौर से इस 'अलगाव' पर दृष्टि केन्द्रित की है, किन्तु उनके सम्मुख इस 'अलगाव' का प्रमुख आलम्बन निम्न मध्यवर्ग है। निम्न-मध्यवर्ग का अलगाव उनके साहित्य का विषय शायद इसलिए है कि फिलहाल यही वर्ग साहित्य का सुलभ सम्बोधित पाठक है। वैसे, वर्ग के रूप में निम्न-मध्यवर्ग के रूप में निम्न-मध्यवर्ग को लेकर मुक्तिबोध को कोई मुगालता नहीं है। 'विपात्र' के 'बॉस' के दरबार में शिक्षित मध्यवर्गीय व्यक्तियों के व्यवहार का यथार्थ चित्र इस वर्ग के सामूहिक नपुंसकत्व की स्पष्ट घोषणा करता है। इसी वर्ग को 'चम्बल की घाटी में' घूमनेवाले डाकू की कुर्सी कहा गया है; और अन्त में 'अँधेरे में' कविता के पागल की आत्मभर्त्सना में इसी वर्ग की कटु समीक्षा है। किन्तु इन सबके बावजूद इसी वर्ग में मुक्तिबोध को सम्भावना के बीज भी दिखाई पड़ते हैं और मुक्तिबोध के कवि-व्यक्तित्व का यही वह पहलू है जो उन्हें 'खूँखार सिनिक, संशयवाद' होने से बचा लेता है। इसीलिए उनका साहित्य मध्यवर्ग की कोरी भर्त्सना और कटु आलोचना-

मात्र नहीं बल्कि उन्हीं के शब्दों में 'मर्मी आलोचना' है, जिसकी व्याख्या उन्होंने इस प्रकार की है : "मर्मी आलोचना ऊपर से चाहे जितनी कठोर और खुरदरी हो, अन्तत: उसमें एक बड़ी भारी श्रद्धा होती है, और यह कि मनुष्य में सुधार किया जा सकता है, यह कि मनुष्य अपनी कमजोरियों के ऊपर उठ सकता है।...यह श्रद्धा व्यक्तिविशेष पर श्रद्धा नहीं है, किन्तु उसके सुषुप्त या जाग्रत सामर्थ्य पर श्रद्धा है।" इस प्रसंग में मुक्तिबोध कहते हैं कि इस बुनियादी श्रद्धा के फलस्वरूप इतना सारा साहित्य लिखा गया है। वास्तविकता यह है कि मनुष्य के निहित सामर्थ्य पर यदि यह बुनियादी श्रद्धा न हो तो फिर साहित्य की आवश्यकता क्या है? इसी बुनियादी श्रद्धा के कारण मुक्तिबोध यह कहते हैं : "हम सब लोग ऐसे डबरे हैं जो अपने भीतर सूरज का प्रतिबिम्ब धारण किये हैं।" वे 'डबरे पर सूरज का बिम्ब' जैसे जीवंत बिम्ब के द्वारा हर डबरे को या जो अपने-आपको डबरा समझता है, उसे उसके खुद के भीतर निहित सूरज के बिम्ब के प्रति आत्मसजग करना चाहते हैं। इसीलिए उनकी रचनाओं में मानव की इस अन्तर्निहित शक्ति के बिम्ब प्राय: मिलते हैं। अन्तस्तल में छिपी हुई 'विक्षोभ-मणियाँ' और 'विवेक-रत्न' ऐसे ही बिम्ब हैं। इसी प्रसंग में 'परित्यक्त शिशु' का भी उल्लेख किया जा सकता है और 'मुझे पुकारती हुई पुकार' खो गई कहीं का भी। मुक्तिबोध की कविताओं में एकाधिक बार प्रकट होनेवाला वह 'रक्तालोक-स्नात पुरुष' भी मनुष्य की इसी अन्त:-सम्भावना का मूर्त रूप है।

मुक्तिबोध ने जहाँ मुनष्य की इस सामर्थ्य-सम्भावना को पहचाना है, वहीं इस तथ्य को भी उन्होंने अनदेखा नहीं किया है कि बहुत-से लोग अपनी इस सामर्थ्य-सम्भावना से बेखबर हैं। यह आत्म-विस्मृति सदा अनायास ही नहीं होती, बल्कि सायास भी होती है। लाभ-लोभ या भय-आतंक के कारण बहुत-से लोग अपने इस पक्ष को जानबूझकर मन के तहखाने में डाल देते हैं। 'क्लाड ईथरली' कहानी में मुक्तिबोध कहते हैं : "हमारे अपने-अपने मन-हृदय-मस्तिष्कों में ऐसा ही एक पागलखाना है जहाँ हम उन उच्च पवित्र और विद्रोही विचारों और भावों को फेंक देते हैं।" 'अँधेरे में' कविता में भी एक पागल है जिसका गाना सुनने के बाद काव्य-नायक को लगा कि 'व्यक्तित्व अपना ही, अपने से खोजा हुआ/वही उसे अकस्मात् मिलता था रात में।' यह पागल तहखाने या पागलखाने में नहीं बल्कि एक बरगद के तले पड़ा रहता है। यहाँ तहखाने में—तिलिस्मी गुफा में रहनेवाला 'रक्तालोक-स्नात पुरुष' है। यह पुरुष स्वेच्छा से गुहावास कर रहा है या उसे किसी ने गुहावास दिया है, यह स्पष्ट नहीं कहा गया है; किन्तु प्राकृत गुहा में जल-प्रपात के अन्दर चमकती हुई मणियों के बारे में स्पष्ट कहा गया है कि 'हाय-हाय, मैंने उन्हें गुहावास दे दिया'।

मुक्तिबोध ने *एक साहित्यिक की डायरी* में 'कलाकार की व्यक्तिगत ईमानदारी' पर विचार कस्ते हुए इस प्रकार के 'सेंसर्स' यानी 'गहरे अन्तर्निषेधों' का विस्तार से विश्लेषण किया है। जिस तरह इन अन्तर्निषेधों के खिलाफ संघर्ष करने से कलाकार

की ईमानदारी प्रकट होती है, उसी तरह सामान्य मनुष्य के लिए भी ईमानदारी का तकाजा है कि वह अपने अन्तर्निषेधों से संघर्ष करे। इसीलिए मुक्तिबोध ने आत्मसंघर्ष पर इतना अधिक बल दिया है। वैसे तो विभक्त मन के दो पक्षों में आत्मसंघर्ष की प्रवृत्ति स्वाभाविक है, पर बहुत-से लोग इन दोनों पक्षों के बीच 'शान्तिपूर्ण सहअस्तित्व' की स्थिति स्थापित करके सहज आत्मसंघर्ष को दबा देते हैं। इसीलिए मुक्तिबोध को आत्मसंघर्ष पर विशेष बल देने की आवश्यकता पड़ी। किन्तु आत्मसंघर्ष ही काफी नहीं है। मुक्तिबोध यह मानते हैं : "आत्मपक्ष और परिस्थिति-पक्ष एक ही वास्तविकता के दो अंग हैं और इन दोनों में गहरे अन्तःसम्बन्ध हैं।" इस प्रकार आत्मसंघर्ष का गहरा सम्बन्ध बाह्य सामाजिक संघर्ष से है, जाहिर है कि सामाजिक संघर्ष में भाग लेकर ही इस आत्मसंघर्ष को निर्णायक दिशा की ओर उन्मख किया जा सकता है। इसलिए मुक्तिबोध की अधिकांश कविताओं का अन्त किसी हड़ताल या जन-आन्दोलन अथवा किसी जनक्रान्ति के आरम्भ से होता है और काव्य-नायक कभी तो उस आन्दोलन या क्रान्ति का द्रष्टा मात्र होता है, और कभी उसका प्रेरक। जो भी हो, किसी-न-किसी रूप में काव्य-नायक उस घटना से अपना लगाव जरूर महसूस करता है। इस तरह आत्मसंघर्ष की परिणति अन्ततः सामाजिक संघर्ष में होती है। कुल मिलाकर मुक्तिबोध के सम्पूर्ण साहित्य के कथ्य का बुनियादी ढाँचा यही है। यह सही है कि प्रत्येक रचना में यह पूरा ढाँचा नहीं आ सका है, किन्तु अपनी आंशिक सीमा में भी हर रचना किसी-न-किसी प्रकार इस समग्र कथ्य का आभास अवश्य देती है।

स्पष्टतः इसी ढाँचे में न रहस्यवाद के लिए गुंजाइश है और न अस्तित्ववाद के लिए, फिर भी कुछ आलोचक हैं जिन्हें मुक्तिबोध में रहस्यवाद भी दिखाई पड़ता है और अस्तित्ववाद भी। 1969 के 21 और 28 दिसम्बर के *धर्मयुग* में डॉ. रामविलास शर्मा ने 'मुक्तिबोध का आत्मसंघर्ष और उनकी कविता' शीर्षक जो लम्बा लेख प्रकाशित किया है, उसमें मुक्तिबोध की कविता में रहस्यवाद और अस्तित्ववाद, दोनों के तत्त्व सोदाहरण निरूपित किये गए हैं। 'रहस्यवाद और अस्तित्ववाद पैदा होते हैं आत्मग्रस्तता से' और डॉ. शर्मा की धारणा है कि 'मुक्तिबोध बाहर की दुनिया में मार खाकर अन्तर्मुख तथा आत्मग्रस्त हो गए।' किन्तु मुक्तिबोध की एक भी कविता ऐसी नहीं है जिसमें नितान्त अन्तर्मुखता हो। सर्वत्र अन्तर्मुखता के साथ बहिर्मुखता अनिवार्यतः जुड़ी चली आती है। उदाहरण के लिए डॉ. शर्मा ने जिन तीन कविताओं—'मुझे पुकारती हुई पुकार', 'कल जो हमने चर्चा की थी' और 'एक स्वप्न-कथा'—के आधार पर रहस्यवाद और अस्तित्ववाद की स्थापना की है, उनमें भी कवि की आत्मपीड़ा का आधार-जगत-पीड़ा ही है। 'मुझे पुकारती हुई पुकार' में 'प्राण की उदास भूमि' के साथ 'उजाड़ विश्व' की 'समस्त नग्नता' का चित्र है। 'कल जो हमने चर्चा की थी' में चर्चा के अन्तर्गत स्पष्ट कहा गया है कि 'देश-देश की पीड़ाओं के उन सत्यों की बातें की थीं'। और 'एक स्वप्न-कथा'

में तो स्वप्न के सागर तल पर एक ऐसा जुलूस दिखता है जिसमें जाने-पहचाने 'नेता-विक्रेता, अफसर और कलाकार' जैसे अनगिन चरित्र शामिल हैं। क्या ये बाहरी दुनिया के सारे चित्र आत्मग्रस्त चित्र के निजी बिम्ब हैं?

'मुझे पुकारती हुई पुकार' कविता में डॉ. शर्मा को रहस्यवाद इसलिए दिखा कि उसमें एक पंक्ति है : 'तिमिर-विवर में पड़ी अशान्त नागिनी'! 'नागिनी' दिखते ही बोल उठे कि 'वह कुंडलिनी है'। 'कल जो हमने चर्चा की थी' कविता में तो और भी सुविधा है; क्योंकि उसमें साफ-साफ 'कुंडलिनी' का ही जिक्र है और साथ-साथ 'इड़ा-पिंगला-सुषुम्ना' का भी। इतने प्रमाण एकत्र मिलने पर वे क्यों न मुक्तिबोध में हठयोगियों का 'साधनात्मक रहस्यवाद' देखें?—खास तौर से तब, जब कविता में ज्वालामुखियों के गर्भ में उतरने की बात भी कही गई हो और आगे चलकर 'एक स्वप्न-कथा' में काले सागर के तल में पैठने का भी जिक्र हो?

इसमें कोई शक नहीं कि ये सारे प्रतीक नए-पुराने रहस्यवादी कवियों के हैं किन्तु सवाल यह है कि मुक्तिबोध ने इनका इस्तेमाल किस प्रकार किया है और कविता के कथ्य के ढाँचे में ये प्रतीक क्या अर्थ ग्रहण करते हैं? 'तिमिर-विवर में पड़ी अशान्त नागिनी' के मुख से रहस्यानुभूति का अमृत नहीं झरता है, बल्कि 'भूल-चूक ध्वंसिनी अनावृता हुई'। यही नहीं, बल्कि पुकारती हुई 'पुकार ने समस्त खोल दी छिपी प्रवंचना'। यह प्रवंचना रहस्यवादियों का आन्तरिक पाप-बोध नहीं, बल्कि किसी 'उजाड़ प्रान्त की महान मानवी कथा' से जुड़ी हुई है। निःसन्देह कवि के अनुसार बाहर से पुकारती हुई यह पुकार वस्तुतः उसके अन्दर की ही है किन्तु इतने ही से वह रहस्यवादी नहीं हो जाती। इससे इतना ही प्रमाणित होता है कि 'आज भी नवीन प्रेरणा यहाँ न मर सकी/न जी सकी, परन्तु वह न डर सकी'। क्या प्रेरणा का यह स्वर रहस्यवाद है?

'कल जो हमने चर्चा की थी' में रहस्यवादी रहस्य की शोध करते-करते डॉ. शर्मा ने जिस कौशल से मुक्तिबोध की 'सूर्यकन्या' को पोलिश महिला अग्न्येश्का में बदल दिया है, उस 'भौतिकवाद' की जितनी दाद दी जाए, कम है! इस शोध से मुक्तिबोध के रहस्यवाद का उद्‌घाटन हो न हो, आलोचना के तिलिस्मी, ऐयारी और जासूसी रूप की एक झलक अवश्य मिल जाती है। बचे, इड़ा-पिंगला-सुषुम्ना और कुंडलिनी जैसे चिर-परिचित रहस्यवादी प्रतीक! क्या ये प्रतीक इस कविता में किसी रहस्यानुभूति का विवरण उपस्थित करते हैं? क्या इस कविता में मुक्तिबोध यह कह रहे हैं कि कल जो हमने चर्चा की थी, वह योग साधना का कोई रहस्यात्मक अनुवाद था? क्या इस कविता में मुक्तिबोध अग्न्येश्का को उत्तरसाधिका या योगिनी बनाकर कोई गुह्य साधना करते दिखाई पड़ रहे हैं?

निःसन्देह इस कविता में एक बातचीत के तीव्र अनुभव का भावावेग पूर्ण वर्णन है, किन्तु जरूरी नहीं कि यह बातचीत सचमुच किसी और से—किसी समानधर्मा

से ही हुई हो। मुक्तिबोध की अन्य कृतियों की तरह यह बातचीत अपने-आपसे भी हो सकती है। चर्चा का विषय है : देश-देश की पीड़ाएँ। इन पीड़ाओं का विश्लेषण ऐसा है, जैसे कोई ज्वालामुखियों में उतरकर जीवन की सच्चाई और सही बात के उत्तर ढूँढ़ रहा हो! कहने को यह अपना ही अन्तस्तल है, पर एक तरह से यह जन-मन का भी अन्तस्तल कहा जा सकता है। 'आस्था का अक्षयवट' यहीं मिलता है और 'वेगवान पीड़ा की कन्या' भी जो अपने गुणों में 'कर्मनिष्ठा जनजन्या' है। यह कन्या जितनी पृथ्वीतनया है, उतनी ही सूर्यकन्या भी। मुक्तिबोध के शब्दों में 'आत्मा का प्रतीक है सूरज' तथा जन-अनुभव 'पृथ्वी के भीतर की रज' है। न यह सूरज कोई रहस्य है और न यह धरती। वस्तुतः इस कविता में भी जगत-जीवन की पीड़ाओं के बीच आस्था की प्राप्ति के अनुभव का प्रतीकात्मक चित्र है। कविता के इस कथ्य की आँच में सारे रहस्यवादी प्रतीक पिघलकर नितान्त लौकिक सामयिक अर्थ-दीप्ति प्राप्त कर लेते हैं।

इस तरह देखें तो 'एक स्वप्न-कथा' रहस्यवाद से और भी मुक्त है। वैसे, रहस्यवाद ढूँढ़नेवालों के लिए इसमें 'एक अनहद नाद निनादित सर्वतः' भी मौजद है। 'एक स्वप्न-कथा' में आदि से अन्त तक एक 'सियाह समुंदर' लहराता है। प्रश्न है : 'काले समुंदर की व्याख्या क्या, भाष्य क्या'? एक रहस्यवाद-खोजी की नजर में यह उपचेतन है। किन्तु यह कैसा उपचेतन है जिसके बारे में मुक्तिबोध यह कहते हैं कि 'इस काले सागर का/सुदूर स्थित पश्चिम किनारे से/जरूर कुछ नाता है/इसीलिए हमारे पास सुख नहीं आता है'? क्या फ्रायड या युंग के उपचेतन को भी इस 'पश्चिम किनारे' से नाते का अहसास था? कवि फिर कहता है कि 'सहस्रों वर्षों से यह सागर/उफनता आया है/उसका तम भाष्य करो। उसका व्याख्यान करो'।

व्याख्यान करता है सागर से उठा हुआ पर्वताकार भयानक देव :

शोषण की अतिमात्रा
स्वार्थों की सुखयात्रा
जब-जब सम्पन्न हुई
आत्मा से अर्थ गया, मर गई सभ्यता।
भीतर की मोरियाँ अचानक खुल गईं।
जल की सतह मलिन
ऊँची होती गई
अन्दर सूरख से
अपने उस पाप से
शहरों के टॉवर सब मीनारें डूब गईं
काल समुंदर ही लहराया, लहराया।

ऊपर की पंक्तियों से स्पष्ट है कि भीतर की जिन मोरियों के खुलने से यह काला समुंदर लहराया है, वे 'शोषण की अतिमात्रा' से बनी हैं। ये 'आभ्यंतर ग्रंथियाँ' वस्तुतः 'बहिः समस्याएँ' ही हैं। मणि के समान चमकनेवाली स्फूर्तियाँ इसी सागर की जल-खोहों में डूब जाने को विवश हुई हैं। ये मणियाँ किसी रहस्यवादी साधक के आत्मसत्य के समान मन के अन्दर पहले ही से छिपी नहीं बैठी हैं, जो नाक-आँख मूँदकर प्राण मात्र साधने से उपलब्ध हों।

निस्सन्देह इस कविता में मुक्तिबोध ने एक ऐसे पत्थर का प्रतीक लिया है जो 'पूरे ब्रह्मांड की केन्द्र-क्रियाओं का तेजस्वी अंश हो!' किन्तु यह 'युगानुग तिमिर सागर के विरुद्ध निज आत्मा की महत्त्वपूर्ण सत्ता' के द्वारा अपने वास्तविक अर्थ का उद्‌घाटन करता है। यह पत्थर कोई शाश्वत-सनातन सत्य नहीं है, बल्कि मुक्तिबोध की दृष्टि में इसका स्वरूप 'ऐतिहासिक' है। इसके पूर्व इतिहास की ओर संकेत करने के लिए ही कविता में "यह खयाल आता है कि एक ज्ञानी पूर्वज ने नदी का पानी काट, मंत्र पढ़ते हुए गहन जलधारा में गोता लगाया था और एक गोलमोल मनोहर तेजस्वी शिलाखंड तपोमय जल में से निकाला था और उसे देव बना पूजा की।" इस पुरागाथा से यह ध्वनित होता है कि मुक्तिबोध स्वयं भी उसी पत्थर को खोज रहे हैं जिसे वे देव बनाकर पूजा कर सकें? मुक्तिबोध आज के युग में भी वह ज्ञानी पूर्वज होना चाहते हैं या उसके देव-पूजन को एक निश्चित ऐतिहासिक अर्थ देने का प्रयास कर रहे हैं? स्पष्टतः मुक्तिबोध की दृष्टि में जिस तरह 'सहस्त्रों वर्षों से' यह सागर उफनता आया है, उसी तरह 'सहस्त्रों वर्षों से' उसे थाहकर पत्थर निकालने का भी प्रयास होता आया है। यह पत्थर उतना ही 'ऐतिहासिक' है जितना सागर। कभी उस पत्थर का रूप धार्मिक था, लेकिन आज भी उसका धार्मिक होना आवश्यक नहीं है। हाँ, उसकी प्राप्ति में जान का जोखिम तब भी था और अब भी है। कहने की आवश्यकता नहीं कि यह ऐतिहासिकता रहस्यवाद नहीं, बल्कि रहस्यवाद का दुश्मन है।

डॉ. शर्मा का यह कथन शुद्ध कपोल-कल्पना है कि मुक्तिबोध उस ज्ञान से उकता उठे थे जो सतत विकासमान हो और उन्हें चाहिए था पूर्ण ज्ञान। यदि उन्हें 'पूर्ण ज्ञान' से संतोष करना होता तो वे *एक साहित्यिक की डायरी* में यह न लिखते : "ज्ञान को अधिकाधिक मार्मिक यथार्थमूलक और विकसित करने का जो संघर्ष है, वह वस्तुतः कलाकार का सच्चा संघर्ष होता है।" क्या वह कवि सतत विकासमान ज्ञान से उकता उठा था जो 'निरन्तर वस्तु-तत्त्व के वस्तुमूलक आकलन' पर बल देता रहा? जो यह मानता था कि "लेखक की निष्ठा और आत्मविश्वास कोई ऐसी शक्ति नहीं है, जो उसके साहित्य को फ्रॉड बन जाने से बचाए"; जो यह कहता था कि "ईमानदारी के भीतर ही एक बहुत बड़ा संघर्ष होता है", और जिसका यह विश्वास था कि "जीवन-जगत् का जो बोध है, उसका व्यापक होना, पुष्ट होना,

विश्व में ज्ञान का जो आज विकास-स्तर प्राप्त है, उसको आत्मसात् करना और उससे आगे बढ़ना आवश्यक है।" यदि मुक्तिबोध को वही पूर्ण ज्ञान अभीष्ट होता जो रहस्यवाद दे सकता है तो फिर इतने तीव्र आत्म-संघर्ष की आवश्यकता क्या थी? मुक्तिबोध का आत्म-संघर्ष इस बात का प्रमाण है कि उन्हें उसी ज्ञान की तलाश थी जो सतत विकासमान हो। मार्क्सवाद पूर्ण ज्ञान का दावा नहीं करता, इस बात का एहसास मुक्तिबोध को उन लोगों से कहीं ज्यादा था जो तोता रटंत इस वाक्य को दुहराते रहने के बावजूद व्यवहार में मार्क्सवाद के लिए ही पूर्ण ज्ञान का दावा नहीं करते बल्कि मार्क्सवाद के बारे में अपने पूर्ण ज्ञान का भी दावा करते हैं। मार्क्सवाद पूर्ण ज्ञान का दावा भले न करे, मार्क्सवादी तो कर ही सकता है और ऐसी हालत में जबकि स्वयं मुक्तिबोध ने अपनी कृतियों में अपने-आपको मार्क्सवादी न कहा हो, उन्हें गैर-मार्क्सवादी साबित करना और भी आसान हो जाता है।

'एक स्वप्न-कथा' ऐसी कविता है, जिसमें डॉ. रामविलास शर्मा के अनुसार "मुक्तिबोध फिर मनोविश्लेषण-शास्त्र, रहस्यवाद, अस्तित्ववाद और मार्क्सवाद में सामंजस्य स्थापित करने का प्रयत्न करते हैं।" इस प्रयत्न में यदि किसी की संगति नहीं बैठती है तो मार्क्सवाद की; क्योंकि कविता के अन्त में 'क्षोभ-विद्रोह-भरे संगठित विरोध' के 'साहसी समाज' को जो जहाज 'अकस्मात्' आता है, उसकी कोई संगति नहीं है। संगति न होने का कारण है 'अकस्मात्'; क्योंकि जो जहाज अकस्मात् आता है, वह अकस्मात् डूब भी सकता है। डॉ. शर्मा का जितना ध्यान 'अकस्मात्' पर है, उतना यदि 'स्वप्न-कथा' पर होता तो शायद इस जहाज की संगति पर ऐसी आपत्ति न होती! यदि इस स्वप्न-कथा में मार्क्सवाद के प्रतीक जहाज की संगति नहीं है तो फिर मनोविश्लेषण-शास्त्र के प्रतीक उन पक्षियों की क्या संगति है जो सहस्रों वर्षों से उफनते हुए सागर का भाष्य करने की सीख देते हैं? फिर क्या संगति है रहस्यवाद के प्रतीक उस पत्थर की जो 'पूरे ब्रह्मांड की क्रियाओं का अंश' है और जिसे सागर तल में खोजना है, इसी तरह ग्लानिकर लहरों में गश आना, सतहों पर छटपटाकर गिरना, माथे पर चोट लगना, लहरों द्वारा रक्त का चूसा जाना आदि अस्तित्ववादी भावजगत् के कार्यक्रम की भी संगति है? स्वप्न-कथा के अन्दर यदि संगति है तो उन सभी की जो किसी-न-किसी तरह सागर से सम्बद्ध हैं या फिर किसी की नहीं। एक बात और ध्यान देने योग्य है कि 'एक स्वप्न-कथा' स्वप्न नहीं बल्कि 'फैंटेसी' में रची हुए कविता है, जिसकी रचना-प्रक्रिया पर मुक्तिबोध ने *एक साहित्यिक की डायरी* के अन्तर्गत 'तीसरा क्षण' में विस्तार से लिखा है। बुनियादी भ्रम वहीं है जहाँ सियाह सागर को मनोविश्लेषण के 'उपचेतन' का प्रतीक मान लिया जाता है; जबकि कविता के अन्तर्गत यह सियाह सागर एक गतिशील प्रतीक की तरह हर नए स्वप्न-चित्र में अपना रूप बदलता जाता है। इसलिए इस कविता में मनोविश्लेषण-शास्त्र और रहस्यवाद देखना उतना ही गलत है जितना अस्तित्ववाद देखना।

डॉ. शर्मा ने जिन क्रियाकलापों के आधार पर इस कविता में अस्तित्ववाद का निरूपण किया है, उससे लगता है कि उनकी दृष्टि में अस्तित्ववाद कोई निश्चित जीवन-दृष्टि नहीं बल्कि भावजगत् के कुछ क्रियाकलापों की रूढ़ियों का सामूहिक नाम है। उन्हें जब मुक्तिबोध में दुनिया को लिजलिजी कहने, उसे देखकर उबकाई आने, सड़ने, कनखजूरे रेंगने आदि की क्रियाएँ नहीं मिलतीं तो वे कह उठते हैं कि मुक्तिबोध का अस्तित्ववाद सार्त्र की भावभूमि से अलग है। लेकिन इसके बाद जब 'चम्बल की घाटी में' 'खामोश सिसकियाँ भरनेवाला मन' दिखाई पड़ता है तो वे चट बोल पड़ते हैं कि यह कीर्केगार्द और काफ्का के प्रदेश में विचरण करनेवाला अस्तित्ववाद है। इस प्रकार यदि ग्लानिकर सागर में गश खाना और टीले पर खामोश सिसकियाँ भरना ही अस्तित्ववाद है तो कहने की आवश्यकता नहीं कि इस अस्तित्ववादी तम्बू के नीचे दुनिया का बहुत सारा साहित्य आ जाएगा। दरअसल सवाल भावजगत् के उस ढाँचे का है जिसमें ये क्रियाकलाप एक निश्चित अस्तित्ववादी अर्थ ग्रहण करते हैं और तय है कि मुक्तिबोध की 'एक स्वप्न-कथा' कविता के भावजगत् का ढाँचा उनकी अन्य कविताओं की ही तरह अस्तित्ववादी ढाँचे से बाहर पड़ता है। यदि ऐसा न होता तो 'एक स्वप्न-कथा' में ये पंक्तियाँ न होतीं :

मैं ही नहीं वरन्
अन्य अनेक जन
दु:खों के द्रोहपूर्ण
शिखरों पर चढ़ करके
देखते
विराट् उन दृश्यों को!

अस्तित्ववादी अन्तर्मुख अकेला व्यक्ति इस प्रकार 'अनेक जन' की बात सोच भी नहीं सकता—स्वप्न में भी नहीं।

मुक्तिबोध पर अस्तित्ववाद के प्रभाव के रूप में एक और बात कही गई है—अपराध-बोध या पाप-बोध। इस सन्दर्भ में यह भी कहा गया है कि आत्मभर्त्सना का ऐसा प्रखर स्वर हिन्दी के किसी दूसरे कवि की रचनाओं में नहीं सुनाई देता। मुक्तिबोध की रचनाओं में आत्मभर्त्सना का स्वर असन्दिग्ध है लेकिन इस आत्मभर्त्सना को स्वयं मुक्तिबोध की आत्मभर्त्सना कहना भारी भ्रम है। वस्तुत: मुक्तिबोध ने अपनी रचनाओं में 'मैं' के द्वारा अपने पूरे वर्ग मध्यवर्ग की आत्मभर्त्सना को अभिव्यक्त किया है। इसलिए इस अपराध-बोध को अस्तित्ववादी व्यक्ति की अपराध-स्वीकृति समझना भूल है।

इसी प्रकार मुक्तिबोध की कविताओं में जहाँ कहीं काव्य-नायक अपनी दुर्बलता और असमर्थता स्वीकार करता दिखाई पड़ता है, वहाँ उसे स्वयं मुक्तिबोध के साथ

चिपकाकर अस्तित्ववादी प्रभाव का प्रमाण पेश कर दिया गया है। उदाहरण के लिए 'अँधेरे में' कविता में काव्य-नायक का यह कथन : "यह भी तो सही है कि कमजोरियों से ही लगाव है मुझको।" ऐसा लगता है कि मुक्तिबोध जैसे इस आशंका से पूर्ण परिचित थे। उन्होंने *एक साहित्यिक की डायरी* में एक सच्चे लेखक को आलोचक से अलगाते हुए लिखा है : "आलोचक साहित्य का दारोगा है।" माना कि दारोगापन बहुत बड़ा कर्तव्य है—साहित्य, संस्कृति, समाज, विश्व तथा ब्रह्मांड (वही 'ब्रह्मांड' जिससे डॉ. रामविलास शर्मा बहुत पीड़ित हैं—ना.) के प्रति। लेकिन मुश्किल यह है कि वह जितना ऊँचा उत्तरदायित्व सिर पर ले लेता है, अपने को उतना ही महान अनुभव करता है। और सच्चा लेखक जितनी बड़ी जिम्मेवारी अपने सिर पर ले लेता है, स्वयं को उतना ही अधिक तुच्छ अनुभव करता है। उसे अपनी अक्षमता और आत्मसीमा का साक्षात् बोध होता रहता है। ऐसा क्यों? इसलिए कि वह अपनी अभिव्यक्ति की तुलना जी में धड़कनेवाले केवल वस्तु-सत्य से ही नहीं करता, वरन् अपनी स्वयं की साक्षात्कार-सामर्थ्य की तुलना उस वस्तु-सत्य की विशालता से करता है। आत्म-सत्य भी कह सकते हैं उसे, जिसकी धारणा के लिए उसे लगता है कि जितनी आवश्यक मन:शक्ति उसमें होनी चाहिए, उतनी नहीं है। कभी-कभी तो उसे केवल आभास-संवेदन से ही काम चला लेना पड़ता है। तब अपनी विषयवस्तु की विशालता और गहराई की तुलना में लेखक अपने को हीन क्यों न अनुभव करे, जबकि वह खूब जानता है कि उसने जो कुछ वस्तुतः सम्पन्न किया है, उससे भी अच्छा किया जा सकता था? विषयवस्तु के प्रति लेखक का यह संवेदनात्मक उत्तरदायित्व उसकी मन:शक्ति को किस तरह भंग किये रखता है, यह किसी सच्चे लेखक से ही जाना जा सकता है।

इस कथन के बावजूद यदि कोई आलोचक कवि मुक्तिबोध की अक्षमता सम्बन्धी आत्म-स्वीकृतियों की अस्तित्ववादी व्याख्या करता है, तो उसे साहित्य का दारोगा ही समझना चाहिए। इस वक्तव्य के आलोक में मुक्तिबोध की रचनाओं के उस 'मैं' की अक्षमताओं को भी समझा जा सकता है जो मध्यवर्ग का सबसे संवेदनशील और जाग्रत व्यक्ति है जिसे अपने अभीष्ट सामाजिक उत्तरदायित्व की विशालता के सम्मुख आत्म-साक्षात्कार का पीड़ा भरा बोध भी तुच्छ लगता है। आत्मसंघर्ष इसी पीड़ा की उपज है और कहने की आवश्यकता नहीं कि मुक्तिबोध के साहित्य का यह आत्मसंघर्ष अस्तित्ववादी आत्मपीड़न से भिन्न ही नहीं, बल्कि उससे बहुत आगे बढ़कर मार्क्सवादी सिद्धान्त और कर्म की सीमा में प्रवेश करता है। वे मार्क्सवाद के साथ रहस्यवाद के समन्वय का प्रयत्न नहीं करते बल्कि मार्क्सवादी जीवन-दृष्टि के द्वारा इन दोनों की सीमाओं का अतिक्रमण करते हैं। यदि मुक्तिबोध की किसी कविता का 'मैं' कभी मन की गुहा में पैठता है, कभी अकेलेपन की निराशा में डूबता है और कभी जन-क्रान्ति के स्वप्न में डूबकर मुक्ति का अनुभव करता है

तो इसका यह मतलब नहीं कि मुक्तिबोध रहस्यवाद और अस्तित्ववाद के साथ मार्क्सवाद के समन्वय का प्रयत्न करते हैं। सवाल पूरी कविता के कथ्य के ढाँचे में इन स्थितियों के नियोजन का है और काव्यबोध की समग्रता का तकाजा है कि इन स्थितियों का मूल्यांकन खंडश: अलग-अलग वाद के रूप में करने के बजाय उन्हें एक अखंड काव्य-कथ्य के अंग के रूप में देखा जाए। इस दृष्टि से देखने पर जाहिर है कि मुक्तिबोध की रहस्यात्मक-से-रहस्यात्मक कविता भी रहस्यवादी नहीं है और वैयक्तिक निराशा के गहरे-से-गहरे अन्धकार में डूबी हुई कविता भी अस्तित्ववादी नहीं है। मुक्तिबोध की 'संकल्पधर्मा चेतना का रक्त-प्लावित स्वर' सारे कुहासे, अनिश्चय, संशय, एकाकीपन, बेचैनी, अपराध-बोध, स्वप्न-दृष्टि, आशा, आकांक्षा, दुर्बलता, दृढ़ता आदि अनेक मन:स्थितियों को अपने ताप में पिघलाकर एक वैज्ञानिक विश्वदृष्टि और मानव-आस्था में ढाल देता है।

मुक्तिबोध के काव्य-कथ्य के इस 'सामान्य' ढाँचे को स्पष्ट करने के बाद 'अँधेरे में' कविता के 'विशिष्ट' कथ्य पर कहने के लिए बहुत कम बचा रहता है। फिर भी *कविता के नए प्रतिमान* के अन्तर्गत प्रकाशित 'अँधेरे में' की व्याख्या पर इधर कुछ आपत्तियाँ की गई हैं, इसलिए इन आपत्तियों की रोशनी में उस कविता पर संक्षेप में पुनर्विचार कर लेना आवश्यक है।

आपत्ति का असली मुद्दा है 'अस्मिता की खोज'। एक व्याख्याकार के अनुसार : "कवि ने यहाँ आत्मनिर्वासित होकर अस्मिता की खोज नहीं की, बल्कि आत्मसंघर्षरत रहकर अस्मिता का विकास किया है।" आपत्ति यहाँ 'आत्म-निर्वासित' पर भी है किन्तु मुख्य आपत्ति 'खोज' पर प्रतीत होती है, स्वयं 'अस्मिता' पर नहीं। एक दूसरे व्याख्याकार को 'अस्मिता' पर ही इतना गुस्सा है कि उसकी दृष्टि में : "मुक्तिबोध की कविताओं में अस्मिता की खोज करना, साहित्य और आलोचना, दोनों की अस्मत उतारने का पर्याय बनकर रह जाता है।" 'अस्मिता' शब्द से भड़कने का एक कारण तो यह है कि 'मुक्तिबोध आत्मनिर्वासन से ग्रस्त व्यक्ति नहीं हैं।' लेकिन सवाल यह है कि मुक्तिबोध को आत्मनिर्वासन से ग्रस्त व्यक्ति कहा किसने? मैंने तो यह लिखा है कि 'अँधेरे में' का काव्य-नायक एक आत्मनिर्वासित व्यक्ति है। अब कोई यदि स्वयं मुक्तिबोध को ही काव्य-नायक समझता है तो उसकी समझ को किसका पर्याय कहा जाए? किसी कविता के काव्य-नायक 'मैं' को आत्मनिर्वासित कहने से यह अर्थ किस तरह निकलता है कि उसका कवि भी आत्मनिर्वासित है?

'अस्मिता' और इसके साथ ही 'आत्मनिर्वासन' पर आपत्ति का दूसरा अकथित कारण यह प्रतीत होता है कि मुक्तिबोध के इन नए पक्षधरों की दृष्टि में ये दोनों शब्द गैर-मार्क्सवादी बुर्जुआ चिन्तन के अंग हैं और इन्हें मुक्तिबोध-जैसे क्रान्तिकारी कवि के सन्दर्भ में इस्तेमाल करने के अर्थ हैं—मुक्तिबोध के क्रान्तिकारी कथ्य को प्रतिक्रान्तिकारी रूप देना। आशंका एकदम निराधार नहीं है क्योंकि 'अस्मिता के लोप'

और 'आत्मनिर्वासन' की चर्चा अस्तित्ववादी विचारकों और लेखकों ने भी की है और उन्होंने इसे व्यक्तिवादी तथा आत्मपरक रंग दे डाला है। किन्तु केवल इसी कारण इन अवधारणाओं को नितान्त अस्तित्ववादी समझना भारी भ्रम है। 'अस्मिता के लोप' और 'आत्मनिर्वासन' की चर्चा '1848 की आर्थिक और दार्शनिक पांडुलिपि' के युवा मार्क्स ने ही नहीं बल्कि *पूँजी* के लेखक प्रौढ़ मार्क्स ने भी की है। मार्क्स ने निस्सन्देह ये अवधारणाएँ हेगेल से ली थीं और हेगेल के द्वंद्ववाद की तरह ही उन्होंने इन अवधारणाओं को भी उनके भाववादी खोल से मुक्त कर भौतिकवादी अर्थ से युक्त करने का प्रयास किया। इस प्रसंग में मार्क्स ने जिन दो जर्मन शब्दों का प्रयोग किया है, उनके अंग्रेजी प्रतिशब्द क्रमशः 'एलियनेशन' और 'री-इफ़िकेशन' हैं। इन शब्दों के साथ मार्क्स ने 'सेल्फ-एलियनेशन' और 'लॉस ऑफ सेल्फ' की भी चर्चा की है। 'एलियनेशन' और 'सेल्फ-एलियनेशन' के लिए हिन्दी में अभी तक किसी अधिक उपयुक्त शब्द के अभाव में 'अलगाव' और 'आत्मनिर्वासन' का प्रयोग किया जाता है। मार्क्स ने जिसे 'लॉस ऑफ सेल्फ' कहा है, वह अन्य विचारकों द्वारा प्रयुक्त 'लॉस ऑफ आइडेंटिटी' ही है जिसे हिन्दी में 'अस्मिता का लोप' कहा जा सकता है। रहा 'री-इफ़िकेशन', उससे हिन्दी के लेखक अभी कम परिचित मालूम होते हैं। कहीं-कहीं इसका हिन्दी रूपान्तर 'वस्तुकरण' के रूप में किया गया है, जिसका अर्थ है : वस्तु में रूपान्तरण। 'री-इफ़िकेशन' जिस लैटिन शब्द 'रेइस' से बना है, उसका एक अर्थ सम्पत्ति भी होता है, इसलिए चाहें तो उसे संस्कृत 'रै' के सहारे हिन्दी में रैकरण' भी कह सकते हैं।

बहरहाल मार्क्स की दृष्टि में 'अलगाव' और 'रैकरण' पूँजीवादी व्यवस्था के सबसे बड़े अभिशाप हैं। इसमें मजदूर अपनी उपज से ही अलग नहीं होता, बल्कि अपने-आपसे भी अलग हो जाता है और वह इस प्रक्रिया में मानव-स्वत्व के साथ ही मानव-सम्भावनाओं से वंचित रह जाता है। मार्क्स के अनुसार इस अलगाव से समाज का कोई वर्ग अछूता नहीं रहता—यहाँ तक कि स्वयं पूँजीपति भी इसका शिकार होता है और वह भी अपनी मानवीयता खोकर एक जड़ धन-पशु में बदल जाता है। किन्तु इसका सबसे अमानुषिक प्रभाव मजदूर पर पड़ता है। खोने की इस प्रक्रिया में वह इस हद तक 'सर्वहारा' हो जाता है कि अन्ततः उसके पास खोने के लिए कुछ नहीं बचता—सिवा अपनी हथकड़ियों और बेड़ियों के।

इस 'अलगाव' की प्रक्रिया से मुक्त होने का उपाय, मार्क्स की दृष्टि में, 'वर्ग-चेतना' है; क्योंकि वर्ग-चेतना के लोप से ही मजदूर वर्ग 'अलगाव' का अनुभव करता है, जिसका दूसरा नाम 'मिथ्या चेतना' है। मोटे तौर से इस 'वर्ग-चेतना' के लिए चार बातें आवश्यक हैं : 1. व्यक्ति-विशेष के द्वारा वर्ग की सदस्यता का बोध; 2. व्यक्ति अपने-आपको जिस वर्ग का सदस्य समझता है, उस वर्ग के तात्कालिक हितों का बोध; 3. वर्ग के हितों को आगे बढ़ाने का संकल्प; तथा

4. वर्ग के तात्कालिक हितों से आगे बढ़कर उसके सार्वभौम हितों के लिए आवश्यक साधनों की पहचान। वस्तुत: ये चारों बातें वर्ग-चेतना के चार स्तर हैं और कहने की आवश्यकता नहीं कि ये सभी स्तर परस्पर सम्बद्ध हैं। मार्क्सवादी दृष्टि में मजदूर को तब तक वर्ग-चेतन नहीं कहा जा सकता जब तक वह यह न समझ ले कि पूँजीवाद की समाप्ति में ही उसके वर्ग का वास्तविक हित है। इस बोध के अभाव में मजदूर मिथ्या चेतना का शिकार माना जाता है। इसी प्रकार मध्यवर्गीय व्यक्ति की वर्गचेतना केवल इतने ही तक सीमित नहीं है कि वह अपने-आपको मध्यवर्ग का सदस्य मानकर उस वर्ग के तात्कालिक हितों के लिए संघर्ष करे; बल्कि उसकी सच्ची वर्ग-चेतना इस बात में है कि वह मजदूर वर्ग के हितों की रक्षा में ही अन्तत: अपने हितों की रक्षा महसूस करे और इसके लिए पूँजीवाद के विनाश में मजदूर वर्ग का साथ दे। इस चेतना का अभाव मध्यवर्गीय व्यक्ति के लिए मिथ्या चेतना है। 'अस्मिता का लोप' इस मिथ्या चेतना का ही दूसरा नाम है और इसके विपरीत वर्ग-चेतना को 'अस्मिता की खोज' कहा जा सकता है।

मुक्तिबोध की कविता 'अँधेरे में' के प्रसंग में जब मैंने 'अस्मिता के लोप' की चर्चा की थी तो पृष्ठभूमि में यही मार्क्सवादी धारणा थी। पहले इसकी व्याख्या नहीं की तो यह सोचकर कि मार्क्सवाद की अति सामान्य धारणा व्यापक पैमाने पर परिचित होगी। सावधानी के लिए उस समय केवल इतना ही संकेत करना काफी समझा गया था कि इसे किसी आध्यात्मिक-रहस्यवादी अर्थ में न लिया जाए; लगता है कि यहाँ 'व्यक्तिवादी-अस्तित्ववादी' शब्द और जोड़ देने चाहिए थे।

प्रश्न यह है कि 'अस्मिता की खोज' मुक्तिबोध की 'अँधेरे में' कविता का मूल कथ्य है या नहीं? स्वयं मुक्तिबोध ने कविता में 'अस्मिता' शब्द का प्रयोग नहीं किया है, यह सही है। उनका अपना शब्द है 'अभिव्यक्ति'। मुक्तिबोध ने स्पष्ट लिखा है कि वह अभिव्यक्ति 'खोई हुई' है और इसके साथ ही 'खोजता हूँ' क्रिया के प्रयोग के द्वारा उन्होंने उसकी 'खोज' का भी स्पष्ट निर्देश किया है। 'अँधेरे में' कविता के अन्तर्गत यह 'अभिव्यक्ति' केवल शब्दाभिव्यक्ति नहीं है। पागल के आत्मोद्बोधमय गीत के बाद जब काव्य-नायक कहता है कि :

व्यक्तित्व अपना ही, अपने से खोया हुआ
वही अकस्मात् उसे मिलता था रात में

तो स्पष्ट ही इस प्रसंग में 'व्यक्तित्व' ही अभिव्यक्त है। इसी प्रकार जब 'गुहावासी फटेहाल रक्तालोक-स्नात पुरुष' के सन्दर्भ में अभिव्यक्ति शब्द का प्रयोग किया जाता है तो वह व्यक्तित्व का अभीष्ट आदर्श रूप प्रतीत होती है। मुक्तिबोध के शब्दों में : यह केवल अभिव्यक्ति नहीं बल्कि 'परम अभिव्यक्ति' है—'अनखोजी निज समृद्धि का वह परम उत्कर्ष!' दूसरे शब्दों में : यह 'निज सम्भावनाओं, निहित प्रभावों, प्रतिमाओं

की पूर्ण अवस्था' है और इस प्रकार 'मेरे परिपूर्ण का आविर्भाव' है। गांधी जी से प्राप्त शिशु जब काव्य-नायक के कंधे पर आकर जोर से चीख उठता है तो काव्य-नायक को फिर अभिव्यक्ति का एहसास होता है और वह प्रसन्न होकर मन-ही-मन कहता है कि 'जिसको न मैं इस जीवन में कर पाया, वह कर रहा हूँ।' इसी प्रकार 'अनुभव रक्त में डूबे हुए संकल्प' की मणियों का साक्षात्कार भी एक तरह से आत्माभिव्यक्ति का ही आभास देता है। अन्त में प्राय: उद्धृत की जानेवाली ये पंक्तियाँ :

अब अभिव्यक्ति के सारे खतरे
उठाने ही होंगे
तोड़ने होंगे ही मठ और गढ़ सब।

यहाँ जिस अभिव्यक्ति के खतरे उठाने की बात की गई है, वह केवल शब्दों की अभिव्यक्ति ही नहीं बल्कि कर्म की भी अभिव्यक्ति है। पूर्वापर सन्दर्भ से स्पष्ट है कि यहाँ 'अभिव्यक्ति' से अभिप्राय कविता भी है और क्रान्ति भी, क्योंकि जिन मठों और गढ़ों के तोड़ने का संकल्प यहाँ किया गया है, वे केवल साहित्यिक मठ और गढ़ ही नहीं हैं। अभिव्यक्ति के इन रूपों के साथ यह भी उल्लेखनीय है कि अन्ततः यह अभिव्यक्ति काव्य-नायक के अपने व्यक्तिगत खयालों के दायरे से निकलकर क्रान्ति के लिए सन्नद्ध जन-यूथ में घुल-मिलकर उसके साथ एकाकार हो जाती है। इस प्रकार यह अभिव्यक्ति पूरी कविता पर आदि से अन्त तक मँडराती रहती है और इसके साथ ही उसे खोजनेवाले काव्य-नायक की छटपटाहट भी।

फिर भी 'अँधेरे में' के व्याख्याकारों को यह अभिव्यक्ति दिखाई नहीं पड़ती तो इसलिए कि इसका स्पष्ट उल्लेख कविता के अन्त में आता है—आरम्भ में तो सबको पहले-पहल वह गुहावासी फटेहाल रक्तालोक-स्नात पुरुष ही दिखता है। जो हो, व्याख्या के लिए कविता का सूत्र कहीं से भी पकड़ा जा सकता है और शुरू से शुरू करने में कोई हर्ज नहीं है। लेकिन शुरू से शुरू करने के कारण जिस तरह कुछ लोग 'कौन मनु?' के अनुसंधान में दूर-दूर के चक्कर लगाते दिखाई पड़ते हैं, उससे लगता है कि यह शुरुआत खतरे से खाली नहीं है। इस 'मनु' को खोजते हुए डॉ. रामविलास शर्मा का अतिरिक्त परम्परा-प्रेमी मस्तिष्क *कामायनी* के मनु से जा टकराया और इस परम्परा से मुक्तिबोध को जोड़ने का ऐसा उत्साह उमड़ा कि वे मुक्तिबोध के इस 'मनु' की 'विशिष्टता' दिखाना भी भूल गए। *कामायनी* के मनु के नाक-नक्श और हिमगिरि के उत्तुंग शिखर की छाया 'अँधेरे में' देखकर डॉ. शर्मा अपनी खोज पर इतने विह्वल हो गए कि उन्हें आदि से अन्त तक साम्य ही साम्य नजर आया; नजर नहीं आया तो यह मोटा अन्तर कि *कामायनी* के मनु अन्ततः कैलास पर जाकर समरस की साधना में लीन हो जाते हैं जबकि 'अँधेरे में' का मनु जगत की गलियों में घूमता है प्रतिपल, वही फटेहाल रूप!

सारा गुनाह दरअसल इस 'मनु' शब्द का है। यदि मुक्तिबोध का 'मनु' सामान्य मनुज नहीं बल्कि *कामायनी* का 'मनु' है तो *तार सप्तक* में संकलित प्रभाकर माचवे के एक सॉनेट की इस पंक्ति को लेकर भी पूछा जा सकता है कि 'तुमने भी क्या कभी भूल से सोचा था, कैसा है यह मनु?' मुक्तिबोध ने *कामायनी* पर एक आलोचनात्मक पुस्तक लिखी, इसका यह मतलब नहीं है कि वे 'अँधेरे में' के रूप में एक दूसरी *कामायनी* लिख रहे थे, जैसाकि श्री सुमित्रानन्दन पंत ने *लोकायतन* लिखकर अथवा दिनकर ने *उर्वशी* लिखकर दिखा देना चाहा।

स्पष्ट है कि इस 'कौन मनु' के प्रश्न ने 'अँधेरे में' कविता के बारे में काफी भटकाया है। प्रीतिकर आश्चर्य का विषय है कि हिन्दी की दुनिया से बाहर की पोलिश महिला सुश्री अग्न्येश्का मुक्तिबोध की कहानियों के सन्दर्भ में इस 'कौन मनु?' प्रश्न को उठाकर भी (और सम्भवतः पहली बार उन्होंने ही यह प्रश्न उठाया भी) बिना इधर-उधर भटके मुक्तिबोध के साहित्य के मूल कथ्य पर सीधे पहुँच गईं। जुलाई-सितम्बर, 1968 की *आलोचना-6* में 'कहानीकार मुक्तिबोध—कौन मनु?' शीर्षक निबन्ध का निष्कर्ष प्रस्तुत करते हुए सुश्री अग्न्येश्का लिखती हैं कि 'मुक्तिबोध' की 'संकल्प-धर्मा चेतना का रक्त-प्लावित स्वर' सन्नाटे के दायरे को तोड़ता हुआ, तेज बजता है—उदासीनता के विरुद्ध, अलगाव के विरुद्ध—मानवीयता की जलती पीड़ाओं से हमारे भीतरी अलगाव के विरुद्ध।

प्रसंगवश सुश्री अग्न्येश्का ने कहानियों के साथ 'चम्बल की घाटी में' और 'अँधेरे में', दोनों कविताओं का भी उल्लेख किया है जिनमें उक्त स्वर 'सबसे सम्पूर्ण और सशक्त रूप में' प्रकट हुआ है।

इस प्रकार 'अँधेरे में' कविता का मूल कथ्य हर तरह के 'अलगाव के विरुद्ध' है—'अस्मिता की खोज' इसी अलगाव-विरोध का दूसरा नाम है। इस कथ्य की खोज यदि 'कौन मनु?' के रूप में की जाए तो यह ध्यान रहे कि उस 'मनु' के अन्तर्गत 'रक्त-लोक स्नात पुरुष' के साथ ही कविता का 'मैं' भी शामिल है। मनु के इन दोनों पक्षों का अलगाव, तनाव और साक्षात्कार ही 'अँधेरे में' कविता के कथ्य का मूलाधार है। स्वप्नगत मृत-दल की शोभा यात्रा, सैनिक शासन, क्रान्ति-स्वप्न आदि इस कथ्य की अर्थवत्ता को उजागर करनेवाले वस्तुगत पर्यावरण हैं, जिनका महत्त्व किसी भी प्रकार कम नहीं आँका जा सकता। जैसाकि मुक्तिबोध ने *एक साहित्यिक की डायरी* में अपनी एक काव्य कथा (सम्भवतः 'इस चौड़े ऊँचे टीले पर') की व्याख्या करते हुए लिखा है : "निस्सन्देह उसमें कथा का केवल आभास है, नाटकीयता की केवल मरीचिका है; वह विशुद्ध आत्मगत काव्य है।" उस कविता में भी जैसे स्वप्न के भीतर स्वप्न आते हैं—उलट-पुलट होकर और सिलसिला टूट जाता है। एक हद तक यह बात 'अँधेरे में' पर भी लागू होती है। इसलिए इस कविता के परिवेश और विन्यासगत ब्योरे की उलझन को पार करके

ही मूल कथ्य का निर्धारण करना समीचीन है; और मुझे अब भी ऐसा नहीं लगता कि 'अँधेरे में' कविता को 'परम अभिव्यक्ति की खोज' कहकर मैंने कोई गलती की और दूसरे शब्दों में उसी को 'अस्मिता की खोज' द्वारा स्पष्ट करके मैंने साहित्य और आलोचना की अस्मत उतारने का प्रयास किया!

अन्तिम सवाल यह कि 'अँधेरे में' की समीक्षा *कविता के नए प्रतिमान* के अन्तर्गत परिशिष्ट में क्यों? परिशिष्ट में रखा जाना कुछ लोगों की दृष्टि में इस कविता की उपेक्षा और मुक्तिबोध का अपमान है; और कुछ लोगों को 'अँधेरे में' कविता की समीक्षा तथा कविता के नए प्रतिमानों के बीच संगति पर ही सन्देह है। परिशिष्ट सम्मान का स्थान है या अपमान का, यह मत-अभिमत का विषय है, फिर भी इस प्रसंग में इतना ही कहना पर्याप्त है कि काव्य-सिद्धान्तों के विवेचन-क्रम में एक बार अन्य लम्बी कविताओं के साथ 'अँधेरे में' पर विचार करने के बावजूद उसे और केवल उसे ही अलग से समीक्षा के लिए चुना गया तो उसका कुछ अर्थ होता है। जहाँ तक कविता के नए प्रतिमानों के साथ 'अँधेरे में' की संगति दिखाने का प्रश्न है, मैं खामोश रह जाने का दोषी हूँ, जिसका परिहार आज आवश्यक प्रतीत हो रहा है।

कविता के नए प्रतिमान की मुख्य स्थापना मेरी दृष्टि में यह है कि कविता के प्रतिमान को व्यापकता प्रदान करने की दृष्टि से 'आत्मपरक' 'नई कविता' की दुनिया से बाहर निकलकर उन कविताओं को भी विचार की सीमा में ले आना आवश्यक है, जिन्हें किसी अन्य उपयुक्त शब्द के अभाव में सामान्यतः 'लम्बी कविता' कहा जाता है। 'काव्य-संरचना प्रगीतात्मक और नाटकीय' शीर्षक अध्याय के अन्तर्गत इस समस्या पर विचार करते हुए लिखा है : "प्रगीत कविता कविता का पर्याय हो गई है और प्रगीत का प्रतिमान कविता का प्रतिमान हो गया है। परिणामस्वरूप जो लम्बी कविताएँ इस दायरे में नहीं आतीं, अपने-आप तिरस्कृत हो गईं। इसका दंड सबसे अधिक मुक्तिबोध को भुगतना पड़ा।" इस प्रकार मुक्तिबोध की लम्बी कविताओं को ध्यान में रखने के कारण ही मुझे कविता के नए प्रतिमानों की आवश्यकता महसूस हुई। इस प्रसंग में मैंने मुक्तिबोध की *एक साहित्यिक की डायरी* से यह उद्धरण देकर यह दिखाना चाहा है कि स्वयं कवि मुक्तिबोध भी कविता के मूल्यांकन के लिए नए प्रतिमानों की आवश्यकता का अनुभव कर रहे थे। मुक्तिबोध का उद्धरण इस प्रकार है : "मुझे गहरा सन्देह है कि आजकल की सौन्दर्य-परिभाषा (यदि उसे व्याख्या कहें तो) केवल कविता, और वह भी 'आत्मपरक कविता' की विशेषताओं के आधार पर बनाई जा रही है। सौन्दर्य-सम्बन्धी इन व्याख्याओं का प्रकट या अप्रत्यक्ष उद्देश्य आज की काव्य-दृष्टि का 'डिफेंस' है।...किन्तु ये व्याख्याएँ कुछ इस प्रकार से, कुछ इस ठाठ से और इस शान से बनाई जाती हैं मानो वे सार्वभौम सत्य की सार्वकालिक स्थापनाएँ हों!...अगर साहित्य की सौन्दर्य-मीमांसा करनी हो

तो आपको दृष्टि केवल 'आत्मपरक कविता' वह भी आजकल की कविता तक ही सीमित नहीं करनी चाहिए।"

इस प्रसंग में स्वभावतः मुक्तिबोध ने अपनी लम्बी कविताओं का जिक्र नहीं किया, किन्तु प्रसंग से स्पष्ट है कि वे 'नई कविता' के अन्तर्गत लिखी जानेवाली आत्मपरक कविता तथा उस पर निर्मित सौन्दर्यशास्त्र से असन्तुष्ट थे और इस सीमित दायरे से बाहर निकलकर काव्य के प्रतिमान निर्मित करने की आवश्यकता महसूस कर रहे थे।

दरअसल आत्मपरक प्रगीत बनाम वस्तुपरक लम्बी कविता के इस संघर्ष के मूल में केवल काव्य-रूपों के वरण की समस्या नहीं है, बल्कि इसका सम्बन्ध पूरी कविता की बनावट सम्बन्धी दो भिन्न दृष्टियों से है जिनके अन्तर्गत भावबोध से भाषा तक के सभी स्तर शामिल हैं। इस सन्दर्भ में मैंने यह दिखलाने का प्रयास किया है कि इधर 'नई कविता' के अन्दर जो आत्मपरक छोटी या बड़ी कविताएँ लिखी गई हैं, वे अपने रचयिताओं की गैर-रोमांटिक घोषणाओं के बावजूद मूलतः रोमांटिक हैं और एक औसत रोमांटिक प्रगीत के समान ही इनमें भी वैयक्तिकता, आत्मपरकता, अनुभूतियों को जटिलता के अभाव के साथ ही बिम्बमयता और एक खास काट की रोमांटिक काव्य-भाषा के प्रयोग प्राप्त होते हैं। इसीलिए इन कविताओं में वस्तुजगत् की समझदारी के स्थान पर केवल अनुभूति की ईमानदारी का आग्रह किया जाता है। इन कविताओं पर निर्मित काव्य-सिद्धान्त की एकांगिता और अपर्याप्त दिखाने के लिए ही मुझे वैयक्तिक और आत्मपरक छायावादी संस्कारों का विरोध करना पड़ा।

इसके विपरीत मुक्तिबोध की लम्बी कविताओं के रूप में मैंने काव्य के उन मूल्यों पर बल दिया, जो अपनी दृष्टि में सामाजिक और वस्तुपरक हैं और आज के ज्वलंत एवं जटिल यथार्थ को अधिक-से-अधिक समेटने के प्रयास में कविता को व्यापक रूप में नाट्य-विन्यास प्रदान कर रहे हैं और इस तरह तथाकथित बिम्बवादी काव्य-भाषा के दायरे को तोड़कर सपाटबयानी आदि अन्य क्षेत्रों में कदम रखने का साहस दिखा रहे हैं। आत्मसंघर्ष से उत्पन्न तनाव, जटिलता, विसंगति, विडंबना आदि काव्य-मूल्यों की स्वीकृति इस काव्य-सिद्धान्त के अन्तर्गत स्वतःस्थान पा जाते हैं। इस काव्य-सिद्धान्त का ढाँचा खड़ा करते समय निश्चय ही मेरे सामने प्रधानतः मुक्तिबोध की वे कविताएँ रही हैं, जिनके बारे में कवि ने कुछ खीजते-से स्वर में एक जगह कहा है :

मेरी ये कविताएँ
भयानक हिडिंबा हैं
वास्तव की विस्फारित प्रतिमाएँ
विकृताकृति-बिम्बा हैं।

इसके साथ ही मेरे ध्यान में मुक्तिबोध का कविता-सम्बन्धी यह वक्तव्य भी है : "आज तो पोस्टर ही कविता है।" और फिर यह कथन भी : "नहीं होती, कहीं भी खतम कविता नहीं होती।" मुक्तिबोध वस्तुतः 'कल होनेवाली घटनाओं की कविता' ही नहीं लिख रहे थे बल्कि उस कविता के भावी काव्य-सिद्धान्त के सूत्र भी फेंक रहे थे। मुझे नहीं मालूम कि *कविता के नए प्रतिमान* में ये बातें कितनी उभर सकी हैं। यह विडंबना अवश्य देखता हूँ कि जिस व्यक्तिपरक-आत्मपरक काव्य-सिद्धान्त का खंडन *कविता के नए प्रतिमान* में आद्यंत अनुस्यूत है, उसी का मुझे समर्थक बताया जाता है। इसे दृष्टिदोष कहने की अपेक्षा अपनी वाणी की दीनता चीन्हकर चुप रह जाना ही श्रेयस्कर है।

कविता के नए प्रतिमान के सन्दर्भ में 'अँधेरे में' की समीक्षा की यही संगति है कि यह कविता मुक्तिबोध की 'परम अभिव्यक्ति' के साथ ही उत्तम मूल्यों की मूर्तिमान काव्य-प्रतिमा है। इस कविता के अन्तर्गत मुक्तिबोध ने प्रसंगतः कविता-सम्बन्धी अपनी आकांक्षा का भी संकेत दे दिया है। जब वे कहते हैं कि 'अरे, इन रंगीन पत्थर-फूलों से मेरा काम न चलेगा', तो वे स्पष्टतः उस आत्मपरक जड़ीभूत सौन्दर्याभिरुचि को तिरस्कृत कर रहे हैं जिसमें 'काव्य-चमत्कार उतना ही रंगीन, परन्तु ठंडा' है। इसके बदले वे कविता के अन्दर 'मस्तक कुंड में जलती, सत्-चित्-वेदना, सचाई व गलती—मस्तक-शिराओं में तनाव दिन-रात' को लाने का हौसला रखते हैं और इसके लिए अभिव्यक्ति के सारे खतरे उठाने का भी संकल्प करते हैं।

यहाँ 'अँधेरे में' कविता में व्यक्त उस रोमांटिक आशा से भरे स्वप्न को अनदेखा करना समीचीन न होगा, जिसके लिए कुछ लोगों ने मुक्तिबोध पर रोमांटिक होने का आरोप लगाया है। इस विषय में अपनी बात कहने से पहले स्वयं मुक्तिबोध का मत उद्धृत करना अधिक संगत है! *एक साहित्यिक की डायरी* के अन्तिम अध्याय में अंग्रेजी के कवि शेले की रोमांटिक दृष्टि का समर्थन करते हुए मुक्तिबोध कहते हैं : "दृष्टि रोमांटिक होने मात्र से भावना का ज्ञानात्मक आधार कमजोर नहीं होता। ज्ञानात्मक आधार कमजोर तब होता है जब कवि समाज को प्राप्त अद्यतन ज्ञान की उपेक्षा कर अद्यतन ज्ञान द्वारा सम्प्रेरित भावनाओं से दूर हटकर केवल अपने ऐकांतिक निबिड़ लोक में ही विचरण करता है। ज्ञान का अर्थ केवल वैज्ञानिक उपलब्धियों का बोध ही नहीं है, वरन् समाज की उत्थानशील तथा ह्रासोन्मुख शक्तियों का बोध भी है। शेले के काव्य का सौन्दर्य उस मनोभूमिका से उत्पन्न हुआ है, जो अपने युग में विकासमान उत्थानशील प्रवृत्तियों से परिपक्व हुई है। शेले को ज्ञान ने स्वप्न दिया, स्वप्न ने भावना दी। उसका समस्त साहित्य इस मनोभूमिका से अनुरंजित है।"

इसके विपरीत रोमांटिक लेखकों और कवियों का एक और वर्ग भी है जिसमें, मुक्तिबोध के अनुसार : "छद्म भावनाएँ देखने को मिलेंगी।" मुक्तिबोध ने इस

प्रसंग में स्पष्ट लिखा है : "हिन्दी के रोमांटिक कवियों में ऐसी छद्म भावनाएँ बहुत देखने को मिलेंगी।"

निश्चय ही 'हिन्दी के रोमांटिक कवियों' से मुक्तिबोध की मुराद छायावाद के सभी कवियों से नहीं है बल्कि उन कवियों से है, जो या तो छद्म-छायावादी हैं या छद्म-भावनाओं के शिकार रोमांटिक हैं। *कविता के नए प्रतिमान* के अन्तर्गत ऐसे ही छद्म-छायावादियों और छद्म-भावनाओं के शिकार रोमांटिक कवियों का विरोध किया गया है—सभी रोमांटिक कवियों या रोमांटिक कविता-मात्र का नहीं।

कहने की आवश्यकता नहीं कि 'अँधेरे में' में जो रोमांटिक स्वप्न है, उसका आधार अपने युग में विकासमान उत्थानशील शक्तियों का बोध है। कविता के अन्तिम भाग में यही उत्थानशील शक्तियाँ क्रान्ति के लिए सन्नद्ध दिखाई पड़ती हैं। इस स्वप्न का रंग उस दुःस्वप्न के कारण और भी निखर उठता है, जिसके मूल में ह्रासोन्मुख शक्तियों के 'मृत-दल की शोभा यात्रा' है। स्पष्टतः मुक्तिबोध के इस स्वप्न में शेले की-सी कुहरिलता नहीं है, क्योंकि उसमें समाज की उत्थानशील शक्तियों के अनुरूप ही भावना-तत्त्व विचार-तत्त्व से समानतः दीप्त है। इसके बावजूद यदि किसी को यह स्वप्न कुहरिल दिखाई पड़े तो यही स मझना चाहिए कि ह्रासोन्मुख शक्तियों के आतंक के कारण उसकी आँखें चौंधियाई हुई हैं और उसे उत्थानशील शक्तियों के उभार का पूरा-पूरा एहसास नहीं है। इस दृष्टि से मुक्तिबोध को रोमांटिक भी कहा जा सकता है किन्तु यह रोमांटिकता गोर्की के शब्दों में : "क्रान्तिकारी रोमांटिकता या वीरत्व-व्यंजक रोमांटिकता है।"